贵州师范大学全国重点马克思主义学院
建设经费资助出版

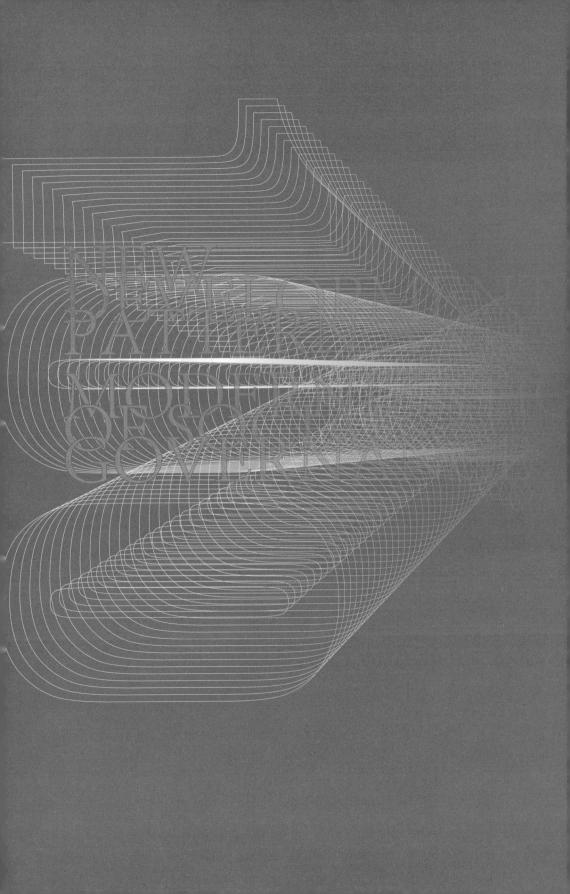

NEW DEVELOPMENT PATTERN AND
MODERNIZATION OF SOCIAL GOVERNANCE

以政策集群耦合为视角
From the Perspective of Policy Cluster Coupling

新发展格局与社会治理现代化

丁东铭 ◎ 著

社会科学文献出版社
SOCIAL SCIENCES ACADEMIC PRESS (CHINA)

目　录

第一章

导　论

在新冠肺炎疫情、国际单边贸易保护主义和动荡的国际局势等负面因素持续冲击之下，立足国内经济社会高质量发展的迫切需求，党中央面对错综复杂的内外部政治经济新条件新形势，在对国际国内经济发展趋势作出战略性前瞻判断的基础上，适时作出了构建以国内国际双循环相互促进为主要特征的"新发展格局"这一重大决策部署。"新发展格局"的主旨是以新发展理念为指引，以改革创新为推动力，深化供给侧结构性改革，确保"发展"与"安全"的有机统一及其动态平衡，聚焦当前我国社会主要矛盾，推进经济社会高质量发展，巩固脱贫成果并切实保障全民共同富裕取得实质进展。值得关注的是，这与新发展阶段社会治理现代化的主体向度高度一致。因此，在面临多重负面因素冲击和全球经济呈现颓势的大环境下，又恰逢"两个一百年"的历史交汇点，探索构建新发展格局背景下社会治理现代化的实现路径，以及探索相关经济政策与社会政策集群耦合路径，十分必要和紧要。这不仅是全面建设社会主义现代化国家的内在要求，有助于补齐社会治理的短板，还可以为推进与锚定新时代"中国之治"的公共政策走向框定维度，进而助推并实现经济高质量发展和国家治理现代化。

第一节　问题的提出

尽管新中国成立之后尤其是改革开放 40 余年以来我国现代化事业取

得了举世瞩目的辉煌成就，但是，随着经济社会主体的逐渐多元化，与经济成长相伴而来的一些社会问题也亟待应对。经济社会主体和各主体利益诉求的多元化自然容易滋生矛盾，在一定时空范围内，这些矛盾一旦处理失当还有激化的风险。在这种情势之下，怎样妥善协调和统筹多主体利益关系？在网络信息化时代经济社会主体的自主意识不断增强，和固有社会道德评价体系的有效性开始降低的背景下，怎样有效维护甚或重塑社会整合机制？在现代工业信息社会的风险特征日益凸显的情势下，怎样积极应对社会风险保障社会安全？随着"人口红利"效应的式微和人口老龄化的加剧，如何在激发经济社会发展活力和增长新动力的同时实现公共服务供需平衡？以上种种不仅关乎新时代每个经济社会主体的个人福祉，甚至也是"两个一百年"历史交汇期开启全面建设社会主义现代化国家新征程必须面临和妥处的社会问题。立足新时代中国特色社会主义体制审思这些发展进程中的问题，兼具理论价值、历史价值和实践意义。

党的十八届三中全会之后，尤其是党的十九届四中全会以来，中国共产党越来越重视"社会治理"这一体现执政党全新治国理政思想理念的政治表述方式。"社会治理"这一概念完整涵盖了国家、市场和社会关系，并充分体现表达出我们党致力于积极应对和解决发展过程中出现的诸多社会问题的思维路径。从宏观分析视域审视，新时代中国特色社会主义倡导推崇的"社会治理及其现代化"的主体向度有二：一是主体性，二是协同性。所谓主体性，主要指的是参与社会治理的主观能动性，而所谓协同性则是指在参与社会治理的主体间性基础上的多主体合作和政策协同性。①在这两个主体向度的指引下，推进社会治理现代化进程有三个基本认知：首先，激发国家、市场和社会等各主体参与社会治理的合作性、参与性、主动性与创造性，这是推进社会治理现代化的根本原则；其次，培育公众普遍认同和自愿遵循的社会主义核心价值体系，营造体现公平并具持续性

---

① 国务院发展研究中心公管所：《社会治理的理论与实践探索》，中国发展出版社，2018，第 3~14 页。

的城乡一体化基本公共服务体系，扩大体现社会主义协商民主的广泛有序的社会参与①，促进高效合法的国家制度和制度执行体系建设等多个方面工作是推进社会治理现代化的基本要素；最后，在构建新发展格局的背景下，提升旨在维护国家认同与推进社会发展的诸多经济社会政策耦合度。当然，大量社会问题、社会矛盾甚或社会风险的产生，是任何后发展国家经济社会发展和转型成长过程中的共性问题，这要求我们通过提升诸元政策耦合度以优化具体制度安排，而无关基本政治制度体系本身。亦即新发展格局背景下提升经济社会政策耦合度，不仅是推进国家治理现代化的内在要求，也是全面建设社会主义现代化国家的题中之义。

习近平总书记在中央政治局会议和企业家座谈会上就已经多次强调，并在党的十九届五中全会上正式提出了推动构建"新发展格局"这一重大决策部署，这不仅是百年未有之大变局背景下我国开辟发展新局的战略调整和主动作为，也是深化供给侧结构性改革疏通国内大循环、重塑经济发展新优势和国际经贸合作竞争新优势的战略锚点与必然选择。因此，我们非常有必要深刻思考领悟以国内大循环为主体、以国内国际双循环相互促进为主要特征的"新发展格局"的内涵，及其对推动经济社会高质量发展所提出的全新课题和更高要求。

构建以国内国际双循环相互促进的"新发展格局"的基础在于深化供给侧结构性改革，扩大内需，促进技术升级和产业转型，并借此打通国内大循环。其中，以创新驱动核心技术领域升级取得实质性突破进而带动整体产业升级，正是重建未来经济发展新优势，实现国内经济与国际贸易强劲可持续健康发展的关键环节。这就是说，在关键核心技术领域实现实质性突破并将我国建设并推进至创新型国家的前列，是打通国内国际双循环"任督二脉"的枢纽。这需要以新发展理念尤其是以"创新"理念为引领全面深化改革，立足构建新发展格局，深化供给侧结构性改革并优化需求侧管理，实现国内经济大循环中"供""需"之间全新有序健康动态平衡。

---

① 李建：《社会主义协商民主推进国家治理现代化研究》，中国社会科学出版社，2017，第60~83页。

正所谓"牵一发而动全身"，更何况构建新发展格局本身就是涉及全局的重大调整，因此，构建新发展格局必然要求在坚持和完善中国特色社会主义制度体系的前提下，推进国家治理体系和国家治理能力现代化。① 又因为社会治理是国家治理的重要组成部分，所以，推进社会治理现代化自然也是实现国家治理现代化的题中之义。党的十八届三中全会不仅提出全面深化改革的总目标，也首次完整表述了社会治理现代化的四个主体向度和评价标准，即"系统治理、依法治理、综合治理和源头治理"。② 当然，以上四个标准是基于改革开放以来政府、市场与社会关系的变迁，中国共产党有关推进实现社会治理现代化所提出的宏观指标和指导性原则。构建新发展格局不仅牵扯国内国际，还关涉经济社会发展驱动力的转换以及经济社会主体利益关系乃至分配结构的重大调整，因此，为了有效应对国际国内各种影响构建新发展格局的不确定因素，也为了进一步整合优化新形势下政府、市场和社会多元主体的合力，探索构建新发展格局背景下社会治理现代化的实现路径尤为必要且紧要。

如果说"国家治理可以被看作界定各类治理主体之间责权利关系的一整套制度安排，那么，国家治理活动就是在这一整套制度之下各主体进行的活动"③，那么，所谓社会治理，指的是政府、企事业单位、社区、社会组织与公民等多元社会主体通过体现平等化主体间性的合作对话与协商沟通的方式，依法处理经济社会事务、管理社会组织、引导与规范社会生活，最终实现公共利益最大化的状态及其过程。④ 改革开放初期，鉴于当时经济社会总体发展水平滞后的特殊国情，党和政府在很长一段时期内遵循"效率优先，兼顾公平"的社会治理理念，而党的十八大以后，培育弘扬社会主义核心价值体系、保障改善民生、激发经济社会主体活力和实现

---

① 《中共中央关于坚持和完善中国特色社会主义制度 推进国家治理体系和治理能力现代化若干重大问题的决定》，中国政府网，http://www.gov.cn/zhengce/2019-11/05/content_5449023.htm。

② 吴超：《治理现代化：改革开放以来中国特色社会治理的发展逻辑与进路》，北京大学出版社，2020，第162页。

③ 杨开峰等：《中国之治——国家治理体系和治理能力现代化十五讲》，中国人民大学出版社，2020，第4页。

④ 代瑾等：《"法治中国"建设与社会治理现代化研究》，四川大学出版社，2020，第32页。

全民共同富裕这四个发展理念,已经逐渐构成新时代中国特色社会主义社会治理现代化的核心价值诉求。[①]在全面建成小康社会胜利收官和"两个一百年"历史交汇之际,为有效应对内外部挑战推进经济社会高质量发展,也为开启全面建设社会主义现代化国家新征程,党的十九届五中全会不仅作出构建新发展格局这一重大部署,还为未来十五年明确框定切实保障全民共同富裕取得实质进展这一直观体现社会主义本质的发展目标。国民经济运行基本逻辑使然,不难理解的是,提升国民有效消费力,才是拉抬内需的治本之策,而拉抬内需则是深化供给侧结构性改革和疏通国内大循环的基础条件。提升国民有效消费力,可以被理解为切实保障全民共同富裕取得实质进展这一政治叙事的经济学表述。基于以上逻辑脉络,可以得出这样的基本结论,即构建新发展格局与推动社会治理现代化具有高度内在关联。而新发展格局背景下社会治理现代化政策集群耦合路径的关键节点和价值核心,在于探索巩固脱贫成果与推进共同富裕的公共政策体系实现机制。巩固脱贫成果与推进共同富裕不仅具有明显的衔接性和内在契合度,而且二者还不是单纯的经济问题或社会问题,因此,立足政治学和公共政策学的视角将二者整合起来探索实践其相关公共政策体系实现机制兼具理论意义和社会实践价值。然而,从近年国内外研究现状来看,将巩固脱贫成果与推进共同富裕置于同一个研究框架的研究成果并不多见。本书致力于探索新发展格局背景下社会治理现代化政策集群耦合路径,即寻求形成相关制度和政策合力的实现路径,这对新发展阶段巩固脱贫成果与推进共同富裕极具理论参考价值和实践助推作用。

第二节　研究现状和研究方法

一　国外研究现状

西方学术体系中"治理"(Governance)这一概念,从词源学角度来

---

① 吴超:《治理现代化:改革开放以来中国特色社会治理的发展逻辑与进路》,北京大学出版社,2020,第163页。

看，其源自古希腊语 Steering 一词，其原本是引领、引导、导航和控制之意，特指在一定范围内公权力或权威的有效行使。这一概念内蕴着一个在众多各自不同的利益主体中达成共识，并将这一共识付诸实践的政治进程。在这一理论逻辑指引下，亚里士多德的"城邦治理理论"、洛克和卢梭的"以社会契约为核心的社会治理理论"、孟德斯鸠的"分权制衡社会治理理论"① 一直传承着西方治理思想的理论基因。秉持着这种理论基因，伴随新公共管理运动的兴起和全球化时代的到来，20 世纪 90 年代学理意义上具有标准学科体系特征的西方治理理论应运而生。20 世纪 90 年代很多西方国家因为传统社会管理的积弊而出现了一系列十分严重的社会问题，社会整合度急剧下降并最终导致了严峻的政府管理危机。这激起了有识之士对于已有政府、市场和社会主体关系的深刻审视与反思。在这种背景下，社会治理理论（Social Governance Theory）作为一种全新的社会管理理念和范式开始展现在世人面前。这一理论既关注政府职能的优化和有效发挥，也关注其他经济社会主体在整个社会治理过程中的协商与合作。经过多年的不断发展，西方社会治理理论已经成为西方国家社会科学领域的主流学科和学术前沿，并已经逾越了社会学的学科边界渗透到政治学、经济学、管理学和公共政策学等多个领域，甚至已经逐渐成长为西方社会科学领域的显学之一。

　　西方现代社会治理理论的代表人物众多。② 罗西瑙在《没有政府的治理：世界政治中的秩序与变革》（*Governance Without Government*：*Order and Change in World Politics*）中，系统分析并对比了传统依靠强权力执行的"统治"与现代依靠协商合作而行的"治理"两个概念的优劣，并在此基础对"治理"的内涵进行了学理性界定。他在强调并尊重政府作用的同时，对政府之外的经济社会主体给予更多关注，并在此基础上将他所提出的治理理论分为"宏观、微观和宏观微观互动"三个层次。他认为，社会

---

① 代瑾等：《"法治中国"建设与社会治理现代化研究》，四川大学出版社，2020，第 12 ~ 16 页。

② 如詹姆斯·罗西瑙（James N. Rosenau）、格里·斯托克（Gerry Stoker）、罗伯特·罗茨（Robert A. Rhoads）和埃莉诺·奥斯特罗姆（Elinor Ostrom）等。

治理追求的最高境界就是微观层面的公民共识与宏观层面的制度及政策导向的良性互动。罗西瑙的《没有政府的治理：世界政治中的秩序与变革》堪称现代西方社会治理理论的开山之作，他的理论观点为后来治理理论的开枝散叶奠定了学理基础。作为现代西方学界另一位极负盛名的地方治理领域巨擘的英国曼彻斯特大学教授格里·斯托克在他的代表作《作为理论的治理：五个论点》（*Governance as Theory：Five*）中，提出了有关于治理理论的五个核心观点：一是治理理论认为虽然治理围绕并源自于政府，但是，治理的主体应该多元；二是治理理论承认在为经济与社会问题寻求解决之道的过程中，各治理主体之间职责界限存在模糊地带；三是治理理论也承认在为经济与社会问题寻求解决之道的过程中，各治理主体存在类似于路径依赖的权力依赖倾向；四是治理理论所倡导的治理现代化的境界在于实现各治理主体及治理参与者形成互动式网络化自主自治体系；五是治理理论认为，尽管政府始终是社会治理的基本主体，但是，要推进实现社会治理现代化应该转变政府职能，并创新政府参与社会治理的技术工具和理念方法。斯托克在提出这五大核心观点的同时，还强调这五个论点之间的协同关系及其整体性。除此之外，罗伯特·罗茨和埃莉诺·奥斯特罗姆等人也都立足各自视角对治理理论作出了不同的界定和解析，他们共同为西方治理理论的衍生与发展作出了卓越的理论贡献。总而言之，作为对传统的强权统治和管理模式方法论危机的迭代性回应，西方社会治理理念及理论是一种全新的社会管理范式，其主要特点有三：一是治理主体的多元性，二是协调方式的互动性，三是治理政策及策略的整合性。[①] 目前西方社会治理理论研究路径基本呈现两种趋势：一是偏向"现代性"的理性回归，这一研究路径的主要特征是重视政府在社会治理实践中的关键主体地位；二是偏向项目管理层面上的实践性探索，这一研究路径的主要特征是研究者以具体项目管理为切入点来寻求社会治理多元参与主体最优化的治理组合和最优化的治理绩效。具体来看，就近年国外本课题相关研究而言，旨在探索经济发展

---

① 代瑾等：《"法治中国"建设与社会治理现代化研究》，四川大学出版社，2020，第17～18页。

与社会治理现代化内在关联的成果散见于各处。其中，比较有代表性的学者颇多。他们的研究视域、路径、层次和侧重点各不相同，其中 Garcia Alexandre Sanches 和 Orsato Renato 考虑到不同国家的制度、文化和监管差异，对新兴和发达国家企业的环境、社会治理绩效与经济绩效之间的关系进行了比较分析[①]；Joseph Reg 与 Bruni Antonio 以"健康城市"项目为切入点对改善健康成果与经济发展之间的耦合路径进行了有益探索[②]；Charles Shaaba Saba 和 Nicholas Ngepah 对近 30 年来三个区域国家安全与经济增长和发展之间因果关系给予系统分析[③]；Button 等人则立足微观视角对伦敦医药行业公共—私营伙伴关系（PPP）8 年间合作历程中得出的成功经验进行了总结性梳理。[④] 就国外现有研究成果而言，其关注焦点主要集中在三个层次：一是宏观国际比较；二是中观路径探索；三是微观经验总结推介。

此外，自 20 世纪末以来，以探索公共政策实现机制和耦合路径为研究旨向的"经济与社会发展结合论"逐渐成为国外学界和政界的共识。其中，最具代表意义的理论范式之一是发展型社会政策。詹姆斯·安德森（James Anderson）、安东尼·吉登斯（Anthony Giddens）和詹姆斯·梅志里（James Midgley）等人对发展型社会政策内涵的阐述比较具有代表性和影响力。其中，以专注研究发展中国家社会政策而闻名的美国学者詹姆斯·梅志里堪称发展型社会政策领域的集大成者，他与国内很多学者都有过合作交流经历，并为我国经济社会发展乃至具体的经济与社会政策耦合路径提出过很多颇具启示意义的建议。另外，在发展型社会政策的启示之下，近年来国

① Garcia Alexandre Sanches, J. Orsato Renato, "Testing the Institutional Difference Hypothesis: A Study About Environmental, Social, Governance, and Financial Performance," *Business Strategy and the Environment* 7 (2020).

② Joseph Reg, Bruni Antonio, "Health City: Transforming Health and Driving Economic Development," *Healthcare Management Forum* 8 (2020).

③ Charles Shaaba Saba, Nicholas Ngepah, "Nexus Between Defence Spending, Economic Growth and Development: Evidence from a Disaggregated Panel Data Analysis," *Economic Change and Restructuring* 12 (2020).

④ P. Button et al., "A Collaborative Eight-year Journey of Value Creation by a Public Private Partnership (PPP) Between Guys Hospital, London and Mallinckrodt Pharmaceuticals for the Administration of Extracorporeal Photopheresis (ECP) in an Out-patient Setting," *Value in Health* 12 (2020).

外学界致力于把对于贫富分化现象的研究导入对一般性诱因的归纳式研究路径，他们往往将导致贫富分化的诱因指向教育、人力资本和投资等一般性因素。持这种观点的有莫利·劳（Molly Law）、安德鲁·内森（Andrew J. Nathan）和莫·鲁凯斯（Moll Łukasz）等人。① 值得注意的是，一方面，国外已有成果对我国相关研究提供了一定的学术性和实证性参照系；另一方面，虽然国外相关研究起步较早，但是，由于国情和体制不同，其理论和经验对我国的借鉴意义有限。

二　国内研究现状

新中国成立以后尤其是改革开放以来，根据国内经济社会发展实际情况和需求，在适当借鉴国外已有成果和充分吸收中华民族优秀传统文化精华的基础上，中国社会治理理论研究界创新治理理念对社会治理理论进行了符合中国国情的多样化表述，形成了以"善治"② 为诉求、以制度建设为首位、以"人民至上"为核心的中国特色社会主义社会治理理论学派。当代中国社会治理理论研究基本上经历了三大研究范式的递进与转化：第一阶段为全局研究方式阶段（20 世纪八九十年代），这一阶段国内研究的主要特点有二，一是引进和推介外国已有研究成果，二是在借鉴国外研究成果的基础上开展对国家治理和整体社会结构变迁之间关系的宏观叙事和探索，这一阶段从事相关研究比较有代表性的学者有罗荣渠、张静如和田居俭等人；第二阶段为精细化研究阶段（21 世纪初至党的十八大之前），这一阶段国内研究的主要特点是依循精细化研究路径，分析并总结社会建设的历史经验，这一阶段相关领域有代表性的学者有李培林、陆学艺、孙立平、李伟、高冬梅和卢汉龙等人；第三阶段是多元化研究阶段（党的十八大以来），这一阶段国内研究的主要特点是运用政治学、社会学、历史

---

① 近些年来有代表性的成果有 Molly Law，"Advancing the Future of Corrections for the Betterment of All," *Corrections Today* 81（2019）；Andrew J. Nathan，"The Greater East Asia Co-Prosperity Sphere：When Total Empire Met Total War," *Foreign Affairs* 98（2019）；Moll Łukasz，"Philosophical and Political Sources of the Marxism of Common Weal," *Przegląd Filozoficzny* 4（2019）等。

② 俞可平：《走向善治——国家治理现代化的中国方案》，中国文史出版社，2016。

学和管理学等诸元学术理念和方法对中国特色社会主义社会治理现代化理念、架构和路径进行更进一步的多元化研究探索，这一阶段相关领域有代表性的学者有俞可平、林尚立、张康之、丁烈云、张贤明和石仲景等人。[①]推进实现社会治理现代化，是改革开放以来尤其是进入新时代以来中国特色社会主义现代化指导理念与实践发展的核心主题与行动逻辑。

改革开放之后尤其是进入新时代以来中国特色社会治理现代化是我们党治国理政实践探索与发展的主要组成部分，适逢"两个一百年"历史交汇期，推进社会治理现代化也是中国共产党领导全国各族人民全面建设社会主义现代化国家奋斗目标的题中本义。[②] 具体来看，近年来国内与本课题相关领域研究学者众多，其中，比较有代表性的有温铁军、俞可平、林尚立、张占斌、谢伏瞻、何毅亭、黄奇帆、姚洋、张贤明、袁国宝、王昌林、刘世锦、何帆、朱鹤、樊纲、魏礼群、樊红敏、杜熙和陈光金等人。目前，国内的相关研究成果主要关注点集中在五个方面：一是立足宏阔视域对新中国成立以来"中国之治"的历史梳理和战略前瞻[③]，以及对改革开放以来中国国家治理的历史回顾和经验总结[④]；二是关注新冠肺炎疫情对我国国家治理乃至对全球治理的影响[⑤]；三是聚焦国内大循环[⑥]或国内国际双循环[⑦]，对中国经济发展趋势进行精雕式系统解读；四是从地方政府行为、地方治理体系、地方冲突治理、价值文化与地方社会治理等几个方面切入，对社会治理现代化路径进行中观层面的预测性研究[⑧]；五是聚焦"社会治理体系现代化建设实践"[⑨]、"全面深化改革与社会治理

---

① 吴超：《治理现代化：改革开放以来中国特色社会治理的发展逻辑与进路》，北京大学出版社，2020，第4～7页。

② 吴超：《治理现代化：改革开放以来中国特色社会治理的发展逻辑与进路》，北京大学出版社，2020，第3页。

③ 魏礼群主编《中国社会治理现代化：70年回顾与前瞻》，中国言实出版社，2019。

④ 俞可平：《中国的治理改革（1978—2018）》，《武汉大学学报》（哲学社会科学版）2018年第3期。

⑤ 俞可平：《新冠肺炎危机对国家治理和全球治理的影响》，《天津社会科学》2020年第4期。

⑥ 张占斌主编《国内大循环——中国经济发展新格局》，湖南人民出版社，2020。

⑦ 樊纲等：《双循环——构建"十四五"新发展格局》，中信出版社，2021。

⑧ 樊红敏主编《政府行为与地方社会治理现代化》，中国社会科学出版社，2018。

⑨ 王琪、郑敬高主编《社会治理体系现代化建设实践》，中国海洋大学出版社，2015。

现代化"①、"以新发展理念引领社会治理现代化"② 和"中国社会体制改革与社会治理现代化"③ 等主题所展现的微观研究。近年来国内学界对于以国内国际双循环为内核的新发展格局和新发展阶段社会治理现代化内涵外延的框定④，为本书奠定了逻辑起点和学理基础。当然，尽管近年来国内研究成果不断涌现，但是，对于构建新发展格局与实现社会治理现代化政策耦合导向及路径的探索，依然处于起步阶段，与其直接相关的成果仍然鲜见于世。

自从党中央、国务院于 2015 年 11 月 29 日颁布《中共中央 国务院关于打赢脱贫攻坚战的决定》以来，我国学界有关"脱贫攻坚"的研究成果犹如雨后春笋般不断涌现。从发表研究成果的数量来看，如图 1-1 所示，自 2015 年下半年开始，相关研究成果逐年增多。2020 年相关成果问世数量达到峰值，这一年相关成果发表总数高达 12626 篇。随着脱贫攻坚战的胜利收官和全面建成小康社会奋斗目标的如期实现，相关研究成果发表的数量呈现回落态势。如图 1-2 所示，自从党的十九届五中全会以来，有关"共同富裕"的研究成果也开始逐渐增多，相信 2022 年和之后相关成果发表数量必然呈现明显上升态势。

然而，从对现有研究成果研究主题的梳理来看，国内大多数学者都将"脱贫问题"与"共同富裕"完全割裂开来看待，将"巩固脱贫成果"和"推进共同富裕"衔接并整合起来予以系统深入分析的研究成果尚不多见。另外，自党的十八大以来，尤其是全面建成小康社会发展目标实现之后，我国已经由原来的"以经济政策为主，以社会政策为辅"的发展阶段迈入经济与社会政策并重耦合的新发展时代。立足发展型社会政策的视域，要实现经济政策与社会政策有机融合，社会政策比以往更需要注入促进经济社会发展的旨向与内涵，而这恰恰是发展型社会政策的逻辑起点与现实基

① 林曾、宋亚平主编《全面深化改革与社会治理现代化》，社会科学文献出版社，2015。
② 陈光金、张翼主编《新发展理念与社会治理现代化》，社会科学文献出版社，2018。
③ 陈光金主编《社会治理现代化：社会体制改革与法治社会》，中国社会科学出版社，2016。
④ 杜熙：《人民至上视阈下社会治理现代化的基本思路》，《江苏社会科学》2020 年第 6 期。

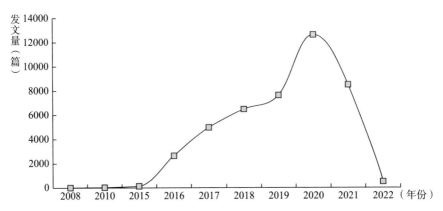

图 1-1 2008~2022 年以"脱贫攻坚"为主题的研究成果发表年度趋势
资料来源：中国知网。

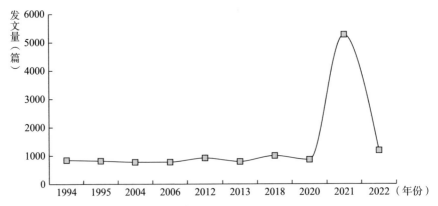

图 1-2 1994~2022 年以"共同富裕"为主题的研究成果发表年度趋势
资料来源：中国知网。

础。自党的十八大以来，国内这一领域比较有代表性的研究成果有《发展型社会政策视野下的省际对口支援研究——基于汶川地震灾后重建案例》（余翔，2014）、《去依附——中国化解第一次经济危机的真实经验（1949—1952）》（董筱丹、温铁军，2019）、《解构现代化——温铁军演讲录》（温铁军，2020）、《发展型社会救助政策》（慈勤英，2021）和《公共财政转型与社会政策发展》（顾昕，2021）等。另外，国内有关"新发展阶段"、"新发展格局"和"共同富裕"的研究成果众多。从学科分类角度来看，截至 2022 年 2 月 22 日，依据中国知网数据库公布的信息可知，以"新发展阶段"、"新发展格局"和"新发展理念"作为研究主题的中文文献基本上集中在"中国政治和国际政治"和"经济体制改革"等几大研究视角。有关这些研究主题,立足马克思社会有机体理论、马克思社会结构理论和发展型社会政策的视角,探寻公共政策耦合路径的研究成果也不多见。

三　研究方法

本书采取的主要研究方法如下。

第一,文献研究法。

这一研究方法的要点在于在提出问题的前提下,注重搜集、研读、整理和提炼与本书课题相关的中外已有研究成果,并在此基础上整理文献与开展文献综述。本书研究课题的提出是根据已有的相关理论成果、研究现状与中国特色社会主义事业发展的现实需求,对相关中外文献进行整合归类与借鉴应用。本书研究课题的立论基础有二:一是构建新发展格局对新时代中国特色社会主义社会治理现代化提出的更新更高要求,二是中外已有可资借鉴的研究成果。因此,尽管文献研究法是非常传统的理论方法,但是,其对于本书研究课题的开展非常重要且意义非凡。

第二,多学科理论研究路径融合法。

本书研究课题所涉范围并非单纯属于社会科学中某一专属学科,需要综合运用政治学、经济学、法学、社会学、公共政策学甚或国际关系学等多学科理论研究方法。又因为本书作者从本科到博士求学阶段乃至后来的博士后工作经历中所历教育背景基本涵盖以上多个学科,所以,本书课题研究会力争实现以上多学科研究方法的深层次结合,以利于扩容本书研究课题理论研究的覆盖面、适用性和解释阈值。

第三,逻辑分析与实证调研结合法。

本书研究课题不仅重视立足于文献研究基础上的逻辑分析,也注重引入基于大数据分析和社会调研的实证分析方法。本书课题研究采取这一研究方法原因有二:一是遵循规范性学术研究"理论联系实际"的基本规律;二是包括社会治理现代化的国家治理现代化以制度建设为核心,制度建设又表现为制度设计和制度执行力两个方面，而对制度设计进行分析主要依循逻辑分析研究路径，对制度执行力进行考察主要依循实证调研研究路径。

第三节　基本思路和创新之处

一　基本思路

本书以探索新时代构建新发展格局背景下社会治理现代化实现路径为研究旨向，综合运用政治学、社会学、经济学、法学和公共政策学等多学科理念与方法，依循提出问题、分析问题与提出对策建议的思维逻辑顺序，在凝练总结和适当借鉴国内外已有研究成果的前提下，以构建新发展格局对国内经济社会结构的解构与重组为本书课题研究的社会背景和逻辑起点，紧紧扭住巩固脱贫成果推进共同富裕和实现社会风险源头治理这一社会治理现代化的核心议题，初步探寻并提出有助于推进构建新发展格局背景下社会风险治理现代化乃至社会治理现代化实现路径的对策建议。

依照以上基本思路，如图1-3所示，本书的具体研究内容分为如下几个方面。

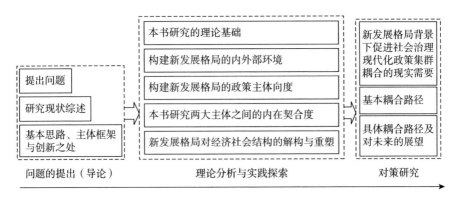

图1-3　本书的基本思路和主体框架

首先，问题的提出。

本书承载"问题提出"这一职能的是"导论",这部分的主要任务有三：一是问题的提出，二是概述国内外相关领域研究现状，三是亮明本书研究的基本思路、主体框架与创新之处。提出问题是本书这一部分的中心任务。这一部分负责阐明党的十九届五中全会上正式提出的推动构建"新发展格局"这一重大决策部署的背景和重要意义，并在此基础上强调指出以国内大循环为主体、国内国际双循环相互促进为主要特征的"新发展格局"对推动经济社会高质量发展所提出的全新课题和更高要求——这是本书的研究背景，也是本课题研究的缘起。

其次，理论分析与实践探索。

本书承载"理论分析与实践探索"这一职能的是第二章至第四章，这部分的主要任务有五个方面：第一，系统介绍和阐释本书研究的理论基础，这一部分主要介绍与本书研究直接相关的经济增长理论、马克思社会有机体理论和发展型社会政策；第二，揭示提出构建新发展格局的内外部环境，并在此基础上阐明本书研究的重要意义；第三，阐释构建经济新发展格局的政策主体向度；第四，阐述本书研究两大主体之间的内在契合度；第五，系统分析构建新发展格局对我国经济社会结构的解构与重塑，并在此基础上论证构建新发展格局对推进实现新发展阶段中国特色社会主义社会治理的更新和更高要求。

最后，对策研究。

本书承载"对策研究"这一职能的是第六章，这一部分的主要任务有三：第一，从宏观视域论证新发展格局背景下促进社会治理政策集群耦合的现实需要；第二，从中观维度阐述新发展格局背景下优化经济与社会政策集群耦合机制的基本路径；第三，从微观层面指明优化营商环境尤其是优化对外开放营商环境和改善政商关系，是推进实现新发展阶段社会治理现代化的经济基础。

二 创新之处

第一，研究视角力图创新。

本书研究力图从宏观、中观和微观三个维度跳出固有樊篱，在研究视角上实现创新。首先，从宏观层面跳出"新发展格局"和"社会治理现代化"固有研究框架，力图探求二者逻辑结合点和政策契合点，从而为理论研究者提供一种具有一定合理性的新思维路径，并为政策决策者和执行者提供一种有益于经济政策社会政策耦合并具有可行性的公共利益实现路径。其次，在中观和微观两个维度跳出以往两个认识误区，一是将"巩固脱贫成果"与"推进共同富裕"割裂开来看待的认识误区，二是将"巩固脱贫成果"与"推进共同富裕"单纯置于经济政策范畴和视野的认识误区。在突破以往认识误区的基础上，本书研究致力于以探索新发展格局背景下社会治理现代化政策集群耦合路径为统领，探索巩固脱贫成果与推进共同富裕的公共政策体系实现机制，为本书研究展现更具启示意义和理论价值的新思路，提出更具实效性和普适性的新建议。

第二，研究路径争取创新。

本书研究不拘泥于单维学科的微雕式研究路径，而是倾向于马克思主义理论、经济学、政治学、社会学、法学和公共政策学等多学科跨域研究路径交融。具体而言，本书研究立足马克思社会有机体理论、马克思社会结构理论和发展型社会政策等理论视角，以问题意识为导向，开展线上问卷调研和跨区域田野调研，力争文献梳理、思辨分析与实证研究方法的有机融合，以确保研究成果的融通性和研究成果解释阈值的最大化。

第三，学术观点寻求创新。

本书将有针对性地系统地提出一系列具有一定原创性的学术观点：首先，在指明构建新发展格局与实现社会治理现代化主旨高度关联的基础上，从历史逻辑、理论逻辑和实践逻辑入手，阐明巩固脱贫成果与推进共同富裕之间的内在契合度；其次，阐释构建新发展格局与实现社会治理现代化的宏观耦合路径，在于推进实现"新发展理念"指引下以创新为牵引力的经济社会发展模式的转型升级；再次，强调构建新发展格局与实现社会治理现代化的中观耦合路径，在于深化分配领域改革优化社会分层结构，并在此基础上从理论联系实际的角度出发，论证探索巩固脱贫成果与推进共同富裕公共政策体系实现机制的现实需求；最后，立足马克思社会有机体理论、马克思社会结构理论和发展型社会政策的视野，为本书研究提出一系列具有一定原创性的对策建议，具体而言，就是强调并论证构建新发展格局与实现社会治理现代化微观耦合路径，在于以新发展理念为导引优化内外部营商环境和理顺政商关系，进而激发市场和社会主体的创新动力。

第二章

新发展格局背景下社会治理现代化政策集群耦合路径研究的理论基础

本书以探索新时代新发展格局背景下社会治理现代化政策集群耦合路径为研究旨向,依循提出问题、分析问题与提供对策建议的思维逻辑顺序,在凝练和适当借鉴国内外已有研究成果的前提下,以构建新发展格局对国内经济社会结构的解构与重塑为本课题研究的社会背景和逻辑起点,紧紧扭住社会风险防控和源头治理这一社会治理现代化的核心议题,来展开相关研究。在寻求相关理论研究和实践探索契合点的过程中,需要综合运用马克思主义理论、政治学、社会学、经济学、法学和政策学等多学科理念与方法,具体而言,至少关涉经济增长理论、发展型社会政策、社会整合与国家治理理论、政治发展理论、公共政策分析、马克思社会有机体理论和马克思社会结构理论等。其中,经济增长理论、发展型社会政策和马克思社会有机体理论是本书所涉课题研究的主要理论来源与基础。

第一节　经济增长理论

自经济增长理论问世以来,已逾两个世纪,这 200 余年几乎就是现代经济学的发展历史。如果对经济增长理论演进历程予以学理性考察,至少可以将其作出宏观和微观两种划分——以拉姆齐模型 (Ramsey Model) 为分水岭的两分法和以其代表性理论迭代为切入点的四分法。尽管经济增长理论是舶来品，但是，如果单就其逻辑性和解释性而言，经济增长理论的最新成果与马克思主义政治经济学存在诸多契合点。因此，这一理论对于新时代中国特色社会主义经济发展新发展格局的构建，以及对于探索新发展格局背景下社会治理现代化政策集群耦合路径研究具有相当的理论借鉴及参考价值。

一　经济增长理论的基本内涵

（一）经济增长理论概述

经济增长理论（Theory of Economic Growth）是现代宏观经济学的一个分支，究其根本，该理论的核心诉求，在于探寻间接影响甚或直接左右经济增长向度及动能的主要因素，一言以蔽之，所谓经济增长理论，就是探索经济增长规律并解析经济增长制约因素的理论。经济增长理论在方法论层面的基本特征是通过均衡分析方法，以建立相应经济模型的方式，对经济增长的动态过程给予长周期考察。经济增长通常被定义为产能与产量的增加，而这里的产量至少有两个衡量指标，即经济总产量与人均产量。因此，经济增长理论往往用增长率来描述和标定经济增长程度。几乎可以毫不夸张地断言，经济增长理论自诞生至今已200多年，而这已经过去的两个多世纪实际上就是经济学作为一个独立完整的学科的发展史。这就是说，经济学自诞生之日起，其研究的旨趣和目的，就是探索经济增长现象和总结经济增长规律。当前学界认可度最高的一种对经济增长理论演进历程宏观划分方法是以弗兰克·普兰顿·拉姆齐（Frank Plumpton Ramsey）在1928年发表的经典论文为分水岭，将经济增长理论演进历程分为两个阶段。秉持这种划分方法的学者认为，1928年"拉姆齐模型"问世之前的阶段是经济增长理论发展进程中的奠基时期，这一时期出现的各种经济增长理论被统称为"古典经济增长理论"，这一阶段的经济增长理论几乎囊括了从亚当·斯密、马尔萨斯和马克思到拉姆齐的所有理论学说。与之相对应的，这种观点认为1928年"拉姆齐模型"问世以后就是经济增长理论发展历程中的成熟时期了，这一阶段的经济增长理论主要有"内生增长理论"与"新古典增长理论"两大范式。

（二）经济增长

就一般意义而言，所谓经济增长主要指的是一个统计周期内一个区域或一个国家商品生产和劳动力增加的总额及速度。如果采取对于经济增长的传统学理性表述方式，一般将经济增长视为一个国家或经济体一定周期内商品与劳务能力的增量。对于经济增长的实际核算方法，通常情况下有两种，一种是大家熟悉的 GDP，另一种是 GNP。

GDP，通常指的是一个国家（或地区经济体）全部常住人口与组织在一个统计周期（通常为一年）内生产活动最终成果的总和。当今时代，GDP 是国际通行的进行国民经济统计核算的主导性指标之一，同时，它也是衡量一个国家或地区经济体经济运行状况与发展水平的主导性指标之一。

在现实经济社会生活中运用人均和总量 GDP 统计方法意义重大，有关这一点可以举例为证。例如，世界银行 2020 年 5 月 19 日发布的新一轮（2017 年）国际比较项目（ICP）结果计算相关数据显示，按照 PPP 法计算出来的中国 2017 年度 GDP 比同年美国 GDP 多出 980 亿美元，排在全球第一，以此为由，有人提出中国已经并非发展中国家这一主张。然而，实际上看待一个国家是否是发达国家的主要评判标准并非看 GDP 总量，而是要看人均 GDP 水平的高低。问题的关键是，"发展中国家的 PPP 值往往存在系统性低估，从而按 PPP 法计算的发展中国家的 GDP 和人均 GDP 往往存在系统性高估"[①]，因此，中国统计学会已经给出权威解读，PPP 统计结果并非官方权威统计数据，按照实际人均 GDP 水平来看，我国是世界上最大的发展中国家，这一事实目前并未改变。再如，中国政府网最新公布信息显示，2021 年我国 GDP 同比增长 8.1%，在全球主要经济体中经济增长速度名列前茅；2021 年我国经济总量突破 110 万亿元，达 114.4 万亿元，按照年平均汇率换算，已经高达 17.7 万亿美元，在全世界经济总量中占比预计超过 18%，经济总量稳居世界第二……我国人均 GDP 超过 8 万元人民币，按照年均汇率换算为 12551 美元，尽管未及高收入国家人均水平下限，

---

① 许宪春：《中国仍为世界最大的发展中国家——从购买力平价法视角评析》，国家统计局网站，http://www.stats.gov.cn/tjsj/sjjd/202005/t20200520_1746690.html。

但已经逐渐接近。另外，2021 年我国首次超过世界人均 GDP 水平，经过初步测算，2021 年世界人均 GDP 在 1.21 万美元左右，而我国则是 1.25 万美元。① 这一系列统计数据的公布，表明在疫情和国际经济周期性低迷双重冲击下我国经济增长的强劲活力正在彰显。当然，这种对于经济增长的界定和核算方式，都偏向于微观经济学和数量经济学研究取向，而经济生活中所谓的"经济增长"几乎是长周期的宏观问题。因此，现实生活中的经济增长其内涵并非单纯局限于经济增量本身，其还理应具有一定周期或一定时间段的含义。从这个意义上而言，如果经济增长这个概念被简单地归结为经济增量的结果，那么，这一定是一种对经济增长的误读。经济增长理应被更广泛地理解为存在增量结果的长周期持续的增长。

GNP，是另一个重要的国际通行宏观经济指标，指的是一个国家或地区经济体一切常驻自然人和机构单位在一个统计周期（通常以年或季为单位）内初次分配收入的最终成果。这就是说 GNP 指的是一个国家或地区经济体所有国民在一定统计周期内新产出产品及服务价值总和。需要关注的是，GNP 与 GDP 最大的区别是 GNP 是按照国民原则核算，也就是说 GNP 核算的是本国或本地区所有合法居民的初次分配收入最终结果，无论该居民是否在本国或本地区内，其在生产与经营活动中新增加值都被计算在其中。20 世纪 90 年代之前，GNP 一直都是各国或地区经济体用以统计自身经济增量的核心指标。20 世纪 90 年代之后，GNP 被国民总收入 GNI 所取代，自此之后，各国或地区经济体仅对外公布 GDP 和 GNI 相关数据，实际上在通常情况下，GNI 基本上就等同于过去的 GNP。也就是说 GNP 并非丧失统计意义，而是其已经被更完备的 GNI 统计核算方式取代。

当然，如果考虑到人口与价格等因素的变动，经济增长理应包括人均社会福利的增加——当然，影响经济增长的绝非仅有人口和价格这两种因素。素有"GNP 之父"美誉的美国著名经济学家西蒙·史密斯·库兹涅茨（Simon Smith Kuznets）曾将影响经济增长的因素归纳为六个方面：（1）人

---

① 《经济总量 114.4 万亿元、超世界人均 GDP 水平……2021 年中国经济亮点!》，中国政府网，http://www.gov.cn/xinwen/2022 – 01/17/content_5668815.htm。

口增长率与人均经济增长率；（2）技术进步与生产率的提高；（3）经济结构的调整；（4）社会结构和意识形态结构的变革；（5）世界经济的增长；（6）世界经济增长的不平衡性。正是在此基础上，库兹涅茨为经济增长提出了广为人们接受的经典的学理性界定。他认为，一个国家或一个地区的经济增长，可以被理解成该国家或地区居民提供所需品类日趋繁多的经济产品能力的稳步提升，而这种能力的不断提升则是立足以上诸多因素优化调整为前提的。总体而言，经济增长理论认为物质、能源、新技术、自然环境和劳动力素质等多种因素都构成了对经济增长的制约因素。

（三）经济增长的制约因素

经济增长理论的基本特征就是综合运用各种均衡分析方法或其衍生方法，以建构各种经济分析模型的途径，系统对比与考察长周期内经济增长动态过程，并借此探索经济平稳运行状态下经济均衡性增长所需各种条件。亦即如前所述，经济增长理论的主体诉求，就在于探寻影响或左右经济增长向度及动能的主要因素，即探索经济增长规律并解析经济增长制约因素。归纳起来，经济增长的制约因素大致可以分为三种类型，即资源性制约因素、技术性制约因素、体制和制度性制约因素。

1. 资源性制约因素

影响经济增长的资源性制约因素，一般情况下包括自然资源环境与条件、劳动力素质、劳动力年龄阶段、劳动力规模、资本数额、资本稳定性和资本流向等因素。自然资源环境承载力、自然资源储备量、劳动力素质和资本总量等方面是资源性制约因素中的主导因素。其中，资源环境承载力是经济增长的首要制约因素。所谓"资源环境承载力"，指的是一定区域范围的一定时期内，在本区域自然资源结构与状体符合本区域经济持续增长所需，本区域自然资源环境功能仍具备保持其平稳运行能力的条件下，本区域自然资源环境系统所能负担容纳人类各种社会经济活动之能力限度。资源环境承载力是一个复合型概念，其中涵盖了自然资源和环境要素等多种因素的综合承载力概念。其中，资源环境承载主体、资源环境承载客体与资源环境承载率三个基本要素，是计算资源环境承载力的核心要素。资源环境是一个国家和地区经济增长的物质基础，离开物质基础去寻求经济增长无异于缘木求鱼。尤其是对于后发展国家，资源与环境对经济的制约作用更为明显。以我国为例，最能说明这个道理。尽管近些年来我国经济增长的存量优势和增量优势都已经越发凸显，但是平均能耗水平却一直远超发达国家，可以说资源环境承载力已接近上限。对于很多以重工业为支柱的大中城市来说，这种情况尤为严峻。

2. 技术性制约因素

不论是从历史视角还是从现实视角来看，劳动力、资金和技术一直都被看作影响经济增长的三大主要因素，其中技术因素对经济的影响尤其明显。只要立足唯物史观对人类经济发展历程进行以下简单的梳理，我们就不难发现技术性因素对任何时期的经济增长都发挥着巨大的制约性影响。众所周知，人类历史上的三次科技革命对经济社会生活都产生了空前的影响：以蒸汽机的发明为先导的第一次科技革命不仅促进了工业部门机械化的快速发展，推动了机械制造业和交通运输业革命性进步，更使社会化大分工由理想变为现实；以电气化和内燃机为标志的第二次科技革命不仅推动人类利用能源方式的新革命，催生了包括电力供应、电炉炼钢和电解铝在内的一系列新型工业部门的产生与发展，而且第二次科技革命还大大提升了生产的社会化和国际合作水平，从此之后世界贸易得以真正实现并快速发展；以原子能、电子计算机和航天工业为标志的第三次科技革命不仅建立起相应的新兴工业部门，推进第一产业现代化和第三产业的迅速发展对传统工业部门结构进行了划时代的技术升级改造，并且最重要的是第三次科技革命彻底改变了经济社会原有联结方式和运行模式。归根结底，以上的种种变化都源自 17 世纪下半叶人类正式开启的科技革命。自 17 世纪下半叶始，尤其是人类社会进入 19 世纪之后，技术创新推动之下的产业革命在西欧国家逐步展开，在此后的一个多世纪中技术革新不仅对这些国家经济增长产生了前所未有的推动作用，而且，还对传统生产方式与社会关系构成了空前的冲击与洗礼。当今时代，人类文明又迈入到另一波科技创新不断涌现的重要时期，同时，我们也步入了一个因科技创新而推进经济社会结构快速调整的关键时期。特别是进入 21 世纪以来，随着在生命科学、生物技术、空间技术、新能源和材料学等领域技术创新广度和深度的不断扩容，尤其是很多关键领域基础学科的接连突破，令第四次科技革命喷薄欲出。与此同时，我们不得不承认和面对的基本事实就是我们很多基础学科和关键核心技术领域与世界上最先进国家相比仍然存在相当的差距。这与我国当前经济社会发展进步的总体趋势相比显得十分违和，这种违和表现在多个方面：关键核心技术领域的技术自给率相对较低；自主创新能力有待进一步提升；高科技产业在国民经济中占比不高；新旧动能转换进程中面临的各种机制体制方面的障碍性因素并未完全清除；关键核心技术领域拔尖人才储备量相对匮乏，相关领域的技术性投入有待加强。总而言之，我国高科技领域的发展现状与我国经济发展中急需技术升级产业转型的现实需要还存在诸多耦合度不强的情况。这使得我国经济在面临经济技术转型升级和树立经济竞争新优势的内外部需求面前，承受着巨大的压力。综合以上，已经不难理解技术性因素对经济增长的巨大影响力和制约性。也正是因为如此，经济增长理论一直将技术性制约因素视为该理论研究的主要客体之一。

3. 体制和制度性制约因素

在经济增长的过程中，通常情况下体制性和制度性因素对经济社会主体在生产、流通与分配等多环节构成规定性约束，亦即体制性制约因素对人们经济行为边界具有制度性约束力。因此，制度性制约因素对经济增长具有强大的直接或间接的影响，也正是因为如此，对经济增长的制度性制约因素的研究，也是经济增长理论的一个主要研究路径，而且，这一研究路径越来越得到学界和政界的重视。

自经济增长理论诞生以来，该理论有关经济增长问题的研究路径总体上分为两大类，一是对经济增长构成直接影响的诸多要素的对比性分析，这一类研究路径以建构普适性增长分析模式为主，其中，以"多马经济增长模型"和"哈罗德经济增长模型"为代表；二是将对经济增长构成间接影响的诸多要素纳入其研究视域，这一研究路径最典型的特点就是以制度因素为切入点来分析经济增长问题，秉持这样一研究路径最具影响力的有匈牙利科学院通讯院士、著名经济学家雅诺什·科尔奈（János Kornai）的经济增长论和制度经济学。科尔奈经济增长理论最鲜明的特点与逻辑起点是对社会主义国家传统计划经济的反思与批判，当然，作为治学严谨的学者，科尔奈对传统计划经济的批判绝对不是基于意识形态原因，而是建立在对社会主义国家传统计划经济运行模式结构性矛盾的深刻洞悉。科尔奈曾先后提出非常具有影响力的"科尔奈—利普塔克模型"（即"双重计划理论"）、"反均衡理论"、"短缺经济学"和"软预算约束经济学"等经济学中的重要学说。其中，最具影响力的是他 1980 年问世的《短缺经济学》。其中他明确指出，在社会主义国家中形成短缺经济的深层次原因是社会主义国家传统计划经济体制所具有的短缺存续和再生能力，为此，他率先提出了要想从根本上消除社会主义国家短缺经济问题就必须从彻底改变计划体制入手这一观点。

《短缺经济学》出版后，科尔奈蜚声经济学界，值得我们关注的是，这位来自东欧的非科班出身的经济学家曾经与改革开放后的中国结下了不解之缘。1986 年科尔奈《短缺经济学》首次在国内发行，便引起了巨大的轰动，科尔奈经济增长理论在国内学界迅速得到广泛认同。事实上，早在《短缺经济学》在国内首次发行的前一年科尔奈就已经与中国结下了不解之缘。1985 年 9 月初，中国社会科学院、中国经济体制改革研究会与世界银行联合在中国举办"宏观经济管理国际讨论会"，并诚邀当时国内外多位顶级经济学家，来共同讨论中国进一步深化改革的方向问题。因为这次会议议程基本上是在长江"巴山号"游轮上完成的，因此，本次盛会也被称为"巴山轮会议"，而科尔奈恰是本次会议邀请的经济学家之一。在"巴山轮会议"上科尔奈发布了以《宏观政策的改革：匈牙利的经验》为题的学术报告，这篇报告对我国后来的经济改革转型产生了深远影响。[①]实际上，因为当时科尔奈所在的东欧国家和我国一样同属于社会主义国家，所以，当时的国家决策层非常重视东欧国家的经济增长理论和经济增长模式，东欧经济模式也曾一度是我国经济体制改革的主要参照系。虽然科尔奈经济增长理论与制度经济学不存在明显的学科谱系内部传承关联，

[①]　《经济学家科尔奈去世：他深刻影响了中国经济改革》，新京报，https://m.bjnews.com.cn/detail/163465963214707.html。

但是，二者有一个共同的特点，就是都将制度因素作为自己的首要研究对象。在庞大的经济增长理论体系之中，制度经济学一度被看作非主流经济学中的主流。现代西方经济增长理论一般被认为有两大分支，一是以亚当·斯密、大卫·李嘉图、西斯蒙第和穆勒等人为主要代表的主流经济学派，这一流派建构的理论体系，也被称为古典经济学体系（Classical Economics），后来经过"张伯伦革命"、"凯恩斯革命"和"预期革命"三次大的理论变革，主流经济学派逐渐形成微观经济学和宏观经济学两大研究范式，即"新古典经济增长理论体系"；二是以批判"新古典经济增长理论体系"两大理论缺陷为理论起点和增长点的制度经济学（Institutional Economics）为主要代表的非主流经济学。制度经济学的首倡者是美国著名经济学家托斯丹·邦德·凡勃伦（Thorstein B. Veblen）和约翰·罗杰斯·康芒斯（John R. Commons）。制度经济学借鉴利用达尔文进化论、德国古典哲学和美国早期实用主义的研究视角及分析方法，对资本主义国家经济社会历史与现实进行了系统分析，尤其是以制度视角为切入点对资本主义国家经济增长现象和规律进行了深入探索。到20世纪二三十年代，制度主义经济学在西方学界几乎已经盖过所谓"主流经济学"的势头，不仅对各国政府经济政策走向产生了直接影响，而且也在经济思想史上留下了浓墨重彩的一笔。到20世纪40年代左右，随着凯恩斯主义的崛起，新古典经济增长理论体系一时风光无两，直至20世纪60年代随着以约翰·肯尼思·加尔布雷斯（John Kenneth Galbraith）和冈纳·缪尔达尔（Karl Gunnar Myrdal）为主要代表的"新制度经济学"的兴起，尤其是随着以罗纳德·哈里·科斯（Ronald H. Coase）和道格拉斯·诺斯（Douglass C. North）为主要代表的"新古典制度经济学"影响力的不断扩大，制度经济学才开始崭露头角。当然，如果详细加以区分的话，加尔布雷斯和缪尔达尔是凡勃伦开创的传统制度经济学衣钵继承者，而科斯和诺斯的经济学主张应属于新自由主义的范畴。当然，尽管他们之间有所区别，但是他们有一个共同的研究旨趣，那就是以制度视角为切入点研究探索维持和推动资本主义社会经济持续增长的方法及规律。

二　经济增长理论演进历程

如上所述，就经济增长理论演进历程而言，以拉姆齐模型为分水岭可以将经济增长理论演进历程分为两个阶段，如果以该理论具体的代表性学说迭代为切入点，又可以将经济增长理论分为四个发展阶段。

（一）经济增长理论演进历程"二分法"

在当代绝大多数比较有影响力的宏观经济论著当中，往往都会出现"拉姆齐模型"或"拉姆齐理论"，可以毫不夸张地说，拉姆齐模型及其理论已经成为现代宏观经济学的主流。如果以拉姆齐模型和理论为分水岭，可以将经济增长理论演进历程分为两个阶段：一是 1928 年拉姆齐模型提出之前，这一阶段是经济增长理论的奠基与成形阶段，以"古典增长理论"而著称；二是 1928 年拉姆齐模型提出之后至今，这一阶段经济增长理论涵盖"内生增长理论"与"新古典增长理论"两大范式。其中，经济增长理论形成与发展的第一阶段，也被称为"古典增长理论"发展阶段。由于古典增长理论发展阶段的研究成果跨越了古典经济学和新古典经济学两大范式，因此，这一阶段的经济增长理论笼统涵盖许多研究路径表现特征各异的增长理论。也就是说，古典增长理论发展阶段的研究成果几乎囊括了从亚当·斯密到拉姆齐等多位经济学家和思想家对于经济增长制约因素的不同分析框架与研究思路。这种划分路径不仅将亚当·斯密的"分工经济增长论"和马尔萨斯"人口论"归为古典增长理论，也将马克思的"再生产理论"和"制度内生变量增长论"归入其中，甚至后来约瑟夫·阿洛伊斯·熊彼特（Joseph Alois Schumpeter）的"创新增长理论"、"金融与产业资本结合增长论"和阿林·杨格（Allyn Abbott Young）的"斯密定理"也被归类为与古典增长理论休戚相关的新古典经济学增长理论的研究范式。此外，古典增长理论分析方法和研究路径，也可以说是各具特色且精彩纷呈。如众所知，亚当·斯密、马尔萨斯和马克思经济增长理论都是以古典政治经济学为理论渊薮的，而熊彼特可以说是卡尔·门格尔（Carl Menger）的衣钵传承人，其所提出的创新理论几乎完全遵循着奥地利经济学派（Austrian School）的分析路径和研究传统。这种有关经济增长理论发展阶段的划分方法，将拉姆齐至今的所有增长理论范式都归类为"现代经济增长理论"。从研究内容的视角来看，学界通常认为以凯恩斯"有效需求理论"为基础的"哈罗德—多马经济增长模型"（Harrod & Domar Model）奠定了现代经济增长理论的基本理论基础，其不仅被看作对凯恩斯主义的重要补充，还标志着数理研究路径在经济增长理论研究中的首次登场。如果从研究路径和分析方法而言，拉姆齐于 1928 年在《经济学期刊》上发表的一篇论文中提出的"拉姆齐模型"才是当之无愧的现代经济增长理论的开山之论。从此之后，经济增长理论研究更加注重对影响经济增长诸因素的实证性动态分析。如果将新古典增长理论视为古典增长理论与现代增长理论的交接点的话，那么，现代经济增长理论又可以分为新古典增长理论、新增长理论、结构主义增长理论和制度变迁理论等。

（二）经济增长理论演进历程"四分法"

除了以上对经济增长理论宏观的二分法之外，如果以代表性理论的迭代为切入点，以凯恩斯创立的现代宏观经济学为理论起点，又可以将经济增长理论分为四个发展阶段：第一代经济增长理论即基于凯恩斯提出的国民收入均衡理论的"哈罗德—多马经济增长模型"；第二代经济增长理论是"技术进步理论"；第三代经济增长理论是阿罗的"一般均衡理论"和"社会选择理论"；第四代经济增长理论则是"创新领域规模型投资理论"。① 其中，第一代经济增长理论的首倡者是凯恩斯的忠实拥趸和凯恩斯传记作者之一的英国牛津大学的罗伊·福布斯·哈罗德（Roy Forbes Harrod）教授。因为凯恩斯的国民收入均衡理论认为影响经济增长的主要因素是投资，哈罗德因循这一基本理论逻辑，提出储蓄额和储蓄率是左右经济增长核心要素这一基本观点。然而，历史和现实一再表明，不论是发达国家还是后发展国家的经济增长在绝大多数情况下都是在技术革新的作用下予以成形和扩容的。由此可知，哈罗德的理论观点与经济增长的实际情况并非完全相符。基于这一基本认知，第二代经济增长理论"技术进步理论"便应运而生。"技术进步理论"的提出者是美国经济学家罗伯特·默顿·索洛（Robert Merton Solow）。作为 1987 年诺贝尔经济学奖得主的索洛，其在经济学领域最大的原创性贡献，就是提出并实践了衡量技术进步对经济增长贡献度的数理计算方法。他把因技术进步要素引发的经济增长

---

① 高连奎：《第四代经济增长理论》，《现代商贸工业》2021 年第 15 期，第 5～7 页。

定义为"全要素增长"，并将教育、知识、技术型培训、经济结构和组织管理等诸多方面的进步与完善，都归类于其所界定的"全要素增长"的核心范畴。尽管索洛提出的以技术进步引领的经济"全要素增长"这一理论观点得到了学界广泛认可，但是，以索洛为代表人物的第二代经济增长理论毕竟没有形成对经济增长所需技术进步内生性动力机制的系统研究——而这恰恰成为经济增长理论继续更新迭代的逻辑起点——第三代经济增长理论即阿罗的"一般均衡理论"和"社会选择理论"关注的着力点明显聚焦于技术进步内生性动力机制问题。第三代经济增长理论的提出者是美国著名经济学家肯尼斯·约瑟夫·阿罗（Kenneth J. Arrow）。阿罗在1962年提出的"干中学"模型（Learning by Doing Model），是其对技术进步内生性动力机制研究路径的直观展示。他从以劳动和资本为主要变量的"柯布—道格拉斯生产函数"出发，推导出一个全新的促进经济增长规模收益递增的生产函数。阿罗在其相关研究中明确指出，知识是人们通过学习获得和传承的，技术进步不仅是知识获得和传承的产物及结果，而另一方面，学习的过程也是经验不断积累总结的过程，即来自于行动的经验，其积累的过程就体现为技术的进步——技术的进步则是推动经济增长的动因——这就是阿罗"干中学"模型的基本逻辑。可以说，阿罗首倡和主导的第三代经济增长理论，将理论研究的触角探及经济增长的内生性动力机制，相对于前两代经济增长理论而言，这不啻质的飞跃。然而，随着经济社会结构和环境的更新迭代，在理论和实践层面上对于影响甚至决定经济增长核心要素的探究犹如一个矢量，没有结束，也不会结束。按照这种划分方式，与其说目前已有的三代经济增长理论已经探寻到了影响经济增长的主体要素，还不如说以往的经济增长理论及其相关研究成果无非在用精心建构起来的复杂分析模型去解释界定一些经济领域最浅显易懂的常识性现象罢了。截至目前，学界已经相继诞生了三种类型的经济增长理论，其中不乏鸿篇巨制和真知灼见，但是客观地说，对经济增长发挥决定性影响的核心要素究竟为何仍莫衷一是。另外，已有的西方经济增长理论对我国现实经济发展战略及政策制定不具有直接指导意义，实际上，在现实经济生活中也很少看到有包括西方国家在内的哪一个国家政府，奉所谓经济增长理论为圭臬照本宣科地制定经济发展政策。正是基于这一逻辑认知，有学者在对以往经济增长理论进行思辨性整合和对中国特色社会主义现代化进程进行现实性考察的基础上，提出第四代经济增长理论，即"创新领域规模型投资理论"。该理论的核心观点是认为一个经济体（通常为国家）的经济增长，主要取决于这个经济体在创新领域聚集性和靶向性投资规模。这种在技术创新领域兼具聚集性和靶向性的规模以上投资，尤其是股权投资行业聚集的规模化投资，被看作技术创新与有效投资的功能契合点和效能倍增器。第四代经济增长理论将经济增长的内生动力机制研究引向深入，这绝非对此前已有的投资论和技术进步论的简单重复，而是对原有相关理论的系统性和结构性整合。当然，对于经济增长机制尤其是其动力机制的追问和探索不会稍歇。例如，一个经济体（通常为一个主权国家）尤其是在如我国这样的后发展国家中究竟为何和怎样在技术创新领域聚集尽可能多的有效投资？根据以往的研究和实践，我们不难发现，财税政策和货币政策的优化度耦合度，以及国家经济社会发展规划的科学性、合理性、时效性、实效性和执行力，都是左右经济增长的主体要素。对以上诸因素的理解和分析，恰是第四代经济增长理论的理论聚焦点和增长点。实际上，几乎任何一个经济运行状况尚可的主权国家都拥有巨量资金，但是，资金总量并不是核心要素，资金的投资流向才是最重要的，而在决定资金投资走向的多种因素中，当属货币利率为最。通常情况下，货币利率是由货币的供给和需求比例关系决定的，而货币的供给问题正是货币政策旨向所在。综上所述，第四代经济增长理论对于我国新时代构建新发展格局最具借鉴意义。

三 经济增长理论关注的焦点及其研究主题

随着经济增长理论的演进发展与不断完善，经济增长理论关注的焦点及其研究主题犹如大浪淘沙逐渐去伪存真并聚拢趋同。经济增长理论关注的焦点及其研究主题，构成经济增长理论的基本内核。众所周知，经济增长理论就是探索经济增长动力、经济增长规律并在此基础上解析影响经济增长制约因素的理论。因此，经济增长动力始终都是经济增长理论关注的焦点及其研究主题之一。通常情况下，尽管经济增长一般被看作一个量变性概念，而经济发展则是经济增长到一定阶段的结构上的质变性概念，但有两个基本事实是毋庸置疑的：一是经济增长是推动经济发展的动力，二是推动经济增长的动力是经济发展的原动力。如果按照经济增长理论由古典增长理论向现代增长理论演进发展历程进行梳理的话，我们可以对经济增长理论体系中有关经济增长动力学说进行如下归纳总结。

（一）社会分工要素动力说

所谓社会分工动力说的基本逻辑，是秉持这种观点的人认为社会分工使得经济社会主体只有通过交换或交易才能维系自身的存续发展，而在这种经济社会背景下分工会大大促进生产力发展。亚当·斯密就持这一观点，他认为社会分工是促进经济增长的主要动力，具体原因有三：一是社会分工以及由分工引发的工业竞争使劳动者劳动技巧因为分工和同业竞争而越发精进；二是社会分工结构的相对稳定性降低了经济社会主体更换工种的经济成本和社会成本；三是工业革命中很多简化劳动复杂程度与缩减劳动时间的机械发明，都是建立在分工的基础上的。亚当·斯密的社会分工动力说是古典经济增长理论的核心观点之一，有其合理性。然而，在对社会分工的起源进行溯源的时候，亚当·斯密却犯了先验主义错误。他认为，分工是人的各方面能力的自然差异使然。他对社会分工的先验主义解释路径，使他的社会分工动力说饱受后世学者诟病。实际上，我们不应该因为亚当·斯密在社会分工溯源问题上的错误就全盘否定社会分工对经济增长的推动作用。这是因为分工是在经济社会生活中形塑供需关系的基础，而供需关系不仅是社会有机体中经济结构的主体，也是推动经济增长的主要动力之一。

（二）供需关系平衡要素动力说

不论是古典经济增长理论还是新增长理论都非常重视供需关系，并且，几乎都不约而同地认为供需关系平衡是影响甚至左右经济增长的主要因素之一。对供需关系的研究一直都是经济增长理论的研究热点和重点，更有甚者，对于供需关系的研究如今已经单独成为一个理论体系，即供求理论。供求理论也被称为供需关系理论，是经济增长理论体系的衍生学说，是一个专门研究探讨市场中供给与需求的关系及其均衡问题的理论。在供求理论看来，所谓供给量是指一定周期和一定区域内市场上所出售的商品总量；而需求量则是指一定周期和一定区域内市场不同价格情况下商品的消费量。经济学家习惯用基于实测调研数据之上而建立起来的供给和需求曲线来直观显示现实供需关系。通常情况下，价格因素是影响供需关系的首要因素，但是，非常有趣的是价格因素与供需之间的关系完全相反，即价格与供给成反比关系，而其与需求一般成正比关系。因此，在实际的供给和需求曲线上，供给和需求必然是两条相交叉的曲线，而二者交点就是供需关系平衡点。寻求二者的均衡点一直都是经济增长理论研究者矢志所向，这是因为只有实现二者均衡，市场供给才能得到有效需求的匹配，经济才能实现良性运转和健康持续增长。我国在2015年中央财经领导小组第十一次会议后启动的"供给侧结构性改革"，其目的就是通过深化改革有效解决供需关系之间的结构性矛盾。尤其值得强调的是，我国推进供给侧结构性改革的着力点，并非用直接或间接干预市场价格的传统方式来争取供需平衡，而是用激励产业升级的方式解决供需不匹配的深层次问题。在供给侧结构性改革已经取得阶段性成效的背景下，这次会议明确指出："要紧紧扭住供给侧结构性改革这条主线，注重需求侧管理……形成需求牵引供给、供给创造需求的更高水平动态平衡。"[①] 综上可知，供需关系平衡与否是影响经济增长的重要因素，因此，探索供需关系平衡点一直都是经济增长理论关注的焦点之一。另外，供需关系结构复杂，影响供需关系的也绝非仅有价格这一个因素。当然，不论是供给侧还是需求侧，其主体都是作为经济社会主体的人或群体，故此，经济增长理论研究者中也不乏有人提出"人口因素动力说"或"劳动力因素动力说"这样的主张。

（三）劳动力因素动力说

任何一个稍有经济学常识的人都知道，劳动力、技术和资本三要素一直都被看作影响经济增长的核心要素，也正是因为如此，古典经济增长理论和新增长理论都十分重视对人口和劳动力因素的研究分析。当然，我们不能将劳动力因素动力说与马尔萨斯的人口论画等号。托马斯·罗伯特·马尔萨斯

---

① 刘金山：《科学认识需求侧管理》，新华网，http://www.xinhuanet.com/politics/2020－12/29/c_1126921530.htm。

（Thomas Robert Malthus），是英国一个毁誉参半的经济学家。他提出的"人口论"，也被称为"马尔萨斯主义"（Malthusianism），该理论是18世纪末马尔萨斯所创立的有关人口与食物增加速度对比度的一种庸俗人口理论。该理论的核心观点是，因为包括食物在内的绝大多数生活物资都是以数学方式增加的，而人口则是以几何方式递增的，所以，包括食物在内的绝大多数生活物资的增速无论如何都不可能赶超人口的自然增长速度。因此，只有通过繁重的体力劳动、限制婚姻、饥饿等方式甚至用战争这样的极端手段才能对冲抵消食物与人口增速不匹配这对矛盾对经济社会的破坏力。很显然，马尔萨斯的"人口论"之所以被后世冠以"庸俗经济学"之名，那是因为马尔萨斯毫不隐讳其理论为资本主义制度剥削本质粉饰太平的目的。经济增长理论中有关经济增长动力的"劳动力因素动力说"与"人口论"有实质区别。"劳动力因素动力说"认为，足够的劳动力数量、较高的劳动力质量（即受劳动力教育程度、技术掌握熟练程度和思想道德素质程度等）和合理的劳动力年龄结构等多种要素是经济增长的直接推动力。诺贝尔经济学奖得主和发展经济学的代表人物之一的威廉·阿瑟·刘易斯（William Arthur Lewis）根据人口流动模式所提出的"拐点理论"（即"刘易斯拐点"，The Lewis Turning Point）就是"劳动力因素动力说"的衍生学说。所谓"刘易斯拐点"，指的是后发展国家在经济现代化的进程中由原来的劳动力过剩向劳动力短缺转变的转折点。在这种理论中刘易斯认为，如果后发展国家劳动力过剩即农村富余劳动力具有规模优势的话，那么，这个国家启动经济现代化进程就拥有巨大优势，这种优势也被称为"人口红利"（Demographic Dividend）。所谓人口红利，指的是生育率偏低和劳动力适龄人口在总人口中占比偏大，在这种状态下社会养老抚幼负担很小，同时，劳动力价格偏低，经济运行成本也偏低，经济增长动力强劲。随着时间的推移，这一大批劳动适龄人口步入老年后，人口红利必然会逐渐式微，随之而来的，就是"刘易斯拐点"。这就是人口经济学的现实逻辑。一个国家经济运行一旦进入"刘易斯拐点"，就必须及时转换经济结构，否则，经济衰退将难以避免。2015年开始的供给侧结构性改革，以及我国第十二届全国人民代表大会常务委员会第十八次会议对《中华人民共和国人口与计划生育法》进行修改，都是对我国人口老龄化问题积极的系统性政策性应对。

（四）投资要素动力说

如上所述，劳动力、技术和资本三要素一直都被看作影响经济增长的核心要素，因此，对资本（投资）因素的探究自然是经济增长理论研究的核心议题。所谓投资，指的是投资主体为获取预期回报收益而以货币形式或其他资产形式投入经济运行过程的行为。按照投资主体不同进行分类，可以将其分为个人投资、企业投资、金融机构投资和政府投资等多种形式；如果按照投资来源不同，还可以将其分为国内投资与国外投资。在经济增长理论看来，储蓄与投资一直都是积累和创造财富的两个主渠道。当然，二者还是有明显区别的。储蓄是保存经济增长成果的方式，却不是提升经济增量的途径。实际上，只有在确保经济一定存量的基础上适当刺激和鼓励投资，才能促进和实现国民经济的稳定增长。同时，我们也必须认清一个基本事实，那就是如果对诸多生产要素进行宏观分类的话，可将生产要素分为"人的要素"和"物的要素"，而"物的要素"主要是指土地、资源、厂房、设备和资金（投资）等。这就是说没有投资因素的加持，经济运行无法启动，经济增长就更加无从谈起。另外，值得关注的是上文就已经提到的第四代经济增长理论，即"创新领域规模型投资理论"。该理论认为一个经济体的经济增长，几乎完全取决于该经济体在创新领域靶向性的投资规模。这种在技术创新领域靶向性规模以上投资，被看作现代社会经济增长动力的倍增器。事实上，在此前的经济增长理论中也多有关注资本（投资）因素的理论主张，只是第四代经济增长理论已经将经济增长理论对投资因素的关注度提升到了空前高度。由上可知，投资因素一直都被公认为是推动经济增长的核心动力之一。

（五）创新要素动力说

所谓创新要素，特指与创新相关的技术、人力和资源的组合，也可以将其理解为支撑和推进创新的人力、财产与物资，以及这三者的耦合机制。创新要素主要是指技术创新及与技术创新相关领域的创新，创新要素有四个基本单元：创新者、创新环境、创新资源与创新机会。在这四个创新因素中，创新者居于主导地位，发挥主体作用。在现实经济生活中，担任创新者这一角色的一般是企业和科研人员。不过，不可否认的是，如果没有良好的创新环境、创新资源与创新机会，所谓作为创新主体的创新者也是巧妇难为无米之炊。对于稍有历史常识的人来说都非常清楚，自18世纪下半叶开始尤其是进入19世纪之后，技术进步与产业革命相伴而行并在西欧国家逐步展开。在此后的一个世纪中，在技术革新推动下的工业革命不仅对西欧国家经济增长与生产社会化进程发挥了空前的推力作用，还对传统生产方式和传统社会结构形成了前所未有的冲击与重塑。而这一切都得益于并发轫于创新者、创新环境、创新资源与创新机会四因素高度耦合发挥出的整体效应。借古比今鉴往知来，对于创新要素曾经对推动经济增长发挥过的积极作用的历史性回顾，可以让我们更加明辨创新要素在整个经济社会发展进步中的地位和作用，同时，这也能对我们谋划当前和今后经济社会发展战略提供可资借鉴的经验。谈到经济增长理论中的创新要素动力说，就不得不提到跨越并整合经济学与管理学两大学科的一位学界巨擘，即素有"商业管理界竞争战略之父"之称的美国哈佛大学商学院教授迈克尔·波特（Michael E. Porter）。这位曾经在美国里根政府担任产业竞争委员会主席的学者，不仅具有极其丰富的实践经验而且著述颇丰，其最具代表性的理论成果有他的"五力理论"、"三大战略理论"和"价值链理论"。除此之外，他在1990年出版的《国家竞争优势》这部颇具影响力的著作中提出过"国家竞争优势的四阶段论"。他的这一理论一经问世，随即引起学界和各国政府轰动，他的"国家竞争优势的四阶段论"甚至一度成为很多国家集聚经济竞争优势选择发展模式时竞相参考的理论依据。迈克尔·波特的"国家竞争优势的四阶段论"认为，一个国家依据自己经济竞争优势推动经济增长的进程可分为四个发展阶段，即生产要素驱动发展阶段、投资要素驱动发展阶段、创新要素驱动发展阶段和财富要素驱动发展阶段。波特认为任何国家在推动经济增长的前三个发展阶段所依仗的经济增长动能各有侧重，第一个发展阶段国家经济增长优势依赖的是国内自然资源和劳动力，此阶段形成的是资源密集型产业；第二个发展阶段国家经济增长优势依赖的是资金的聚集与配置效率，此阶段形成的是资本密集型产业；第三个发展阶段国家经济增长优势依赖的是企业的创新意愿与创新成果产业化效率，此阶段形成的是技术密集型产业。但是，到了第四个发展阶段即财富要素驱动发展阶段，国家经济增长的竞争优势已经不是建立在单维度要素的基础之上了，而是建立在多种要素集群效应和整合效应的基础之上。如果按照波特的"国家竞争优势的四阶段论"分析路径审视我国当前经济发展总体状况，从表面看我国基本上处于第二阶段向第三阶段过渡时期。实际上，新时代中国特色社会主义经济体制改革正在实现着对波特的"国家竞争优势的四阶段论"的跨越式发展。对于这个问题，应该从两个方面来看。首先，我国经济发展战略正在经历着由"要素驱动"向"创新驱动"的转变——如果依循波特"国家竞争优势的四阶段论"审视——这标志着我国正处于第二阶段向第三阶段过渡时期。自党的十八大以来，以习近平同志为核心的党中央对于我国经济社会发展由"要素驱动"转为"创新驱动"发展战略提出了一系列重要指示与重要论断，将创新发展提升到事关国家全局与民族命运的高度上来，并将建设"创新型国家"发展战略置于国家发展全局的核心。特别值得关注的是，中共中央和国务院印发的《国家创新驱动发展战略纲要》（以下简称《纲要》），是党的十八大提出"创新驱动发展战略"以来党中央为切实推进实施这一发展战略而制定出台的纲领性文件。《纲要》中多次强调科技创新是当前和今后提高我国社会生产力与综合国力的战略性支撑，必须将其摆在国家发展全局核心位置的高度予以看待。此外，《纲要》还具体提出从当前到2050年分三步走将我国建成世界科技创新强国的战略目标。① 其次，新时代中国特色社会主义进入新发展阶段，贯彻新发展理念构建新发展格局，其意在巩固供给侧结构性改革成果实现创新驱动的基础上，整合多种要素形成经济增长新优势进而促进经济社会发展朝着"共同富裕"奋斗目标持续健康平稳前进——如果以波特"国家竞争优势的四阶段论"视角为切入点来观察——这应该是我国开始由第三发展阶段向第四发展阶段迈进的标志。② 综上可知，

---

① 《中共中央 国务院印发〈国家创新驱动发展战略纲要〉》，中国政府网，http://www.gov.cn/gongbao/content/2016/content_5076961.htm。
② 《认识新发展阶段 贯彻新发展理念 构建新发展格局 为全面建设社会主义现代化国家开好局、起好步》，中国政府网，http://www.gov.cn/xinwen/2020-11/03/content_5556836.htm。

创新要素不仅被古典经济增长理论所看重，也一直被现代经济增长理论看作推动经济增长的核心动力，此外，实现创新要素驱动还是新时代中国特色社会主义推进实现经济高质量发展构建新发展格局的主引擎。

第二节　发展型社会政策

近年来，随着科学发展观尤其是随着新发展理念的提出，特别是伴随着很多理论工作者对原有经济社会发展路径的系统反思，发展型社会政策已经逐渐进入学界和政界的视野，并成为人们关注的理论热点。我们可以断言，自从全面建成小康社会发展目标实现之后，即我国开启全面建设社会主义现代化国家新征程之后，我国已经由原来的以"经济政策为主导，社会政策为辅助"的发展阶段，迈入经济政策与社会政策并重耦合的新时代。经济政策与社会政策并重要求二者有机融合，从发展型社会政策的视域来看，就要求社会政策比以往更需要注入促进经济社会发展的旨向与内涵，而这恰恰是发展型社会政策的逻辑起点与现实基础。

一　发展型社会政策概述

（一）发展型社会政策的基本含义

自从发展型社会政策这一概念诞生以来，国内外学界很多相关领域学者都对其基本含义给出过不同的界定。其中，在学界认可度最高且几乎也是最早的一种界定是德国著名经济学家阿道夫·瓦格纳（Adolf Wagner）提出的。瓦格纳将发展型社会政策定义为调节非劳动所得者与劳动所得者之间利益分配不均衡问题的重要手段，并将其称为"积极有效的社会福利政策"。他认为，发展型社会政策理论的核心在于视社会政策为社会投资行为（Social Investment Perspective），并主张以促进经济与社会协调发展的方式，来积极应对甚或彻底解决经济社会发展中的一系列结构性难题。在瓦格纳定义的启发之下，很多有关发展型社会政策的后继研究者在对这一概念的思考上逐渐聚焦甚至不断趋同。其中，美国著名公共政策学家詹姆斯·安德森、英国公共政策学研究者泰勒·古帕（Taylor Gooby）、英国著名社会学家安东尼·吉登斯和美国著名社会政策专家詹姆斯·梅志里等人对发展型社会政策内涵的阐述比较具有代表性和影响力。詹姆斯·安德森认为发展型社会政策关注的主要问题应该是每一位对经济有所贡献的社会成员学习、生活和工作的全过程与各要素，并且，他还主张社会政策应该更加注重在儿童、家庭与工作三领域的投资[①]；泰勒·古帕认为社会政策理应重视人力资本的开发利用与投资，因此，发展型社会政策的投资重心应该放在学历教育和技能培训上[②]；安东尼·吉登斯在以往研究基础上，更进一步提出了超越福利国家的"社会投资国家"这一概念；以专注研究发展中国家社会政策而闻名的美国学者詹姆斯·梅志里堪称发展型社会政策领域相关研究的集大成者，他与国内很多学者都有过合作交流经历，并为中国未来经济社会发展乃至具体的经济与社会政策耦合路径提出过很多颇具启发意义的建议。在过去的数十年里，发展型社会政策理念以及研究成果逐渐得到认可，并从书斋中走到了现实。当然，尽管瓦格纳及其后续研究者对发展型社会政策所下定义在国内外学界认可度颇高，但是，仅从发展型社会政策的定义中难以直接洞悉发展型社会政策提出的时代背景，而如果不能了解发展型社会政策提出的时代背景就很难真正理解其理论内涵与现实意义。

（二）发展型社会政策的提出背景及其理论渊薮

工业革命后，西方国家在社会福利分配领域逐渐形成自由主义、社会改良主义和马克思主义三大思潮，这三大社会福利思潮长时间相互影响并逐渐整合。直至 20 世纪 90 年代之后，为积极应对人口老龄化、新技术革命与全球化等新兴潮流对经济社会的结构性冲击，以加强社会成员能力建设、促进社会资源和机会分配公平、扩大社会福利覆盖面为核心价值诉求的社会投资理念和行为逐渐兴起。从此，以社会投资理念为内核的发展型社会政策及其理论也积功累进渐成显学。如果要探查发展型社会政策的理

---

① G. Esping Andersen & S. Sarasa, "The Generational Conflict Reconsidered," *Journal of European Social Policy* 12（2001），pp. 6 – 22.

② P. Taylor Gooby, "In Defense of Second-best Theory: State, Class and Capital in Social Policy," *Jornal of Social Policy* 26（1997），pp. 170 – 193.

论渊薮，最早可以追溯到 20 世纪初瑞典学派首倡的"生产型社会政策"。严格意义上而言，联合国早在 1968 年召开的首届国际社会福利部长级会议上提出的"发展型社会福利"和联合国经济与社会理事会（ECOSOC）1979 年重申并强调的这个新理念，都是发展型社会政策理念及其理论的直观体现。其理论影响力和政策实施力在 20 世纪 90 年代开始显现。经合组织（OECD）在 1992 年召开的部长级会议基于社会投资理念实施了一系列旨在提升儿童教育服务水平和优化双职工父母弹性工作机制的发展型社会政策。其后，在经合组织的影响下，欧盟也逐渐关注社会投资理念，并在后来的《里斯本议程》（Lisbon Agenda）中得以体现。在西方国家众多有关社会投资理念与政策的研究者中，最负盛名的是安东尼·吉登斯、泰勒·古帕和詹姆斯·梅志里。其中，吉登斯的社会投资型国家理论和梅志里的发展型社会政策理论影响力最大。吉登斯的社会投资型国家理论不仅倡导用"社会投资型国家"这一概念，取代"福利国家"这种旧有的表述方式，更主张以营建社会投资型国家的新路径推进社会福利政策目标的实现。[①]而梅志里发展型社会政策理论则有三个基本观点：其一，经济发展的最终目的并非单纯的经济增长，而是致力并达成协调、包容与可持续的发展，其核心诉求应该是促进经济发展成果社会成员共享覆盖面的不断扩大；其二，保障和增进以社会投资为导向的社会福利，归根结底，其目标在于提升社会主体的经济活动参与能力及经济利益获取能力；其三，要实现经济政策与社会政策的最终目标，必须促进二者耦合，亦即承载社会福利的社会投资导向理应以促进就业、改善民生、提高社会成员劳动技能以及降低社会成本等优质的社会项目为核心。[②]当然，发展型社会政策理念及其理论绝非带有意识形态瑕疵的舶来品，其对我国公共政策的适用性越来越被认可。

（三）发展理念的嬗变与发展型社会政策关注的焦点

虽然不同学者对于发展型社会政策的理解不尽相同，但是，一言以蔽

---

①　〔英〕安东尼·吉登斯：《第三条道路：社会民主主义的复兴》，郑戈译，北京大学出版社，2000。

②　James Midgley, "Introduction: Social Policy, Economic Growth and Developmental Welfare," *International Journal of Social Welfare* 10 (2001).

之，所谓"发展型社会政策"其实就是引入发展理念的社会政策。因此，要切实理解发展型社会政策的含义及其关注的焦点，应该从剖析发展理念的演变开始。

在人类迈入文明社会之后，发展理念就随即诞生了。只是需要说明的是，人类社会进入工业文明时代之后衍生的发展理念一直存在着三种倾向：一是经济增长唯一论，这种论调认为发展特指经济发展，而经济发展又仅指经济增长；二是经济发展论，这种观点相对于"经济增长唯一论"是一种进步，持此观点者认为发展不仅指代经济增长，而应涵盖包括经济增长在内的产业结构与经济结构的整体优化升级；三是经济与社会发展结合论，这种理论观点恰是发展型社会政策的思想缘起，这一观点认为发展指的是经济增长、经济结构优化、社会分层结构优化和社会整体进步相辅相成互为一体的状态及结果。严格来讲，前两种发展观都是将经济发展与社会发展割裂开来分别看待的保守主义的表现。更有甚者，在前两种观念的影响下，人们曾经一度将社会政策（国家在社会福利方面的投资）视为经济发展的负担，并对其予以消极对待。

近些年来，经济与社会发展结合论逐渐成为各国学界和政界的共识。在有关发展内涵和发展目标的理解上，包括迈克尔·托达罗（Michael·P. Todro）、阿马蒂亚·森（Amartya Sen）和迈克尔·费尔班克斯（Michael Fairbanks）等人都提出过与"经济与社会发展结合论"相类似的观点。可以毫不夸张地说，对于发展的内涵作出立足经济学、政治学和社会学相融合的综合解释已经成为国内外学术研究的共同趋势，尤其是随着全球化和逆全球化潮流的碰撞与冲击，这一研究趋势已经成为主流。这种对发展问题认知和研究趋势的演变，标志着发展理念的嬗变，而发展理念的嬗变就是发展型社会政策产生的土壤和持续发展壮大的催化剂。随着人们对于经济发展和社会进步之间关系的认识的改变，将发展置于社会的内涵，普遍认为发展并不局限于经济领域，更包括社会的进步，这一认识已经逐渐成为广泛共识。这种转变是人类经济社会发展中，人们发展理念的跨越式进步。当然，这一转变并非一瞬间完成，其中经历了漫长岁月和艰辛的历程。在很长的一段历史时期内，在人们的意识里始终都将社会发展外化于经济发展。虽然联合国早在20世纪60年代末70年代初就提出了"社会发展"和"发展型社会福利"等概念,但是,实际上就连在当时联合国对社会发展的界定中也是将社会发展看作经济发展外化表现出来的社会结果而已。甚至在1995年联合国召开的"哥本哈根社会发展问题世界首脑会议"上以及在此后的"联合国千年发展目标"界定中,仍然把社会发展仅仅看作社会领域的单维度事务。这种有关经济政策与社会政策关系上的认知遗毒甚广,在这种认识误区中始终将社会发展和社会政策看成经济发展与经济政策的附属物,从未将社会发展当成经济发展战略的目标与支撑性条件。[①] 事实上,在改革开放初期,我国在选择经济社会发展模式的决策过程中也或多或少受到这种旧有发展理念的影响。例如,在党的十四届三中全会上审议通过的《中共中央关于建立社会主义市场经济体制若干问题的决定》(以下简称《决定》)中所提出的分配原则,便是有关这一点的明证——在《决定》中提到的分配原则,就是非常有名的"效率优先,兼顾公平"原则。改革开放初期,为了纠正新中国成立初期我们曾经犯下的严重的平均主义错误,在当时积贫积弱的经济基础上为了激励激发经济增长活力提出这一分配原则是符合当时的经济社会现实的需求的。因此,不可否认的是,这个原则的提出是有其特定针对性和历史进步意义的。然而,在政策实施的具体过程中原本正确科学的指导性原则也可能会受经济社会结构性蔽障而被异化。正是因为如此,有人曾经发出类似这样的质问,即以牺牲"公平"为代价而换取的"效率"是否可取?是否值得?尽管我们没必要以愤青之姿刻意逢迎这一质问,但是,我们不能逾越更不能否定的一个事实是,"效率"是一个经济学概念,而"公平"则是一个典型的社会学概念甚或是一个政治学概念。从学理入手作为切入点,同样不可否认的是,"效率优先,兼顾公平"这一分配原则的提出在一定程度上而言,的确是受到当时国内外普遍流行的旧有发展理念影响的结果。随着以"以人为本"为核心的科学发展观的提出,尤其是随着"新五大发展理念"的提出和贯彻实施,社会发展与发展型社会政策已经逐渐与我国经济社会发

---

① 张秀兰等编《中国发展型社会政策论纲》,中国劳动社会保障出版社,2007,第59页。

展"五位一体"总体布局融为一体。综上可知,发展型社会政策关注的焦点其实就是发展理念的革新与实践。

二 发展型社会政策的基本理念和主要策略

(一) 发展型社会政策的基本理念

发展型社会政策的基本理念是将发展内涵融入社会政策内涵之中,并把社会政策看作一种有利于经济社会整体发展进步的投资行为,即发展型社会政策就是为了社会发展的激励性、引导性、系统性和支撑性投资。实际上,这是对人们有关社会政策固有印象的结构性颠覆与重塑。发展型社会政策的这一基本理念,改变了人们固有意识当中将社会政策单纯地看作一味付出的观点。这一思想理念层面的突破刷新了人们对于社会发展和社会政策的原有认知,并随之引发了该领域相关理论的成体系更新迭代。发展型社会政策之所以把社会政策理解为具有收益性的投资行为,这主要是因为有利于提升社会劳动力素质注重人力资本投资的社会政策,对于促进经济社会发展而言不仅具有推动作用,而且,还居于经济社会发展动力机制体系中基础性和支撑性位置。另外,我们还不得不面对的一个现实情况是,在很多场景下社会福利与社会政策都是一个具有一定争议性的话题与概念。从价值理性维度切入,社会福利和社会政策实质上是人们对理想社会有机体架构预设的基本要素,其所关涉更多的是合理性问题;如果从工具理性维度着手,社会福利和社会政策制定与实施其实就是社会资源的现实分配问题。很显然,社会福利和社会政策绝不是单纯的理念或理论问题,其关涉个人、家庭、市场、企业、社会组织与政府等多个主体及各主体之间的关系。近年来,国内外各界对社会福利和社会政策的作用基本达成共识,那就是人们开始意识到并承认社会福利和社会政策具有保障、提升、发挥与挖掘社会劳动力潜能的功能。因此,从一定意义上来说,所谓发展型社会政策就是对社会人力资本的保障性投资,即社会福利和社会政策也是促进经济社会发展的生产要素之一。在这一理念的指引下,发展型社会政策具有如下几个方面的策略性支撑。

（二）发展型社会政策的策略支撑点

第一，对传统"福利国家"的系统性反思。

发展型社会政策理念及其实践是对传统"福利国家"的系统性反思。虽然20世纪20年代末至30年代初的经济大萧条最后引发了极具破坏力的世界大战，但是，这场经济危机也有积极的一面，因为这场危机也引起了人们的反思并催生了后来以英国的"人民预算"和美国的"罗斯福新政"为代表的福利国家。美国著名学者伯纳德·施瓦茨（Bemard Schwanz）在他的《美国法律史》一书中曾以历史视角对福利国家的内涵予以界定。在他看来，就美国自身情况而言，所谓"福利国家"指的是从罗斯福新政至第二次世界大战爆发之间这一阶段的产物——其意指政府以创建或资助社会公共事业的方式，来实现并完善一系列社会福利制度与政策，并对经济社会生活实施干预，以保障经济生活与社会秩序平稳良性存续的一种治理路径。从施瓦茨对福利国家的界定来看，不难发现，福利国家实则是一种国家形态的表现，是用以界定国家功能和特征的。从这个角度来说，这种以"福利国家"形式出现的国家形态凸显了现代国家功能中的社会功能，因此，这是一个典型的政治概念和政治学概念。而社会福利和社会政策与之不同，是典型的社会概念和社会学概念。如果寻根溯源，福利本身是一个与经济和经济学直接相关的概念，经济环境又是国家决策的基础条件，而社会福利和社会政策则是国家决策的表现和结果。这就是说，福利国家既不单指公费医疗，也不是社会保险，还不是社会救济计划或家庭福利，福利国家甚或不完全与社会保障及社会政策相等同，福利国家指的是以上诸元的总和。福利国家的产生与发展是以如下三个传统认知假设为基础的：其一，认为社会福利具有净化资本主义社会风气和缓解资本主义社会矛盾的功能；其二，经济持续增长、充分就业、家庭有效需求适度扩容和社区互助功能齐全等一系列经济社会结构良性运行状态的存在，是福利国家得以存续的前提；其三，社会福利和社会政策以利他主义理念为基础，并充当社会有机体黏合剂的作用。当时的社会福利和以社会福利为主体的社会政策都出自政府的公共支出。后来，高福利逐渐给西方各国带来了高昂的财政危机，在此背景下新自由主义（Neoliberalism）产生了。在新自由主义理论兴起的影响下，自 20 世纪 70 年代中后期至今，学界对传统福利国家的质疑甚或挑战几乎从未停止。其中最具影响力的，是英国时任首相撒切尔夫人和美国时任总统里根发起的以新自由主义为主导的"新公共管理运动"。这场风起云涌的行政体制改革，以新自由主义为内核，提出自由贸易、弱化政府对企业和市场的干预、削减政府对社会服务的投入、在社会福利的供给领域引入竞争机制并建构社会福利公私合作新机制等一系列主张。以上这些主张一经提出，几乎一夜之间就成为很多不堪高福利重负的西方国家的现实政策举措。然而，在将新自由主义的主张应用于实践的过程中必然会产生与社会福利相悖的社会风险，这种风险一旦激发甚至会威胁经济社会的稳定。除此之外，经济全球化还带来了更多更新的风险与挑战。各国要在激烈的国际市场竞争中确立自己的竞争优势，必须拥有并不断维持优质的人力资本、充分的劳动力资源和较低的税负。这就对传统社会福利和社会政策提出了更高的要求。在这种情势下，不论是单纯依靠政府还是单纯寄托于市场，都显得捉襟见肘力有不逮。一方面，随着就业率的低迷和人口老龄化等社会问题的逐渐凸显，很多人仍然对政府在社会福利分配中的积极作用寄予厚望；另一方面，曾经对市场持负面态度的人在一直强调政府在社会福利分配中的主导作用的同时，也越来越认可市场的积极意义。至此之后，原本甚嚣尘上的有关国家与市场在社会政策中作用的争论渐渐平息，取而代之的是混合多元的社会福利政策模式。而发展型社会政策实际上就是这种混合多元的社会福利政策模式的具象化表现。在这种混合多元的社会福利政策模式框架之中，原有的"福利国家"转变为"福利社会"，政府在其中仍然发挥社会福利筹集人、筹资人、规则制定人和秩序协调人的角色，但是，政府不再是传统的单一的服务提供人。

第二，树立社会政策新模式。

近年来，包括联合国、世界银行、欧盟和经合组织等众多国际机构与致力于公共政策分析研究的学者都在试图探索一种更具普适性的混合多元的社会福利政策模式。吉登斯的"第三条道路"和古帕的"新福利主义"都是这一探索的阶段性成果，而梅志里将其称为"发展型社会政策"。一众探索混合多元的社会福利政策模式的理论成果，几乎都有一些共通之处：首先，经济政策与社会福利及政策具有内在关联性，二者理应彼此融合相互补充；其次，社会福利和社会政策理应以社会投资为主导方向，以提升社会主体参与经济发展的意愿及能力；最后，公民、社会组织和政府应该以社会整体利益为核心开展有效合作。与此同时，致力于社会福利和社会政策的研究者们已经并正在为社会投资对经济发展的贡献提供各种学理注脚与实践佐证。在众多研究者中，梅志里堪称发展型社会政策倡导者中的代表性人物。他的核心观点在于主张经济政策与社会政策的耦合，具体而言，其主要理论主张体现在两个方面：一是经济发展的目的旨向理应是提升经济发展成果的社会成员共享度，即经济发展与社会发展一体两面不可割裂；二是社会福利和以社会福利为主导的社会政策理应以社会投资为主导方向，这种投资旨在提升社会主体参与经济发展的能力。[①] 他进一步强调，要促进和实现经济政策与社会政策耦合，社会福利应该着重投向具有能促进就业、提升劳动者技能的领域，这是因为社会投资集聚在这些领域不仅不会降低社会主体参与经济活动的技术性成本，还会激发经济增长活力，进而推动经济社会有机体的动态良性运转。而这恰是发展型社会政策主张并倡导的社会政策新模式。

第三，促进经济政策与社会政策耦合。

促进经济政策与社会政策耦合，不仅是个别发展型社会政策理论研究者的主张，这一主张也得到了很多权威国际组织和很多国家政府的广泛认可。1994 年经合组织在其发布的《社会政策新图景展望报告》中曾经明确提出，建立在充分就业与普遍福利之上的传统社会福利不仅在现实经济社会生活中难以维系，并受到了以社会投资为主体导向的混合型社会福利政策模式的挑战，因此，看来只有进一步促进经济发展与社会稳定的协同性才更合理。无独有偶，欧盟在 1994 年发布的《欧盟绿皮书》和 1998 年发布的《欧洲社会保障机构报告》中也在回溯和论证经济政策与社会政策内

---

① J. Midgley, "Growth, Redistribution and Welfare: Toward Social Investment," *Social Service Review* 3 (1999), pp. 4 - 20.

在关联的基础上，提出了一系列促进二者有机融合的对策建议。根据《欧盟绿皮书》的提法，一方面，社会政策的宗旨在于为全体社会成员在各个领域充分参与社会生活提供一个具有保障性的框架；另一方面，社会政策一旦缺失或失效不仅会抬高经济与社会运行成本，甚至还会导致社会动荡进而牵连包括经济结构在内的整个社会有机体的稳定与秩序。欧盟1998年发布的《欧洲社会保障机构报告》为促进经济政策与社会政策耦合提出多个原则性主张：一是社会福利和社会政策也是生产要素之一，绝不是经济发展和经济政策的障碍或负担；二是只有促进并充分就业才能强化社会凝聚力，进而实现经济社会可持续发展；三是鼓励社会主体积极参与劳动力市场是优化社会分层结构的基本途径；四是社会福利和社会政策领域的公共支出，应该由原来的普惠式支出向以社会人力资本投资为重点转向；五是社会福利和社会政策应该由原来的补贴式的"授人以鱼"转为以提振就业为导向的"授人以渔"。总而言之，社会发展与经济发展一体两面同气连枝，社会政策与经济政策唇齿相依，亦即二者是一荣俱荣一损俱损的关系，促进经济政策与社会政策耦合不仅是发展型社会政策的题中之义，也是发展型社会政策存续的基础条件。另外，如上所言，发展型社会政策理念及其理论并非裹挟意识形态瑕疵的舶来品，其对我国推进国家治理和社会治理现代化进程具有相当的启示意义和借鉴作用。

三　发展型社会政策对我国的启示和应用发展路径

发展型社会政策对我国的启示和借鉴意义，在于其为我们审视与解决经济社会发展进程中面临的结构性问题提供了一个新视角，并为我们进一步推进国家治理体系和治理能力现代化尤其是为我们推进社会治理现代化提供了一个新思路。

（一）发展型社会政策与新时代中国特色社会主义现代化的整体契合度

近年来，我国涌现出如张秀兰、徐月宾、刘凤芹、邓广良、朱亚鹏和高世楫等一大批发展型社会政策领域颇具影响力的学者。一方面，在我国现代化进程中，经济发展与环境污染、人口老龄化等社会治理问题带来的压力越发凸显；另一方面，发展型社会政策自身理论体系正日臻完善。这两方面因素使得发展型社会政策理念及其政策实践对推进我国现代化进程的适用性，越来越受到国家与该领域学界的认可和重视。

就政策理念而言，发展型社会政策理念及其理论不仅契合我国经济社会发展的基本历程，还与科学发展观和新时代中国特色社会主义新发展理念高度契合，这为发展型社会政策理念及其理论为我国公共政策的制定提供有益借鉴奠定了极佳的政治基础。从政策实施来看，党和政府向来都高度重视发展和民生问题的应对与改善，这等于是为发展型社会政策在我国的有序有效实施夯实了优质的实践基础。当然，如果立足政策目标及其实效的视角，推进经济持续健康发展，推动社会资源和福利覆盖面的扩大，进而促进社会分层结构的不断优化，不仅是经济社会发展的背书式路径，更应该是科学社会主义的题中之义。

从总体而言，发展型社会政策并非带有鲜明资本主义意识形态色彩的政治工具，而是对于我们具有一定启示和借鉴价值的治理模式及政策路径。归根结底，发展型社会政策是人们对于旧有经济社会发展思维模式和实现路径系统反思的产物。具体而言，其产生和发展就是基于对经济全球化所带来的竞争压力和现代风险社会所带来的社会风险压力的正向理论回应。一方面，经济全球化不仅促进并实现了生产、贸易、金融和科技的全球流动，大大提升了资源在世界市场中的配置效能，而且也使很多国家尤其是使很多发展中国家面临提升国家竞争力的巨大压力——特别值得一提的是，对于我国来说，在当前新冠肺炎疫情蔓延、逆全球化潮流和动荡的国际局势等负面因素叠加的国际大背景下，这种重塑国际竞争优势的压力不言自喻；另一方面，随着德国著名社会学家乌尔里希·贝克（Ulrich Beck）和英国著名社会学家安东尼·吉登斯提出现代风险社会理论以来，人们越发认识到我们已经和正处在由传统工业社会向现代风险社会的过渡之中，现代风险社会中风险的全球性、不确定性、迅速散播性和不可预见性对经济社会的有序运行构成空前挑战——尤其值得一提的是，全球化大背景下的现代风险社会或隐或显着诸多风险因素，比如能源危机、金融危机和大规模传染病流行等。以上这两种压力和挑战不受地域、国别和政治意识形态差别的限制，任何国家和地区都会被以上这两种压力和挑战所波及，我国自然也不例外。综上可知，作为对全球化竞争压力挑战和现代风险社会风险挑战正面理性应对成果之一的发展型社会政策，与新时代中国特色社会主义现代化具有整体契合度。

（二）发展型社会政策思维模式对我国的启示与借鉴意义

1. 发展型社会政策公平与发展并重的思维模式

顾名思义，所谓发展型社会政策所秉持最首要的思维模式必然是发展思维模式。发展型社会政策中内蕴的发展思维是为传统社会政策注入的全新的价值基础，这是发展型社会政策与此前"福利国家"界域内社会福利及社会政策的根本区别所在。传统社会福利和社会政策唯一的价值基础是公平正义。因为公平正义也是人类文明社会千百年来孜孜以求的普遍价值，同时，这也是新时代中国特色社会主义核心价值体系中的核心要素之一，所以，传统社会政策以公平正义为其价值根基无可厚非。发展型社会政策没有质疑更没有颠覆传统社会政策这一价值核心，而是在价值理性层面上肯定并继承传统社会政策这一价值核心的基础上，在工具理性层面为社会政策注入了一个新的价值基因，那就是"发展"。在发展型社会政策看来，"公平"是目的，"发展"是达成目标的途径，二者犹如一个硬币的两面不可或缺也不可分割。发展是为了公平正义更具有坚实的经济基础，而公平则是经济社会发展的终极价值目标。发展型社会政策之所以将"发展"理念赋予其与"公平"等量齐观的地位，那是因为在全球化的大背景下，只有强化并优化社会政策促进经济发展与侧重社会投资的职能，才能充分保障并激发经济活力，促进经济发展与社会进步的协调耦合，进而形塑并巩固国家在激烈的国际市场中的竞争优势。在一定程度上而言，新时代中国特色社会主义倡导的"新发展理念"中的"创新"与"共享"理念，就得益于对发展型社会政策公平与发展并重的思维模式的借鉴。

2. 发展型社会政策的整体思维模式

发展型社会政策崇尚整体发展思维，这是对旧有发展理念中仅将发展等同于经济增长这种固有思维的实质性突破。传统发展观是传统工业文明的产物，其基本标志就是以追求单纯的经济增长为目标，用经济增量或经济增速作为衡量发展的根本指标。随着经济社会的不断发展，传统单纯经济增长发展观的弊端越发凸显，这引起了人们对于传统发展观的系统反思。其中，发展型社会政策就是人们对于传统发展观系统反思的成果之一。在发展型社会政策的内在理念中，不仅秉持公平与发展并重的价值导向，还坚持整体思维来审视发展问题和社会政策本身。发展型社会政策研究者认为，发展不是单纯的经济增长，其关涉经济社会各领域各层次，其具有内生性、结构性、协调性、系统性和整体性等特点。发展型社会政策主张对社会问题进行中长期规划和战略安排，强调基于实践调研基础上的"顶层设计"，而这一切都是基于发展型社会政策秉持的整体思维模式。发展型社会政策研究者所坚持的整体发展思维与马克思社会有机体理论颇为相似，二者所不同之处在于马克思社会有机体理论确立的整体发展观是对整个人类社会形态演进历程规律在本体论层面的理论总结，而发展型社会政策仅是立足经济政策与社会政策辩证关系视域对重塑社会政策与经济政策关系在认识论层面上的实践探索。厘清这两者的区别，就可以辨明发展型社会政策崇尚的整体思维与发展思维的内在关联。如前所述，将发展理念融入社会政策是发展型社会政策与传统社会政策的主要区别，而发展的前提是经济与社会协调同步整体发展，亦即发展型社会政策的整体思维是发展思维的逻辑前提和实践基础。在一定意义上来说，新时代中国特色社会主义倡导的"新发展理念"中的"绿色"与"协调"理念，也是得益于对发展型社会政策整体思维模式的借鉴。

　　3. 发展型社会政策的动态思维模式

　　发展型社会政策将发展理念融入社会政策的价值体系之中，这一革新带来了社会政策思维模式的结构性进化。社会政策思维模式的这种结构性变迁表现之一，就是发展型社会政策确立的基于发展思维和整体思维基础上的动态思维。因为发展本身内蕴动态内涵，所以，将发展理念植入社会政策价值体系的发展型社会政策也自然主张动态思维。如前面提到的发展型社会政策所注重的中长期规划和顶层设计，其根本依据还在于发展型社会政策的动态思维模式。其中缘由至少来自三个方面：首先，与传统社会政策静态思维不同，发展型社会政策基于其动态思维模式，认为事先预防相对于事后弥补成本更低，致力于寻求及时切断社会问题和社会风险激化的传导链条是最经济最理智的选择；其次，发展型社会政策主张的旨在保障社会劳动力发展潜力的人力资本投资的效应具有长周期性特点，这就必然要求社会政策的制定者和执行者不能一叶障目只看眼前；最后，发展型社会政策研究者认为当今人类已经置身于现代风险社会，人类为了切实有效应对来自资源、环境、生态和人类社会本身的多重风险挑战，必须树立可持续发展的理念，即立足中长期发展前瞻战略视角未雨绸缪，而这种可持续发展的理念就是建立在动态思维之上的。中国特色社会主义现代化进程之所以能够有序推进，主要得益于执政党注重中长期战略规划并适时作出具有前瞻性顶层设计的治理之道，而这恰恰也是发展型社会政策所倡导的政策实现路径。

4. 发展型社会政策的立体思维模式

发展型社会政策除了秉持"公平与发展"并重思维模式、整体思维模式和动态思维模式之外，还非常崇尚以人为本的立体思维模式。上文已述，发展型社会政策的产生和发展是基于对经济全球化所带来的竞争压力和现代风险社会所带来的社会风险压力的正向理论回应。发展型社会政策的这种正向回应并非意气用事，而是建立在对同时代诸多有识之士对现代性进行系统深刻反思批判理论成果的接纳吸收的基础之上的。在发展型社会政策相关理论体系萌生成长时期，恰逢学界对现代性进行系统性反思之际。学界对现代性的系统反思聚焦于与经济高速增长相伴而生的一系列社会问题，与以往单纯看重经济增量增速的发展理念相比更看重人与社会的持续健康发展。发展型社会政策积极吸收这些有关于现代性的反思成果，将发展与公平共同形塑为自身价值体系，更加关注社会政策在扶助贫困人口和提升社会劳动力劳动技术能力方面的社会投资功能。在这种关注人与社会发展需求的理念主导之下，发展型社会政策将人的全面发展、家庭功能完善、促进就业、提高收入、社会资本积累、社区功能强化和社会机制健全等一系列问题都纳入其关注范畴。总而言之，与传统社会福利和社会政策仅关注国民收入再分配这种单向度政策实现路径不同，发展型社会政策关注的社会问题更加多维立体。当然，不能将此理解为发展型社会政策关注点的分散，而要清楚这是发展型社会政策相对于传统社会政策的飞跃。这是因为发展型社会政策关注的众多社会问题都围绕人和社会发展的需求这一核心向度。以"以人为本"为核心的科学发展观，以及以科学发展观为引领的"新五大发展理念"，在很大程度上与发展型社会政策的立体思维模式颇有相通之处。

（三）推进新时代中国特色社会主义发展型社会政策建设的基本路径

既然发展型社会政策与新时代中国特色社会主义具有整体契合度，而且，发展型社会政策思维模式对于推进我国国家治理现代化具有一定的启示意义与借鉴价值，那么，厘清推进新时代中国特色社会主义发展型社会政策建设的基本路径，就很有理论意义和实践意义了。

1. 立足中长期发展战略视角为社会政策建设做好顶层设计

发展型社会政策主张立足中长期战略视角审视社会问题，并强调对社会问题的顶层干预。这种思维模式体现了现代治理理论中的源头治理和系统治理的基本理念，对于我国推进国家治理现代化和社会治理现代化具有积极的启示借鉴意义。在推进新时代中国特色社会主义发展型社会政策建设的进程中，我们也应该立足中长期发展战略视角为社会政策建设做好顶层设计。这是因为我们在面临错综复杂的社会矛盾与社会问题的时候，不可以将社会政策看作一种解决问题立竿见影的速效药，倘若如此，就等于是把社会政策简单粗暴地理解为应急处突的"急救包"。事实上，我们在面对极具复杂性、多变性和不可预测性的社会问题时，既要及时妥善处置突发事件，又要寻根溯源探究引发结构性社会矛盾的根由并以此为据建构社会矛盾社会风险长效综合治理机制。换言之，就是我们既不是"头痛医头，脚痛医脚"，也不是在当前结果和未来后果中取舍，而是要建构社会问题应急处突与社会风险长效治理耦合机制。那么，这自然就需要我们立足中长期发展战略视角为社会政策建设做好顶层设计。

2. 充实教育功能内涵

突破原有"唯智育论"教育模式认知误区，充实教育功能内涵将爱国主义教育、国家安全教育、职业技能教育、基础教育和高等教育有机融合。

在全球化国际市场竞争日趋激烈的大背景下，发展教育事业越来越得到各国的认可和重视。这是因为人才的培育与发展是事关一个国家一个民族存亡兴衰的大事，而教育恰是孕育人才的摇篮。德智体美劳"五育一体"全面发展的教育理念，是当前我国教育的基本出发点。追溯起来，我国的"五育一体"的教育理念最早源起于民国时期由爱国志士创立的精武体育会所倡导的"三星"教育理念。精武体育会的会旗就是"三星会旗"，其中的所谓"三星"借指"体育"、"智育"和"德育"这三育。新中国成立后党和国家领导人一直都非常重视教育事业的发展，并对精武体育会倡导的"三星"教育理念给予充分肯定。在改革开放初期，邓小平立足中国特色社会主义现代化建设全局的高度，明确提出"实现社会主义现代化，科技是关键，教育是基础"这一鲜明主张。为此，他还多次强调，教育是一个国家一个民族之根本，教育要"面向现代化、面向世界、面向未来"，为社会主义现代化建设培养"四有"新人。随后，"德、智、体"被作为教育基本指针写入《中华人民共和国宪法》（1982年版）。

在1999年出台的《中共中央 国务院关于深化教育改革全面推进素质教育的决定》中又将"德、智、体"扩充为"德、智、体、美"四位一体的教育理念。其中，德育是根本，智育是主体，体育是保障，美育是品格，而劳动技术教育则是以上诸元教育理念的实践体现。它们之间相辅相成且不可或缺，共同构成了社会主义教育理念有机整体。然而，在现实的教育实践中，在升学率这个指挥棒的牵引下，以智育为唯一依循以提升学生应试能力为主要目标的"应试教育"流毒已久贻害不浅。教育如果仅仅被看作应试技巧培训，接受教育的人如果最终被培训成了单纯的考试机器，那必将是一个国家和民族的悲哀。事实上，教育不仅担负着培养合格社会劳动者的技术性使命，还肩负着维系国家安全的价值性和政治性使命。尤其是在全球化和逆全球化交织国际竞争日趋激烈的背景下，为确保国家安全而高度警惕与预防境内外敌对势力对我的分裂、渗透、破坏和颠覆活动的必要性紧迫性毋庸赘言。当然，将教育摆在关乎国家安全的高度，这几乎已经是很多国家的共识，绝非特立独行之举。例如，美国在"9·11"事件之前发布的《国家处于危机之中——教育改革迫在眉睫》中就已经将教育提到了国家经济发展战略的高度予以诠释。"9·11"事件在令美国各界警醒恐怖主义的危害的同时，更加意识到国家安全教育和爱国主义教育的必要性重要性。之后美国政府相继出台的包括《美国教育法：2000 年发展目标》和《教育发展规划（2002—2007 年）》等在内的一系列文件几乎都无一例外地将教育置于关系和维护国家安全的高度。美国和中国的国情不同、政治制度不同、社会结构不同，但是，他山之石可以攻玉，毕竟在当前国际宏观环境中我国国家安全也一样面临多重风险挑战，将爱国主义教育和国家安全教育注入教育价值体系不仅符合现实需要，也符合"总体国家安全观"所秉持的基本理念。

3. 提升农村教育质量

尽管我国已经全面实现脱贫，已经全面建成小康社会，城乡之间发展差距也已经大幅缩减，但是，发展不平衡和发展不充分的结构性矛盾依然存在，切实有效提升农村教育教学质量仍然是推进中国发展型社会政策建设的主要任务之一。根据第七次人口普查结果来看，当前我国大陆地区人口总数为 14.1 亿人，大陆地区常住人口城镇化率达 63.9%①，也就是说在我国大陆地区至少还有超过 5 亿人常住在农村。这说明我国农村常住人口比重仍然较高，因此，关于农村办学条件与教育质量的提升问题是中国推进发展型社会政策建设中不可不察之事。目前，在我国已经全面脱贫和全面普及九年义务教育的基础上，切实巩固优化基本公共服务城乡均衡化，有效提升农村教育质量理应是新时代中国特色社会主义发展型社会政策关注的焦点之一。为此，至少应该锚定未来我国发展型社会政策在辅助提升农村教育质量方面的几个着力点：一是在坚守义务教育公益性和普及农村学前教育的基础上，确保优质公共教育资源更多更有效地向中西部省区、边疆少数民族地区和相对贫困地区的农村倾斜，并适时考虑推进高中教育普及化的现实可能与实现路径；二是完善农村教师轮训轮岗制，鼓励高校优秀毕业生到中西部省区农村从事教育工作，并切实保障和提升农村教师待遇，形成尊重农村教师和乐于担当农村教师的良好社会氛围；三是巩固农村儿童营养改善计划，在确保广大农村儿童身体健康成长的同时，健全

---

① 《新时代高质量发展的人口机遇和挑战——第七次全国人口普查公报解读》，国家统计局网站，http://www.stats.gov.cn/xxgk/jd/sjjd2020/202105/t20210512_1817342.html。

农村留守儿童和一般在校学生心理健康辅导及救助机制；四是推进农村教育（包括幼教）、社区、医疗、妇联等部门职能整合，优化农村社会早教指导方案实用性、适用性和执行力。

4. 调整教育结构进而优化劳动力结构

调整教育结构尤其是调整高等教育学科设置结构，是积极应对当前我国劳动力结构中劳动力错配现象的治本之策，也是当前和今后我国发展型社会政策的主要着力点之一。所谓劳动力结构（Labor Structure），指的是社会劳动力在不同产业的就业人口分布结构，亦即不同产业就业人口在总就业人口中的占比。随着经济社会的不断发展，人类社会劳动力结构变迁演进历程的基本趋势主要有两种表现。一是在地域和产业变迁上表现为农业劳动力向城镇转移，农业劳动力向非农业转移。二是在劳动和职业层次上表现为低层次体力劳动者向高层次脑力劳动者转移。随着我国现代化进程的持续推进，我国的劳动力结构也在经历着上述变迁。然而，在我国劳动力结构变迁的进程中却出现了劳动力错配现象。我国出现的劳动力错配现象的表现，就是学校开设的专业和该专业培养的学生与市场需求脱节。具体而言，就是我国高等教育殿堂式专业和时效性欠缺式专业开设过多，而市场所需的技术型人才缺口过大，二者形成了现实结构性悖论。要解决这种劳动力错配问题，至少需要从三个方面着手：其一，在政策前端根据劳动力市场需求合理有序地完善基础教育分流机制；其二，在政策中端根据劳动力市场需求有针对性地调控高等教育地域分布和学科设置；其三，在政策终端做好教育体系改革中长期规划与市场发展走向预测耦合的顶层设计及制度安排。

5. 巩固并完善覆盖城乡的社会保障体系

当前，全面建成小康社会的目标已经实现，覆盖城乡的社会保障体系也已经基本建立起来了，但是，社会保障体系的建设不是一蹴而就的静态事务，而是一个类似于动态矢量的社会制度建设状态和过程。也就是说建立起来的社会保障制度体系的覆盖面、执行力、时效性和实效性都是需要时时监控反馈的。进一步健全覆盖城乡的社会保障体系是关乎国计民生的发展大计，其不仅有利于增进维护社会和谐稳定，有利于保障实现社会公平正义，还是满足城乡居民生活所需并促进经济社会平稳健康发展的必然选择。所谓社会保障体系，是指一个涵盖社会福利、保险、慈善和社会救助等诸多领域的系统庞大的结构性制度体系。其具有客体受众覆盖面广、内部结构多元、筹资主体多元、与人民群众切身利益直接相关等特点，因此，社会保障体系一直被看作社会政策制度体系中的核心制度安排。我们知道，党的十八大就已经提出并明确了全面建成小康社会的目标体系，在这个目标体系中，全面建构健全覆盖城乡的社会保障体系是首要目标。后来，党的十八届三中全会进一步明确将建构更加公平更具可持续性的社会保障制度体系视为推进社会政策建设创新的核心任务之一。党的十九大报告又进一步明确提出，全面建成覆盖全民、城乡统筹、权责清晰、保障适度、可持续的多层次社会保障体系。如今，覆盖城乡的社会保障体系已经基本建立起来了，而且，中国特色社会主义已经迈入新时代，社会主要矛盾已经由原来的人民群众日益增长的物质文化需求同落后的社会生产力之间的矛盾，转变为人民日益增长的对美好生活的向往与不平衡不充分发展之间的矛盾。[1] 在这一时代背景下，在现有基础上巩固并完善覆盖城乡的社会保障体系是当前和今后补短板强弱项"着力增强改革系统性、整体性、协同性"[2] 的内在要求。同时，全面建成小康社会的胜利收官标志着"第一个百年"奋斗目标已经顺利实现，如今中国特色社会主义已经启动"第二个百年"奋斗目标新征程，即新时代中国特色社会主义现代化进程已经跨入"全面建设社会主义现代化国家"新征程，这对于继续完善社会治理体系和社会保障体系提出了更高更新要求。当前社会保障体系已经基本实现了"全覆盖、保基本、多层次和可持续性"，当前和今后的重点是增强并优化"公平性、适应性、流动性和可持续性"。

6. 促进经济与社会政策结构性耦合

如前文述及，发展型社会政策主张立足中长期发展战略视域审视并寻求社会问题的应对之策与解决之道，这就要求在公共政策制定与执行过程

---

[1] 《习近平谈治国理政》第 3 卷，外文出版社，2020，第 9 页。

[2] 《习近平谈治国理政》第 3 卷，外文出版社，2020，第 3 页。

中促进经济与社会政策的结构性耦合。传统观点认为经济政策的目的在于统合劳动力、技术和资金，以推动经济持续增长为旨向，而社会政策的目标则在于统合社会保险、社会救济和慈善事业，以维护社会公平有序平稳运行为己任，并认为二者各司其职不存在太多交集。与传统观点截然不同，面对全球化竞争压力和现代风险社会双重压力，发展型社会政策秉持"公平与发展"并重的思维模式、整体思维模式、动态思维模式和立体思维模式，提出经济发展与社会发展休戚相关、经济政策与社会政策紧密相连的主张。因为依循公共政策内在特性，只有提升政策及政策集群耦合度才能最终形成有序有效的政策势能，进而促成公共政策集群目标的顺利实现。因此，鉴于构建新发展格局对经济和社会政策集群耦合度提出更高要求，所以，对新发展格局背景下优化经济与社会政策集群耦合机制的基本路径进行整体性探析，是推进新时代中国特色社会主义发展型社会政策建设的主体路径，兼具理论价值和现实意义。

第三节　马克思社会有机体理论

马克思社会有机体理论不仅是马克思历史唯物主义的立论支柱，而且对马克思主义原理的整个理论谱系产生了贯穿式影响。深入探究和理解马克思社会有机体理论，不仅有利于我们更加深刻、辩证、系统地领会理解马克思主义唯物历史观，也为研究者了解社会现象，透析社会结构，探索把握社会变迁规律提供了直接的理论指导。尤其是当前，掌握马克思主义社会有机体理论，是在构建和完善新发展格局的背景下，继续推进国家治理现代化和社会治理现代化的必要与核心理论基础。

一　马克思社会有机体理论体系的逻辑起点与基本观点

所谓社会有机体，指的是构成社会的各个要素按照一定的比例和方式结合为一个具有内在耦合性的统一整体。马克思将这一概念视为界定社会关系整体性的一个总括式理论范畴。

当然，社会有机体理论并非马克思首创，与马克思同时代的实证主义社会学家孔德和斯宾塞等人就曾提出过社会是一个具有内在关联的有机整体的观点与理论。马克思是在总结借鉴维柯、孔德和斯宾塞等人观点的基础上，提出并不断完善自己的社会有机体理论体系的。马克思社会有机体理论有其独有的逻辑起点与理论特质，把握住该理论体系的逻辑起点与理论特质，是理解和科学运用马克思社会有机体理论的一把钥匙。

（一）马克思社会有机体理论体系的逻辑起点

马克思社会有机体理论认为，社会有机体是以"现实的人"的社会实践为主线，以人的全面自由发展为旨向和落脚点的，这是马克思社会有机体理论体系的逻辑起点。

与以往很多的社会有机体相关学说不同，马克思社会有机体理论体系实现了社会有机体思想史上质的飞跃，有其独有的逻辑起点与理论特质。马克思社会有机体理论体系的逻辑起点是强调社会有机体运行机制中的实践性——因为实践的主体是人，又因为社会有机体在人们生产生活实践中也会得以发展，所以，社会有机体是一个以实践为主、以人为本并不断更新的有机整体。马克思社会有机体理论不仅继承了以往相关学说推崇的社会有机体的系统化和整体化的一般性主张，更重要的是马克思将社会有机体理论由学术殿堂式话语体系引入现实物质世界。马克思坚持理论研究的实践路径，以"现实的人"的角度为切入点强调"人的实践性"，并将自己的社会有机体理论体系的落脚点置于人的自由全面发展上来。这充分体现出了作为科学社会主义首倡者的理论逻辑严谨性、科学性和其使命担当性。

一言以蔽之，社会有机体的发展进步最终是由作为其主体的人的社会实践来推动的，社会有机体的发展终极目标也是围绕并实现人的生存发展。归结起来，马克思社会有机体理论认为，社会有机体是因人的需求而建构，因人的实践而发展，"以人为本"正是社会有机体的本质特征，同时，也正是社会有机体这一本质特征，马克思才在《共产党宣言》中将对未来共产主义社会的设想描述为"每个人的自由发展是一切人的自由发展的条件"。[①] 通过上文对马克思社会有机体理论提出和形成过程的概述不难

---

① 《马克思恩格斯选集》第 1 卷，人民出版社，1995，第 294 页。

理解，马克思社会有机体理论体系的立论基础是承认社会有机体是生产力和生产关系相互作用基础上的产物。理解了这一点，就为理解马克思社会有机体理论体系的逻辑起点做好了铺垫。这是因为现实社会生活中的生产力和生产关系的产生与演进就是"现实的人"的社会关系的产生与演进，这就是说离开了"现实的人"就无法为马克思社会有机体理论体系的实践路径破题。物质世界是社会有机体得以存在与发展的基本前提。不过，尽管人与社会的生存载体是自然界，但自然界并不能自发满足人的一切需求，任何人只要想实现自身生命体在现实世界中的存续，就必然需要直接或间接参与对自然的改造之中。而在改造自然的过程中，参与其中的人们自然会结成各种各样的关系，这些人与人之间的关系既是人与自然之间的交换关系的表现，也具有社会属性。在马克思看来，人的本质就是社会关系的总和，从这个意义上而言，人与社会是相辅相成相互建构的复合关系。恰是因为如此，我们不能抛开实践而对社会作出形而上的抽象概括，因为实践才是社会以及社会关系得以生成和存续的内在驱动力。而人是实践的主体，因此，马克思社会有机体理论体系的逻辑起点就体现为彼此呼应的三个方面：第一个方面，社会有机体以"现实的人"为出发点；第二个方面，社会有机体以"现实的人"的实践为主题；第三个方面，社会有机体以人的全面自由发展为归旨和落脚点。

（二）马克思社会有机体理论体系的基本观点

如前所述，马克思社会有机体理论体系的逻辑起点有三：社会有机体以"现实的人"为出发点；社会有机体以人的实践为主题；社会有机体以人的全面自由发展为目的。立足于以上三个立论的逻辑起点，马克思社会有机体理论体系还提出了三个核心观点：一是资本主义社会有机体内具有均衡性与冲突性相交织的二重性特点；二是社会有机体内部具有复合式结构，其有机性体现为有机体内部不同层次的系统性与整体性；三是社会有机体是一个开放式体系，其有机性还体现为有机体的动态性和发展性。

首先，资本主义社会有机体内具有均衡性与冲突性相交织的二重性特点。资本主义社会有机体是马克思社会有机体理论考察的直接客体，也是马克思理论体系关注的焦点。因此，凝练总结资本主义社会有机体运行结构和特点，是马克思社会有机体理论的首要研究方向和目标。经过多年调研和反复思索，马克思将资本主义社会有机体运行的结构性特点归结为均衡性与冲突性相交织这一二重性特点。马克思社会有机体理论非常重视不同的社会要素功能的相互依赖性，并力争借用社会要素功能的相互依赖性来解读社会有机体的发展轨迹乃至发展规律。如众所知，资本主义是工业革命之后社会大分工的结果。在社会化大分工和社会化大生产的背景下，分工与交换是原本已经分化的社会有机体的各个要素在市场的联结下形成一个大的系统，进而将社会形塑为一个类似于有机体的整体，而社会有机体的表现之一就是社会各要素之间的均衡性和协同性。然而，尽管社会化大生产促成了社会有机体内部均衡性的一面，但是，在生产资料私人占有状况的制度化即私有制条件下，由于人与人之间存在着剥削与被剥削的关系，因此，这种背景下的社会分工又具有强制性，而这种强制性的社会分工必然会导致社会关系的撕裂和冲突。资本主义社会的生产实践的中心在于产生和攫取剩余价值，在人与人的关系层面上，从表面看工人似乎是摆脱了身份依附的自由人，实则资本家以资本为纽带已经将工人变成从属于资本的附庸。在这种情势下，资本主义社会有机体的生产方式一方面在创造和积累财富，另一方面也在创造并加剧了贫富分化，这就致使资本主义社会有机体的均衡性与冲突性这种双重性特点难以避免了。马克思从社会有机体均衡性和冲突性两方面入手来凝练总结资本主义社会有机体的特点，这是马克思社会有机体理论体系的鲜明特征。

其次，社会有机体内部具有复合式结构，其有机性体现为有机体内部不同层次的系统性与整体性。马克思在对资本主义社会有机体进行特性凝练的基础上，对社会有机体也展开了共性研究和总结。马克思认为，社会有机体不仅是一个各个要素共同构成的有机整体，还分为不同的层次。他将社会有机体的层次主要分成三个维度来予以考察，即宏观维度的广义人类社会层次、中观维度的社会形态层次和微观维度的狭义社会层次。其中，第一个层次指的是以人、自然界和社会及其关系为基本考察对象的广义人类社会；第二个层次指的是以经济基础与上层建筑联结关系为考察对象的中观维度的社会形态及其演进历程；第三个层次指的是以具体的经济、政治、文化现象和规律为主要考察对象的微观的狭义社会。马克思认为，在以上三个层次上社会有机体都自成体系并构成相应的有机整体，而三个层次又各自指代不同的范畴。如果就社会有机体的系统性和协同性而言，社会有机体各自不同的层次内部及其彼此之间都应该保持一种系统协调整体均衡的运行状态。严格来说，中国共产党人后来在治国方略层面提出的科学发展观、"五位一体"总体布局、"四个全面"战略布局和"五大发展理念"都是受到马克思社会有机体理论的指引和启发而提出的。

最后，社会有机体是一个开放式体系，其有机性还体现为有机体的动态性和发展性。马克思认为，社会有机体一方面是一个宏观维度的有机整体，另一方面也是一个微观层面的有机整体，既是静态结构性的有机整体，同时也是动态过程性的整体。这是因为人类社会被人类社会实践交往所形塑，而随着人类社会交往范围的不断扩展，社会有机体也在经历着从低级到高级的运动过程，马克思将社会形态的更新迭代分为上述的三种类型，并在对社会形态的动态演进历程的考察中总结出社会有机体的另一个特点，即社会有机体并非一成不变，而是一个开放式的发展体系。因此，看待社会有机体内部存在的问题或困境，不应该墨守成规而应该立足开放和发展的视角，在探索社会有机体某个子系统内部问题应对之策的同时更应该洞悉该子系统与其他子系统之间的协同配合问题，否则，很难求得社会有机体整体甚或任何一个子系统的良性运行状态——相信很多人看到这里，都会觉得马克思社会有机体理论所秉持的这个道理与清人陈澹然的那句旷世名言不谋而合，即"不谋万世者，不足谋一时；不谋全局者，不足谋一域"——由此可见，明确了社会有机体这一基本特点，便于人们在纷繁复杂的社会现象甚或社会难题中去伪存真探寻破解方法和治理之道。

二 马克思社会有机体理论中社会有机体的动力和平衡机制

社会有机体内蕴的动力和平衡机制，是推动社会发展和维护社会稳定的基本机制，同时，这也是社会有机体内部的核心机制。从这个角度来说，马克思社会有机体理论中关于社会有机体中动力和平衡系统的论述是马克思社会有机体理论体系的核心部分。社会有机体是一个结构复杂且始终居于动态运行中的系统，整个系统由不同层次和不同层次的各个要素共同构成，这个系统具备其特有的动力机制和平衡机制。在马克思深入探究社会有机体内部的动力和平衡机制之前，实证主义社会学家孔德就曾试图将社会学传统研究范式划分为两种路径，即社会学静态研究路径和社会学动态研究路径。孔德的这种尝试，无非是为了透过现象看本质进一步深刻揭示和总结社会有机体的发展规律。马克思正是在借鉴吸收孔德的这一理论尝试精华的基础上，才提出自己的社会有机体理论的。马克思认为，要推进和促成社会有机体的稳定有序，社会有机体各层次各要素各子系统的社会结构就必须相适应，可是，不同历史时期的不同社会形态的基本矛盾对原本稳定的社会有机体自然会造成影响甚或冲击。同时，社会基本矛盾也在推动着社会有机体不断向前发展进步，这令社会有机体表现出开放式的动态性和发展性特征。另外，社会有机体是在人们的社会实践和社会交往互动中逐渐形成的，人们在社会有机体内部的不断社会实践交往中也会逐渐形成具有相对稳定性和根本性的社会结构和制度，这种逐渐成形的各个层次的社会结构和制度相辅相成共同构建起了社会有机体的平衡机制。因此，综上可知，马克思社会有机体理论体系中将社会基本矛盾界定为社会有机体向前发展的动力机制，而人们在不断社会实践交往中积淀的相对稳定的社会结构和制度就是社会有机体的平衡机制。

（一）马克思社会有机体理论中社会有机体的动力机制

社会有机体是一个具有多层次且结构复杂的自我发展体系，对于社会有机体内部的动力机制这个困扰学界的世纪难题，不同历史时期不同学科和不同理论流派几乎都给出了各自不同的解释路径。归结起来，他们无非从人本身或在人以外的客观物质世界中寻求解答这一问题的根由。在文艺复兴之前，人们将社会发展的原动力都归于不可知的天命神权，而文艺复兴后人的尊严和价值被得到肯定，此后有识之士们才开始将探究推动社会发展进步背后动力机制的关注焦点聚焦于人本身。在其中最负盛名和对后世最具影响力的一是以康德和黑格尔为代表的精神理性主义社会发展动力说，二是以孔德和斯宾塞为代表的实证主义社会发展动力说。

与崇尚唯心主义的康德和黑格尔不同，孔德和斯宾塞等实证主义社学家在经验论与不可知论的基础上提出了自己的社会发展动力说，他们受生物学和其他自然科学影响，认为人类社会发展的驱动力就是人类内部以及人类与自然界之间的生存竞争。当然，历史上社会有机体发展动力学说林林总总不胜枚举，在此就不一一赘述了。这些学说反映出不同历史时期人们对社会发展动力的不同认知状态，马克思受以往社会发展动力学说的影响和启发，坚持立足考察"现实的人"的社会实践这一基本视角，开创了基于人的社会实践之上的马克思主义社会发展动力论，进而在社会发展动力论战中实现了理论上的飞跃和质变。

如前所述，社会基本矛盾是推动社会有机体不断向前发展进步的基本动力，而社会发展动力是一个复合型概念也是一个复合型系统，其是由多种矛盾共同构成的一个整体，其中不仅包括马克思界定的社会基本矛盾这一动力机制之根本，还包括动力机制的源泉、动力机制的实现基础和动力机制的主体架构。具体而言，不同历史时期社会基本矛盾是社会有机体发展动力机制的根本；"现实的人"的生存和发展现实需求是社会有机体发展动力机制的源泉；"现实的人"改造客观物质世界的社会实践是社会有机体发展动力机制的实现基础；人民群众是社会有机体发展动力机制的主体架构。

（二）马克思社会有机体理论中社会有机体的平衡机制

社会有机体内各层次和各子系统各要素之间的耦合性互补性体现了社会有机体的整体性，这种整体性表现为社会有机体的自我调节和自我控制这一整体效应。一旦社会有机体内部各层次不同结构体系相互矛盾甚或冲突，势必引发社会有机体内相应结构和相应层次的功能性紊乱，甚至会殃及整个社会有机体的整体稳定——而这就呼唤社会有机体平衡机制的不断革新和完善。从表面看，社会有机体各层次和各个子系统之间似乎界限分明，实则它们彼此之间存在千丝万缕的内在关联。其中，社会有机体中的经济系统是社会有机体在与客观物质世界发生物质交换进程中形成的有机系统，其内部关涉人的现实需求、劳动力、生产力与生产关系等多个要素。经济系统的基本功能有二，一是满足社会成员生活所需并满足与劳动相关实践所需，二是社会有机体成员在劳动实践中形成生产力并结成生产关系。需要关注的是，经济系统绝不是居于静态或一成不变的，随着人的现实需求的不断更新，生产中会不断涌现新的生产工具，劳动者的素质和能力会不断提升，随之劳动生产率也会水涨船高。在不断发展生产力和提高劳动生产率的进程中，劳动者一方面会创造出人们所需的物质生产生活资料，另一方面也会不断创造出政治系统和思想文化系统所需的物质基础与条件，实际上，这就是马克思主义理论体系中反复论证的经济基础决定上层建筑。当然，社会有机体中的经济系统并非自成一统的独立王国。马克思社会有机体理论认为，经济系统是受制于一定的自然基础与社会条件的——包括政治系统和思想文化系统在内的上层建筑对经济系统也具有相当的反作用，要想保持社会有机体中经济系统的平稳运行，必须通过与之相对应的法律法规制度体系和为其提供正确价值导向的思想文化给予配合，否则，经济系统必然独木难支。政治系统和思想文化系统也是如此，虽然它们都自成体系，但是，它们相互之间都紧密相关。以政治系统和思想文化系统为例，来解释社会有机体内各层次各子系统之间的内在关联度更为直观。众所周知，经济社会发展所需的很多要素及其分配流动绝非自发而成的，尤其是关乎社会有机体整体与长远利益的要素分配流动行为，都得益于国家公共权力的支持与公共政策的实施。反过来，政治系统也需要一定的物质条件予以支撑，有了物质保障的政治系统又可以为经济系统的良性运行提供必要的制度性和秩序性保障，另外，良性运行的经济系统和政治系统也需要思想文化等道德力量的维系和加持。总而言之，社会有机体各层次和各子系统之间犹如环环相扣的闭合式锁链，彼此相依又相辅相成。

三　独有研究路径和特有理论品质的当代启示意义

马克思社会有机体理论为探索新时代新发展格局下社会治理现代化政策集群耦合路径提供理论指南。前文已述，社会有机体理论并非马克思首倡，当然，社会有机体理论也并非马克思所独有。经过简单梳理不难发现，在马克思之前和之后都有不同的社会有机体理论问世，其中最具影响力的有孔德和斯宾塞等人倡导的实证有机体理论、康德和黑格尔倡导的理性主义社会有机体理论，以及后世的"结构—功能"主义有机体理论等。马克思社会有机体理论与这三种社会有机体理论的理论基础和研究路径都有所不同，马克思社会有机体理论不仅是中国特色社会主义政治经济学的直接母体，而且以其与时俱进的理论品质对探索新时代新发展格局下社会治理现代化政策集群耦合路径不仅具有思想启迪作用，更具有直接的理论借鉴价值和指导意义。

（一）马克思社会有机体理论独有的研究路径

马克思社会有机体理论具备独有的研究路径，其研究路径的独特性体现在其与实证主义社会有机体理论、理性主义社会有机体理论和"结构—功能"主义社会有机体理论的区别之中。

1. 马克思社会有机体理论研究路径与理性主义的区别

文艺复兴之前，人们对于社会发展动力和规律都寄托于神秘不可知的天意与神话，而文艺复兴后作为社会主体的人逐渐得到了认可和尊重。康德和黑格尔的理性主义一般被公认为文艺复兴后人类理性哲学的巅峰之一。虽然马克思社会有机体理论深受康德和黑格尔理性主义启发与影响，但是，二者在研究路径上却泾渭分明。众所周知，马克思在步入大学校园不久就加入了青年黑格尔学派的"博士俱乐部"，也可以说青年时代的马克思绝对算是黑格尔哲学的拥趸。但是，逐渐成熟的马克思很快就与自己曾经的思想导师黑格尔划清界限。因此，只要稍有哲学学习背景的人都不难理解马克思社会有机体理论研究路径与理性主义的区别所在。

康德和黑格尔用其思辨性哲学话语体系建构了一整套的理性主义社会有机体理论，在该理论体系中多有颇具闪光点并极具启迪性的思想，其中最可贵的就是对人的主体性的认可与推崇。可以说以尊重人的主体性为基础的理性主义社会有机体理论一经问世，就促成了人类对社会形态历史演进认识史上的一次伟大飞跃。在充分肯定人的主体地位的基础上，康德建构起了他的"目的论"哲学体系，而在他的整个"目的论"哲学体系中"人的目的"居于中心。当然，尽管康德的理论体系突破了旧有神权主义的束缚彰显了人的主体性，但是，他却认为人的理性具有超验性和先天性，如此一来，他的理论在批判唯心主义的同时却重新陷入唯心主义的窠臼而不能自拔。康德的这种超验论事实上就等于是他自己主动丢弃了真正认识理解社会有机体实质的钥匙。与康德超验式"目的论"哲学体系可以类比的是黑格尔对社会有机体的思考。黑格尔对社会有机体的理论观点从属于其精神哲学体系，黑格尔将人类社会形态的发展演进历程看成理性的进步史。黑格尔理性主义社会有机体理论的立论基础是"绝对理性"，他虽然承认人在社会发展中的能动作用，也明确认可人类社会形态发展历史是劳动的产物这一观点，但是，黑格尔所谓的"劳动"特指精神层面的实践。尽管从这个角度来看，黑格尔似乎与康德犯了同一个错误，不过，不可否认的是黑格尔理性主义社会有机体理论对马克思社会有机体理论的积极影响远大于康德——这是因为黑格尔理性主义社会有机体理论中蕴含着辩证法的光芒——他认为人类社会发展是有规律可循的，这种规律就是人类社会的发展进步是以矛盾的形式表现出来的，亦即人类社会发展进程中的矛盾推动人类社会进步。恰如恩格斯所言，黑格尔以辩证思维为主线将整个自然、现实和精神世界都理解为一个始终居于动态变化之中的过程。事实上，黑格尔理性主义社会有机体理论最可贵之处，就在于此。然而，黑格尔理性主义社会有机体理论最大的不足，就是这一理论并没有清晰透彻地解释人类社会的现实本质，而是将人类社会形态发展历程动因简单抽象为超自然的精神力量使然。这正是马克思唯物主义社会有机体理论与黑格尔理性主义社会有机体理论的根本区别所在。马克思唯物主义社会有机体理论认为，人类社会发展的规律是由人类社会本身的物质性结构和特点规定的，并非由黑格尔所谓超自然精神力量赋予的超能力。因此，从表面看两种社会有机体理论只是立论基础和研究路径有所不同，实则二者之间相隔的恰是唯心主义与唯物主义之间的鸿沟。

概括起来，在康德和黑格尔理性主义社会有机体理论体系中有一个缺陷，那就是二者都忽视甚或无视了"现实的人"的社会实践在整个社会有机体中的驱动作用。这一缺陷致使康德与黑格尔在探寻社会有机体运行规律及其动力机制的过程中都铩羽而归。与康德和黑格尔的理性主义社会有机体理论的立论基础截然不同，马克思立足"现实的人"的社会实践这一基本视角，以现实的物质生产为切入点综合运用辩证唯物主义和历史唯物主义相结合的方法分析解读人类社会形态的历史演进历程，用生产力与生产关系、经济基础与上层建筑之间的矛盾关系这把钥匙成功打开了科学解答社会有机体运行规律这扇大门。

2. 马克思社会有机体理论研究路径与实证主义的区别

马克思社会有机体理论吸收借鉴了同时代的实证主义社会有机体论，但是二者有本质区别。二者最大的区别就在于两者研究视角、立场和研究结论的不同。要明辨二者区别，自然需要先对实证主义进行一下简单的梳理。

人类社会迈入19世纪之后随着自然科学的迅猛发展，当时社会科学领域的很多研究者逐渐开始尝试将社会问题与自然现象进行类比研究，这种研究路径就是所谓的实证主义（Positivism），也被称为实证哲学。实证主义研究路径与传统的形而上学西方思辨理性主义截然不同，实证主义更加注重感觉经验。实证主义产生于19世纪三四十年代，学界公认的实证主义首倡者就是被誉为"社会学之父"和"社会学至圣"的法国著名思想家奥古斯特·孔德（Auguste Comte）。自1830年开始孔德陆续出版了6卷本的《实证哲学教程》，这被看作实证主义开宗立派的标志。其中，《实证哲学教程》的后3卷，即"社会哲学原理"、"社会哲学的历史演进"和"社会哲学总论及补充"被后世看作实证主义社会有机体理论的开山之作。除了孔德，被誉为"社会学亚圣"的英国著名思想家赫伯特·斯宾塞（Herbert Spencer）对实证主义社会有机体的提出和完善也作出了卓越的贡献。需要引起我们关注的是，实证主义与唯物主义并不完全相同，实证主义机械地将社会有机体理解为与生物有机体高度相似甚或雷同的一种存在，这实际上就等同于对"现实的人"的实践活动价值的否定与抹杀。这种研究路径最终的结论就是将社会有机体中存在的贫富分化和阶级矛盾看成如自然现象一般再正常不过的合理存在——尽管实证主义社会有机体理论对马克思曾产生颇多影响和启发，但是，最为马克思所不能接受的是，实证主义这种机械的"只见物，而不见人"的研究路径，无疑沦为对资本主义制度下剥削合理性的辩护词。与孔德和斯宾塞的实证主义社会有机体理论截然不同的是，马克思社会有机体理论认为，西欧国家已经和正在经历的经济危机根本源自于社会化大生产与生产资料私人占有这一基本矛盾。

马克思认为，如果要消减经济危机对社会有机体的破坏性冲击，与其扬汤止沸不如釜底抽薪，即用以公有制为基础的社会结构替换以私有制为基础的社会结构，从源头改变生产力与生产关系的矛盾——马克思社会有机体理论研究路径与实证主义社会有机体理论最大的区别就在于此。

一方面，马克思非常虚心地接受了实证主义有机体理论有关社会有机体注重分工与交往，以及关注社会有机体的系统性和整体性的观点；另一方面，取其精华去其糟粕，马克思旗帜鲜明地反对实证主义有机体理论将生物有机体概念来机械地套用到社会领域的做法。这是因为实证主义这种简单粗暴的机械式做法，失之于社会科学的严谨性和客观性，根本无法洞悉社会的现实矛盾与实际利益冲突的根源。因此，从这个意义上而言，马克思社会有机体理论虽然借鉴甚或脱胎于实证主义，却也真正做到了"青出于蓝而胜于蓝"。

3. 马克思社会有机体理论研究路径与"结构—功能"主义的区别

马克思社会有机体理论研究路径与"结构—功能"主义最大的区别，在于二者研究范式和研究取向不同，进而使得二者的研究结论大相径庭。

"结构—功能"主义（Structural Functionalism）脱胎于实证主义社会有机体理论，"二战"后逐渐成形，其主要代表人物有享有"现代结构功能主义创始人"盛誉的美国著名学者塔尔科特·帕森斯（Talcott Parsons）和他的学生罗伯特·金·默顿（Robert King Merton）等人。"结构—功能"主义社会有机体理论滥觞于早期功能主义、实证主义社会有机体理论和涂尔干的社会整合理论，该理论是侧重对社会有机体系统的制度性结构分类并在此基础上进行功能性解析的社会学理论。"结构—功能"主义社会有机体理论主张用功能分析的方法认知与解读整个社会有机体与社会制度之间的内在关联。该理论的核心观点有四：（1）社会有机体分为各自不同的子系统，每一子系统都有其特定功能，各子系统在功能上彼此联系且相互依存，共同构成社会有机体这个完整的总系统，出于良性运行状态的社会有机体总系统的功能大于并优于各子系统功能的简单加总；（2）社会有机体内蕴自我调节和自我发展机制；（3）保存和维护社会有机体良性运行的关键要素是秩序而非矛盾与冲突；（4）社会有机体如果要得以存续，维系其各子系统功能的条件就必须得到保障。总而言之，"结构—功能"主义的理论基础就是崇尚社会制度性秩序的社会均衡论，其关注的焦点是社会有机体内部结构的"多元化"、"总体性"和"均衡性"。严格来讲，在理论上"结构—功能"主义是对以往理性主义和实证主义社会有机体理论的一次巨大飞跃，但是，令人遗憾的是"结构—功能"主义就经济子系统和文化子系统究竟哪一个在社会功能上居于主导地位这一根本问题上始终举棋不定，无法聚焦社会有机体的核心议题，难以确认经济在社会有机体的重点基础地位，更没有看到生产力在社会实践和社会功能中的决定性作用。总而言之，"结构—功能"主义是一种保守理论，其在工具理性层面堪称翘楚，但是，在价值理性层面可以说毫无建树。尽管"结构—功能"主义社会有机体理论没有标榜自己是资本主义的卫道士，但是，其专注强调社会有机体结构协调性的理论倾向，致使该理论在客观上成为维护资本主义社会所谓制度性秩序的辩护词。与其不同的是，马克思社会有机体理论在肯定社会有机体各组成部分之间存在功能性关联度和社会有机体的系统性整体性的同时，更进一步地指出了经济在人类社会形态历史演进中的决定性作用和基础性地位，这是马克思社会有机体理论优于"结构—功能"主义最大的关键所在。"结构—功能"主义社会有机体理论关乎的是社会控制和社会整合而不是社会发展和社会变迁，即使有所涉及社会变迁也多是避重就轻只谈调整式变迁而不是冲突式变迁，看重社会结构而相对轻视社会发展过程，热衷于倡导维系社会整合的共同价值却无视社会利益主体多元化的本质意义。因此，虽然马克思也曾对社会有机体进行功能性分析，"结构—功能"主义者也曾自诩接过并扬弃了马克思社会有机体理论的衣钵，但是，事实上二者在分析视角、研究范式和价值取向上有本质区别。

（二）马克思社会有机体理论与时俱进的理论品质

马克思无意营建故步自封的理论窠臼，马克思社会有机体理论与其所从属的马克思主义理论体系一样都具有十分鲜明的与时俱进的理论品质。这种优秀的理论品质体现在三个方面：一是马克思社会有机体理论实现了其对"结构—功能"主义和社会冲突论的超越；二是马克思社会有机体理论以其"以人为本"的理论内核紧扣社会有机体发展的根本问题。

1. 实现了其对"结构—功能"主义和社会冲突论的超越

如上所述,马克思社会有机体理论不仅在分析范式和价值取向上实现了对"结构—功能"主义的超越,而且也实际上超越了作为"结构—功能"主义攻讦者的社会冲突论。

社会冲突论在 20 世纪 60 年代后期流行于美国和西欧国家,在西方社会学界引起巨大反响,渗透到社会学各分支学科的经验研究中去,在政治社会学、组织社会学、种族关系、社会分层、集体行为、婚姻家庭等领域都出现了大量以冲突概念为框架的论著,在当代社会学发展中有重大的影响。这一理论流派以刘易斯·科塞(Lewis Coser)、拉尔夫·达伦多夫(Ralf G. Dahrendorf)、兰德尔·柯林斯(Randall Collins)和 C. 赖特·米尔斯(C. Wright Mills)等人为主要代表,当然,有人也将马克思社会有机体理论体系列为社会冲突论的范畴。社会冲突论与"结构—功能"主义最大的不同在于前者不再迷恋单纯的社会秩序维护者,而是认识到社会冲突对社会发展与社会秩序的完善巩固也可能具有的积极作用,因此,这一理论流派也被称为西方社会学的激进派。作为社会冲突论首要倡导者之一的科塞在他的《社会冲突的功能》(1956)中如此界定"社会冲突":社会冲突源自于社会利益分配不均以及人们对于这种分配不均的不满,另外,只要这种不满没有对整个社会有机体的基本共同价值观构成颠覆性破坏,那么,这种不满对于重塑社会整合就有积极作用。这便是在科塞的社会学理论体系乃至整个社会冲突理论体系中非常著名的"冲突正面功能论"。科塞就是在"冲突正面功能论"的基础上提出了更具知名度和影响力的"社会安全阀理论"。虽然科塞自称是受到马克思社会有机体理论的启发而提出自己的主张,但是,实际上很显然二者的分析范式和价值取向并不相同。比科塞更进一步的是德国的辩证社会冲突论者达伦多夫,很多人认为在一众社会冲突论者之中,达伦多夫的观点与马克思最为接近。实则,两人的研究旨向也是迥然有异。同样来自德国的达伦多夫自称是在本国两位"马克思(斯)"的影响和启发之下逐渐成长起来的,一位是卡尔·马克思,即本书研究的主要理论来源"马克思社会有机体理论"的提出者,而另一位则是德国著名社会学家马克斯·韦伯(Max Weber)。马克思社会有机体理论认为，生产资料所有制即生产资料占有关系的不平衡是产生社会冲突的源头，社会矛盾所引发的阶级冲突在人类社会形态发展进步中发挥巨大的助推作用。达伦多夫在承认社会冲突对社会发展的正面效应的前提下，借用韦伯社会学理论体系中的"权威关系"替换了马克思社会有机体理论中所提到的生产资料占有关系及其制度安排。另外，达伦多夫撇开了马克思的阶级分析方法分析资本主义社会冲突问题，事实上就是放弃了对资本主义社会冲突根源的终极探索。由此可见，这两位"马克思（斯）"对达伦多夫的影响并非等量齐观，这种情况有两种表现：一是尽管在研究方法上看达伦多夫的社会冲突理论体系中多有对马克思社会有机体理论的吸收借鉴，但是，从最终研究取向和研究结果来看，达伦多夫的理论明显是将卡尔·马克思社会有机体理论视为批判和改造的标靶；二是达伦多夫在批判和改造马克思社会有机体理论的时候几乎原封不动地吸取韦伯的权威与权力理论，或者说达伦多夫是在按照自己的意愿借用韦伯的权威与权力理论改造马克思社会有机体理论。综上所述，不论是科塞还是达伦多夫始终都没有跳出为维系资本主义社会稳定性充当建言献策的教师爷的这一身份设定。

严格意义而言，社会冲突论发轫于对"结构—功能"主义的批判，但是，事实上社会冲突论在价值理性层面上与"结构—功能"主义殊途同归，都成了维护资本主义社会秩序性和稳定性的学术注脚。当然，不可否认的是，如果从工具理性层面上来看，社会冲突论对"结构—功能"主义的批判是可圈可点的，事实上二者已经构成了彼此相依的互补关系。综合来说，如果单以工具理性为切入点，不难发现这样一个事实，那就是将社会冲突论与"结构—功能"主义对社会有机体的认知整合起来，正好与马克思社会有机体理论所提出的社会关系二重性特点基本相符。如前所述，社会关系的二重性指的是社会分工既有促进社会合作协调的一面又有激起矛盾冲突的一面，这两个方面相互依循共存于社会有机体之中。在此需要格外强调的是，马克思社会有机体理论尽管肯定了社会有机体各要素之间的彼此相依的关联性，但是，马克思社会有机体理论仅是在工具理性层面上对社会结构的功能性分析，这与"结构—功能"主义有实质不同。"结构—功能"主义只是将现实社会生活中的一切矛盾冲突都简单归结为社会结构之间的适应性问题，这就是对社会矛盾的无视。达伦多夫的社会冲突论确实肯定了社会稳定、社会变迁、社会整合与社会冲突之间的辩证关系，然而，他的辩证社会冲突论却是建立在权威关系基础上的冲突论，这事实上等于是对马克思社会有机体理论立论基础的颠覆。综上而言，马克思社会有机体理论体系不仅在工具理性层面上优于"结构—功能"主义和社会冲突论，更在价值理性层面实现了对这二者的超越。

2. 以其"以人为本"的理论内核紧扣社会有机体发展的根本问题

马克思社会有机体理论与时俱进的理论品质不仅体现在理论谱系中对于"结构—功能"主义和社会冲突论的超越，还体现在其理论内核中对社会有机体发展根本问题的洞悉和把握。不言自喻，社会有机体是由"现实的人"在社会实践中逐渐结成的群体结构，亦即人类社会是人的实践和交往的现实产物，因此，从一定意义上而言人和社会有机体之间存在互为因果彼此建构的基本属性。正是因为马克思经过多年的理论积淀和现实调研敏锐且深刻地洞察到了这一点，他才将自己的社会有机体理论体系的理论内核紧紧锚定在"以人为本"的基本立场上。

首先，在人与社会的对立统一关系中界定人的本质。前文已述，马克思在批判费尔巴哈的过程中，阐述了自己最具代表性的观点即"人的本质论"，他将人的本质归结为一切社会关系的总和。[①] 马克思对人的本质的科学界定，是建立在人与社会对立统一的辩证关系基础之上的。构成社会有机体的要素是多元的，其中包括自然、人口、生产力、生产方式与上层建筑等多种因素，但是，不可否认的是人绝对是社会有机体的核心要素。马克思认为，社会有机体是在"现实的人"的实践基础上结成的交往性产物，人们在社会生产实践交往中逐渐形塑与一定历史时期生产力相适应的生产关系，而这些生产关系共同构成社会有机体的经济基础，在经济基础之上则是与其相适应的上层建筑及社会意识形态。[②] 由此可见，马克思社会有机体理论是从人与社会的互动关系中来诠释社会有机体本身的。人与

---

① 《马克思恩格斯文集》第 1 卷，人民出版社，2009，第 505 页。
② 《马克思恩格斯选集》第 2 卷，人民出版社，1995，第 31~33 页。

社会对立统一的辩证关系体现在两个方面，一方面，人与社会互生共荣彼此依循；另一方面，社会与人又互相限制彼此制约。从人与社会的同一性来看，二者的同一性至少有如下多种原因：（1）人的产生和社会的出现在时间上具有同步性，即从时间上来看人的出现与社会的出现犹如硬币的两面，是一体同步的，这是因为二者互为因果互相依存，在此问题上如果有人纠结甚或质疑，只能说这样的人没有弄清楚"原始人"与"人"的区别；（2）人的实践活动和社会有机体内部的结构具有同一性，即人的实践活动与社会结构及其发展变化密切相关，这是因为生产力是人改造自然的实践，生产关系是人们在改造自然的实践中结成的社会关系，而上层建筑则是人们为了调整生产关系而建构的制度性秩序及其附属物，这一系列产物都是人们实践的结果；（3）人的发展进步和社会有机体发展进步方向具有同一性，即从历史演进历程来看人与社会发展的趋势具有一致性，这是因为社会形态由最初的低级形态向高级形态发展演进的过程中，乃至发展到未来最高级的共产主义社会形态，恰好也是人从自然桎梏和人为桎梏中不断得以解放并最终实现人自由全面发展的过程；（4）人的本质和社会的本质在实践层面上具有高度同一性，即马克思基于人的实践将人与动物进行了实质区分，将人的本质界定为"一切社会关系的总和"，这是因为人是社会实践的载体和主体，而社会实践形塑了社会有机体的基本结构，这不仅是社会有机体构成的基础，也是社会发展的原动力。从社会与人互相限制彼此制约的方面来看，二者的相互制约性至少有如下几种原因：（1）社会生产力状态是对人的客观限制，即人在社会实践中所能获得的自由度的最大限度，都被涵盖在当时代社会生产力发展水平的总体客观状态之中，这是因为当时代的社会生产力状况对人的实践活动维度形成天然规制，任何人都无法自由选择自己所处的时代亦即其所处历史时期社会生产力的发展水平；（2）社会异化是对人自由发展权利的进一步制约，即工业革命催化的社会分工在强化社会有机体各要素之间合作性的同时，也大大限制了多数人的自由选择权，这是因为随着生产力的发展，资本与市场的影响力也在扩大，而随着社会异化现象关涉范围的扩大，多数人的自由发展空间也在被压缩；（3）在特定条件下个人与社会的利益诉求存在悖论，即在私有制尚存的任何社会形态之中社会有机体整体发展进程中通常与个人利益的牺牲相伴而行，这是因为社会分工的存在一方面会提升劳动生产率，另一方面也必然造成人发展的片面性倾向，在生产力欠发达物质尚不能满足所有人需求的条件下，整体社会的发展难免会触动甚或牺牲个人利益；（4）在社会化进程中，作为个体的人也可能会作出反社会行为，即由社会资源稀缺性和人们对利益攫取的贪欲这对矛盾引发的犯罪、暴力、腐败、侵略和破坏等一系列反社会行为会对社会有机体构成负面冲击，这是因为在社会化进程中人的社会属性和自然属性这对矛盾一直存在，有些时候这一矛盾也可能因为特定原因而被激发甚或激化。总之，人的本质就是建立在人与社会对立统一的辩证关系基础之上的，人与社会对立统一的辩证关系既体现在人与社会彼此依循的一面，也体现在社会与人彼此制约的一面。

其次，在人与社会发展的同一性中树立"以人为本"的发展理念。从社会有机体的形成和发展来看，人与社会的发展进步彼此相依相互建构，人的发展依托并外化为社会的发展进步，而社会有机体的发展进步又内蕴人本身的发展进步。因此，人的发展进步与社会有机体的发展进步具有内在同一性。马克思正是因为看到了这一点，才在其所提出的社会有机体理论体系中，在人与社会发展的同一性中为社会有机体的发展树立了"以人为本"的发展理念。马克思基于人与社会的发展进步具有内在同一性这一事实，提出社会有机体发展进步过程，事实上就是人的生存发展方式由低级向高级形式演变的历程这一基本观点。马克思社会有机体理论认为，社会有机体发展进步的终极目的就是促成人的自由全面发展，人始终都是社会有机体发展的驱动力和价值主体。既然人是社会有机体的价值主体和现实主体，那么，以人与社会发展的同一性为基础为社会有机体发展取向树立"以人为本"的发展理念就是顺理成章的事情。尽管截至目前尚未听闻学界有所谓"以物为本"的学说或学派，但是，在很长一段历史时期内，不论西方还是东方的很多国家在其发展理念及其路径中都或多或少有"只见物，不见人"的烙印。这种"以物为本"的发展理念通常表面上并不否认人的价值，但是，他们往往认为经济增长是人的发展进步的前提条件，也就是说这种发展理念将人与物的关系本末倒置，无视人的实践才是构成社会主体的前提这一基本事实。在社会发展的形式问题上，这种发展理念通常是以资本增殖为目的，并扬言经济增长与社会福祉会同步递增甚至其他社会问题也都会随着经济增长而消弭于无形，但是，事实上经济增长与贫富分化、环境污染和道德滑坡等一系列社会问题往往相伴而来。这种发展观在现实社会生活中的隐患和弊端表现在多个方面：其一，这种"见物不见人"的发展理念容易使整个社会陷入"唯 GDP 论"式的机械增长模式，在这种模式中经济越增长，社会有机体内部的结构性问题可能越凸显；其二，这种"见物不见人"的发展理念过于看重社会有机体中的经济结构，容易忽视社会有机体发展的协调性和整体性；其三，这种"见物不见人"的发展理念建立在"经济人"假设前提之上，这种偏重人的自然属性的发展理念容易滋生和助长社会结构与社会主体的异化。平心而论，这种发展理念看重社会有机体发展物质条件的重要性并非毫无道理。马克思也认为物质条件是人与社会有机体得以存续和发展的基础，尽管马克思社会有机体理论将人的解放与人的自由全面发展视为社会有机体发展的终极目标，但是，马克思从未否定物质生产条件对于社会有机体的基础性和首要性地位。因为在一定历史条件下，参与社会实践的"人"也承担着促进社会生产力发展的辅助性角色，所以，不同的国家在不同的发展阶段有选择适应自己国情的发展模式的自主权，这本无可厚非。问题的关键是，这种"以物为本"的发展理念和发展模式一旦将"物质优先"替换推动社会发展的所有其他要素，那么，这种情况自然就是社会异化的极端表现。马克思社会有机体理论体系强调"以人为本"的发展理念，完全是针对资本主义社会中普遍存在的社会主体异化和劳动异化问题。马克思社会有机体理论中的树立的"以人为本"发展理念是基于对现实实践的深刻理解，只有坚持以"现实的人"的实践为本，才能体现人在社会有机体中的地位与价值，进而切实推进人和社会的真正发展进步。"物质优先"的物本发展理念及发展模式尽管看似坚守着社会有机体物质基础这一相对真理性认识，可是，社会有机体是属人的世界，单纯寻求属人以外的价值，与其说这是一种偏执莫不如说这是以偏执为外衣的残忍。从这层意义上而言，主导人类社会有机体的发展理念必然需要由"以物为本"向"以人为本"的转变和升华。这是因为只有坚持"以人为本"的发展理念和发展模式才能真正破解社会有机体发展进程中面临的结构性困局，即实现人与自然关系的和谐，人与人关系的和谐，乃至人与社会关系的和谐。实际上，中国共产党人秉持的科学发展观以及以科学发展观为引领的"新五大发展理念"正是马克思社会有机体理论树立的"以人为本"发展理念的当代体现。

最后，在追求人的全面自由发展的背景下明确社会有机体发展的根本目标。以人为本是历史唯物主义的基本原则之一，是马克思社会有机体理论体系的核心，也是指导中国特色社会主义的科学发展观和"新五大发展理念"的思想内核。马克思社会有机体理论立足"现实的人"这一出发点，为社会有机体开创性地提出了"以人为本"的发展理念和发展方向。历史唯物主义告诉我们，社会的发展进步是由人的实践所推动的，社会有机体的发展与人的发展具有同一性，因此，将能否促进推动人的全面自由发展作为评判社会有机体发展进步与否的根本标准理所当然。在追求人的全面自由发展的背景下明确社会有机体发展的根本目标，以及在社会有机体发展向度上审视人全面自由的基本内涵，二者是互为因果和相辅相成的关系。虽然马克思和恩格斯在对未来共产主义社会的构想中早已经论及人的自由全面发展，但是，因为二人对人的自由全面发展的界定是建立在他们对未来理想社会形态的理论预测的基础上，而并非完全建立在对现实社会的实证考察之上，所以，截至目前学界对于"人的自由全面发展"内涵这一问题仍然存在歧见。实际上，从马恩原著中对未来理想社会形态中的人的解释来看，他们将未来社会中的人界定为"全面自由发展的人"，主要是从破解资本主义社会现实存在的对人的各种结构性制度性束缚这个角度出发的。因此，他们对未来理想社会中人的界定并非天马行空式的臆想。这是因为克服并最终破解资本主义社会对人的各种制度性束缚的过程就是实现人的解放的过程，亦即实现人的全面自由发展的过程。严格来讲，要理解人全面自由发展的内涵，需要从两个层面切入，即人的"自由发展"和人的"全面发展"。当然，人的"自由发展"和"全面发展"犹如"人的发展"这个硬币的两面，二者只是侧重点不同，二者主体向度具有高度同一性。以辩证唯物主义和历史唯物主义相结合的视角来看，所谓人的"自由发展"，主要指的是"现实的人"在参与社会实践改造客观世界的过程中，能够不断提升自己驾驭其或摆脱自然、社会和人本身对于自己的限制的能力——对未来理想社会形态中人的这一界定侧重于历史演进中的纵截面视角；所谓人的"全面发展"，主要指的是，突破社会分工和生产资料私人占有之间矛盾所引发的人的能力片面化发展这一结构性问题，亦即指的是人的各方面能力的整体性提升——对未来理想社会形态中人的这一界定侧重于社会实践中的横截面视角。这就是说，从纵截面视角来看人的发展应该叫作"自由发展"，从横截面视角来看人的发展应该叫作"全面发展"，如果从二者的关系来看，自由发展和全面发展是彼此制约、辩证统一和互为因果的关系。将人的发展置于社会有机体的整体境域之中予以考察，作为社会有机体主体的人的自由全面发展实则就是社会有机体本身的全面发展进步，而社会有机体的全面发展进步从外部维度来看关涉经济结构、政治结构和文化结构内部及其之间的协调耦合，从内部维度来看社会有机体的全面发展进步关涉自然、社会和人三个系统内部及彼此之间的协调耦合。其中，从社会有机体内部维度看人的自由全面发展就是推进和实现人与自然关系和谐、人与人的关系和谐、人与社会关系的和谐，并在促进和实现以上关系和谐的基础上促进和实现人自身能力的全面提升，以及促进和实现在不违反公序良俗前提下人的自由个性的充分发挥。综观在社会有机体整体境域中"人的全面自由发展"的本质，至少表现在如下几个方面：其一，人既是社会有机体发展的目标和发展的主体，也是社会有机体得以发展的条件和手段；其二，人的自由全面发展既关涉人在社会有机体中经济结构、政治结构和文化结构中的价值和作用，更关涉人与自然、人与人、人与社会关系的耦合问题；其三，从人与社会的关系来看，人在社会有机体的发展进程中承担着双重角色，即人既是社会有机体发展的前提又是社会有机体发展的结果，人既是发展过程的"运动员"也是发展结果的"裁判员"，人的全面自由发展既是社会有机体发展的客观需要也是作为社会有机体主体的人的主观需要。

不要说在马克思社会有机体理论体系中，就是在整个马克思主义理论体系中，"人的全面自由发展"与"人的解放"也都是两个高频词和关键词，这两个概念内在逻辑具有同一性。一方面，人的自由全面发展的进程与人的解放的进程同步；另一方面，人的自由全面发展就是人的解放的最终归旨，而人的解放又是人的自由全面发展和社会有机体发展进步的必由之路。在马克思社会有机体理论看来，如果人的自由全面发展能够得以实现，必须将人从资本异化的现实困境中解放出来，而这个从社会异化中解放人的过程恰是人自由全面发展的过程。

（三）马克思社会有机体理论的当代启示意义

1. 社会主义社会形态中人与社会有机体的发展进步

在社会主义社会形态中已经不存在以往社会形态中固有的零和式对抗性社会矛盾了，"以人为本"的发展理念已经内化为社会主义尤其是内化为中国特色社会主义的题中本义，这就为人的自由全面发展以及为人与社会发展的同一性奠定了制度性基础。马克思在《资本论》中用"自由人的联合体"来形容界定未来理想的共产主义社会，在那样的社会形态中社会有机体的运行建立在人与自然、人与社会、人与人关系和谐的基础上，人的自由全面发展得以保障与实现。而社会主义社会形态就是未来理想社会形态的初始阶段，在《哥达纲领批判》中马克思是这样界定共产主义初始阶段的（即社会主义社会发展阶段）："它不是在它自身基础上已经发展了的，恰好相反，是刚刚从资本主义社会中产生出来的，因此它在各方面，在经济、道德和精神方面都还带着它脱胎出来的那个旧社会的痕迹。"[1] 由此可见，马克思所描述的共产主义初始阶段即社会主义，距离他所构想的未来理想社会那种"自由人联合体"相去甚远。虽然存在这种差距，但是，这时候的社会基本矛盾已经不再是原有的对抗性质，亦即这时的社会形态就其性质而言已经与原来的资本主义有质的不同，这为社会有机体发展进步提供了全新的制度性和结构性平台。以我国为例，来解读马克思社会有机体理论中关于社会主义社会形态中人与社会有机体发展进步的论断是再合适不过的。我国正处于并且将长期处于社会主义初级阶段，这是自中国共产党第二代领导集体以来的政治共识和常识。尽管自党的十八大以来，中国特色社会主义已经迈入新时代，社会主要矛盾也已经由党的十三

---

① 《马克思恩格斯文集》第 3 卷，人民出版社，2009，第 434 页。

大所提出的"人民日益增长的物质文化需要同落后的社会生产之间的矛盾"转变为"人民日益增长的美好生活需要和不平衡不充分发展之间的矛盾",但是,党的十九大报告明确指出,我国仍处于并将长期处于社会主义初级阶段这一基本国情并未改变。这就等于是说中国特色社会主义不仅远远没有超越社会主义发展阶段,甚至尚未出离社会主义发展的初级阶段。中国共产党人得出这一结论,是在充分借鉴吸收国内外社会主义发展建设经验教训后的结果。在这一发展阶段,社会生产力水平仍然比较落后,劳动自然还是人们的谋生手段,与此同时,在社会主义市场经济条件下也难以避免地存在着原有资本主义社会残存的社会物化与人的片面发展等一系列结构性问题。社会主义发展阶段是人类社会有机体由原有的资本主义走向未来理想的共产主义社会的过渡阶段,在这一发展阶段中人与社会的发展进步一方面开始凸显二者的同一性,另一方面这一阶段人与社会的任何发展进步都比以往更加接近人的自由全面发展。在党的十八大上,中国共产党人将朝着人的自由全面发展的奋斗命名为实现中华民族伟大复兴的"中国梦","中国梦"基本内涵就是实现国家富强、民族振兴和人民幸福。由此可见,新时代中国社会已经完全按照马克思社会有机体理论体系对未来理想社会设想的那样,将人的发展和社会有机体的发展在理念和路径上实现了结构性高度耦合。自新中国成立以来,尤其是自改革开放以来,中国人民的生活水平和国家的现代化程度都在不断提升,在中国共产党的领导下正在实现着从"站起来"到"富起来"再到逐渐"强起来"的"历史性飞跃"。新时代中国特色社会主义在发展前进的道路上取得了前所未有的辉煌成就,在马克思社会有机体理论的指引和感召下"五位一体"总体布局和"四个全面"战略布局正在有序顺利推进。然而,必须承认和面对的现实是这个朝着人的自由全面发展的奋斗历程并非一蹴而就,更非一片坦途,恰如习近平总书记在党的十九大上所言:"行百里者半九十。中华民族伟大复兴,绝不是轻轻松松、敲锣打鼓就能实现的。"① 这个奋斗历程是艰辛和复杂的,需经过长期的历史积淀与发展过程。

---

① 《习近平谈治国理政》第3卷,外文出版社,2020,第12页。

2. 为探索新发展格局下社会治理现代化政策集群耦合路径提供理论指南

马克思社会有机体理论以其与时俱进的理论品质，为探索新发展格局下社会治理现代化政策集群耦合路径提供着深刻的思想启示和直接的理论指南。

众所周知，从国内来看，自改革开放以来的很长一段时间，因为部分地方与一些部门长期存在片面甚至过度追求经济增长速度及规模、发展方式简单粗放等结构性体制性难题，我国经济社会一些结构性矛盾不断淤积。在这种大背景下，一方面，发展的不协调性、不平衡性和不可持续性问题就逐渐凸显了；另一方面，科技创新力不足，产业结构不尽完善，农业基础单薄，资源环境制约性加剧，居民收入分配差距与城乡区域发展差距仍然较大等一系列问题积聚叠加——在这种情势下，我国经济社会的全面深化改革呈现"增长速度换挡期"、"结构调整阵痛期"和"前期刺激政策消化期"相互交织的"三期叠加"效应。另外，从国际上来看，2008年国际金融危机引发的深层次后续影响仍在持续蔓延，西方发达国家上一轮黄金增长期已经宣告结束，全球经济已经和正在经历着深度调整期。此外，在新冠肺炎疫情的冲击之下，宏观环境的负面效应不断显现，受累于这种宏观环境，国际贸易和金融市场跌宕低迷，保护主义已经明显抬头——由此可见，世界政治经济正处于孕育新变化新趋势的大调整和大变革之中。自党的十八大和党的十九大以来，面对极端错综复杂的国际国内经济形势，党中央以马克思社会有机体理论为指引以经济社会发展现实为依托，审时度势地作出传统增长模式已经难以为继的战略判断，并明确指出我国经济社会发展已经由高速增长阶段转变升级为以新五大发展理念为引领的高质量发展阶段。在党的十九届六中全会上，"习近平总书记强调贯彻新发展理念是关系我国发展全局的一场深刻变革，要求实现创新成为第一动力、协调成为内生特点、绿色成为普遍形态、开放成为必由之路、共享成为根本目的的高质量发展"。[①] 这是党中央根据国内外新形势，为今后我国经济

---

① 谢伏瞻：《深入学习贯彻党的十九届六中全会精神》，中国社会科学网，http://www.cssn.cn/index/index_focus/202111/t20211129_5377621.shtml。

社会健康持续发展而作出的最新决策部署，并进一步明确了贯彻"新五大发展理念"和构建"新发展格局"的着力点与耦合点。同时，我们也应该注意到，中国共产党在十九届四中、五中和六中全会作出的决策部署的衔接性和整体性。如果说党的十九大至党的十九届三中全会所做决策是我们党对这一阶段我国经济社会发展的战略性部署，那么，党的十九届四中、五中和六中全会所做决策就是我们党根据最新国内外形势对这一阶段我国经济社会发展战略顺利实施而作出的具体实施方略。当然，党的十九届六中全会比较特殊，因为这次会议承担着三重使命，一是对党的十九大以来尤其是对党的十九届四中和五中全会的决策部署进行阶段性总结，二是对中国共产党建党百年来的成功经验进行整体性总结，三是为党的二十大的胜利召开做铺垫。就宏观视域来看，党的十九届六中全会似乎与前两次党代会的衔接度不强，实则不然。这是因为从微观视域来看，这三次会议所做决策是层层递进一脉相承的关系，将贯彻"新五大发展理念"、推进国家治理现代化和构建"新发展格局"高度融合连成一体。中国共产党人坚持"以人民为中心"的发展理念，切实推进实现国家治理体系和治理能力现代化，这表明中国共产党人治国理政理念和实施方略在不断完善和成熟，这个进程充分显示中国共产党恰是马克思社会有机体理论的衣钵继承人和社会实践者。然而，如前所述，我们必须承认和面对的一个基本现实就是前进的道路绝非一片坦途，要切实构建以国内大循环为主体、国内国际双循环相互促进的新发展格局，至少关涉三大结构性问题：第一，切实调动劳动力、技术和资金等多方要素积极性、主动性和创造性营造优质的国内营商环境，以打通国内大循环的各个环节；第二，尽快树立国际经济竞争技术性新优势并着力优化国际营商环境，以确保国际循环存量优势的同时积极扩展增量空间；第三，在有序有效构建新发展格局的大背景下，以马克思社会有机体理论为指引积极探索促进社会治理现代化政策集群耦合的实现路径。

综上所述，马克思社会有机体理论以其兼具的系统性、科学性、前瞻性和与时俱进性等优良理论品质，不仅在社会主义新中国焕发异彩，也为探索新发展格局下社会治理现代化政策集群耦合路径提供深刻的思想启迪和直接的理论指南。

第三章

构建新发展格局的内外部环境
及其政策主体向度

在 2020 年 5 月 14 日的中共中央政治局常委会会议上，习近平总书记首次提出构建以国内大循环为主体、国内国际双循环相互促进的新发展格局，在同年 7 月 21 日召开的企业家座谈会和 8 月 24 日经济社会领域专家座谈会上，习近平总书记多次强调逐步形成经济发展新发展格局的重要性和必要性。后来，在中国共产党第十九届中央委员会第五次和第六次全体会议上，党中央以全国党代会会议公报的形式又一次重申了加快构建新发展格局的重要性。在国际政治经济新形势下，在国内经济社会高质量发展的迫切需求之下，中国共产党这一重大决策部署的提出影响深远且意义重大。

第一节　构建新发展格局的国际背景

推动构建形成以国内大循环为主体、国内国际双循环相互促进的新发展格局，是在国际政治经济环境发生深刻复杂变化和我国经济社会发展已经步入新发展阶段的背景下，应对百年未有之大变局与开辟发展新局的主动作为和发展战略的重大调整。

一　诸多不确定性因素冲击世界经济

中国共产党作出推动构建形成以国内大循环为主体、国内国际双循环相互促进的新发展格局这一重大决策部署，是针对近年来诸多不确定性因素冲击世界经济走势的主动应对与调整。近年来冲击世界经济的"灰犀牛"和"黑天鹅"式不确定性因素众多,其中最主要的不确定性因素有三:一是中长期以来世界经济增长乏力;二是重新抬头的贸易保护主义和单边主义;三是突如其来的新冠肺炎疫情。

(一) 中长期以来世界经济增长乏力

自 2008 年国际金融危机以来,多数西方国家经济并未实现实质复苏。中长期以来世界经济增长乏力引发恶性多米诺骨牌效应,其导致的另一个直接后果就是全球对外投资净流入持续缩减。不论是从世界银行公布的数据来看,还是就现实情况而言,中长期以来世界经济增长乏力致使全球对外投资净流入持续缩减的走势并未改变。尤其在国际贸易领域"逆全球化"现象激增之后,全球对外投资走低的趋势越发显现。当然,不期而遇并席卷全球的新冠肺炎疫情和动荡的国际局势更加剧了这种颓势。

如著名经济学家林毅夫在 2019 年冬季达沃斯论坛上发表的主旨演讲中所言,从历史统计数据来看,包括美国和欧洲在内的西方发达国家,在 2008 年国际金融危机之前,经济平均年增速长期以来维持在 3% ~ 3.5%。2008 年以后,欧洲很多国家经济年增速则一直在 1.5% 上下波动,而日本经济年增幅更是自 1991 年之后都始终徘徊在 1% 上下,有的年份甚至负增长。尽管美国政府 2018 年采取的大幅减税政策刺激了经济增长,但是,美国经济增速远未达到特朗普政府早前提出的"3%"这一预期和承诺。更何况,减税政策发挥的短期刺激效应很难持续发力,按照当时的预测,即使没有新冠肺炎疫情的冲击,2020 年美国经济增幅可能也不高于 2%。[①]不仅如此,美国供应管理学会的一份报告显示,截至 2019 年 9 月,美国制造业采购经理人指数仅为 47.8,这是近 10 年来该关键指数的最低月读数。[②]另就中长期世界经济增长乏力对我国的负面影响而言,从具体数据看,在 2008 年金融危机及其后续影响之下,我国 2009 年对外进出口比上一年分别下降 13.9% 和 16%,自此之后,我国进出口也逐渐开启了下行通道。

---

① 林毅夫:《世界经济新动向》,《经济导刊》2019 年第 2 期,第 8 页。
② 《美制造业 9 月萎缩至十年低位》,《参考消息》2019 年 10 月 3 日,第 14 版。

　　相关统计数据显示，中长期以来世界经济增长乏力导致全球对外投资净流入持续缩减走势明显。从 2007~2019 年全球对外直接投资净流入情况来看，不论是总流入量走势，还是净流入量在 GDP 中的占比，都双双走低。其中，以全球对外直接投资净流入量在 GDP 中的占比为例，2007 年为 5.471%，而 2018 年该数值则仅为 0.896%。另外，在新冠肺炎疫情和石油价格战的共同作用下，全球经济走势越发不容乐观。2020 年 3 月数日内美国三大股指连续暴跌，并接连熔断，与此同时，美石油股和国际油价也是跌势不断。[①] 紧随其后，英法德等欧洲国家股市也大幅受挫，截至同年 3 月中旬，全球逾 30 家股市陷入技术性熊市。尽管随后美联储超规模降息救市，但是随着美联储政策冗余度的极限压缩，仍有专家推测，这很可能预示着全球经济即将跌入"二战"之后罕有的新一轮萧条与危机。实际上，早在 2019 年出现的美国 10 年期国债与 3 月期国债收益率曲线倒挂（即短期利率大于长期利率）就已经是经济开始走向衰退的明证了。[②] 事实证明，与 IMF 对 2020 年世界经济预测一致，除了中国之外包括美国在内的几乎绝大多数主要经济体在多种负面因素的共同作用下 2020 年的经济都有不同程度的负增长。尽管 IMF 对 2021 年世界经济的走势作出普遍向好预期，但是，影响世界经济的负面因素有增无减且具有明显的不确定性。因此，世界经济依然危机重重，其中最危险的不仅有经济增长乏力和全球投资净流入量缩减，更有债务危机以及可能由此引发的金融风险乃至金融危机——尤其是当前动荡的国际局势更加重了人们对世界经济走势的悲观认知。在世界经济增长乏力的大背景下，举债几乎已经成为绝大多数经济体提振经济的主流方式之一，这导致很多国家财政赤字激增，其中以部分西方发达国家情况尤甚。目前，很多西方发达国家债务在本国 GDP 中的占比已经高达 125%，这意味着入不敷出已经成为很多发达国家的经济常态。虽然新兴市场和发展中国家的情况稍好一些，但是，其债务的 GDP 占比也在 65% 左右。经济学和历史常识告诉我们，

---

① 《雪崩，金融危机以来未见之景》，凤凰网，https://finance.ifeng.com/c/7ui0Af4V612。
② 曾经担任美国金融协会会长的坎贝尔·哈维（Campbell Harvey）提出的"收益率曲线倒挂理论"已经被现实多次印证，该理论认为短期国债利率高于长期国债利率是经济衰退的主要标志之一。

债务的杠杆率与系统性金融风险发生率基本成正比，而一旦债务危机裹挟的金融风险积聚并突破临界点恶化为系统性金融危机，其后果可能需要十数年甚或数十年才可能消弭。因此，中长期世界经济增长乏力所引发的恶性多米诺骨牌效应正在显现，这不仅值得世人警觉，更应该激起国际社会对重塑国际秩序的深刻思考。

（二）重新抬头的贸易保护主义和单边主义

自从美国和欧盟开始对我国光伏产业实施严苛的反倾销惩罚性关税以来，国际贸易环境被破坏的风险和被破坏的程度日益凸显。尤其是伴随中美贸易摩擦的持续升级，原本由美国自己力主缔造和维系了数十年的以"自由贸易"为根本宗旨的国际经贸体制，正在逐渐被美国自己撕毁和践踏。美国特朗普政府以"美国优先"为出发点，肆意挥舞关税大棒，在当今国际贸易中大搞极限施压式的"美国特权"。问题的关键是，美所挥舞的关税大棒不仅针对中国，更加令人担忧的，一是美国这种以保护主义为实质的"去全球化"行动已经成为阻碍世界经济增长的肇因之一，二是这种掺杂民族主义甚或种族主义倾向的贸易保护主义行径，对国际贸易体制环境的破坏作用具有深层性和结构性。

然而，如果立足美国视角，这场他们单方挑起的贸易摩擦不仅收效甚微，而且自己损失惨重。事实上，缘于以往中美贸易合作和经济交往的纵深度以及国际经贸合作的一般性结构特点，美国原本针对中国的单方面贸易制裁在很大程度上到最后都转化为对其本国企业的"制裁"。中美贸易摩擦致使两国交易成本骤升，很多受影响的美国跨国公司和本土企业已经大幅减产甚至裁员，已经有部分美国企业谋划将生产线移出美国本土。美国商会因此对联邦政府发出警告，称美国共计约有 260 万名相关从业人员因为这场贸易摩擦而面临失业风险。① 与此同时，在中方被迫对等反制向美国农产品增征关税之后，美国农业蒙受巨大损失，这甚至迫使美国联邦政府向美农场主发放特殊补贴。另外，中国的对等反制也对原产自美国的

---

① 《260 万个就业岗位面临风险！美企业纷纷裁员 关税政策结束才能复工》，央视网，ht-tp://jingji.cctv.com/2018/08/10/ARTI8ppNn5mdSNaIV8OySeOp180810.shtml。

汽车的对华出口业务造成严重冲击，这导致其近年来在中国市场已经渐呈颓势的业务进一步受到挤压。

我们知道，国际贸易是世界经济的重要组成部分，美国出于维护其霸权地位的利益考虑，为了占据国际贸易制高点，悍然发动主要针对中国的贸易冲突，其涉及面、复杂程度和破坏性都是前所未有的。由于中美两国是世界上经济体量最大的两个经济体，因此，这场贸易战牵扯众多，这构成了近些年来冲击世界经济的主要不确定因素。另外，拜登政府并无完全退出针对中国的贸易遏制政策的打算，又因为中美两国贸易涉及全球上下游产业众多，两国贸易摩擦对整个国际产业链及其附属经济体都造成了巨大影响，所以，这场规模空前的贸易摩擦对世界经济的负面影响和后续影响仍存在极大不可预测性。

（三）　突如其来的新冠肺炎疫情

2019 年底开始席卷全球并蔓延至今的新冠肺炎疫情，对全球经济造成了巨大的负面冲击。甚至有人断言，此次疫情对世界经济造成的直接和间接损失可能已经超过了"二战"。

综观 2019 ~ 2020 年全球经济的走势，欧美等主要发达经济体 PMI 指数持续徘徊在荣枯线以下，其经济态势因为明显受累于疫情的冲击而疲态尽显。国际货币基金组织（IMF）2020 年 6 月发布的《世界经济展望》显示，预计 2020 年全球经济增长率为 – 4.9%，这比 IMF 两个月前发布的《世界经济展望》的相关预测值跌了 1.9%。这说明，新冠肺炎疫情对 2020 年全球经济活动的负面影响的严重程度已经远远超出预期。另外，IMF 还预测 2021 年全球经济增长率约为 5.4%，总体而言，这比疫情之前的相关预测低了整整 6.5 个百分点。与此同时，IMF 发布的报告中还断言，低收入家庭受到此次疫情的负面冲击尤为严重，其严重程度甚或已经破坏了 IMF 自 20 世纪 90 年代以来在全球范围内减少极度贫困方面所取得的基本成绩。[①]　与 IMF 预估的情况基本一致，2020 年美国经济由疫情引发的跌

---

① 《世界经济展望》，国际货币基金组织网站，https://www.imf.org/zh/Publications/WEO/Issues/2020/06/24/WEOUpdateJune2020。

幅，已经超过了 2008 年金融危机时的跌幅，甚至已经创下自 1946 年以来美国经济的最低纪录。[①] 与此形成鲜明对比的是，在疫情常态化防控时期中国经济展现了强大的韧性，2019～2020 年我国 PMI 指数持续数月高于荣枯线，2020 年实现全年经济 2.3% 的增长。我国因此成为当年全世界在新冠肺炎疫情和国际政治经济负面影响双重巨压之下，唯一实现经济正增长的主要经济体。中国经济的韧性表现在以下几点：（1）我国是当今世界唯一拥有全球所有 41 个工业门类的国家，具有完整体系的发达的制造业，为疫情下产业链危机纾困提供了基本的产业保障；（2）中国人口世界第一，且中等收入以上家庭在总人口中占比逐年提升，这说明我国经济具备强大的内需动力；（3）中国深化供给侧结构性改革和新旧动能转换取得实质性进展，这在一定程度上对冲了经济的下行压力；（4）中国特色社会主义市场经济体系日臻完善，强大而高效的宏观调控能力，彰显了中国经济独有的制度性优势。

然而，不容忽视的客观事实是，在全世界 70% 的人口实现群体免疫之前，新冠肺炎疫情给世界经济带来的巨大负面冲击，还会持续下去。[②] 此外疫情与以保护主义、单边主义为特质的"逆全球化"形成叠加效应，可能会对经济全球化、原有国际分工体系和全球产业链格局造成威胁。而 2022 年初爆发的俄乌冲突更是加剧了世界经济发展的不确定性。

二 当今世界正面临百年未有之大变局

习近平在 2017 年 12 月 28 日接见我国驻外使节时首次提出，放眼当今世界，我们正面对"百年未有之大变局"。这是中国国家最高领导人第一次明确提到"百年未有之大变局"这一政治概念。后来，习近平在 2018 年 6 月下旬的中央外事工作会议上重申："当前，我国处于近代以来最好的发展时期，世界处于百年未有之大变局，两者同步交织、相互

---

① 《公布啦！2020 年美国经济下降 3.5%，GDP 仍高达 20.93 万亿美元》，搜狐网，https://www.sohu.com/a/447356507_100110525。

② 文建东、李思璇：《新冠疫情与去全球化背景下的中国经济前景：镜鉴三次重大经济危机》，《华南师范大学学报》（社会科学版）2021 年第 1 期，第 1～10 页。

激荡。"① 尤其值得关注的是，在党的十九届五中全会公报中，习近平总书记在深度解析当前我国经济社会发展所处的已经发生深刻复杂变化的内外部环境基础上，对"百年未有之大变局"作出进一步阐释："当前和今后一个时期，我国发展仍然处于重要战略机遇期，但机遇和挑战都有新的发展变化。当今世界正经历百年未有之大变局，新一轮科技革命和产业变革深入发展，国际力量对比深刻调整……不稳定性不确定性明显增加。"② 可以说，习近平总书记的这一论断，首先聚焦国际环境和国际格局的最新变化，其次把脉新科技革命的新走向，另外，还呼唤当前全球治理的新方案，从三个方面界定清楚了"百年未有之大变局"的基本意蕴。

第一，"百年未有之大变局"这一论断预示着国际格局正在发生结构性变迁。

包括中国在内的广大新兴经济体和发展中国家的集群式崛起，使传统西方主导的以"依附发展"为主要特征的"中心—外围"式旧有世界体系正在被解构和重塑。众所周知，自从公元 1500 年前后地理大发现和新航路开辟以来，特别是数次工业革命之后，西方国家凭借其拥有的经济、技术和军事优势逐渐崛起，并构建起一个又一个由西方主导的国际体系。尤其是从 20 世纪初到 21 世纪初这一百年间，在经济基础与上层建筑之间作用力与反作用力的互动之下，国际社会相继达成并经历的"凡尔赛—华盛顿体系"、"雅尔塔体系"和苏联解体后一度形成的"一超多强"等国际权力分配格局，一直保持着"以西方为中心"的结构性特征。而人类社会迈入 21 世纪以来，尤其是 2008 年国际金融危机之后，以社会主义中国为主要代表的广大后发展国家和新兴市场国家的各方面实力得到大幅提升。国家主席习近平早在 2017 年 9 月 5 日主持新兴市场国家与发展中国家对话会上就已经明确指出："进入新世纪以来，新兴市场国家和发展中国家群体崛起，成为不可逆转的时代潮流。近几年，这些国家对世界经济增长的贡

---

① 《习近平谈治国理政》第 3 卷，外文出版社，2020，第 428 页。
② 《〈中共中央关于制定国民经济和社会发展第十四个五年规划和二〇三五年远景目标的建议〉辅导读本》，人民出版社，2020，第 17～18 页。

献率稳居高位……是当之无愧的主引擎。"① 无独有偶，在国际货币基金组织（IMF）2018 年 10 月发布的《世界经济展望》报告中也作出极为类似的两个论断：第一，自 21 世纪前十年以来，绝大多数发达经济体的经济增长走向普遍呈现下滑态势，而造成传统发达经济体这种普遍和长期下滑的不可逆因素众多，其中，包括人口老龄化、经济活力减退、生产率增长乏力和市场集中度过高等多种负面因素，也正是因为如此，IMF 甚至预测未来很长一段时期内多数西方发达经济体的经济增长率都会低于当前实际和预测水平；第二，人类迈入 21 世纪以来，新兴市场与发展中国家的经济增长以明显高于传统发达经济体的水平普遍提速，其中，尤其以中国的快速增长最具持续性和显著性。② 另 IMF 于 2019 年 4 月发布的《世界经济展望》报告显示，2018 年 G7 国家在全球经济总量中占比已经创历史新低并降至 30% 以下，而与此同时新兴市场和发展中国家经济总量在全球占比已经接近 60%。由上可知，我们基本上可以作出这样一个判断，即因为未来推动全球经济增长的增量动力主要源自包括中国在内的新兴市场和发展中国家集群，所以，我们正处在世界近现代史中一个重要的世界经济动能和国际格局转换期。在 21 世纪前半期这个国际格局转换期内，最具现实可能性的变化是按汇率计算的中国经济总体实力超过美国跃居世界第一，并且包括德国在内的绝大多数老牌欧洲国家经济实力大多都会被排挤出世界前五强之外——从国际格局结构性变迁的视角来看，这种转变无疑是百年来国际力量结构的最大变化。须知，欧洲国家平均人口数为 1400 万人左右，而拥有单个欧洲国家 100 倍以上人口的中国的全面崛起，势必预示着传统西方主导的所谓"世界体系"的根本改变。认知和理解了这一点，也就从历史维度的感性逻辑层面初步了解了"百年未有之大变局"的基本含义。

第二，"百年未有之大变局"这一论断把脉科技革命的新走向。

恰如复旦大学中国研究院院长张维为教授所言："中国用短短四十年

---

① 习近平：《新兴市场国家和发展中国家是当之无愧的主引擎》，人民网，http://world.people.com.cn/n1/2017/0905/c1002-29516227.html。

② 《世界经济展望》，国际货币基金组织网站，https://www.imf.org/zh/Publications/WEO/Issues/2018/09/24/world-economic-outlook-october-2018。

的时间跑完了西方国家四百年的路，改革开放之后几乎每十年完成一场工业革命。因此，可以说中国崛起是集四次工业革命为一体，对中心—外围依附体系的突破。"① 他还将我国自改革开放以来历经的四次工业革命进行了系统性梳理。（1）中国经历的第一次工业革命（1978~1995 年），这一阶段最主要的特征是以劳动力密集型产业为主的乡镇企业的异军突起，随着经济增长和所有票证的逐渐废除，中国彻底告别了持续多年的"短缺经济"；（2）中国经历的第二次工业革命（1995~2010 年），这一阶段最主要的功绩有四，一是在微观层面上确立了现代企业制度，二是在宏观层面上形成了中国特色社会主义市场经济模式的雏形，三是成功加入世贸组织（WTO），四是中国实现了制造业对美国的反超，并成长为世界第二大经济体；（3）中国经历的第三次工业革命（2010~2018 年），这一阶段中国经历的是一场以计算机、信息技术和移动通信产业升级为主的第三次工业革命，在这一阶段中国信息技术和产业迅速腾飞并在 5G 等关键技术环节开始取得领先优势，同时，相关领域我国在国际上的话语权也日益扩大，从而部分实现了我国从原来的绝对追赶者向相对领先者的华丽转身；（4）中国经历的第四次工业革命（2018 年以来），这一阶段我国虽然仍存在一些短板，但是，毫无争议的是我们已经与美国并驾齐驱跻身世界科技创新第一方阵②，并且成长为全世界唯一具备联合国所列全球产业分类中全部 41 个工业门类的制造业大国与网络大国，甚至在船舶建造技术与设备、轨道交通技术和设备、发电技术和设备、基础设施建设技术和设备、输变电技术和设备、5G 网络通信技术和设备等关键核心技术领域领跑全球。③ 也正是因为中国用短短 40 余年的时间跑完了西方国家几百年发展的路，充分佐证并彰显了中国特色社会主义的道路和制度优势，所以，这从根本上动摇了很多西方国家持续百多年的自我优越感并引发了他们的心理不适。④ 当然，这就牵扯

---

① 张维为等：《如何理解"百年未有之大变局"？》，《东方学刊》2019 年第 3 期，第 84 页。
② 张维为等：《如何理解"百年未有之大变局"？》，《东方学刊》2019 年第 3 期，第 84~85 页。
③ 《国新办举行多场新闻发布会，相关部门负责人说改革、谈进步：成就举世瞩目 发展永不止步》，《人民日报》2019 年 9 月 21 日，第 4 版。
④ 张维为等：《如何理解"百年未有之大变局"？》，《东方学刊》2019 年第 3 期，第 85 页。

出了国际社会另外一个重要议题，即新形势下的全球治理问题。

第三，"百年未有之大变局"这一论断呼唤全球治理新方案。

综观全球，困扰世界的诸如恐怖主义、气候恶化、粮食危机、金融风险、贫富分化和难民问题等具有明显不确定性的"灰犀牛"式存量难题依然突出，近些年来尤其是进入 2020 年以来，包括新冠肺炎疫情在内的一些不约而至的"黑天鹅"式增量难题又开始兴风作浪。

以气候恶化问题为例，因为当今全球各国 GDP 中七成左右都分布在沿海区域，所以，一旦这一问题应对不力温室效应的破坏力继续扩大其负面影响，海平面的持续上升必然会对世界各沿海国家造成不可逆的重大经济损失和安全威胁。再以新冠肺炎疫情为例，哪个国家采取的防疫抗疫方式能最快且有效地控制疫情蔓延态势，哪个国家的防疫措施就能将疫情所致损失降至最低，那么，这样的国家在今后相关领域的国际合作中的影响力和号召力自然就会越来越高。而某些西方国家基于傲慢和偏见，防疫不力，甚至时至今日某些国家就连"戴口罩"这个最基本的防疫措施都还处于所谓的"争议"之中。因此，很多人断言，疫情就犹如一面照妖镜，不论是"人"是"鬼"，抑或孰优孰劣，在这面镜子前都一览无余。面对以上这些全球性难题，哪个国家应对及时得力有效，自然会产生示范效应，谁就会在未来的国际社会拥有更高的国际声望和更多的话语权。以往，全球治理的方案基本遵循的都是西方国家倡导的以新自由主义为主导的理念和路径。如今，随着中国综合实力和影响力的不断扩大，中国正在积极参与和有效嵌入全球治理，进而切实推动全球治理体系的变革。置身于当今百年未有之大变局，中国积极推动建立以合作共赢为内核的新型国际关系。中国国家领导还首倡在建立以合作共赢为核心内涵的新型国际关系的基础上，打造人类命运共同体。[①] 中国秉持合作共赢与共同发展理念，坚决捍卫并深入推进经济全球化，坚决维护国际社会的公平正义，积极倡导世界各国共同构建"人类命运共同体"，并积极参与和引领全球治理体系建设与改革，这既亮明了我国坚决维护国际社会多边主义的态度，也展现

---

① 《习近平谈治国理政》第 2 卷，外文出版社，2017，第 522 页。

了我国积极参与引领全球治理合作的意愿和能力，这更是中国为优化全球治理格局提供的中国方案和中国智慧。面对当今国际社会百年未有之大变局，中国勇于承担国际责任，不仅始终并坚定地担当世界和平和国际秩序的拥护者与建设者，还始终并坚定地担当全球经济增长和社会进步的卓越贡献者。尤其值得关注和肯定的是，尽管近年来在疫情和保护主义的双重冲击下，世界经济颓态尽显，但是，中国经济发展的正外部性越发彰显，其表现有三：第一，我国首倡的"一带一路"合作倡议顺利实施；第二，东盟十国发起的由中国作为关键参与者的世界最大的自贸区《区域全面经济伙伴关系协定》（RCEP）破除种种阻碍正式签署；第三，2020年底中欧完成中欧投资协定（BIT）谈判，中欧投资协定的如期顺利达成，必将为欧洲开展和深化对华投资及贸易合作提供更多契机——当然，尽管在外部政治因素的负面影响下，欧方暂时冻结了中欧投资协定，但是，相信随着我国经济发展正外部性的不断彰显，欧方会越来越意识到双方加强经贸合作的互利性与重要性。

三 构建新发展格局是应对百年未有之大变局的主动作为和战略调整

如上所述，当今世界面临百年未有之大变局，国际局势正发生着深刻复杂变化，世界经济增长乏力、贸易保护主义抬头、新冠肺炎疫情肆虐和全球治理矛盾凸显。面对当前全球化进程的诸多不确定性，积极推进经济增长动力结构转换，在深化供给侧结构性改革的同时优化需求侧管理，逐渐从以出口与投资为主导的经济发展模式向以拉抬内需和消费为主导的模式转化，进而构建以国内大循环为主体、国内国际双循环相互促进的新发展格局，已经成为中国应对百年未有之大变局的主动作为和发展战略的重大调整。

国内经济社会发展大局与国际政治经济大势，互相交融彼此影响。随着我国综合国力的迅速攀升，以"两个一百年"奋斗目标为引领的新时代中国特色社会主义现代化事业，不仅是当今世界百年未有之大变局中的因变量，甚或是其中的关键性自变量。当今世界的"百年未有之大变局"对于新时代中国特色社会主义现代化事业、对中华民族的伟大复兴而言，既是战略压力与挑战，也是催生内驱力的战略机遇。在一定意义上来说，外界压力与内驱动力成正比，因此，只要我们深刻认识并准确把握经济社会发展规律，在办好自己事情的同时保持战略定力，珍惜并掌控战略机遇，做到科学识变和主动应变，善于并敢于在危局中育先机在变局中开新局，自信应对百年未有之大变局并主动开辟发展新局适时作出发展战略调整，就定然能够最终实现中华民族伟大复兴的中国梦。提出构建新发展格局这一重大决策部署，恰是应对百年未有之大变局与开辟发展新局的主动作为和战略调整。在内外部压力共同作用下，增强我国现代化产业体系的自主可控性已是紧迫之需。正是因为如此，习近平总书记于 2020 年 5 月 14 日在他主持召开的中央政治局常委会会议上，着重强调继续深化供给侧结构性改革的必要性和紧迫性，并明确指出下一阶段进一步深化供给侧结构性改革的关键，在于充分挖掘和发挥我国超大规模市场的先天与体制优势，构建国内国际双循环相互促进的新发展格局。在同年 8 月 24 日召开的经济社会领域专家座谈会上，习近平总书记重申深化以构建新发展格局为突破点和增长点的供给侧结构性改革的重要意义，并更加清晰地界定了构建新发展格局的两个落脚点——立足扩大内需这一战略基点，一是以国内大循环为主体促使生产、分配、流通和消费等多个经济环节摆脱对国外市场的过分依赖；二是开创新发展格局并非推崇闭门造车式的单向度内部循环，而是在致力于打造更加开放的内外部营商环境基础上的国内国际互生共荣的双循环。我们之所以断定构建新发展格局是应对百年未有之大变局的主动作为和战略调整，这是因为这一主动作为和战略调整意义重大：第一，构建新发展格局是坚定"四个自信"开辟新时代中国特色社会主义经济发展新模式的增长点；第二，构建新发展格局是达成内外部经济循环良性互动和经济社会政策深度耦合的衔接点；第三，构建新发展格局是为了坚持并保证新时代全面建设社会主义现代化国家前进方向社会主义本质属性的落脚点。

首先，构建新发展格局是坚定"四个自信"开辟新时代中国特色社会主义经济发展新模式的增长点。众所周知，一方面是受西方新自由主义经济理念的影响，另一方面是在以工具理性（Instrumental rationality）为特质的"赶超情结"的作用下，改革开放后很长一段时期我国经济运行基本依循以重商主义（Mercantilism）为主导的机械式增长路径，并逐渐形成对以吸引外商直接投资为主要依托载体的 FDI（外商直接投资，即 Foreign Direct Investment 的缩写形式）发展模式的惯性依赖。在这种经济运行结构框架中，我国经济在分配领域确立了"效率优先"的主导性原则，并在拉抬经济基本面的动力单元方面框定了"三驾马车"（即出口、投资和内需）式经济增长结构，并慢慢形成了路径依赖——从某种程度而言，这其实不仅是对当代西方主流经济理论的背书，也是在发展路径上对以西方为主导的既有世界体系的客观依附。如今，我国构建新发展格局的主动作为，就是在坚定新时代中国特色社会主义道路自信和理论自信的基础上，对我国经济社会发展模式的全新探索和对发展理论的全新阐释。

其次，构建新发展格局是为了坚持并保证新时代全面建设社会主义现代化国家前进方向社会主义本质属性的落脚点。构建新发展格局的主旨，是以坚持扩大内需为战略基点以改革创新为推动力，促进供给侧与需求侧管理的动态平衡，在确保"发展"与"安全"有机统一的基础上，聚焦当前社会主要矛盾，推进经济高质量发展，切实巩固脱贫成果保障全民共同富裕取得实质进展。这与新发展阶段社会治理现代化的主体导向高度一致。促进社会整合是社会治理的本质诉求，也是社会治理现代化的核心指标，说到底，社会治理就是社会整合的现代化表述。[①] 作为经济社会主体的人之所以分化，一方面是随着生产力不断发展和社会分工不断细化的结果，另一方面也是经济社会主体自主自觉意识以及其对自身利益辨识和诉求能力提升的直观体现，这也算是经济社会发展进步的表现，原本是无可厚非的。然而，在既定经济社会现实发展条件下，可供分配的社会资源和利益总量是相对有限的，经济社会主体利益诉求的分化就会滋生矛盾，当这种矛盾影响他人甚或危及社会主体的利益时，经济社会个体的主体性就会且应当受到适当约束。而对经济社会个体的主体性进行约束，必须首先建构在对其主体性本身的尊重的基础之上。这就要求在价值理性层面上促

---

① 国务院发展研究中心公管所：《社会治理的理论与实践探索》，中国发展出版社，2018，第 11 页。

成社会整合的同时，在工具理性层面促进并提升经济社会诸元政策的协同性和耦合度。可以说社会整合的关键是协调社会各个子系统之间的互动关系，以保持经济社会活力，增进社会成员的共同福祉。[1] 在党的十四大报告中就已经界定清楚了社会主义的本质："社会主义的本质是解放生产力、发展生产力，消灭剥削，消除两极分化，最终达到共同富裕。"由此可知，共同富裕是中国特色社会主义的本质要求，也是中国共产党各项工作的根本指针、根本出发点和落脚点。[2] 改革开放以来，随着我国经济社会的快速发展进步，广大人民群众的生活水平和消费结构都有了质的飞跃。与此同时，不容忽视的是伴随经济增长和社会主体的多元化，社会风险激增和社会矛盾凸显也是不争的事实。造成这一结构性问题的深层次原因在于长期以来我国收入差距拉大和分配不公问题，引起了部分社会群体心理与行为失衡。[3] 构建以国内大循环为主体的新发展格局的基点，在于持续保障并扩大有效内需，而持续保障并扩大有效内需实际上就是促进共同富裕。从这个角度而言，构建新发展格局也是为了坚持并保证新时代全面建设社会主义现代化国家前进方向社会主义本质属性的归旨点。

最后，构建新发展格局是达成内外部经济循环良性互动和经济社会政策深度耦合的衔接点。如上所述，我国经济长期依赖"三驾马车"式经济增长结构运行，并对此形成了路径依赖。尤其是对外出口曾一度成为拉动我国经济增长的第一引擎，这无形中降低了我国经济抵御外部风险的抗压性和压缩了政策调节冗余度。而构建新发展格局一方面致力于在继续扩大对外开放的前提下促成内外部循环的良性互动和衔接，另一方面构建新发展格局还依赖于经济社会政策的进一步耦合。因此，从这个意义而言，一是为了破解旧有发展模式下的路径依赖，二是为了促进供给侧管理与需求侧管理的有效衔接，寻求新发展格局背景下推进社会

---

[1] 国务院发展研究中心公管所：《社会治理的理论与实践探索》，中国发展出版社，2018，第12页。

[2] 中国国际经济交流中心课题组：《我国共同富裕道路问题研究》，中国经济出版社，2016，第1页。

[3] 中国国际经济交流中心课题组：《我国共同富裕道路问题研究》，中国经济出版社，2016，第3页。

治理现代化相关经济与社会政策集群耦合路径兼具理论价值和现实意义。在新发展理念指引下，探索相关政策集群耦合路径至少应该依循三个线索：首先，从宏观视域破解路径依赖转变经济社会发展模式，为推进社会治理现代化激发动力；其次，从中观维度优化需求侧管理改善分配结构，为推进社会治理现代化提供物质保障；最后，从微观层面优化营商环境和政商关系，为推进社会治理现代化疏通基层协商民主利益表达与实现机制。只有建构经济社会相关政策的耦合机制并促成相关政策集群的深度耦合，才能达成内外部经济循环的良性互动，进而摆脱长期以来我国经济增长对外依附的路径依赖，切实保障国家经济安全和经济社会发展的自控度和可持续性。

第二节　构建新发展格局的国内环境

构建新发展格局是我国应对"百年未有之大变局"的主动作为和战略调整，党中央审时度势作出这一重大决策部署不仅是当前特殊的国际背景使然，也是由现阶段我国全新的国内发展环境决定的。我们可以从三个维度来系统审视构建新发展格局所立足的当前我国全新的国内发展环境：首先，中国的全面崛起为实施构建新发展格局重大决策部署奠定了坚实的物质基础；其次，特殊的国际国内形势使然，扩大内需是构建新发展格局的战略基点；最后，由新时代社会主要矛盾的转变所决定，促进城乡和区域协调发展是构建新发展格局的重点工作。

一　中国的全面崛起为构建新发展格局奠定基础

从世界历史大势来看，随着中国的崛起，世界政治经济中心正在逐渐发生着自西向东的位移。1500 年以后尤其是 1840 年以来，世界的政治经济中心始终在西方，如前所述，如今随着中国的全面崛起，世界格局正在历经百年未有之大变局。公开数据显示，欧洲一个国家平均人口在 1300 万～1400 万人，而中国的人口总量相当于 100 个欧洲国家人口的规模。我国超大规模的人口基数、国人普遍提升的消费力和全面的现代化，已经深刻影响甚或彻底改变了当今的世界格局。

首先，从人口学、社会学和经济学的视角分析，中国经济不仅在不断崛起，社会发展的步伐也在显著提速。尤其值得我们关注的是，从人口学和社会分层理论视角入手，根据我国数次人口普查数据来看，随着我国中等收入人群比例的逐年攀升，改革开放初期的"倒丁字形"社会分层结构①逐步得以改善，这就意味着中国已经形成世界上最大的具备有效需求的消费市场。再加之中国拥有全球最完整的产业链，又是世界上第一大货物贸易国，并连续多年对世界经济增长贡献率超过30%，最值得骄傲的是我国培养的工程师和高层次技术人员的存量与增量人数已经超过美日德等老牌强国之总和。特别是在2020年新冠肺炎疫情在全球大流行的特殊年份，我国不仅成为当年全球唯一实现经济正增长的主要经济体，而且，就在这一年的"世界500强企业榜单"上中国大陆公司（含香港）数量达到124家，首次超过美国（121家）完成历史性跨越。② 当然，如果加上中国台湾地区上榜企业，当年全中国世界500强企业共有133家之多。众所周知，独角兽企业的分布数量多寡恰是衡量一国富有科技创新能力的新型产业繁荣程度的直观指标。而从独角兽企业宏观区域分布情况来看，著名财经研究机构胡润研究院曾明确表示，亚洲因为拥有249家独角兽企业而引领世界；北美仅有203家独角兽企业，因而居次；欧洲拥有35家，在全球中的比重为7%，居第三位；而人口逾10亿人的非洲，则无一家独角兽企业。单从独角兽企业具体国别分布情况来看，胡润研究院于2019年10月21日最新发布的《2019胡润全球独角兽榜》显示，全球共有494家独角兽企业上榜，其中，中国有206家，超越美国，居全球第一。③ 此外，当前全世界排名前十的互联网企业，中国有4家，美国有6家，这在一定程度上已经说明中国依托国内已经接受系统性基础教育的庞大的人口规模和

① 李强：《我国正在形成"土字型社会结构"》，《北京日报》2015年5月25日，第18版。
② 《2020年〈财富〉世界500强排行榜》，财富中文网，http://www.fortunechina.com/fortune500/c/2020-08/10/content_372148.htm。
③ 《胡润全球独角兽榜发布：中国独角兽企业首次超过美国》，新浪财经网，http://finance.sina.com.cn/chanjing/cyxw/2019-10-21/doc-iicezuev3599074.shtml。

自身信息技术的不断发展普及，在整个互联网世界已经形成中文与英文两大语系平分秋色的局面，以上种种都清晰明了地勾勒出了中国经济持续成长的立足点和增长点。当然，目前进入世界 500 强的中国企业大部分都是以国内业务为主的企业，还没有凭借产业链优势而占据国际市场。在这种情况下实现如此巨大的规模效应并非完全是我国企业的弱势，而恰恰是我国经济内生型存量优势的直观表现。当然，我国也有如华为这样主要着眼于拓展海外市场的优秀的科技创新型企业。在当今外部市场需求萎缩和不确定性增加的条件下，构建以国内大循环为主体、国内国际双循环相互促进的新发展格局，一方面是在巩固和强化我国经济的内向存量优势，另一方面也是在整合与拓展我国经济的外向增量空间。

其次，从此次疫情中看，中国经济的韧性和正外部性的优势越发显现。很多人注意到了在 2020 年新冠肺炎疫情席卷全球之际，几乎唯有我国打赢了一场干净利落的疫情阻击战。特别需要强调的是，正如近期《经济学人》中刊发的很多文章所言，在疫情常态化防控时期，虽然西方有不少国家政治领导人的主观意愿是尽量摆脱对中国产业链的依赖，但是，此次疫情非但没有削弱中国经济能力，而且还更加彰显了中国在国际产业链中"世界工厂"的地位和影响力。由于中国兼具完备的产业链、庞大的国内市场、不断升级的有效需求和新时代中国特色社会主义的体制优势，中国经济增长的广度、深度和可持续度，不是一场刻意挑动的贸易冲突这种主观不确定性因素或疫情这种客观性不确定因素所能左右和撼动的。不仅如此，中国不仅是世界第一大并且持续扩容的消费市场，更是很多有远见的外国企业难以放弃的投资目标地，特别值得一提的就是在美国发动对华贸易战期间包括美国企业在内的不少外国企业不是减少而是追加了对华投资，这无疑是对中国经济正外部性的背书式宣传。

最后，从战略纵深、文化传统和政治体制特点来看，中国拥有抵御各种风险挑战能力的巨大优势。这种优势在中美贸易摩擦和疫情常态化防控时期，体现得淋漓尽致。中国民族众多且幅员辽阔，自古以来就有一方有难八方支援的文化传统和制度安排，这种传统优势在新时代中国特色社会主义体制下不仅完整地保留下来，而且，更加焕发出勃勃生机。辽阔的国土空间为我们超大规模和超前的战略布局提供冗余空间，实际上，一方面，南水北调、西气东输和"八纵八横"的高铁交通网络等一系列传统工程，都是我们这种优势的集中表现和传统成果的展示。另一方面，疫情突袭而至以来我国开始加速推进能够带动一大批产业与就业的5G网络、现代轨道交通、工业互联网、云计算和人工智能等现代化新型基础设施建设，这不仅会带动国内产业和就业的兴盛与可存续，甚至会对全世界产生持续数十年的深远的结构性影响。另外，在习近平强军思想的指引下，随着中国军事实力的跨越式攀升，中国人民解放军维护国家主权和捍卫民族尊严的能力越发得以彰显，这不仅为我国经济社会发展建设提供了必要的国防安全保障，也是对某些境外反华势力最有力的警示。当然，当今时代国家安全维度早已经逾越传统军事安全的樊篱。总体国家安全观擘画出了新时代维护国家安全之整体布局，这是对军事和政治安全等传统国家安全观念的根本性突破，标志着中国共产党对国家安全认知水平的最新高度。习近平总书记2020年在京考察新冠肺炎防控科研攻关工作时曾强调指出，要将生物安全也作为总体国家安全体系中的重要组成部分予以关注。① 从此，总体国家安全观更加完备，涵盖传统安全与非传统安全所有领域和问题。现阶段，我国经济社会发展进程中所面临的内外部环境正发生着深刻变化。首先，从外部来看，当今世界正值百年未有之大变局，世界经济增长乏力的同时，不但地区冲突与动荡这类"灰犀牛"式风险此起彼伏，而且像新冠肺炎疫情这种"黑天鹅"式重大突发公共事件也对全球安全带来更多更新的考验，全球性风险挑战日益增多，国际局势的不确定性和不稳定性不断积累上升。其次，从国内来看，"两个一百年"进入历史交汇期，全面深化改革踏入深水区，多种可预见与不可预见的不确定性风险因素逐渐增多，执政党长期面临的"执政考验、改革开放考验、市场经济考验与外部环境考验"仍然存在并更趋复杂，同时，执政党所面临的"精神懈怠、能力不足、消极腐败和脱离群众"等危险更具严峻性与尖锐性。恰如

---

① 《深刻理解和把握总体国家安全观（深入学习贯彻习近平新时代中国特色社会主义思想）》，《人民日报》2020年4月15日，第9版。

习近平总书记所言,在内外部诸多风险挑战中,从国际来看,传统安全风险与非传统安全风险交织并行,从国内来看,最大的风险则是脱离群众的风险。在中等收入陷阱、塔西佗陷阱、修昔底德陷阱和西化分化陷阱"四大陷阱"中,最具解构性和颠覆性的陷阱就是"塔西佗陷阱"。因此,维护夯实党和政府公信力,才是保持党全心全意为人民服务宗旨、坚持"以人民为中心"发展理念和避免陷入塔西佗陷阱的根本之道——这恰是推进实现社会治理现代化的主体导向。当然,构建新发展格局不仅为我国经济社会发展擘画了新蓝图,也对推进社会治理现代化进程中经济社会各政策集群耦合度提出更新更高的要求,更是我国应对百年未有之大变局的主动作为和战略调整。同时,中国的全面崛起也为构建新发展格局提供了坚实的物质基础和资源性保障。

二　扩大内需是构建新发展格局的基点

面对国际环境不稳定性和不确定性因素激增的百年未有之大变局,为了摆脱旧有对外依存度过高的经济增长模式的路径依赖,切实有效持续地扩大内需,不仅是应对这种复杂多变发展环境的治本之策,更是构建新发展格局的战略基点。

第一,扩大内需摆脱旧有对外依存度过高的经济增长模式的路径依赖,不仅是中国经济崛起的必然表现,也是实现经济发展新旧动能转换的内在要求。以往在拉动经济增长的出口、投资和消费等要素所共同构成的所谓"三驾马车"中,出口所占比重过大,这便是中国经济对外依存度过高的直观表现。近年来,随着净出口在 GDP 中贡献率的逐渐下降,我国经济对外贸的依存度也呈现降低趋势,这一方面是中国经济崛起之必然,另一方面也是我国经济增长今后将以投资与消费共同构成的内需为主驱动力的标志。在改革开放之后很长的一个时期内,我国净出口 GDP 占比基本呈现一路飙升的态势,直至 2008 年国际金融危机爆发国际市场需求出现持续性下滑,这一趋势才得以扭转。国家统计局公布的数据显示,我国净出口 GDP 占比在 2007 年达到 7.5％ 这一峰值后,总体呈现不断下降趋势,截至 2019 年该数值已经不足 3％ ,而中国对外贸依存度则已降至 32％ 。与此同时，内需 GDP 占比却逐年走高，与净出口 GDP 占比基本呈现反比例变化。尽管 2008 年国际金融危机对国际市场的冲击较大，我国出口也受到很大波及，但总体而言我国经济增长仍然维持着持续高增长的态势。不难理解，这说明我国经济对外依存度已经显著降低，内需对经济的拉动作用正在不断显现。中国能在全球经济普遍走低的大环境中"一枝独秀"，根本原因在于我国适时有效地采取了扩大内需发展战略，而这已经为构建新发展格局奠定了基本前提——以国内大循环为主，通过不断激发和挖掘内需潜力，保障国内与国际市场良性有序互通，才能在维护国家经济稳定性、安全性和可持续性的基础上，更好地整合国内国际两种资源和两个市场，并推进经济社会更加健康和可持续发展。当前，我国经济已经转换到以国内需求为主的增长轨道上，但是目前在国内需求中仍然以投资需求为主，"十四五"时期构建新发展格局的主要任务目标就在于着眼于促进供给侧与需求侧管理的动态平衡，更加注重需求侧管理，要将传统需求侧以投资需求为主的结构优化为以消费需求为主的结构，形成更加强大、健康和可持续的国内市场，激发并释放中国经济绵绵不绝的活力和动力。

第二，2020 年初突如其来的新冠肺炎疫情对全球经济造成了持续性的巨大冲击，在这种情势下，框定侧重扩大内需的经济增长模式乃势所必然。由于这场突如其来的新冠肺炎疫情恰巧是在逆全球化和保护主义暗流涌动的国际大背景下出现的，二者形成叠加效应，因此，其对全球产业链和供应链的负面冲击，以及对我国经济基本面的影响更甚于中美贸易摩擦。此次疫情就其突发性、猛烈性、破坏性和持续性而言，都与几年前的"非典"、猪流感和禽流感的暴发有本质区别。此次疫情的发生不仅具有突发性，其对世界经济的破坏的时长和烈度都是空前的。为了有效应对疫情，受疫情冲击的各国几乎都不同程度地采取了"封城"甚或"封国"的果决措施，这不可避免地会导致国际经贸往来的中断，甚至引发了自经济全球化以来对全球产业链的最大一次破坏。在全球持续性蔓延的新冠肺炎疫情已经不可避免地重创了国际经济大循环，在此背景下单纯依赖市场的自发调节已力有不逮，中国的宏观经济调控侧重扩大内需是维护国家经济安全和可持续发展的必然选择。

第三，部分西方国家针对我国高科技产业发难，表面看是贸易冲突实则是阻遏中国发展的科技战，这场世纪角逐关乎中国经济的未来走向甚或关乎国运的兴衰，在此关头畅通以扩大内需为主渠道的国内大循环，是优化供给体系对国内需求适配性和促进供给侧与需求侧管理的动态平衡的内在要求，同时，这也是重塑我国经济竞争新优势的产业支撑。继续坚持以深化供给侧结构性改革为主基调，遵循"巩固、增强、提升和畅通"这一推动我国经济高质量发展的总要求，切实提高优化供给体系对国内需求适配性已经迫在眉睫。在全球大国综合排名榜单中看，尽管我国经济和军事实力排名都已经非常靠前，但是，从最能体现经济体经济活跃度和发展后续力的"国家创新指数"和"国家软实力"这两大指标来看，我国仅仅排在全球第 4 位和第 6 位。[①] 究其原因，这主要是由当前我国供给体系对国内需求适配性不足引起的经济新优势不彰所致。在这种情况下，继续释放减税降费等政策红利切实降低企业制度性交易成本，加大对 5G 通信和人工智能等新型基建投资并加大相关政策扶持力度尤为必要和紧要。同时，要以此作为关键抓手畅通国内经济大循环，积极鼓励企业专注技术升级改造，妥善引导各类投资与生产要素更多汇入实体经济，最终推升我国在国际产业链的整体地位。只有如此，才能在盘活整合我国高科技领域已有存量优势的同时，激发增量优势，并使我国经济在日趋激烈的国际竞争中重塑新优势。因此，今后一个时期增强供给体系对国内需求适配性，促进供给侧与需求侧管理的动态平衡，为重塑我国经济竞争新优势提供产业支撑，才能让中国经济在逆全球化和保护主义暗流涌动的国际市场中勇立潮头。

第四，就经济增长空间而言，改革开放其实就是一部不断挖掘国内市场消费潜力和空间的经济增长动力迭代史，从这个意义上来看，扩大内需是中国改革开放以来经济增长的不竭动力。党的十八大以来，党和政府所

---

① 赵磊：《从世界百年未有之大变局看中国实现现代化强国的进程》，《中国党政干部论坛》2021 年第 1 期，第 38 页。

实施的"新型城镇化建设"和"乡村振兴战略"等一系列重大决策部署关注的焦点，就在于持续深入拓展国内市场的消费空间和增长空间。尤其是2020年，正值"两个一百年"的历史交汇点，这一年既是全面建成小康社会的收官之年，也是开启全面建设社会主义现代化国家的起始元年。随着全面建成小康社会和我国绝对贫困现象的消除，从拓展经济增长空间的视角来看，构建国内国际双循环相互促进的新发展格局的锚点，就是立足扩大内需这一战略基点，深挖并激发国内消费空间与潜力。

当然，促进和实现健康可持续的经济增长，扩大内需是基点，但并非无视和背弃出口、投资和消费三方面有机统一的重要性。另外，虽然构建新发展格局以扩大内需为战略基点，但是坚持以"国内大循环"为主体，非但不是排斥国际大循环，反而是因为中国经济已深深嵌入当今国际经济体系，加之面向国际市场的经济主体主要是基础产业，又因为基础产业对经济基本面和区域经济产生倍乘叠加效应，所以，构建新发展格局还要依托国内国际双循环的良性互动。改革开放初期依托良好的大环境国际大循环曾一度为中国经济的快速发展注入了源源不断的资源和活力，如今"一带一路"合作倡议建设进程的顺利推进其实也是为了进一步激发国际大循环对国内乃至全球经济增长的推动作用。实际上，"一带一路"合作倡议得以顺利实施、RCEP和中欧投资协定能够如期签订，在很大程度上都仰仗于中国经济韧性、活力和持续彰显的正外部性。

三 促进城乡和区域协调发展是构建新发展格局的重点

当前阻碍经济社会高质量发展的结构性问题就是城乡和区域协调性发展不够，促进城乡和区域协调发展将是构建新发展格局的重点工作。全面建设社会主义现代化国家的进程已经启动，"十四五"时期乃至未来十五年间我国经济工作的重心已经由推动经济快速增长转换为推动经济社会高质量发展。当前，随着中国特色社会主义进入新时代，社会主要矛盾已经由人民日益增长的物质文化需要同落后的社会生产之间的矛盾，转变为人们对美好生活的向往同不平衡不充分发展之间的矛盾。这说明一方面我国社会生产力不仅已经摆脱绝对落后的局面，甚或在很多领域已经领先全球；另一方面，当前阻碍经济社会高质量发展的不平衡和不充分的结构性问题仍然长期存在。而所谓"发展不平衡"主要指的是城乡和区域发展不平衡，以及仍然存在的比较严峻的贫富差距问题，而"发展不充分"主要指的是农村和部分关键基础性技术产业发展不充分。

实际上，城乡和区域协调发展战略早在 1992 年就已经被提了出来，其主体导向和具体目标则随着我国经济社会发展不同阶段各自环境和条件的变化而渐趋调整与完善。归纳起来，截至目前我国城乡和区域协调发展战略的实施进程大致可以分为四个阶段：第一阶段（1992~2004 年），这一阶段工作的重心在于针对西部落后和东北衰退的区域问题点阵式提出并推进"西部大开发"和"振兴东北"战略；第二阶段（2004~2012 年），这一阶段不仅框定了全国区域协调发展的总体思路和战略，而且，越发重视发展的全面性、协调性和可持续性；第三阶段（2012~2020 年），开启全方位对外开放和优化营商环境的新局面，将区域协调发展的重心引向深入；第四阶段（2020 年以来），构建以国内大循环为主体、国内国际双循环相互促进的新发展格局。面对日趋错综复杂的国际环境，在新的环境和条件下，尽管我国因超大规模的人口存量而形成了超大规模的内需市场，并因此为构建以国内大循环为主体的新发展格局提供了重要支撑，但是，包括城乡、区域和收入差距在内的很多结构性问题仍然是畅通国内经济大循环的阻滞性因素。当前，尽管全面建成小康社会的总体目标已经如期实现，但是在教育、医疗和养老等基本公共服务均等化配置方面我国城乡和区域间仍然存在较大差距。尤其是在现阶段外需疲软、新冠肺炎疫情暴发和动荡的国际局势等多重冲击下，经济发展外部不确定性激增，在国民经济运行传导效应下对我国城乡居民正常的收入增长及其预期也势必造成不同程度的负面影响，值此情势，我国城乡居民的消费支出及其预期也会相对趋向更加保守。究其根本，目前我国在城乡之间以及东南沿海地区与中西部省市地区之间发展不协调的主要表现，受到诸如地理、行政和物流循环等因素的限制，城乡和区域间普遍存在对经济循环和要素流动构成的阻滞问题。具体而言，国内市场仍然存在城乡和区域间分割现象，因此而起的国内市场循环的阻滞性因素依然较多。

从城乡之间的要素循环来看，长期存在的城乡二元化发展格局所造成的后续影响不会轻易消退，城乡之间发展的不均衡性，农村基本公共服务配给水平普遍不高且参差不齐，城乡居民消费力的差距仍然较大，城乡间巨大的收入差距不仅有碍于广大农村居民改革开放红利的共享性、幸福感和获得感，而且，这也成为构建城乡一体全国统一的国内大市场必须逾越的壁垒。另外，从区域间要素流动和经济循环来看，东部地区尤其是东南沿海地区发展整体明显领先于中西部地区，相较于东南沿海地区，东北和中西部内陆地区表现出明显的产业发展迟滞、经济基础单薄和人口净流出不断加剧等负面特征，这些负面效应对于要素流动与产业合理分工都会造成不利影响。

在很大程度上，扩大内需不仅需要积极稳健的财政政策与适度宽松的货币政策等短时效政策的加持，而且，更需要完善分配制度和缩小城乡及区域收入差距等长周期性政策的辅助而筑稳根基。只有调动并整合减税降费、健全社保以及扩大就业等多项旨在扩大内需的政策集群还是远远不够的，最重要的是在全面实施乡村振兴战略的基础上激发并深度挖掘广大中西部省区和广大农村地区的经济增长点与消费潜力。当然，不论采用何种单维度政策工具或发挥政策集群的合力效应，都须依托具体的政策实施空间，这必然要求并促使城乡与区域经济协调发展战略的进一步调整及落地。在构建以国内大循环为主体的新发展格局的条件与背景下，进一步推动城乡与区域协调发展既是未来经济增长的核心动能，也是扩大内需这一新发展格局战略基点的空间基础和依托。归根结底，不论是扩大内需，还是推动城乡与区域协调发展，旨在于此的各政策集群的最终目标都在于促进全民共同富裕——而这不仅是新时代社会主要矛盾转变所要求的经济建设总目标，更是为了维护经济社会发展的社会主义本质前进方向的政治保障——因此，几乎可以断言，推动城乡与区域协调发展一方面是构建新发展格局的必由路径，另一方面其也是构建新发展格局的衡量标准。故而不难理解的是，构建新发展格局的关键和重点工作也就在于推动城乡与区域协调发展，进而促进全民共同富裕取得实质性进展。

第三节　构建新发展格局的基本内涵
与政策主体向度

在党的十九届五中全会之前，党中央就已经提出构建以国内大循环为主体、国内国际双循环相互促进的新发展格局，并曾多次重申，后来，直到党的十九届五中全会通过的《建议》（即《中共中央关于制定国民经济和社会发展第十四个五年规划和二〇三五年远景目标的建议》，以下均采取简称）中，才将加快构建新发展格局正式明确界定为"十四五"时期我国经济社会发展工作的首要任务，这充分彰显了构建新发展格局这一重大决策部署的关键性、战略性、全局性和重要性。本书关注的焦点是探索构建新发展格局背景下，推进社会治理现代化政策集群耦合路径，因此，框定新发展格局的基本内涵以及其对社会治理提出的更高更新要求是本书研究的逻辑起点。由此可知，在厘清新发展格局的基本内涵基础上，廓定构建新发展格局的政策主体向度是本书研究的立论基础。

一　新发展格局的基本内涵

以国内大循环为主体、国内国际双循环相互促进的新发展格局具有丰富且深刻的科学内涵，这一发展新理念及其理论不仅是习近平新时代中国特色社会主义经济思想的最新成果，同时，这也是对马克思主义空间生产理论[1]、马克思主义经济循环和社会再生产理论的继承与发展。

在《资本论》的多幅篇章中马克思曾对资本生产及其与空间需求之间的关系进行过系统论证。具体而言，马克思将生产、流通以及生产流通所需空间予以整合式研究，并在研究中得出结论。[2] 马克思认为，在固有的生产空间中往往内蕴着潜在的经济增量空间。从这个角度来说，经济生产与发展的真正意义，就在于在积极推动劳动价值积累载体即资本的扩容来

---

①　胡博成、朱忆天：《从〈资本论〉到新时代：马克思空间生产理论及双循环新发展格局构建研究》，《重庆大学学报》（社会科学版）2021 年第 2 期，第 1～9 页。

②　林承园：《〈资本论〉空间理论探析》，《政治经济学评论》2019 年第 5 期，第 158～179 页。

推进社会生产力发展的同时，不断使潜在的经济增量空间转变为新的现实经济增长空间。然而，自特朗普政府上任以来，以美国为首的部分西方国家举起了逆全球化的贸易保护主义大旗，这不仅人为阻断了资本在全球化市场寻求并开发潜在经济增量空间的需求，而且也极其严重地破坏了包括中国在内的东西方很多国家与地区经济发展的正当权益。在此情势下提出构建新发展格局意义重大——身处全球经济不确定性因素日趋增多的不利境遇，立足国内大循环深度挖掘内需市场空间，维系国内国际双循环的良性畅通，为今后经济的持续健康发展不断拓展新空间，已经成为新环境下整合并实现"安全"与"发展"利益的必由之路，这既是新形势下切实推进经济社会高质量发展的战略性举措，也是国际国内新背景下重塑经济竞争新优势的重要依托，同时，更是我国开启全面建设社会主义现代化国家新征程的必然选择。要深入系统了解新发展格局的基本内涵，至少应该框正如下几个维度。

第一，构建新发展格局不仅是新发展理念的实践表现，也是对经济高质量发展的最新诠释和对新发展理念的进一步升华。构建以国内大循环为主体、国内国际双循环相互促进的新发展格局，是在经济社会建设决策与实践中对党的十八届五中全会所提出的"创新、协调、绿色、开放、共享"新发展理念的集中体现。另外，在党的十九届五中全会上，习近平总书记在重申并阐释构建新发展格局的必要性时，特别强调指出统筹发展与安全的重要意义。构建新发展格局的实践及理论更加注重发展的安全性和可持续性，在保障"发展"与"安全"有机统一的基础上，聚焦新时代社会主要矛盾，并以切实推进全民共同富裕取得实质进展为构建新发展格局的最终目标。因此，如果说新发展理念是新一代党的领导集体对马克思主义科学发展观及其理论的继承与发展，那么，构建统筹发展与安全的新发展格局则是对新发展理念的进一步充实和升华。

第二，构建新发展格局既是总体国家安全观的集中体现，也是对总体国家安全观的扩展。2014年4月15日，习近平在中央国家安全委员会第一次会议上首次提出，要秉持总体国家安全观，统筹"政治安全、经济安全、文化安全、社会安全、生态安全、国土安全、军事安全、科技安全、网络安全、资源安全、核安全"11 种安全，不断丰富和完善国家安全体系，坚持走具有中国特色的国家安全发展道路。当前，我国国家安全体系的内涵与外延比以往任何时期都更加丰富和深刻，总体国家安全的时空界域比以往任何时期都更加宽厚，同时，内外部各种不确定因素比以往任何时期也都更复杂多变，因此，我们必须秉持总体国家安全观，推进社会治理现代化，为建设更高水平的法治中国和平安中国而矢志奋斗。构建新发展格局，不仅需要将总体国家安全观与新发展理念有机融合，还要求将发展的安全和可持续性贯穿于国家发展的各领域及全过程，尤其是要求将加快实现关键核心技术的实质性突破作为维护安全和发展利益的关键一环，进而为维护总体国家安全和国家发展利益提供经济技术保障。构建新发展格局就要求党富有远见审时度势，统筹国内国际双循环的同时维护好发展和安全两件大事，以提升有效应对内外各种不确定性因素甚或风险挑战的国家治理能力水平。

第三，构建新发展格局须依托国内市场超大规模存量优势，深度挖掘国内市场科技创新型增量优势。如前所述，经过改革开放 40 余年来的持续发展，尤其是 2008 年国际金融危机之后，我国产业多元、驱动力强劲和规模巨大的内需市场存量优势越发彰显。这是我国有能力有条件有自信启动并运行活力焕发与兼具韧性的国内大循环的底气来源和物质基础。构建新发展格局就要立足超大规模且强劲的内需市场这一存量优势，促进供给侧结构性改革与需求侧管理动态平衡、统筹发展与安全、兼顾国内与国际，以完备的产业链为保障，以创新为驱动，推动国内国际双循环良性互动，全面扩容投资和消费的有效需求空间，深度挖掘国内市场科技创新型增量优势，并最终形成经济竞争新的可持续型增长点和创新型新优势。

第四，构建新发展格局能够深度挖掘国内市场科技创新型增量优势的关键性前提，是激发并开拓更高质量和更可持续的创新型经济运行模式，进而重塑经济发展新增长点和经济竞争的新优势。美国自 2018 年挑起的针对我国的贸易冲突，表面看是我国对美贸易顺差引发的贸易摩擦，其实质是一场现代意义的科技战，美国最终的目的在于阻遏中国在关键高科技领域的逆袭上位之路。这不仅是以科技力为主要因素的综合国力竞争已经进入白热化的直观表现，在另一方面更是当今时代高科技创新已经比以往任何时候都更加深刻地影响甚或左右着人类福祉和国家前途命运的直接证明。尽管我国是当今世界第一大制造业国并拥有世界上最齐全的产业门类和产业结构，而且，我国在很多技术领域已经跻身世界最前列甚至部分技术领域已经取得短时间内他国难以撼动的压倒性优势，但是，不得不承认的是在某些关键核心技术领域我们依然存在明显的短板，这不仅影响着我国经济发展的整体走势，也对我国未来的经济发展和安全构成了不确定性风险。为了摆脱经济发展的依附性怪圈，也是为了整合"发展"和"安全"这两大核心利益，我们需要提升在关键核心技术领域的自主创新能力，将科技领域的自主自立自强作为国家发展与安全的战略支撑。这就是说，构建新发展格局不仅需要启动科技创新对国内大循环的关键性推动作用，更加强调和重视的是通过对科技创新主动权和发展主动权的牢牢把握而提升国民经济体系的自主性、抗压性、可持续性和安全性。这既是对新时代社会主要矛盾的积极应对，也是"发展"与"安全"的科学统筹，更是重塑经济发展新增长点和经济竞争新优势的需要。

第五，构建新发展格局旨在将改革引向深入，进而促进经济社会高质量发展。解放和发展生产力是实现社会主义本质的起点，改革则是解放和发展生产力的关键，是推动新时代中国特色社会主义现代化事业的原动力。构建新发展格局须坚持继续深化供给侧结构性改革，不断推进并实现经济发展质量、效率和动力更新迭代，与此同时，强化和优化需求侧管理，提升消费和投资的有效性，在促进供给侧与需求侧有机衔接和动态平衡的基础上，逐渐形成改革势能与合力，使一切有利于促进经济增长和社会发展进步的力量充分迸发涌流，即充分发挥举国体制优势，通过全面深化改革，实现有效市场与有为政府的高效融合，打通国民经济运行体系中的堵点，补齐经济建设和社会治理领域的短板，激发经济社会多元主体的活力，助推全民共同富裕取得实质性进展，真正实现经济社会的高质量发展。

第六，构建新发展格局依托于更高水平的对外开放格局。素有"世界工厂"美誉的我国，经济已经与国际产业链和供应链高度融合，因此，尽管构建新发展格局立足于国内大循环而其战略基点也在于拉动内需，但是，事实上并不存在所谓绝对封闭的国内经济大循环。在很大程度上，构建国内国际双循环相互促进的新发展格局不仅不能放弃对外开放，反而需要依托于更高水平的对外开放格局。当前的关键性问题并非是否需要继续深化对外开放，而是如何全面提升对外开放水平，怎样继续开拓对外开放新境界。构建新发展格局的归旨在于重塑国际竞争中的新增长点和新优势，因此，构建新发展格局自然强调开拓以合作互利共赢为内核的人类命运共同体理念的更高水平的对外开放。这是因为只有通过进一步以优化营商环境为突破口打造更高水平对外开放平台，才能为我国更高水平开放型经济体系建设乃至为更高水平开放型国际经济体系建设提供更多更新的交流契机和合作空间，即以更高水平对外开放促合作、促共赢、促共同发展，进而为促进并实现国内国际双循环良性互动。

二　构建新发展格局的政策主体向度

构建新发展格局是开启"第二个百年"奋斗目标新征程亦即全面建设社会主义现代化国家进程中的重要使命与任务，这也必将是当前和今后很长一段时期内为社会各界普遍关注的社会热点问题与共同聚力推进的发展战略。在构建和完善新发展格局的过程中，既需要锐意进取的实践探索，也需要基于实践基础上的经验总结与理论创新研究，二者并行不悖相辅相成。在马克思主义实践论的指导之下，厘清构建新发展格局进程中实践探索与理论创新的辩证关系，是明辨构建新发展格局政策主体向度的前提。如果依循公共政策分析中常用的"理念—主体—路径"梳理脉络来看，在巩固脱贫成果和切实推进共同富裕取得实质进展这一核心价值诉求的指引下，构建新发展格局的政策主体向度有三：一是统筹发展和安全贯通三个"新发展"；二是激发经济发展新动能，树立经济竞争新优势；三是探索构建经济与社会政策耦合路径。

（一）统筹发展和安全贯通三个"新发展"

构建新发展格局的政策理念基础，是统筹发展和安全贯通"新发展阶段、新发展理念和新发展格局"。

如上所述，构建新发展格局的政策主体向度分为价值理念、政策主体和实现路径三个维度，而其中的价值理念就在于以新发展理念为核心指引统筹发展和安全贯通新发展阶段、新发展理念和新发展格局。在"两个一百年"历史交汇点，在我国即将步入"全面建设社会主义现代化国家"新发展阶段之际，党的十九届五中全会为推进实现"十四五"规划乃至为截至2035年我国未来发展前景擘画蓝图。"十四五"时期是我国全面建成小康社会奋斗目标顺利实现后，顺势而为开启"第二个百年"奋斗目标新发展阶段的开局时期，同时，这一时期也是贯彻新发展理念构建新发展格局的关键时期。价值理念层面上贯通新发展阶段、新发展理念与新发展格局，是明辨构建新发展格局政策主体向度的基础。如果以发展型社会政策、马克思社会有机体理论和第四代经济增长理论相结合的视域为切入点，十分有利于我们审慎科学地判断"新发展阶段、新发展理念与新发展格局"的内在关联。

立足民族复兴和世界百年未有之大变局这两个历史关口，党的十九届五中全会通过的《建议》为新时代中国特色社会主义现代化将向何处去这一时代之问给出了清晰响亮的回答。一方面，"坚持总体国家安全观"、"统筹发展和安全"和"防范和化解现代化进程中的各种风险"等一系列已有重大部署在《建议》中得以重申和强调；另一方面，因为"安全是发展的前提，发展是安全的保障"，所以，贯穿《建议》全文的一条核心思想线索，就是统筹好"发展"与"安全"两件大事，集中力量办好自己的事。① 在随后召开的党的十九届六中全会通过的《中共中央关于党的百年奋斗重大成就和历史经验的决议》（以下简称《决议》）在总结中国共产党百年奋斗成就和经验时再次肯定并强调了党的十九届五中全会《建议》中的这条主线。要理解这条主线并依循这条主线厘清"新发展阶段、新发展理念与新发展格局"的内在关联，首先需要借鉴发展型社会政策思维路径辨明新发展阶段的基本内涵及其影响。

---

① 《向第二个百年奋斗目标进军的行动指南——解读〈中共中央关于制定国民经济和社会发展第十四个五年规划和二○三五年远景目标的建议〉》，中国共产党新闻网，http://dangjian. people. com. cn/big5/n1/2020/1104/c117092 - 31917979. html。

首先，党中央作出我国现代化进程已经进入"新发展阶段"的判断，不仅是基于执政党自己使命的完成进度，更是立足对国际局势和大环境的基本把握，这与发展型社会政策的立论之基几乎完全吻合。如前文所述，发展型社会政策的立论之基在于对全球化竞争压力和现代风险社会风险压力的正向理性回应。也就是说，发展型社会政策最关注的问题就是政策所处的内外部环境。正如中央党校（国家行政学院）马克思主义学院张占斌教授所言："高度重视对发展环境的分析判断，再相应进行决策是我党领导经济工作的一大经验。"① 在当前及今后的一个时期内，我国仍处于重要战略机遇期，只是与以往不同的是在新发展阶段机遇与挑战并存——这正是党的十九届五中全会《建议》对新发展阶段所处内外部环境的基本判断。对政策环境的判断，是合理制定规划中长期发展战略及其政策体系的前提条件。

其次，以"创新、协调、绿色、开放、共享"为主体内容的新发展理念所体现的，就是马克思社会有机体理论所推崇的以实践为主和以人为本这两大核心理念。在新发展阶段想要有所作为，就需要"在危机中育先机，于变局中开新局"②，这就要求我们紧紧扭住并贯彻"新发展理念"，全面推进国家治理现代化和社会治理现代化。习近平总书记曾强调指出："进入新发展阶段，国内外环境的深刻变化既带来一系列新机遇，也带来一系列新挑战，是危机并存、危中有机、危可转机。"③ 面对全新的国内外环境，可以说是机遇和挑战不仅并行而来，而且前所未有。其一，从国际背景来看，当前我国所处的外部环境呈现空前的不确定性与不稳定性，一方面是逆全球化、贸易保护主义和国际种族主义沉渣泛起，另一方面是突发疫情蔓延全球，致使原本就增长乏力的世界经济更加负重难行。其二，从国内发展现状来看，一方面社会主要矛盾已经发生转变，不平衡不充分

---

① 《认识新发展阶段 贯彻新发展理念 构建新发展格局》，搜狐网，https://www.sohu.com/a/432107753_120210082。

② 任理轩：《在危机中育新机 于变局中开新局——深入学习贯彻习近平新时代中国特色社会主义思想》，《人民日报》2020 年 10 月 12 日，第 9 版。

③ 郭兴、赵宇航：《读懂公报——危机并存、危可转机》，中央纪委国家监委网站，https://www.ccdi.gov.cn/special/sjjzy5cqh/jd_sjjzy5cqh/202011/t20201101_229078.html。

发展问题成为人民对美好生活向往的障碍性因素，另一方面我国正处于由中等收入发展阶段向高收入国家行列迈进的最关键时期，全面建成小康社会奋斗目标已经胜利收官，全面建设社会主义现代化国家的新征程已经开启，各方面的机遇与挑战扑面而来。随着传统的低要素成本、大容量环境承载和高位运行外需等固有优势的逐渐式微，在错综复杂的国内环境中尽快树立经济竞争新优势是新发展阶段的当务之急。如若解决发展不平衡和不充分问题实现经济社会高质量发展，必须以新发展理念为牵引进而推进经济社会结构系统化和整体化的优化升级。通过前文可知，马克思社会有机体理论在继承以往相关学说推崇的社会有机体的系统化和整体化等一般性主张的基础上，将社会有机体理论由学术殿堂式话语体系引入现实物质世界，深刻且明确地指出社会有机体是一个以实践为主以人为本并不断更新的有机整体。更重要的是马克思社会有机体理论坚持理论研究的实践路径，以"现实的人"的角度为切入点强调"人的实践性"，并将社会有机体理论体系的落脚点置于人的自由全面发展上来。因为"创新"是实践中经济发展的第一牵引力，"共享"既是社会主义本质的规定性也是人自由全面发展的客观需求，"协调、绿色、开放"是将"创新"与"共享"实现对接的关键环节，所以，以"创新、协调、绿色、开放、共享"为核心的新发展理念所体现的就是马克思社会有机体理论所推崇的以实践为主和以人为本这两大核心理念。

最后，构建新发展格局的中心任务是加快形成新的经济合作竞争优势，以扩大内需为战略基点促进国内国际双循环，这并非权宜之计，而是中国共产党人面对国内外形势立足中国特色社会主义本质属性对于以往经济增长理论的现实超越。加快构建"以国内大循环为主体、国内国际双循环相互促进的新发展格局"[1]，这是党中央作出的长期战略，绝不是权宜之计，是以习近平同志为核心的党中央依据我国发展新阶段所面临的内外部环境条件的新变化作出的全新战略决策部署。以实质化推进共同富裕进程

---

[1] 张学良、杨朝远：《加快形成国内国际双循环相互促进的新发展格局》，《光明日报》2020年7月7日，第16版。

为宗旨，以扩大内需为战略基点，加快形成新的经济竞争优势进而促进形成国内国际双循环相互促进的新发展格局。这不仅是保障经济社会发展社会主义本质方向不变的内在要求，也是推进实现我国经济持续健康发展的必然选择。由此可见，一方面，保障经济社会发展的社会主义本质方向，是维护国家长治久安的治世之道；另一方面，形成新的经济竞争优势构建新发展格局又是新发展阶段实现高质量发展的关键所在。因此，构建新发展格局是党中央经过深思熟虑为在新发展阶段统筹国家安全和经济发展的战略抉择。如前文已述，创新领域规模型投资理论认为一个经济体的经济增长，主要取决于这个经济体在创新领域聚集性和靶向性投资规模。这种在技术创新领域兼具聚集性靶向性规模性的投资，被看作技术创新与有效投资的功能契合点和效能倍增器。第四代经济增长理论将其对经济发展的内生动力机制研究引向深入，这不是对此前已有的投资论与技术论的背书，而是对原有相关理论系统性与结构性的整合。中国共产党人面对新发展阶段国内外新形势并立足维护实现中国特色社会主义本质属性的角度作出构建新发展格局的决策部署，事实上已经在实践层面上实现了对以往经济增长理论的超越。

结合上文所述，以发展型社会政策、马克思社会有机体理论和第四代经济增长理论相结合的视域为理论分析的切入点，使我们可以在政策理念层面上清晰地梳理出"新发展阶段、新发展理念与新发展格局"之间紧密相关的内在逻辑关联。而从政策理念层面梳理出三者的逻辑关联，为在政策主体层面理解构建新发展格局的政策主体向度奠定了基础。

（二）激发经济发展新动能，树立经济竞争新优势

构建新发展格局的政策主体向度，是以新发展理念为指引，激发经济发展新动能，树立经济竞争新优势。

当前我国经济社会发展正处于转换动能和优化结构的关键时期，即便面临着逆全球化保护主义和突如其来的新冠肺炎疫情双重冲击，我国制造业 PMI 指数、非制造业 PMI 指数与综合 PMI 指数仍在此期间连续高位运行，这说明我国经济总体平稳和发展前景向好的基本趋势没有变。然而，分别从短期和中长期来看，我国经济发展也面临着多种结构性和周期性困难与挑战。第一，从短期效应来看，"2022 年 1 月，面对复杂严峻的经济环境和疫情蔓延等多重考验，我国经济总体延续恢复发展态势，但景气水平有所回落。制造业采购经理指数、非制造业商务活动指数和综合 PMI 产出指数分别为 50.1%、51.1% 和 51.0%，均保持在扩张区间，但低于上月 0.2、1.6 和 1.2 个百分点"。① 从短期效应来看，我国经济总体上虽然保持恢复态势但是景气水平出现回落状态的主要原因有二：一是春节前后受累于国内人员流动性加强和境外疫情内传影响，国内突发散发疫情波及地区较多，服务业恢复态势受到短期冲击；二是受雨雪恶劣天气和节日期间务工人员返乡等短期因素影响，服务业商务活动和建筑业出现季节性回落情况。

第二，从中长期效应入手，可以分为国际和国内两个维度看待分析当前我国经济发展所面临的结构性和周期性困难挑战。从国际环境来看，中长期以来我国面临的压力来自多个方向。一方面，自 2008 年国际金融危机之后，很多西方国家因为逐渐意识到"产业空心化"的危害而纷纷开启"制造业回流计划"，这对于我国传统经济发展模式构成了极大的挑战。另外，已经蔓延全球且延宕多时的新冠肺炎疫情已经对国际循环造成结构性破坏，在这种背景下保护主义与自由贸易碎片化态势逐渐凸显，自然又推高了出口成本门槛。另一方面，美国拜登政府不仅在经济、贸易和技术层面延续了上任政府的对华政策，还主动在政治上不断挑衅，进一步挤压两国合作空间，鉴于这种总体态势，中美两国过去基于传统互补均衡模式的发展格局难以维系，这对于我国提速经济转型升级构成巨大外部压力。从国内发展来看，当前我国正处于由原来的高速增长阶段向高质量发展阶段转变的关口期，经济发展面临由要素和投资驱动向创新驱动转变的内在压力。要推动实现经济社会的高质量发展，就必须以更好地满足人民对美好生活向往需要为旨向，加速新旧动能转换进而建构现代化的经济体系。尤其需要的是降低生产、流通、分配和消费等经济活动各个环节

---

① 《国家统计局服务业调查中心高级统计师赵庆河解读 2022 年 1 月中国采购经理指数》，国家统计局网站，http://www.stats.gov.cn/tjsj/sjjd/202201/t20220130_1827157.html。

交易过程中的制度性成本，不断优化营商环境和经济运行环境，培育树立新形势下我国参与国际经贸活动中的竞争新优势。总而言之，不论是从国际来看还是从国内来看，不管是从短期来看还是从中长期来看，以扩大内需为战略基点，树立新形势下我国经济竞争新优势都是构建新发展格局的关键所在。

如前所述，如果要培育我国经济竞争的新优势，第四代经济增长理论即"创新领域规模型投资理论"对我们的启示是最明显的。在第四代经济增长理论看来，在技术创新领域兼具聚集性、靶向性和规模性的投资，是技术创新与有效投资的功能契合点和效能倍增器。而要在技术创新领域形成兼具聚集性、靶向性和规模性的投资效应，既需要深化供给侧结构性改革，也需要优化需求侧的管理。具体而言，至少需要锚定如下政策着力点：一是在顶层设计维度制定并不断完善符合市场发展需求的与大数据、互联网、人工智能和数字经济直接或间接相关的产业发展战略规划，并平稳有序地实现经济动能更新迭代；二是在政策体系维度建立"企业为主体、市场为导向和产学研相结合"的全社会联动的整体化系统化创新体系；三是在集聚引导投资决策模式选择维度建构"政策引导"、"决策交易"与"市场需求"之间实时动态耦合机制；四是在政策环境维度继续优化营商环境和创新环境，切实有效合理有序地降低创新创业等经贸活动中的制度性交易成本；五是在分配领域进一步完善优化分配格局提升创新要素在初次分配中的占比，培育以参与创新创业为荣的良好社会舆论氛围。只有以新发展理念为指引并牢牢把握以上诸元政策制定、施行和反馈等领域的着力点，才能在技术创新领域培育兼具聚集性、靶向性和规模性的投资，形成政策集群的势能效应，进而激发经济发展新动能，树立在经济竞争中的"创新型"新优势。

（三）探索构建经济与社会政策耦合路径

构建新发展格局的政策主体，是以新发展理念为指引以激发经济发展新动能树立经济竞争新优势为导向，探索并构建具体的经济与社会政策耦合路径。

不言自喻的是，想要"在危机中育先机"就要勇于作为敢于下"先手棋"，想要在"变局中开新局"就要有所突破树立新优势。而要勇于作为和有所突破，仅靠政策理念的指引性和政策主体的导向性是难以全功尽收的，还必须探索并构建具体的政策实现路径。在发展型社会政策的启发下，我们认为构建新发展格局实现路径的关键点在于探索并构建具体的经济与社会政策耦合机制及其路径。众所周知，我国原来之所以能够维系连续多年的经济快速增长，最主要是具有人口红利和资源环境的低成本载荷等优势。随着我国经济跨入"刘易斯拐点"人口红利逐渐式微和资源环境承载力极限的不断临近，我国经济已经进入新发展阶段，经济的要素禀赋条件和经济发展的内外部环境都发生了深刻的变化。从国际形势来看，如上所及，尽管我国经济在保护主义抬头和疫情常态化防控时期仍保持逆势上扬的总体态势，但是，在保护主义与自由贸易碎片化态势大背景下新冠肺炎疫情还是对国际循环造成结构性破坏，这种背景对于我们重塑经济竞争新优势修复国际产业链与供应链构成前所未有的外在压力。就国内情况而言，我国既保有存量优势，也面临增量挑战——国内生产总值和经济总量优势得以巩固，中等收入人群的规模效应也已经开始显现，但是，创新力与高质量发展要求还不完全适应，城乡区域发展以及收入差距仍然较大，民生保障、生态环保和社会治理领域尚存短板弱项。综上可知，我国经济已经开始向高质量发展迈进，在疫情和保护主义双重外部压力之下，我国市场空间大、发展韧性强和社会大局稳定等一系列存量优势和制度性优势非常显著，然而，面临诸多内外部风险挑战想要勇于作为有所突破不可能毕其功于一役，需要在统筹安全与发展两个大局的宏观视域下，以发展型社会政策为借鉴探索并构建具体的经济与社会政策耦合路径。在第一章介绍发展型社会政策关注焦点的时候，我们已经提及发展型社会政策关注的焦点其实就是发展理念的革新与实践。众所周知，党的十四届三中全会上审议通过的《决定》中曾提出"效率优先，兼顾公平"分配原则，改革开放初期这一分配原则的提出和贯彻施行为扭转新中国成立初期曾经犯下的严重的平均主义错误，在当时积贫积弱的经济基础上为了激励激发经济增长活力发挥过非常积极的作用。但是，鉴于公共政策的周期性和政策环境的变迁性，这种旧有分配原则已经不完全适应新发展阶段高质量发展的要求。另外，在政策实施的具体过程中原本科学的指导原则也会在经济社会结构性蔽障影响下而异化。因此，学界有很多人曾质疑以牺牲"公平"为代价换取"效率"的合理性。事实上，"效率"是一个纯粹的经济学概念，"公平"是典型的社会学和政治学概念，从学理入手作为切入点，不可否认的是，这一分配原则的提出在一定程度上是受到当时国内外普遍流行的旧有发展理念影响的结果。随着坚持"以人为本"的科学发展观的提出，尤其是随着"新发展理念"的提出和贯彻实施，社会发展与发展型社会政策已经逐渐与我国经济社会发展"五位一体"总体布局融为一体。综上可知，探索构建经济与社会政策耦合路径不仅是发展型社会政策的思维模式，也理应是构建新发展格局的实现路径。

推动构建以国内大循环为主的新发展格局，是我国应对百年未有之大变局与开辟发展新局的主动作为和发展战略的重大调整。构建新发展格局的主旨，是以坚持扩大内需为战略基点，以改革创新为推动力，促进供给侧与需求侧管理的动态平衡，在确保"发展"与"安全"有机统一的基础上，聚焦当前社会主要矛盾，推进经济高质量发展，切实保障全民共同富裕取得实质进展。这与新发展阶段社会治理现代化的主体导向高度一致。因此，一是为了破解旧有发展模式下的路径依赖，二是为了促进供给侧管理与需求侧管理的有效衔接，寻求新发展格局背景下推进社会治理现代化相关经济与社会政策集群耦合路径兼具理论价值和现实意义。在新发展理念指引下，探索相关政策集群耦合路径至少应该依循三个线索：首先，从宏观视域破解路径依赖转变经济社会发展模式，为推进社会治理现代化激发动力；其次，从中观维度优化需求侧管理改善分配结构，为推进社会治理现代化提供物质保障；最后，从微观层面优化营商环境和政商关系，为推进社会治理现代化疏通基层协商民主利益表达与实现机制。当然，我们还需看到的是，构建以国内大循环为主体的新发展格局，也是在新发展阶段新发展环境下保证发展的安全性和实现安全发展的必然选择。外部环境的不确定性和不可预测性在今后的一个时期可能是一种常态，在这种外部环境下，做好充分的应对之策才是明智之举。形成以国内大循环为主体的新格局至少有两个积极效应，一方面，以畅通的国内大循环为基点就可以借助国内市场盈余度弥补可能出现的国际市场不足，以此保障经济总体平稳增长态势；另一方面，打造畅通健康的国内大循环就可以巩固并优化我国经济正外部性，这就会为我们修复国际产业链与供应链提供更具吸引力的平台，并为促进实现国内国际双循环良性互动奠定基础。众所周知，习近平总书记立足宏观视域，从更高层面上重申"安全是发展的前提，发展是安全的保障"这一重要思想。究其根本，新发展格局背景下"发展"的归旨，在于以扩大内需为战略基点切实推进全民共同富裕取得实质进展，同时，这也是经济社会高质量发展的本义；"两个一百年"历史交汇期境遇中"安全"的根本，在于维护以夯实党和政府公信力为核心的政治安全，而要维护政治安全的本源在于坚持新时代中国特色社会主义经济社会发展道路锚定社会主义本质这一前进的主航向。由此可见，探索新发展格局背景下，推进实现社会治理现代化的政策集群耦合路径尤其是探索经济与社会政策的耦合路径，恰是对"安全"与"发展"辩证关系的现实观照，更是开启全面建设中国特色社会主义现代化强国的题中本义。

三　构建新发展格局政策主体向度的基本实现路径

"新发展格局"的主旨是以改革创新为推动力深化供给侧结构性改革，确保"发展"与"安全"的有机统一及其动态平衡，聚焦当前我国社会主要矛盾，推进经济高质量发展，切实保障全民共同富裕取得实质进展。因此，综合以上论述，构建新发展格局的政策理念基础，是统筹发展和安全贯通"新发展阶段、新发展理念和新发展格局"；构建新发展格局的政策主体向度，是以新发展理念为指引激发经济发展新动能，树立参与未来经济合作竞争新优势；构建新发展格局的政策主体，是以新发展理念为指引以激发经济发展新动能，树立参与未来经济合作竞争新优势为导向，探索并构建具体的经济与社会政策耦合路径。而以新发展理念为指引，以激发经济发展新动能树立经济竞争新优势为导向，探索并构建具体的经济与社会政策耦合路径，这其实就是新发展格局背景下社会治理现代化政策集群耦合路径的具体体现。值得关注的是，"新发展格局"的主旨与新发展阶段社会治理现代化的主体导向高度一致。在面临多重负面冲击全球经济走势呈现颓势的大环境下，又恰逢"两个一百年"的历史交汇点，探索构建新发展格局背景下社会治理现代化的实现路径，以及探索相关经济政策与社会政策集群耦合路径，都十分必要和紧要。具体而言，构建新发展格局政策主体向度的基本实现路径至少应该围绕以下几个原则性问题来应对与解决。

（一）以促进共同富裕为目标，充分挖掘并释放内需

以促进共同富裕为目标，充分挖掘并释放内需，是构建新发展格局政策主体向度的基础路径。如上所述，构建新发展格局的政策理念基础，是统筹发展和安全贯通"新发展阶段、新发展理念和新发展格局"。另外，在导论和前文已经多次强调，构建新发展格局的主旨是以改革创新为推动力深化供给侧结构性改革，确保"发展"与"安全"的有机统一及其动态平衡，聚焦当前我国社会主要矛盾，推进经济高质量发展，切实保障全民共同富裕取得实质进展。以促进共同富裕为目标，充分挖掘并释放内需，是构建新发展格局的核心任务。

如果说推动构建国内国际双循环相互促进的新发展格局，其政策集群的出发点是打造并畅通"国内大循环"，其政策落脚点是助推并达成国内国际双循环相互促进，其直接目标是树立并巩固未来经济发展和竞争新优势，并最终保障实现经济社会强劲健康可持续的发展，那么，以促进共同富裕为目标充分挖掘并释放内需就是达成以上政策目标的基础和核心。在新冠肺炎疫情的直接影响下，近年来我国企业与居民的储蓄水平都呈现明显的提高趋势，其中不仅有主动风险预防性储蓄的原因，更有传统餐饮、文旅和商超等服务行业受疫情所累导致的被动型储蓄因素的影响。在这种环境下想要引导企业扩容投资，必须鼓励居民提高消费，而要鼓励居民扩大消费又必须挖掘并释放内需潜力。不论是对传统经济增长理论和新经济增长理论的背书，还是对现实经济生活的考察，都显示一个共同的认知结果，即中等收入人群消费的边际效应更高。其中有三个原因：其一，高收入人群掌握的社会财富虽然巨大，但是其在总人口中占比偏低，而且高收入人群储蓄比远高于其消费比；其二，高收入人群尽管有消费需求，但是因其有效需求不足，所以，这部分人群难以承担消费主群体的任务；其三，中等收入人群不仅是教育、医疗、休旅和购房购车等中高端消费的主要群体，也是促进实现消费结构向多样化、个性化和高端化升级的主干力量，因此，中等收入群体是充分挖掘并释放内需的主要受众，也是扩大内需的支撑性主体。想要充分挖掘并释放内需，就需要切实有效扩大中等收入人群在总人口中的占比。有关于这一点，在党的十九大，十九届三中、四中、五中和六中全会都得到强调，由此可见党中央对于提升中等收入人群比重这一战略决策部署的坚定性。

多年前曾有学者质疑提升中等收入人群占比这种观念，其实，这种质疑完全站不住脚。不论是立足经济学、社会学还是政治学，提升中等收入人群在总人口中的占比都是无可厚非的，并完全符合社会主义国家的本质规定性。首先，从经济学视角来看，如果用三个五年计划即到 2035 年前后实现我国中等收入人群总数翻番，即中等收入人群由当前的 4 亿人增至 8 亿人左右，中等收入人群就真正成长为扩大内需的主力军，那么，在供给侧结构性改革和需求侧管理的协同之下，投资的规模效应和消费的规模效应就会达成完美耦合；其次，从社会学视角来看，如果我国中等收入人群比重提升，整个社会分层结构就会由原来基本稳定的"倒丁字形"抑或"土字形"社会分层结构①转变优化为社会学经典理论中最推崇的也是最具稳定性的"纺锤形"社会分层结构，只有形成这种社会分层结构才有利于促成社会和谐；最后，从政治学视角来看，一方面，在中等收入人群中绝大部分人都接受过良好教育并具有积极有序的政治参与意愿和政治参与能力，中等收入人群比重的提升更有利于国家治理现代化内蕴的公共权力运行制度化、规范化、民主化、法治化、效率多元化和协调性等发展目标的达成；另一方面，随着中等收入人群占比的不断提升，低收入人群的占比自然就会相应缩减，这其实也是体现和实现社会主义共同富裕本质属性的自由之路。与此同时，在深化户籍制度与土地制度改革的基础上，随着中等收入人群比重的不断提升，以城市群为主体依托的新型城镇化发展格局和以城市群为主要

---

① 李强、王昊：《中国社会分层结构的四个世界》，《社会科学战线》2014 年第 9 期，第 174～187 页。

载体的扩大内需发展战略才能得以成形并发挥成效。由上可知,提升中等收入人群比重是充分挖掘并释放内需的关键,而充分挖掘并释放内需又是以促进共同富裕为终极目标的。除此之外,要想充分挖掘并释放内需,还需在微观政策领域切实有效减少企业税费负担和交易成本,健全产权保护制度,维护和建构公平合理竞争有序的营商环境及市场秩序,提振社会主体投资信心,鼓励扩容民间投资规模,引导促进并不断扩大社会资本面向新型基础设施、新型城镇化建设与科技创新型产业有效投资的集聚效应。

(二) 以关键核心技术领域为突破口,整体提升自主创新能力

以关键核心技术领域为突破口整体提升自主创新能力,是构建新发展格局政策主体向度的主体路径。

早在 2012 年召开的十八大上党中央就已经提出"创新驱动发展战略",将科技创新视为提升社会生产力与提升综合国力的战略性支撑力量,并明确将科技创新置于国家发展全局核心位置的高度予以审视,可以说这是中国共产党放眼全球、立足全局和面向未来而作出的重大决策部署。经过数年的发展,我国在科技创新领域的投入和自主创新能力都在稳步提升。

国家统计局社科文司《中国创新指数研究》课题组发布的相关数据显示,我国创新指数近年来一直保持不断提升的基本态势。尤其值得一提的是,依据《中国创新指数研究》课题组相关测算,在疫情肆虐的 2020 年我国创新指数仍然大幅度上涨。如表 3-1 所示,"2020 年我国创新指数高达 242.6(以 2005 年为 100),比 2019 年净增长 6.4%。分领域来看,创新环境指数、创新投入指数、创新产出指数与创新成效指数则分别为 266.3、209.7、319.8 与 174.7,这些指数比上年分别增长了 6.3%、5.4%、8.5% 与 3.8%。该课题组测算结果说明,2020 年我国创新能力与创新水平保持持续上升态势,创新环境在不断优化,创新投入继续增加,创新产出较快增长,创新成效也在进一步显现"。[①] 此外,如表 3-1 所示,自 2005 年以来我国创新环境指数、创新投入指数、创新产出指数和创新成

---

① 《2020 年中国创新指数增长 6.4%》,国家统计局网站,http://www.stats.gov.cn/xxgk/sjfb/zxfb2020/202110/t20211029_1823964.html。

效指数等分指数都呈现正比增长的积极态势。

表 3-1　2005~2020 年中国创新指数变动情况

	2005 年	2010 年	2015 年	2019 年	2020 年
中国创新环境指数	100	133.0	173.8	228.1	242.6
一、创新环境指数	100	135.7	174.5	250.4	266.3
1. 劳动力中大专及以上学历人数指数	100	161.7	246.5	278.7	318.5
2. 人均 GDP 指数	100	166.6	236.5	299.9	306.5
3. 理工科毕业生占适龄人数比重指数	100	142.8	182.8	219.0	247.7
4. 科技拨款占财政拨款的比重指数	100	116.4	101.2	114.0	104.4
5. 享受加计扣除减免税企业所占比重指数	100	103.0	150.3	476.7	535.7
二、创新投入指数	100	132.3	164.1	199.0	209.7
1. 每万人 R&D 人员全时当量指数	100	182.5	260.3	326.2	355.1
2. R&D 经费占 GDP 比重指数	100	130.7	157.5	171.3	183.6
3. 基础研究人员人均经费指数	100	163.5	248.0	298.6	301.3
4. 企业 R&D 经费占主营业务收入比重指数	100	112.8	125.5	142.1	149.0
5. 有研发机构的企业所占比重指数	100	117.6	143.8	195.4	208.7
6. 开展产学研合作的企业所占比重指数	100	103.7	106.6	134.6	139.7
三、创新产出指数	100	137.2	208.1	294.7	319.8
1. 每万人科技论文数指数	100	152.8	164.3	191.3	191.6
2. 每万名 R&D 人员专利授权数指数	100	230.6	337.9	429.3	534.9

续表

	2005 年	2010 年	2015 年	2019 年	2020 年
3. 发明专利授权数占专利授权数的比重指数	100	89.3	136.7	144.8	124.8
4. 每百家企业商标拥有量指数	100	100.1	180.0	386.4	454.6
5. 每万名科技活动人员技术市场成交额指数	100	155.3	287.7	489.1	582.3
四、创新成效指数	100	126.8	148.5	168.3	174.7
1. 新产品销售收入占主营业务收入的比重指数	100	115.2	127.3	170.8	187.8
2. 高新技术产品出口额占货物出口额的比重指数	100	109.0	100.6	102.1	104.6
3. 单位 GDP 能耗指数	100	123.8	150.7	173.4	173.7
4. 人均主营业务收入指数	100	179.0	292.5	324.5	343.7
5. 科技进步贡献率指数	100	117.8	128.0	137.7	138.9

资料来源：《2020 年中国创新指数增长 6.4%》，国家统计局网站，http://www.stats.gov.cn/xxgk/sjfb/zxfb2020/202110/t20211029_1823964.html。

更加令人欣喜的是，我国国家创新指数不仅一直保持着持续攀升态势，而且"全社会研究与试验发展"（R&D）经费投入也与 GDP 保持较快的同步增长势头。近年来，从总体而言我国经济在疫情常态化防控时期仍然保持稳步恢复态势，而且 R&D 经费增长与创新动能的有效提升形成良性互动。在这一大背景下，随着市场主体科研开发费用加计扣除、科研经费管理制度与项目管理制度的深化改革等激励型政策体系的不断完善落实，R&D 主体投资热情被进一步激发。以 2021 年为例，国家统计局测算结果显示，这一年我国全年 R&D 经费投入已经高达 27864 亿元，按可变价格计算不仅在总量上比 2020 年净增长 14.2%，其增速也同比增加了 4 个百分点，如果按不变价格计算，R&D 经费投入也增长了 9.4%，大大超过了"十四五"规划所提出的 R&D 经费投入年均增长预期目标，这说明我国 R&D 经费投入延续了"十三五"期间以来持续良性增长态势，"十四五"规划实现良性开局。① 当然，经过对全球各个科技发达国家成功经验的总结可知，基础学科建设和相关研究是科技创新的"总开关"，因此，基础学科建设和研究投入尤其值得被关注。根据国家统计局公布的最新数据，2021 年我国基础研究经费在 R&D 投入经费总量中占比为 6.09%，该数据与上一年同期相比提升了 0.08 个百分点，尽管增幅不高但是总算扭转了上一年受疫情影响导致的基础研究经费占比下滑的颓势。特别令人鼓舞的是，中央财政 2021 年本级预算中基础研究投入比上一年增幅高达 10.6%，另外，在这一年编制完成的国家重点实验室体系重组方案中，在加快国家实验室建设计划中，量子科学、核物理、空间探测和生物工程等多个基础学科原始创新领域获得突破，这说明国家越来越意识到基础研究的重要性和紧迫性。

与此同时，我们也要认识到另一个基本事实，那就是尽管我国近年来 R&D 经费投入一直维持稳定较快增长态势，这在一定程度上也的确反映出了全国各部门各地区对新发展理念的贯彻落实成效，但是，我国的 R&D 经费投入结构、规模与实效等方面与包括美国为首的很多科技强国相比，尚有许多不足之处。这说明进入新发展阶段之后，我国还应该进一步加快推进完善 R&D 经费多元化投入机制和科技激励政策耦合机制，为以关键核心技术领域为突破口整体提升自主创新能力提供更加强劲有力的物质支撑。除此之外更应该引起我们高度重视的是，在科研投入以外作为科技创新载体的人才也是推进科技创新的关键要素。在当今时代任何科技发达国家甚或发展中国家几乎都将科技创新人力资源视为推动科技事业发展战略中最核心的战略资源。截至 2020 年，不仅我国科研人员总规模已经居世界第一②，而且，

① 《2021 年我国 R&D 经费投入保持较快增长——国家统计局社科文司统计师张启龙解读相关数据》，国家统计局网站，http://www.stats.gov.cn/tjsj/sjjd/202201/t20220126_1827019.html。
② 《我国科技人力资源规模世界第一，工科占比最高》，第一财经网，https://www.yicai.com/news/100742593.html。

我国 R&D 经费投入和科技创新能力成效都有了显著提升，甚至在某些核心技术领域已经实现"并跑"甚或"赶超"。然而，我们要清醒地认识到，人类进入疫情常态化防控时期，各国在科技创新领域的竞争必将日趋白热化，尤其是在美国自特朗普以来的两任政府持续恶意打压我国高科技领域企业，并不断推动和我国在贸易摩擦基础上的"技术脱钩"的国际背景下，以关键核心技术领域为突破口，整体提升自主创新能力的紧迫性和重要性已经不言自明。也正是因为如此，以关键核心技术领域为突破口整体提升自主创新能力，成为构建新发展格局政策主体向度的主体路径。这就要求我们必须在继承并坚持社会主义国家体制优势的基础上，为促进并实现以关键核心技术领域为突破口整体提升自主创新能力做好政策先导和铺垫：一是在加大基础研究投入的同时，更应该加大基础学科建设投入，科学制定并完善基础学科与基础研究中长期建设规划；二是不断加大基础研究投入，重点加大对飞机发动机、机器人核心部件、高端芯片和工业软件等我国关键核心技术领域短板的扶持力度，并着力合理建构这些核心技术与其相关基础学科建设耦合机制；三是积极引导企业在技术创新及技术产业化中发挥主体作用，鼓励扶持龙头企业组建技术和产业联合体，强化关键核心技术供给的集成效应和势能效应，营建优良的创新创业营商环境，畅通自主创新高科技成果产业化和市场化渠道，推进高新技术应用与升级迭代进程，以关键核心技术领域为突破口，着力提升整体自主创新能力。

（三）保持并发挥存量优势，树立并优化增量优势

在保持并发挥社会主义体制优势、我国经济超大规模优势和我国产业体系完备等存量优势基础上，树立并优化激发新动能优势、数字经济先行优势和有效扩大内需等增量优势，是构建新发展格局政策主体向度的核心路径。

保持并发挥存量优势是树立并优化增量优势的基础，而在保持存量优势的基础上树立并优化增量优势，正是构建新发展格局的政策核心。实际上，所谓存量优势和增量优势都统属于我国经济发展和经济优势体系，二者好似一个硬币的两面不可或缺。其中，中国特色社会主义的体制优势、我国经济超大规模优势和我国产业体系完备优势这三大优势，在我国经济

存量优势体系中居于核心位置。因为中国特色社会主义的体制是一个复合型体系，其优势也具有特定内涵。在十九届四中全会上我们党总结了中国特色社会主义体制与国家治理体系的各方面优势，归纳起来一共分为十三大优势，其中，"坚持党的集中统一领导"、"坚持人民当家作主（社会主义民主）"和"坚持全面依法治国"居于首位。① 正是因为中国特色社会主义拥有"党的领导"、"人民当家作主"和"依法治国"三位一体的根本优势，中国特色社会主义制度体系才能在此基础上充分发挥"集中力量办大事"这一显性优势。这一优势在疫情常态化防控时期淋漓尽致地彰显出来了，也正是在这一优势的支撑下我国创造了经济长期保持平稳快速健康发展与社会秩序长期保持安定有序的双重奇迹。归根结底，这一优势的形成得益于两个基础性和保障性条件，一是中国共产党人秉持的"以人民为中心"的发展理念，二是中国共产党不断改善民生增进人民福祉，和坚持走共同富裕发展道路这一社会主义的本质规定性。在这一优势的支撑和保障下，派生出了另外两大优势，即经济超大规模优势和产业体系完备优势。其中，因为我国经济具有超大规模优势，所以，在对外经贸交往中很多国家都不愿意与我们这个世界上最大的单体市场失之交臂，这大大增强了我国对外经贸活动中的主动性和战略冗余度。另外，我国被世界银行认定为全球唯一一个拥有 41 个工业大类的国家，不仅如此，"我国还是全世界唯一拥有联合国产业分类中所列 207 个工业中类和 666 个工业小类的国家"②，这正是我们产业体系完备的优势所在。我们拥有了这一优势，至少有四大益处：其一，这一优势会与我国的经济超大规模优势形成良性互补共生关系，即二者彼此成就又相互强化；其二，拥有这一优势可以使我国在当前全球产业链和供应链大调整的背景下，以强大并庞大的国内市场作为支撑，强化对国际产业链的影响力甚或控制力，进而大大提升产业链与供应链的安全性与可控性；其三，这一优势会使我国经济在身处不可预测的内外部环境时彰显强劲的韧性和生命力，尤其值得一提的是，在此次新

① 《深刻认识中国特色社会主义制度的优势》，《经济日报》2019 年 12 月 26 日，第 12 版。
② 《工信部：我国已有 41 个工业大类、666 个工业小类，全球唯一！》，搜狐网，https://www.sohu.com/a/426789846_116237。

冠肺炎疫情常态化防控时期，几乎全世界绝大多数经济体都因受疫情所累而趋向颓势，而我国经济却逆势增长，这恰恰是我国经济具有强大韧性与生命力的明证；其四，拥有这一优势正是我国构建以国内大循环为主体的新发展格局的战略底气和物质基础。

如上所述，立足存量优势树立并优化增量优势，是构建以国内大循环为主体的新发展格局政策主体向度的核心路径。以创新为引领重塑经济发展增量优势和实现技术转型产业升级，是构建新发展格局的关键环节。一方面，从国际看，当今世界正值百年未有之大变局，不仅最新一轮科技与产业革命持续深入发展，而且，国际经贸环境受单边主义和保护主义影响而异常复杂，再加之新冠肺炎疫情对全球经济的冲击。在这种充满不确定性的外部环境下，以创新为引领重塑我国经济竞争新优势乃是构建"以畅通的国内经济大循环为主的经济发展新格局"的必经之路。[①] 另一方面，从国内看，当前我国已经迈入高质量发展阶段，但是，发展不平衡和不充分的问题仍然突出，在发展进程中还存在非常明显的短板。[②] 正是因为如此，党的十九届五中全会才提出将我国建设成为创新型国家前列的发展蓝图。如要居于创新型国家的前列，以创新为引领在关键核心技术领域取得实质性突破则是必要前提，同时，这也是能带动国内经济大循环的不竭动力。

当前，全球在新冠肺炎疫情的冲击下产业链与供应链都在加快调整，其表现就是近岸化、区域化甚或逆全球化特征更加显现，在这种态势下提高供应链与产业链的稳定性与竞争力就显得尤为必要和紧要。这就要求我们一方面理应加快推进短板产业产品国产化替代进程，扶持健全国内产业链，培育扩容可替代的国内供应链；另一方面要以庞大的国内市场和完整的工业门类为基点，强化优化对产业链的影响力和支配力，以提升整个供应链的可靠性与可控性。另外，就是要利用疫情所催生的以数字科技平台为基础的新兴业态蓬勃发展的大好时机，立足我国数字经济先行的相对优势，顺势而为积极推进制造业智能化与数字化转型升级，综合运用大数

---

①　刘伟：《以新发展格局重塑我国经济新优势》，《经济日报》2020 年 9 月 24 日，第 1 版。

②　《〈中共中央关于制定国民经济和社会发展第十四个五年规划和二○三五年远景目标的建议〉辅导读本》，人民出版社，2020，第 176 页。

据、人工智能和物联网等数字技术平台改造升级传统产业，加速提升并重塑制造业的创新力与竞争力。如此一来，不仅将推进科技创新与产业转型升级，还会生产可能性拓宽边界，助推并实现经济社会发展动能迭代。更加值得关注的是，以创新为引领重塑经济发展新优势构建新发展格局，不仅是诱导经济社会主体间关系由趋向"零和"关系转变为趋向"非零和"关系的经济前提，更是实现社会治理现代化的物质基础。

（四）建立健全深化供给侧结构性改革与加强需求侧管理耦合机制

建立健全深化供给侧结构性改革与加强需求侧管理耦合机制，是构建新发展格局政策主体向度的保障性路径。

构建新发展格局的核心在于以创新为引领实现经济发展竞争优势的重新形塑，即经济发展由原来的"投资依赖＋要素驱动"转变为"创新驱动＋消费驱动"。想要以创新要素驱动并创造大量投资机会的同时，有效拉动国内需求，并实现供给侧与需求侧的良性互动，建立健全深化供给侧结构性改革与加强需求侧管理耦合机制极具必要性。在 2020 年中央经济工作会议上，党中央明确提出，"要紧紧扭住供给侧结构性改革这条主线，注重需求侧管理，打通堵点，补齐短板，贯通生产、分配、流通、消费各环节，形成需求牵引供给、供给创造需求的更高水平动态平衡，提升国民经济体系整体效能"。① 可以说这已经为建立健全深化供给侧结构性改革与加强需求侧管理耦合机制指明了方向。

首先，建立健全深化供给侧结构性改革与加强需求侧管理耦合机制，要始终把握住深化供给侧结构性改革这条主线。国民经济运行体系犹如天平的两端，一端是供给，另一端是需求。在疫情冲击和保护主义抬头的外部环境下，在新发展阶段转换经济动能和打造经济新优势的国内发展背景下，继续深化供给侧结构性改革的必要性是毋庸置疑的。深化供给侧结构性改革的主旨，是从系统提升供给侧质量这个角度出发，深化改革的方式推动供给侧结构调整和优化，以此来逆转和摆脱原有的要素低效配置甚或要素错配的结构性问题，全面提升全要素生产率和提升供给质量，不断强

---

① 王一鸣：《加强"需求侧管理"的重点和方向》，《光明日报》2021 年 1 月 5 日，第 11 版。

化和优化供给侧结构对需求侧结构走向的动态化适应能力，更好更有效地满足人民群众的现实需求，并最终保障与推进经济社会健康有序持续高质量发展。很多人误以为当前我国推进供给侧结构性改革是直接受 20 世纪 70 年代供给学派影响而使然，更有甚者，有人将我国当前的经济发展新常态比作 20 世纪 70 年代西方国家普遍出现的经济"滞胀"。持这种观点的人犯了两个常识性错误：一是没有认识到一个基本事实，那就是当前我国经济发展新常态的基本特点，是我国经济发展进入动能转换节点和产业结构调整节点，而不是通货膨胀和经济失速的节点；二是这些人忽视了另一基本事实，就如习近平总书记所强调的那样，在当前与今后相当长的一个时期内，我国经济发展进程中所面临的结构性问题，供给侧与需求侧都有，但主要矛盾和矛盾的主要方面在供给这一侧。正是因为如此，继续推进深化供给侧结构性改革，是积极应对甚至妥善解决我国经济发展进程中长期累积下来的体制性负面路径依赖现象的必由之路。深化供给侧结构性改革的旨归是提升社会生产力水平，切实贯彻落实"以人民为中心"的发展理念，其政策主体的落脚点是以全面深化改革的方式推动供给侧结构优化升级，降低或去除供给侧（主要是指企业）的低端供给与无效供给，切实扩展供给侧的中高端有效供给，提升全要素生产率优化供给侧对需求侧变化的动态适应性。亦即通过一系列整体性政策体系的实施，尤其是通过推进科技创新与实体经济发展的深度耦合，以保障与改善民生的一系列政策举措，解决好我国经济供给侧结构中存在的一系列问题。其次，建立健全深化供给侧结构性改革与加强需求侧管理耦合机制，还要加强并优化需求侧管理，并推进二者之间的动态适应性机制建设。无须赘言，在国民经济体系中与"供给侧"相对应的自然是"需求侧"，这二者是相互依存辩证统一的关系。传统经济增长理论体系认为，在需求侧推动经济增长的主要方式有三，一是扩大投资，二是拉动消费，三是加大出口；他们认为在供给侧推动经济增长的动力主要来自于供给与生产端，具体而言，则是通过解放发展生产力和提高产业产品竞争力来实现经济增长。而建立健全深化供给侧结构性改革与加强需求侧管理耦合机制的根本目的，则在适度释放与扩大需求的基础上，"去产能、去库存、去杠杆、降成本和补短板"①，在生产环节强化并优化供给，降低低效与无效供给，提升供给结构对市场需求的适应性，以使供给侧与需求侧更好地形成彼此之间适应性动态耦合机制。具体而言，加强和优化"需求侧管理"的政策实现路径，应依循如下几个基本原则：一是借鉴发展型社会政策的思维模式，构建将短期政策与中长期发展规划及制度建设衔接机制，即当前和今后需求侧管理的重心不再仅局限于逆周期政策性调节，不再像 2008 年国际金融危机后那种以短期政策为抓手来应对经济周期负效应进而直接调控需求量，而是更加关注短期政策与中长期发展规划及制度建设的深层次动态耦合问题，通过不断完善机制体制建设的方式，更加积极有效地挖掘国内需求潜力，鼓励调动潜在消费与投资的积极性，培育长效常态的扩大内需的形成机制和保障机制，以激发和强化经济发展的内生型动力；二是"需求侧管理"的中心工作是扩大消费需求而不是单纯着眼于调节投资需求，这是因为随着我国需求层级和结构的变化，像过去那种单纯依靠扩容投资提振经济的增长空间已经逐渐收窄，另外，自 2005 年以来最终消费对经济增长的贡献率一直稳步在 60% 左右，比同期投资总额在经济增长中的贡献率高出 20 多个百分点，这说明消费已经取代投资成为拉动经济增长的主驱动力；三是"需求侧管理"的关键点在于降低要素配置、使用与流通的成本提升要素配置效率，并扫除要素自由流通的机制体制性障碍，着力疏通难点堵点并畅通国内经济大循环，这是因为在国民经济运行体系里包括生产、分配、流通和消费环节在内的经济循环过程中，消费不仅是联结经济运行终点和起点的衔接点，也是启动和促进国内国际双循环的关键抓手，是充分释放内需潜力与注入经济发展新动力的最终落脚点；四是立足构建新发展格局战略高度来强化优化需求侧管理，以相关政策调节与体制机制建设改革相结合的方式，积极妥善解决对国内需求潜力释放起阻滞性效应的结构性问题，有效并充分地释放内需潜力，疏通国民经济循环体系中的堵点与难点，促进高质量的供需之间动态耦合机制和平衡机制建设。

---

① 徐林、吴哲：《去产能去库存去杠杆降成本补短板扎实推进供给侧结构性改革》，人民网，http://house.people.com.cn/n1/2016/0301/c164220-28159940.html。

建立健全深化供给侧结构性改革与加强需求侧管理耦合机制的关键在于三个方面，一是在继续坚持深化供给侧结构性改革的同时，要充分意识到消费作为拉动经济增长主力军的作用，不断强化和优化"需求侧管理"；二是破解固有认识误区，不要把"需求侧管理"等同于利用短期政策手段对市场的直接干预，而应推进短期政策与中长期制度建设对应性结构性耦合机制建设；三是应该将"供给侧结构性改革"和"需求侧管理"置于统一的政策平台之上通盘考虑、科学决策和系统施策，杜绝九龙治水，政出多门。另外，尤其值得关注的是，虽然自 2020 年以来我国的经济恢复与疫情防控工作都走在了全世界的前列，但是，经济恢复进程中仍然存在诸多不平衡不充分的结构性问题，其中以消费滞后于投资和需求滞后于供给为最。以 2020 年前 11 个月为例，消费品销售总额同比下滑了 4.8%，而固定资产投资总额却同比增长了 2.6%，经统计这一阶段消费增速与投资增速相比降低了 7.4%。[①] 另外，这一比例关系在该数据统计结果出台之后并非在短期内得以扭转。虽然出现的这种一段时期内消费滞后于投资的现象，并不具有长周期统计价值，但是在接近一年的时间内出现了这种趋势性现象已经具备了中期统计价值，也就是说这一统计数据已经能够说明一些结构性的问题了。严格来讲，出现这种情况不仅有疫情所引发的短期冲击效应因素，更有深层次结构性原因。实际上，我国早在 2019 年社会消费品销售总额就已经高达 6 万亿美元，与同年美国 6.2 万亿美元消费品销售总额相比已经相差无几，因此，2020 年本应该是我国赶超美国成为全球最大消费品零售市场的绝佳时机。然而，在 2020 年前 11 个月出现的明显的消费走低现象为我们敲响了警钟，现实提醒我们如果要进一步发挥超大规模市场优势并让这一存量优势进一步得以彰显，就要戒骄戒躁稳扎稳打，在继续坚持深化供给侧结构性改革和优化需求侧管理的基础上，着力推进供给侧结构性改革与需求侧管理耦合机制建设，在促进二者深度耦合的进程中攻克打通国内市场循环中的难点和堵点，积极合理有序引导消费、投资和储蓄走向并不断完善相关机制体制建设，并为最终构建国内国际双循环相互促进的新

---

① 王一鸣：《加强"需求侧管理"的重点和方向》，《光明日报》2021 年 1 月 5 日，第 11 版。

发展格局提供强劲有力健康可持续的物质支撑与体制保障。

（五）增强经济发展正外部性，推进更高水平对外开放

增强经济发展正外部性推进更高水平对外开放，是构建新发展格局政策主体向度的拓展性路径和政策落脚点。

所谓经济外部性，是经济学中一个常用的重要概念，具体来讲，其指的是一个经济主体（包括主权国家、企业与个人）在经济社会生活中的活动对其他经济主体的直接影响，如果这种影响没有得到相应"支付"或"补偿"，这就是经济学中的"外部性"。经济外部性也被称为经济活动的外部性，或者被称为经济外部效应、外部成本与经济溢出效应等。经济外部性分为"负外部性"和"正外部性"，简言之，所谓经济"负外部性"意指一个经济体经济行为对其他经济体的"零和"式迟滞与阻碍性的负面影响，经济"正外部性"则是指一个经济体经济行为对其他经济体的"非零和"式共赢、互生、拉抬和推动性的正面影响。而经济发展正外部性指的就是随着本经济主体的发展进步，其他经济主体也会随之获得更多的合作和获益机会。当前，对于我国而言，只有不断增强经济发展的正外部性，并推进更高水平对外开放，才能恢复并畅通国际经济循环。因此，增强经济发展正外部性，推进更高水平对外开放，也是构建新发展格局的政策归宿和落脚点。

推进更高水平的对外开放，与重新塑造我国国际经济合作与竞争新优势，这二者相辅相成。以开放促改革、以改革促发展、以发展来推动社会主义现代化建设，是40多年来中国特色社会主义经济社会健康持续发展的重要法宝。以往我国经济发展的奇迹都是在对外开放的政策环境下获得的，将来我国经济的高质量发展也必然在更高水平对外开放的环境中进行。在新发展阶段，面对已经有所变化的国内外环境，需要我们加快推进自由贸易港与自由贸易试验区等建设，深化自贸试验区机制体制改革，形成具有一定普适性可资借鉴可复制的改革经验与成果，推进三次产业继续扩大开放，"全面取消外资准入负面清单之外的限制"①，在更多领域进一

---

① 《发改委：年底前将全面取消外资准入负面清单之外的限制性规定》，中国日报网，ht-tp：//caijing. chinadaily. com. cn/a/201906/17/WS5d070a77a3108375f8f2aecb. html。

步放宽外资准入。之所以要放宽外资准入，绝不是对外资放任自流，更不是无视国家总体安全，而是因为外商投资企业是搭建"双循环"和实现二者相互促进的关键性纽带。具体而言，就是贯彻实施外商投资法及其配套法律法规，在进一步放宽外资市场准入的同时实现对外商投资合法权益的保护，营建优质的对内对外营商环境，提高外商投资企业的归属感和根植性，以此来让外资企业更好地发挥"外引"与"内联"相融合的特有优势，进而维护产业链与供应链的可靠性稳定性，促进国内国际双循环良性互动和有机融合。此外，就政策存续力和有效性而言，若要增强经济发展正外部性，推进更高水平对外开放，还需要以"开放"和"共赢"理念为指引营造国际营商环境。其关键在于三点：第一，利用"一带一路"合作倡议顺利实施的时机和凭借"RCEP"贸易新平台，继续推进优化涉外营商环境立法工作，保证新发展格局中"外循环"健康平稳可持续；第二，健全科技创新孵化扶持激励机制和平台，在筑牢 5G 网络领域技术优势的基础上，尽快实现关键核心技术领域的实质性突破，不断强化中国经济发展的"正外部性"[①]；第三，积极推进并实现国家安全、生物生态安全、科技创新和涉外法规统筹建设，妥处国内与涉外法治关系，保障国内与涉外法律和相关政策的存续力和一致性，以"开放"和"共赢"理念为指引营造国际营商环境，并更好地维护并实现国家安全、主权与发展利益的有机统一。

[①]　Masoud Seddighin et al. ，"Maximin Share Guarantee for Goods with Positive Externalities，" *Social Choice and Welfare* 8 （2020）.

第四章

新发展格局与新发展阶段社会治理
现代化的内在契合度

在党的十九届五中全会前后，党中央作出构建以国内大循环为主体、国内国际双循环相互促进的新发展格局这一重大部署，其主旨是以改革创新为推动力深化供给侧结构性改革，确保"发展"与"安全"的有机统一及其动态平衡，聚焦当前我国社会主要矛盾，推进经济高质量发展，切实保障全民共同富裕取得实质进展。非常值得关注的是，构建新发展格局与推进新发展阶段社会治理现代化具有深层次内在契合度。二者内在契合度表现有三：一是从历史逻辑来看，二者历史方位重合逻辑起点相同；二是从理论逻辑来看，二者价值理念相通政治导向一致；三是从实践逻辑来看，二者政策框架彼此交叉实现机制相互衔接。因此，在受新冠肺炎疫情和国际单边主义双重负面冲击全球经济走势呈现预势的大环境下，又恰逢"两个一百年"的历史交汇点新时代中国特色社会主义已经跨入新发展阶段的关键节点，论证新发展格局与新发展阶段社会治理现代化的内在契合度，是探索新发展格局背景下社会治理现代化政策集群耦合路径的现实基础。

第一节　从历史逻辑看新发展格局与新发展阶段
社会治理现代化的内在契合度

如果说立足历史逻辑、理论逻辑和实践逻辑三个维度厘定新发展格局与新发展阶段社会治理现代化的内在契合度，是探索新发展格局背景下社会治理现代化政策集群耦合路径的现实基础，那么，立足历史逻辑看待审视新发展格局与新发展阶段社会治理现代化的内在契合度，则是论证新发展格局与新发展阶段社会治理现代化的内在契合度的逻辑起点。从历史逻辑来看，构建新发展格局与新发展阶段推进社会治理现代化进程之间的内在契合度表现在三个方面：一是构建新发展格局与新发展阶段推进社会治理现代化，二者都发轫于科学社会主义发展的必然趋势；二是构建新发展格局与新发展阶段推进社会治理现代化，二者都内化于马克思主义中国化发展的理论体系；三是构建新发展格局与新发展阶段推进社会治理现代化，二者都立足于新时代中国特色社会主义所处的全新历史方位。

一　二者发轫于科学社会主义发展的必然趋势

构建新发展格局与推进新发展阶段社会治理现代化的共同价值旨向，是以人民性为基础以切实推进共同富裕为核心的，从历史逻辑来看，这一旨向发轫于科学社会主义发展的必然趋势。

构建新发展格局与推进新发展阶段社会治理现代化，二者不仅都是事关党和国家事业长治久安、兴旺发达和人民安康幸福的大事，同时，二者也都是坚持完善新时代中国特色社会主义制度体系与推进国家治理现代化的具体体现。这也就是说，不论是构建新发展格局，还是推进新发展阶段社会治理现代化进程，从历史逻辑来看，二者都同属于新时代中国特色社会主义制度体系与国家治理体系。众所周知，新时代中国特色社会主义制度体系与国家治理体系，是马克思科学社会主义同中国特色社会主义具体实践相结合的时代结晶与伟大创造，具备极其顽强的生命力与显著的制度优越性。只有借助历史的长焦距镜头来审视构建新发展格局和推进社会治理现代化的重要意义，才能在坚定有关中国特色社会主义"四个自信"的基础上，明辨构建新发展格局和推进新发展阶段社会治理现代化进程的历史性内在契合度。如前所述，构建新发展格局的实践及理论更加注重发展的安全性和可持续性，在保障"发展"与"安全"有机统一的基础上，聚焦新时代社会主要矛盾，并以切实推进全民共同富裕取得实质进展为构建新发展格局的最终目标。因此，如果说新发展理念是新一代党的领导集体对马克思主义科学发展观及其理论的继承与发展，那么，构建统筹发展与安全的新发展格局则是党对新发展理念的进一步充实和升华。而新发展阶段推进社会治理现代化进程的政治基础，也在于党的十九届五中和六中全会强调的统筹发展与安全巩固脱贫成果切实推进共同富裕。因此，从逻辑起点和政治内涵角度而言，构建新发展格局和新发展阶段推进社会治理现代化进程的归旨具有高度同一性。而从历史逻辑来看，构建新发展格局和新发展阶段推进社会治理现代化进程二者具有高度同一性的旨向，都发轫于科学社会主义发展的必然趋势。

马克思与恩格斯运用辩证唯物主义和历史唯物主义，通过对生产力与生产关系、经济基础与上层建筑之间矛盾关系的深刻分析，系统阐释了人类社会有机体发展形态由低级向高级发展演进的历史规律。在此基础之上，他们明确指出，未来的理想社会形态，绝非以一种全新的剥削制度替代固有的剥削制度，而是要开创人类历史新纪元，终结人类社会中一切不平等的剥削和压迫，最终建立起来没有剥削和阶级压迫的一个全新社会形态及其制度体系。问题是究竟如何才能建立起来一个没有剥削和阶级压迫的全新社会形态及制度体系呢？依照马克思主义理论所坚持的"经济基础决定上层建筑"的核心观点来看，只有建构起来一个足以支撑这样理想的社会形态的经济基础，才能将这种建构理想社会形态的思想由"理想国度"引入现实生活。而这个能够支撑理想社会形态的现实经济基础，就是构建新发展格局和推进新发展阶段社会治理现代化的共同旨归——共同富裕。

马克思和恩格斯通过对资本主义经济、政治和社会状况的深入考察，立足于对经济基础与上层建筑矛盾运动规律的深刻总结，指明了资本主义终将被社会主义所取代的历史规律性和历史必然性。马恩经典原著作家还在深刻批判旧社会形态的基础上，对未来理想社会形态的一般特征进行了科学预测与基本设计。马克思主义理论体系的诞生，为人类认识世界改造世界探索人类社会发展规律与寻求人类自身解放道路开拓了广阔空间。当然，我们不得不承认的一个历史事实，就是马克思和恩格斯本人并没有遇到过更没有真正全面系统治理过一个现实生活中的社会主义国家的实践经历，他们二人有关未来理想社会形态及其制度体系的设想的价值更多在于其预测性和理论性。对于马恩经典原著中一系列理论与其对未来理想社会的设想之实践探索，是由科学社会主义的后继者来完成的。马恩为其科学理论体系注入人民性这一核心内涵，为马克思主义理论体系的与时俱进和科学社会主义的不断发展奠定了坚实的思想基础。

构建以国内大循环为主体、国内国际双循环相互促进的新发展格局，这一发展新理念及其理论不仅是习近平新时代中国特色社会主义经济思想的最新成果，同时，这也是对马克思主义空间生产理论、马克思主义经济循环和社会再生产理论的继承与发展。在《资本论》中马克思就曾对资本生产及其与空间需求之间的关系进行过详细论证。马克思明确指出，在固有的生产空间中往往内蕴着潜在的经济增量空间，经济发展的真正意义，就在于不断使潜在的经济增量空间转变为新的现实经济增长空间。当前，在国际金融危机后续影响、新冠肺炎疫情和俄乌冲突等多重负面的因素冲击下，全球经济的不确定性日趋凸显。在这种大背景下，立足国内大循环深度挖掘内需市场空间，既是为了维系国内国际双循环的良性畅通，也是为了今后经济的持续健康发展不断拓展新空间，构建以国内大循环为主体、国内国际双循环相互促进的新发展格局已经成为新发展阶段整合实现"安全"与"发展"利益的必然选择。另外，构建新发展格局的内涵及其外延，并非局限于经济领域和经济政策的单维度问题，新发展格局对经济社会结构具有解构与重塑的社会效应，这就对新发展阶段推进社会治理现代化提出了更高更新的要求。这种更高更新的要求，已经完全超越了传统社会治理模式中专注应急处突和整体维稳的初级阶段，要求在巩固脱贫成果切实推进共同富裕的基础上疏浚社会流动机制优化社会分层结构，以马克思主义主张的"人民性"为核心实现社会治理的协同化、系统化、智能化和法治化。由此可知，构建新发展格局并非单纯的微观经济问题，而是关涉经济、社会、文化和政治等多领域发展的全局性问题。构建新发展格局既是新发展阶段推进社会治理现代化的经济背景，又对新发展阶段推进社会治理现代化进程提出了新要求，二者相辅相成具有高度内在契合度。从科学社会主义发展的历史逻辑来看，二者之间所具有的高度内在契合度主要聚焦于经济社会发展的最终目标属性，即人民性。

如众所知，马克思主义哲学、政治经济学与科学社会主义共同构成了马克思主义科学理论体系，这是指引中国特色社会主义事业发展建设的理论来源和指导思想。社会主义的本质规定性使然，社会主义国家发展生产力的根本目的是不断提升人民生活水平，并最终实现共同富裕。这一核心观点在马恩经典原著中早已论及。马克思和恩格斯不仅在《共产党宣言》中强调指出，无产阶级夺取政权后的首要工作任务，将转变为"尽快增加生产力的总量"，后来，马克思还在《1857—1858年经济学手稿》中提到，在未来的理想社会形态中"生产力的发展将如此迅速……生产将以所有的人富裕为目的"，这就等于是说马克思和恩格斯不仅看重社会主义社会生产力发展的速度，更看重社会生产力发展的目的，实际上，科学社会主义在其发端之初就已经将社会主义的根本任务与根本目的统一起来了。[①] 当然，在马克思主义经典原著当中尽管没有集中阐述未来理想社会形态社会主义本质规定性的专门篇章，但是，在马克思主义哲学和政治经济学的铺垫之下，马克思恩格斯在系统分析资本主义发展规律的基础上，正面诠释了科学社会主义的理论体系，预见并论述了以人民性为核心内涵的未来理想社会的经济社会特点，实际上，这就等同于在事实上初步回答了社会主义本质和基本特征这一核心问题。从这个角度而言，以人民性为共同归旨的新发展格局和新发展阶段社会治理现代化，都发轫于科学社会主义发展的必然趋势。

综上所述，从历史逻辑审视，构建新发展格局和推进新发展阶段社会治理现代化进程因其共有的旨向都发轫于科学社会主义发展的必然趋势，因此，这奠定了二者内在契合度的历史基础。当然，构建新发展格局和推进新发展阶段社会治理现代化进程的内在契合度，不仅表现在二者共有的历史基础之上，还表现在二者都内化于马克思主义中国化发展历程的理论

---

① 卫兴华：《从马克思的科学社会主义到新时代中国特色社会主义——纪念马克思诞辰200周年》，《经济日报》2018年5月3日，第13版。

基础之上。

二　二者内化于马克思主义中国化发展的理论体系

构建新发展格局和推进新发展阶段社会治理现代化共同的实践基础，是在坚持经济社会发展人民性和推进共同富裕本质属性的基础上解放发展生产力，从历史逻辑来看，二者共同的实践基础都内化于马克思主义中国化发展的理论体系。

如前所述，构建新发展格局和推进新发展阶段社会治理现代化的共同旨向，发轫于科学社会主义发展的必然趋势。社会主义生产力的发展并非一劳永逸，随着经济社会发展模式和发展动力结构的不断转型升级，只有通过不断调整改革生产力与生产关系之间、经济基础与上层建筑之间的关系才能在不断解放生产力的基础上不断发展生产力。构建新发展格局并非单纯的经济问题，而是牵一发而动全身的发展模式和发展动力结构问题。随着发展模式和发展动力结构的转变，其对社会治理提出更高要求，要求在推进实现经济社会高质量可持续发展的前提下优化社会分层结构。这既是新形势下切实推进经济社会高质量发展的战略性举措，也是国际国内新背景下重塑经济竞争新优势的重要依托，同时，更是我国开启全面建设社会主义现代化国家新征程的必然选择。此前我们已经强调，如果依循公共政策分析中常用的"理念—主体—路径"梳理脉络来看，构建新发展格局的政策主体向度有三：一是统筹发展和安全贯通三个"新发展"；二是激发经济发展新动能，树立经济竞争新优势；三是探索构建经济与社会政策耦合路径。由对构建新发展格局政策导向三个主体向度的考察可知，构建新发展格局与推进社会治理现代化密切相关，二者共同的实践基础事实上都内化于马克思主义中国化发展的理论体系。众所周知，自《共产党宣言》发表170余年以来的历史实践已经一再证明，马克思主义理论体系只有和各国具体国情相结合、与人民利益共命运与时代要求同进步，才会蕴含和迸发科学社会主义理论强大的感召力、影响力、创造力和生命力。而在现当代的中国，坚持马克思主义中国化，就是在坚持马克思主义，发展马克思主义中国化理论体系，就是在完善马克思主义理论体系。我们之所以断言构建新发展格局和推进新发展阶段社会治理现代化共同的实践基础，是内化于马克思主义中国化发展理论体系的，原因有三：一是构建新发展格局的核心在于形成经济发展新动能新优势，促进国内大循环助推共同富裕取得实质进展；二是推进新发展阶段社会治理现代化的核心在于促进实现经济社会高质量发展的基础上，推进共同富裕优化社会分层结构达成社会和谐；三是促进经济发展和达成社会和谐，都是马克思主义中国化理论体系的核心价值诉求，正是因为如此，从历史逻辑来看，二者共同的实践基础都内化于马克思主义中国化发展的理论体系。

马克思主义理论体系既不是空中楼阁，也不是口号式教条，而是因其与时俱进的理论品质而成为人类认识世界与改造世界的科学指南。马克思主义基本原理不仅具有真理性、科学性和人民性，还具有实践性、时代性与开放性等基本特征。马克思主义理论体系的这些基本特征和深刻内涵决定了在指导中国革命、建设和改革的过程中，马克思主义理应也必然需要与中国的具体国情与时代特征相互结合，即实现马克思主义中国化。中国共产党在长期领导中国革命、建设与改革实践的历史进程中，将科学社会主义基本原理与中国具体国情及具体时代特征紧密结合，不断推进马克思主义的中国化进程，并实现了有关马克思主义中国化的三次历史性飞跃。[①]在马克思主义中国化所经历的三次历史性飞跃之中，促进经济发展和达成社会和谐一直都是内蕴于整个马克思主义中国化发展理论体系之中的核心价值。从这三次历史性飞跃的历程中，我们可以深切地感受到，中国共产党的百年奋斗历史，既是一部不断推进实现马克思主义中国化的发展史和进化史，也是一部不断推进实现马克思主义中国化理论创新和实践创新的奋斗史。

马克思主义中国化第一次历史性飞跃的代表性成果，是以"群众路线"、"实事求是"和"独立自主"作为活的灵魂的毛泽东思想[②]。实事求

---

① 《〈中共中央关于党的百年奋斗重大成就和历史经验的决议〉公布》，央视网，https://news.cctv.com/2021/11/16/ARTIpHLwf1ulrPEHujlNIF7m211116.shtml。

② 《一、坚持和发展中国特色社会主义 坚持和运用好毛泽东思想活的灵魂（2013年12月26日）》，人民网，http://cpc.people.com.cn/xuexi/n/2015/0717/c397563-27322291.html。

是、群众路线与独立自主，是毛泽东思想的精髓和活的灵魂，是以毛泽东为代表的党的第一代领导集体将马克思辩证唯物主义与历史唯物主义应用于中国革命和建设实践中的理论结晶，是中国共产党人在中国革命和建设长期发展实践中形成并总结出来的具有方向指引性需要长期坚持的基本立场、观点与方法。习近平总书记在纪念毛泽东同志诞辰 120 周年座谈会上的讲话中明确指出，"任何时候都不能动摇坚持毛泽东思想的原则，特别强调在新的形势下，要坚持和运用好毛泽东思想活的灵魂"。① 实事求是、群众路线与独立自主这三方面紧密相连，共同构成了马克思主义原理的中国化表述体系。这三者形成、确立和发展于同一历史时期，这个时期既是中国共产党第一代领导集体探索中国革命和建设正确道路的过程，也是中国共产党人开创、推进和逐步实现马克思主义中国化的艰辛奋斗历程。在这个奋斗历程中，中国共产党人通过对马克思辩证唯物主义与历史唯物主义的实践运用及不断提炼总结，以实事求是、群众路线与独立自主为核心要旨的毛泽东思想逐渐得以确立，并成长为中国共产党的科学指导思想。后来的中国特色社会主义现代化事业的实践一再表明，坚持与发展毛泽东思想的关键，就在于坚持毛泽东思想的精髓和活的灵魂。如上所述，构建新发展格局的核心在于形成经济发展新动能新优势，促进国内大循环助推共同富裕取得实质进展；而推进新发展阶段社会治理现代化的核心，则在于促进实现经济社会高质量发展的基础上，推进共同富裕优化社会分层结构以达成社会和谐。这二者的价值取向和目标诉求与毛泽东思想活的灵魂具有高度同质性同源性——首先，构建新发展格局形成经济发展新动能新优势，这就是坚持"实事求是"，是根据新发展阶段新发展背景新发展环境的新要求而作出的新调整；其次，推进新发展阶段社会治理现代化的核心是在促进实现经济社会高质量发展的基础上切实推进共同富裕优化社会分层结构达成社会和谐，这就是坚持"群众路线"，是在促进实现经济社会高质量发展的基础上保障经济社会制度政策体系的社会主义本质规定性

---

① 杨胜群：《坚持和运用好毛泽东思想活的灵魂——学习习近平同志在纪念毛泽东同志诞辰 120 周年座谈会上的讲话》，《求是》2014 年第 3 期，第 11～13 页。

不动摇。

马克思主义中国化第二次历史性飞跃的代表性成果，是在改革开放与社会主义现代化建设新时期，中国共产党人创立的包括邓小平理论、"三个代表"重要思想和科学发展观在内的中国特色社会主义理论体系。从历史逻辑来看，马克思主义中国化第二次历史性飞跃，既标志着中国特色社会主义理论体系的初步形成，也标志着马克思主义中国化历史性新飞跃的实现。这一发展时期马克思主义中国化最具标志性的成果有三，一是邓小平理论中的理论内核"社会主义本质论"，二是"三个代表"重要思想的本质要求"立党为公，执政为民"，三是科学发展观的价值核心"以人为本"。首先，构建新发展格局形成经济发展新动能新优势，是对社会主义本质论中"解放生产力和发展生产力"的工具性诠释，而以推进实现共同富裕为基础的新发展阶段社会治理现代化，则是对社会主义本质论中"最终实现共同富裕"的目标性诠释。其次，构建新发展格局形成经济发展新动能新优势和推进新发展阶段社会治理现代化都立足于人民性，而坚持制度和政策体系的人民性就是坚持"立党为公，执政为民"和"以人为本"的集中体现。

马克思主义中国化第三次历史性飞跃的标志性成果，是习近平新时代中国特色社会主义思想。党的十九大，从主体归属、历史演进、时代品格、内容体系与价值引领等多个方面对习近平新时代中国特色社会主义思想进行了系统全面科学的界定，不但阐释了其思想内容与实践方略，还确立其作为推进新时代中国特色社会主义现代化建设事业和实现民族伟大复兴最新指导思想的政治地位。习近平新时代中国特色社会主义思想作为当代马克思主义中国化的最新成果，是新时代中国共产党人依据新时代社会主要矛盾的转变而提出的治国理政的新理念、新思路、新方略和新理论，以其内蕴的科学性、时代性和开放性的优秀理论品格，正走在不断发展进步完善的进程中。尤其值得关注的是，党的十九届六中全会审议通过的《决议》，是我们党百年奋斗史上的第三个历史决议，《决议》将"坚持理论创新"概括为中国共产党百年奋斗历程的十大成功经验之一。此次《决议》不仅阐述清楚了马克思主义中国化百年奋斗发展演进历程的内在逻辑，也从马克思主义在新时代社会主义中国创新发展的新维度，厘定了习近平新时代中国特色社会主义思想体系的重要价值和历史地位。正如习近平总书记在庆祝中国共产党成立 100 周年大会上强调的那样，我们不仅要"以史为鉴，开创未来，必须继续推进马克思主义中国化"，还要"坚持把马克思主义基本原理同中国具体实际相结合，同中华优秀传统文化相结合"。① 习近平总书记的这一重要论述，科学揭示了新时代中国特色社会主义马克思主义中国化"两个结合"的深刻内涵，充分彰显了马克思主义基本原理因其与时俱进的理论品质而促进实现其与中华优秀传统文化有机结合的重要意义。如众所知，在发展进步完善的进程中，习近平新时代中国特色社会主义思想表现出了"科学性和革命性有机统一"、"继承性与创造性紧密结合"、"体系性和针对性高度融汇"和"时空维度和价值尺度有效贯通"② 等一系列鲜明的理论特色。而习近平总书记在庆祝中国共产党成立 100 周年大会中的这一重要论述，不仅科学揭示了新时代中国特色社会主义马克思主义中国化"两个结合"的深刻内涵，也充分彰显并体现着习近平新时代中国特色社会主义思想的理论特点。从历史逻辑着眼，本书所关注的两个焦点，即构建新发展格局和新发展阶段推进社会治理现代化，二者之所以具有高度内在契合性还基于这样两方面的因素：一方面是因为二者都统属于习近平新时代中国特色社会主义思想体系；另一方面，二者都是新时代中国共产党人根据社会主要矛盾的转变、发展阶段和发展环境的转换，为推进实现经济社会高质量发展而提出的最新的发展方略和决策部署。

三 二者立足于新时代中国特色社会主义所处的全新历史方位

从历史逻辑来看，除了以上两方面因素之外，构建新发展格局和推进新发展阶段社会治理现代化之间之所以具有高度的内在契合度，还归因于

---

① 商志晓：《推进马克思主义基本原理同中华优秀传统文化相结合》，《光明日报》2021 年 8 月 30 日，第 15 版。

② 宇文利：《习近平新时代中国特色社会主义思想的理论特色》，《前线》2018 年第 3 期，第 4~8 页。

二者都立足于新时代中国特色社会主义所处的全新历史方位。

在党的十九大报告中，党中央就已经作出中国特色社会主义已经步入"新时代"这一重大政治判断。这是中国共产党人对中国特色社会主义现代化建设事业所处阶段所处环境发生重大变化的重大政治判断。这一重大政治判断是自"新中国成立"和进入"改革开放新时期"以来，我们党作出的又一划时代的重大政治判断，这标志着中国特色社会主义已经跨进全新的历史方位。历史方位的转变，是时代要求与实践发展变化的根本标志。为响应和适应时代要求、实践发展和发展环境的变化，构建以国内大循环为主体、国内国际双循环相互促进的新发展格局，绝非权宜之计，而是立足全新历史方位牵一发而动全身的发展模式、发展结构、发展动力和发展格局的转折性决策。经济社会发展模式、发展结构、发展动力和发展格局的转变，一方面新发展格局对经济社会结构具有解构与重塑效应，另一方面新发展格局对新发展阶段推进社会治理现代化进程提出了更高更新的要求。因此，由于构建新发展格局和推进新发展阶段社会治理现代化共同立足于新时代中国特色社会主义所处的全新历史方位，二者因共处同一时代背景和历史方位而具有高度的内在契合性——反过来，如若从这个角度明辨二者所内蕴的高度契合性，就应该厘清二者所共处新历史方位的基本内涵。自党的十八大以来，以习近平同志为核心的党中央带领全国各族人民准确认识把握当今国内外发展大势，顺应时代要求与人民愿景，以坚定的政治勇气与责任担当，统揽全局，统筹推进经济政治文化社会生态文明"五位一体"总体布局，并在此基础上协调推进"四个全面"战略布局，提出"新发展理念"和"以人民为中心"的发展思想，并以"新发展理念"和"以人民为中心"的发展思想为指引有序有力地制定实施了一系列新战略新政策，出台推进了一系列重大方针、重大举措和重大工作，解决了很多难题，办成了许多大事，推进党和国家的社会主义现代化事业取得了前所未有的历史性进步和历史性变革。具体而言，新时代中国特色社会主义所处的全新历史方位有如下两大方面的内涵意蕴。

首先，新时代中国特色社会主义所处的全新历史方位，是指新时代中国共产党人治国理政发展理念发展方式已经发生了空前的历史性变革。面对国际金融危机后续影响持续发酵、世界经济持续低迷、新冠肺炎疫情全球蔓延、国际局势趋于动荡和国内经济"三期叠加"发展不平衡不协调不充分等问题仍然突出等一系列负面因素及复杂形势，以习近平同志为核心的党中央应时应势坚决果断地作出了我国经济社会发展已经进入新常态的关键性判断，并提出以"创新、协调、绿色、开放和共享"为主体的新发展理念，加紧完善促使市场在资源配置中发挥决定性作用以及更好更高效地发挥政府的作用，切实推动实现供给侧结构性改革和强化需求侧管理的有机融合，提出并推进"一带一路"对外合作倡议建设与国内区域协调发展战略的结构性耦合，以"创新"发展理念为引领加快推进实现新旧动能转换，建设"创新型国家"实施创新驱动发展战略，实现脱贫全面建成小康社会，构建以国内大循环为主体、国内国际双循环相互促进的新发展格局，以"创新"发展理念为引领巩固脱贫成果切实推进共同富裕，促进实现新发展阶段社会治理现代化。

其次，新时代中国特色社会主义所处的全新历史方位，还是指新时代中国共产党全面从严治党体制机制与社会主义现代化建设各方面体制机制的历史性变革。一方面，针对以往很长一段时期普遍存在的党的领导弱化问题，以习近平同志为核心的党中央坚决果断提出全面加强党的领导建设和全面从严治党的重大政治决策。为此，党中央旗帜鲜明地强调和强化中国共产党作为执政党的领导地位和领导核心作用，要求全党同志必须树立并不断坚定"四个自信"和增强"四个意识"——尤其值得强调的是，党的十九届六中全会还在全面回顾党的百年奋斗历程总结党的历史成就的同时，明确要求全党深刻领悟坚决维护"两个确立"和深刻领悟坚决做到"两个维护"，要求全党同志自觉在思想、政治和行动上与党中央保持高度的一致。全面加强和推进党的思想建设、政治建设、组织建设、作风建设、纪律建设和制度建设，严肃查处了一系列重特大贪腐案件，真正做到并坚持了反腐败工作的常态化、全覆盖、无禁区与零容忍。在坚持民主集中制的基础上，改革、加强并完善党的领导体制机制，严明执政党的政治纪律与政治规矩，提高执政党"谋大局、把方向、定政策和促改革"的能力与定力，实现并保障党始终发挥总揽全局与协调各方的领导核心作用，促进和实现了党内政治生活的风清气正，使新时代的中国共产党焕发出了强大生机与活力。另一方面，根据当今国内外发展大势，巩固完善执政党对全面深化改革的顶层设计与集中统一领导，保障并增强全面深化改革的整体化、系统化、协同化和法治化，针对新时代社会主要矛盾的转变，争取实现重点领域与关键环节建设及改革取得实质性突破性进展。为此，党中央作出全面深化改革一系列重大决策部署，并成立中央全面深化改革领导小组，在中央全面深化改革领导小组的领导下，全面深化改革的主要领域、主导方向和主体框架已经基本确立，并压茬拓展切实推进全面深化改革的深度与广度。包括司法体制改革、农村土地制度改革、城乡户籍制度改革、教育招生考试制度改革、医疗体制改革和生态环保机制体制改革等一系列关乎国计民生的重大改革政策举措都得以有序有效实施。社会主义现代化建设各方面体制机制的历史性变革，革除各方面各领域原有体制机制中的阻滞性积弊，经济社会主体的创造力与发展活力得以明显改善，人民群众的幸福感、获得感和安全感不断提升。历史实践一再证明，中国特色社会主义制度和国家治理体系是把马克思主义基本原理与我国具体实际相结合的伟大创造，是具有强大生命力和巨大优越性的制度和治理体系，也为那些希望既加快发展又保持自身独立的国家和民族提供全新的制度方案、治理模式。① 而从历史逻辑而言，全面深化改革不仅是新时代中国特色社会主义现代化建设进程中最鲜明的特征，也是新时代中国特色社会主义所处全新历史方位的集中体现。

第二节　从理论逻辑看新发展格局与新发展阶段社会治理现代化的内在契合度

从国内国际两个维度厘清提出构建新发展格局重大部署和推进新发展阶段社会治理现代化的环境背景，不仅是把握二者基本要义的前提，也是

---

① 刘靖北：《把握历史逻辑 坚定制度自信》，人民网，http://theory. people. com. cn/n1/2019/1230/c40531 - 31528729. html。

理解二者主旨高度关联的逻辑起点。构建新发展格局与推进新发展阶段社会治理现代化的国际环境基本相同，一方面，从国际经贸环境来看，尽管在新冠肺炎疫情和国际单边保护主义冲击下，受累于全球经济低迷，外需总体呈现疲态，但是，"一带一路"合作倡议进展顺利①，东盟跃升为我国第一大贸易伙伴，这为疏通经济发展国际循环提供了主渠道。尤其值得关注的是，经过八年漫长谈判最终签订的 RCEP，这一框架的初步建构为今后更进一步拓宽国外循环空间提供了可能。② 另一方面，从国内全面深化改革的进展来看，虽然我国创新能力仍然不能完全适应经济高质量发展需求，分配结构有待优化，营商环境也亟须进一步改善，但是，特别值得关注的是自 2011 年以来尤其是自 2015 年以来，国内消费支出在经济增长中的贡献率超越投资总额的良性态势已经成为新常态，这为构建以国内大循环为主体的新发展格局奠定了物质基础。以上诸多因素共同形塑了构建新发展格局与推进新发展阶段社会治理现代化的国际环境和国内背景。因为前一章已经从国际和国内两个方面对构建新发展格局所处背景环境进行了系统概括，又因为推进新发展阶段社会治理现代化的国内外背景环境与构建新发展格局完全一致，所以，本章节不再将着力点置于对二者时间节点重合这一问题的赘述上，而是以二者价值理念相通作为理论逻辑分析的切入起点来凝练总结二者的内在契合度。

一　促进"发展"与"安全"有机融合及动态平衡

新发展格局与新发展阶段社会治理现代化价值理念相通的第一个体现，就是二者都以促进"发展"与"安全"有机融合及动态平衡为其根本旨向。安全与发展犹如一个硬币的两面，彼此相依且相互成就。因此，"发展"与"安全"的有机融合及动态平衡问题，不仅是人类社会有机体发展演进历史进程中一直备受关注的核心议题之一，也是新时代中国特色

---

① 曹云华、李均锁:《东盟经济共同体与"21 世纪海上丝绸之路":竞争与合作》,《广东社会科学》2020 年第 2 期, 第 37 ~ 44 页。

② 张明、陈胤默:《紧抓 RCEP 机遇 塑造新发展格局》,《中国社会科学报》2020 年 12 月 15 日, 第 1 版。

社会主义现代化事业推进实现政治稳定、经济发展与社会和谐的头等大事。一方面，只有国家安全得以保障，才会为经济发展与社会和谐提供稳定的内外部环境；另一方面，只有健康持续的科技进步和经济发展才会为捍卫国家安全维护社会稳定提供强有力的物质保障，进而推进实现"发展"与"安全"的良性互动及动态平衡。当前，我国"全面建成小康社会"的发展战略已经胜利收官，新时代中国特色社会主义开启了"全面建设社会主义现代化国家"新征程，经济社会发展迈入了新发展阶段。新发展阶段相较于以往最大的不同在于，更加重视和强调实现更高质量发展，立足新发展阶段，我们必须辩证科学全面准确地理解把握"发展"与"安全"的科学内涵及其内在关联。"发展"与"安全"的辩证关系体现在三个方面，一是安全是发展的前提条件，二是发展是安全的物质基础，三是只有在实现"发展"与"安全"有机融合的基础上才能促进二者动态平衡。

（一）安全是发展的前提条件

安全是发展的前提条件，这是"发展"与"安全"之间辩证关系的第一层含义。这是因为在新时代中国特色社会主义现代化事业推进的过程中，只有在安全作为其基本保障的前提下，经济社会的发展进步才有可能的施展空间，只有在经济社会发展的进程中不断巩固强化对于安全的维护及保障能力，才能更及时有效地防范化解发展进程中面临的各种风险挑战，才能更好地处理"发展"与"安全"的辩证关系，进而为民族伟大复兴战略目标得以顺利实现提供必要保障。

有关于安全的基本含义，隶属于联合国的国际民用航空组织（International Civil Aviation Organization）曾经给出这样的界定，即安全是通过有效的危险识别与持续的风险管控过程，降低人员生命财产损失的风险并将这种风险维持在可控范围之内。尽管国际民航组织对安全概念的这一概括是出自对其业务所涉范围内狭义安全的界定，但是，这一界定并非没有普适意义和借鉴价值。我们可以在参考国际民航组织对安全界定的基础上，将安全概念的解释域置于更广义的经济社会范畴予以考察，简言之，我们可以将"安全"理解为人们所处环境没有危险的一种生存状态。就人类社会整体而言，人类与其所依存的环境资源和谐相处互不伤害，可使人类免除损失或危险状态。从社会生产的角度来看，安全意指在人类社会生产进程中，把社会生产系统运行中面临或可能面临的对社会成员生命、财产和环境造成的损害情况控制在可接受范围及以下的状态。因此，在很多情况下人们习惯将安全与风险看作对应性话题予以审视，亦即有风险的状况就不是安全的状况，高风险的状况就是极不安全的状况。马克思社会有机体理论认为，以社会生产实践为主体的社会实践是构成人类社会有机体的基本要素，因此，以生产力发展阶段视角作为梳理人类对安全问题认知阶段的划分标准合情合理。依循这一逻辑路径，如果从认识论和实践论相结合的视角来看社会生产领域的安全问题，已知人类对安全（社会风险）问题的认知大致经历了四个阶段：一是自发认知阶段，这一认知阶段指的是在工业革命之前，即社会大生产和社会大分工尚未出现之前，那时候人们还因为深受宗教蒙昧主义影响而对人类社会自身和对自然界的认知大部分都处于自发或分散状态；二是局部认知阶段，这一认知阶段指的是工业革命后随着各种动力机械在生产中的应用，生产过程中出现的危险因素也随着生产力同步增加，这促使人们开始自觉地在局部领域意识到安全问题并主动采取应对举措；三是系统认知阶段，这一认知阶段指的是随着人类经济和科技的不断发展进步，尤其是随着现代军事工业、核能与航天技术等复杂大型机器系统在社会生产生活中的广泛应用，人类原有的对安全问题的局部认知已经与现实相脱节，这一阶段人们对安全问题的认知逐渐上升到全面的系统化层次，同时，这一阶段人们所采取的安全措施相较于以往也更加成熟和完备；四是立体动态现代化认知阶段，人类对安全认知上升至立体动态认知状态是当代高度发达的社会生产与高科技不断发展进步的产物，在这一背景下，以往单一维度和静态的安全认知系统与技术举措已经难以适应经济社会发展的需求，另外，安全问题（社会风险）也随着经济全球化的加速和现代信息技术的几何式发展更多显现出了不同于以往的随机性、不可预见性、不可控性和扁平化传播性等特点，在这一阶段人们对安全问题及其应对之道的认知已经上升至立体化动态化认知层次，人们只有采取更加立体深刻的动态化现代化安全认知系统和技术举措才能适应当今时代现实经济社会发展需要。因为以社会生产实践为主体的社会实践是构成人类社会有机体的基本要素，所以，生产力和科技发展水平是左右人类对安全问题认知状态的基本因素。中国特色社会主义进入新发展阶段，党中央作出构建新发展格局的战略部署，并相较于以往更重视强调统筹"发展"与"安全"，这是中国共产党人根据当今国内外经济社会发展现状和我国发展阶段特点而作出的科学决策。这要求我们应该基于新发展阶段和构建新发展格局的视野，辩证科学全面准确地理解把握"发展"与"安全"的科学内涵及其内在关联。随着经济社会和科技的不断发展进步，安全在人们的认知体系中越来越显现其复合型概念的特征，即安全是一个复合型概念，其涵盖范畴涉及人类生产和生活的全部界域，具体而言，包括"政治、军事、国土、经济、文化、社会、科技、网络、生态、资源、核、海外利益、太空、深海、极地和生物"① 等多个领域的安全。以习近平同志为核心的党中央，立足准确科学把握国内外新形势和国家安全新特点的基础上统揽国家安全全局，创造性提出了以全新的国家安全理念为引领的"总体国家安全观"。总体国家安全观的提出，是中国共产党对国家安全的认识高度已经提升至前所未有新境界的标志，总体国家安全观为新发展阶段推进全面建设中国特色社会主义现代化国家新征程提供了防范化解各种风险挑战的基本指引，也为构建新发展格局和推进新发展阶段社会治理现代化提供了保障经济社会安全有序的根本遵循。坚持统筹发展与安全这两件大事，是总体国家安全观的核心主张。在这一核心观点的引领下，总体国家安全观认为发展与安全是辩证统一的关系，二者理应同步推进。当然，必须强调的是"发展"与"安全"的定位及作用并不相同。其中，发展是目的，安全是保障，二者相辅相成。解释清楚为什么安全是发展的前提条件和物质保障，这是深刻理解"发展"与"安全"之间辩证关系的前提。

从宏观视域来看，"坚持总体国家安全观，必须坚持国家利益至上，以人民安全为宗旨，以政治安全为根本，以经济安全为基础，以军事、文

---

① 《十四、坚决维护国家主权、安全、发展利益——关于新时代坚持总体国家安全观》，中国共产党新闻网，http://theory.peo-ple.com.cn/n1/2019/0809/c40531－31284761.html。

化、社会安全为保障，以促进国际安全为依托，维护各领域国家安全，构建国家安全体系"①，是总体国家安全观擘画的新时代中国特色社会主义国家安全发展路径。正如《贞观政要·纳谏》所言，"备豫不虞，为国常道"——国家总体安全是国家能够得以存续的最基本前提，维护国家总体安全也是全体人民的根本利益所在，而在国家总体安全体系中，正可谓"民惟邦本，本固邦宁"，"人民安全又是国家安全的基石"。② 早在 2014 年 4 月召开的中央国家安全委员会第一次会议上习近平总书记就已经明确指出，"增强忧患意识，做到居安思危，是我们治党治国必须始终坚持的一个重大原则。我们党要巩固执政地位，要团结带领人民坚持和发展中国特色社会主义，保证国家安全是头等大事"。③ 要维护国家安全，就要统筹"传统安全"与"非传统安全"，将人民安全置于国家安全体系的基础位置。尤其是在当前新冠肺炎疫情蔓延和国际政治环境多变的情势下，统筹"传统安全"与"非传统安全"捍卫人民安全的必要性紧迫性已经无须赘言。

就微观视角而言，不论安全隐患或风险潜伏在经济、政治、文化、社会、生态、国土和科技等任何一个领域，都可能引发"一处点火，四处冒烟"式的恶性多米诺骨牌效应。以此次党中央领导的新冠肺炎疫情全民阻击战为例，稍加分析就能很好地理解维护国家安全须防微杜渐的重要性。国家卫健委公布的统计数据显示，截至 2022 年 2 月 8 日 24 时，全国累计报告新冠肺炎确诊病例 106634 例，累计死亡病例 4636 例，全国现有新冠肺炎确诊病例 1495 例（其中，重症 4 例），全国累计追踪到确诊病例的密切接触者 1548704 人，仍在医学观察者 40980 人，全国累计治愈出院病例共计 100503 例，暂无现有疑似病例。④ 与我国实施切实有效的新冠肺炎疫

---

① 《十四、坚决维护国家主权、安全、发展利益——关于新时代坚持总体国家安全观》，中国共产党新闻网，http://theory.peo-ple.com.cn/n1/2019/0809/c40531–31284761.html。
② 《人民安全是国家安全的基石》，光明网，https://guancha.gmw.cn/2020–06/03/content_33884314.htm。
③ 《保证国家安全是头等大事》，新浪网，http://news.sina.com.cn/o/2014–04–16/114029945860.shtml。
④ 《截至 2 月 8 日 24 时新型冠状病毒肺炎疫情最新情况》，国家卫生健康委员会百度百家号，https://baijiahao.baidu.com/s?id=1724246463907636502&wfr=spider&for=pc。

情防控"动态清零"政策不同的是，截至 2022 年 2 月 9 日，包括美国在内的世界上很多国家疫情防控基本上处于半失控甚或全失控状态。凤凰网实时更新的《新冠肺炎 COVID－19 全球疫情实时动态》显示，截至 2022 年 2 月 9 日 22：10，美国累积新冠肺炎确诊病例 78556193 人，单日新增确诊病例 220664 人，另外，该国因感染新冠肺炎累积死亡人数已经高达 932443 人——与此同时全球疫情形势也极其不乐观，同样截至 2022 年 2 月 9 日 22：10，全球（除中国以外）累积新冠肺炎确诊患者总数已经突破 4 亿人，全球（除中国以外）累积新冠肺炎死亡病例逾 578 万人，且当天单日全球（除中国以外）新增确诊病例高达 239 万人。① 恰如凤凰网该条信息主页上的那句话"每天变化的不是数字，是生命"，这一串串每天都在变动的"数字"实在令人触目惊心，可以说自疫情突袭而至以来因疫情对人类社会所造成的各种损失一时之间难以统计，甚或难以估计。但是，通过以上两组数据简单且直观的对比，有一点是十分明确的——那就是在党中央领导下全国上下众志成城共同参与的疫情防控中，新时代中国特色社会主义坚持"安全是发展的前提条件"统筹安全发展的理念优势和"集中力量办大事"的体制优势都已经得以淋漓尽致地彰显。尤其值得关注的是，新冠病毒在 2021 年经历了德尔塔（Delta）和奥密克戎（Omicron）两轮变异，该病毒在全球的扩散速度和影响范围都在加速扩大，这不仅对我国在疫情防控中"外防输入 内防反弹"的任务平添了更多的压力，更是对我国自疫情突袭而至以来一直实行的疫情防控"动态清零"政策构成空前的挑战。面临疫情防控的重重压力，我国始终坚持"动态清零"政策不动摇，并切实有效地将疫情控制在最小的范围之内。更加令人欣慰的是，在全球绝大多数国家都在因受疫情冲击出现经济走低的大背景下，在疫情发生以来的两年间（2020～2021 年），我国经济发展与疫情防控工作都保持在领跑全球的地位。相关统计数据显示，第一，2021 年我国国内生产总值突破 110 万亿元，高达 114.4 万亿元，不仅总量稳居世界第二，而且我

① 《新冠肺炎 COVID－19 全球疫情实时动态》，凤凰网，https://news.ifeng.com/c/special/7uLj4F83Cqm。

国经济总量在全球经济总量中占比也超过 18%；第二，特别值得一提的是，我国 GDP 总量从 2020 年 101.6 万亿元增加到 2021 年的 114.4 万亿元，这个增量的绝对值基本上等同于全球范围内大多数较大规模的一个主要经济体全年的经济总量；第三，我国 2021 年 GDP 增速高达 8.1%，这不仅在全球主要经济体经济增速排名中名列前茅，而且，三次产业增加值增速分别为 7.1%、8.2% 和 8.2%，这足以证明我国经济呈现出极为均衡的恢复发展态势；第四，2021 年我国人均 GDP 为 80976 元，按照年均汇率换算，达 12551 美元，这说明我国人均 GDP 已经突破了 1.2 万美元大关。[①] 综观全球，在疫情肆虐的几年间，我国经济能够一枝独秀很大程度上得益于我们全民动员上下同心行之有效且持之以恒的疫情防控"动态清零"政策。这是国家更加重视和强调实现更高质量发展需要统筹"发展"与"安全"关系，坚持"安全是发展的前提条件"基本理念的明证。

（二）发展是安全的物质基础

发展与安全犹如总体国家安全观中的"鸟之两翼，车之双轮"，两者相辅相成相互依托，安全是发展的前提，而发展又是安全的保障。正是基于对安全与发展辩证关系的科学认识，党的十九届五中全会通过的《建议》才将统筹发展与安全纳入"十四五"时期我国经济社会发展指导思想序列之中。此外，为了更加突出强调国家安全在党与国家工作全局中的重要作用和关键地位，党的十九届五中全会《建议》还为其单列专章专门作出战略决策部署。党的十九届五中全会闭幕不久，习近平总书记在 2020 年 12 月 11 日主持中央政治局第二十六次集体学习时又进一步明确指出："坚持统筹发展和安全，坚持发展和安全并重，实现高质量发展和高水平安全的良性互动。"[②] 党中央国务院之所以将国家安全置于空前战略高度予以审视，这是由当前我国经济社会发展所处历史方位和我国国家安全当前所面临的新形势新任务决定的。

[①] 《我国经济发展和疫情防控保持全球领先地位》，腾讯网，https://xw.qq.com/amphtml/20220130A061U800。

[②] 《习近平在中央政治局第二十六次集体学习时强调坚持系统思维构建大安全格局为建设社会主义现代化国家提供坚强保障》，中国政府网，http://www.gov.cn/xinwen/2020-12/12/content_5569074.htm。

首先，从宏观的历史视角来看，发展是在中国共产党领导下中华民族能够实现从"站起来"到"富起来"再到逐渐"强起来"这"三次历史性飞跃"的物质基础。第一次历史性飞跃"站起来"指的是中国共产党肩负"为人民谋幸福，为民族谋复兴"的"初心和使命"带领全中国人民推翻"三座大山"的反动统治完成新民主主义革命，建立新中国，实现人民民主和民族独立，并在此基础上进行社会主义革命，建立起来了社会主义制度框架，这表明在党的带领下我们推进并完成了中华民族自有史以来最深刻最广泛最伟大的社会变革，这为当今中国特色社会主义经济社会一切发展进步提供了坚实的物质基础与制度保障，进而实现了这一伟大历史性飞跃。在这个历史阶段中最大的社会推动力，是中国无产阶级在马克思主义的感召下在中国共产党的领导下的一步步觉醒。中国无产阶级的觉醒，一方面是中国生产力和经济发展进步的政治表现，另一方面，中国无产阶级的觉醒和发展壮大也是中国社会近代以来政治发展由量变到质变的直接成果。第二次历史性飞跃"富起来"指的是改革开放之后，中国共产党人继续秉持"初心和使命"带领全国人民开创中国特色社会主义现代化建设事业，其中，这一历史阶段最显著的发展成就是推进实现经济快速增长与人民生活水平的同步提升，不仅在很短的时间内切实解决了秦皇汉武唐宗宋祖等历朝历代封建王朝统治者们都没有解决的老百姓温饱问题，而且，还在 1997 年就提前实现了人民生活总体达到小康水平的发展目标——毫不夸张地说，这是自辛亥革命和新中国成立以后，民族伟大复兴进程中又一里程碑。在这一阶段，中国人民不仅从总体上由温饱迈向小康，就具体经济统计数据而言也是成绩斐然。据统计，从 1978~2017 年，我国 GDP 总值增长了 33.5 倍，年均增速为9.5%，这个增速远高于同期全球经济 2.9% 的年均增速，另就经济规模全球排名而言，我国从 1978 年的全世界第 11 位跃升至 2010 年的全球第 2 位，毋庸置疑，我国用短短 40 多年的时间，走过了西方发达国家几百年才走完的工业化进程，实现了中华民族千百年来脱贫致富的夙愿。[1] 可以说，改革开

---

[1] 余言：《站起来、富起来、强起来的壮丽历史和经验探析》，中国共产党新闻网，http://theory. people. com. cn/n1/2019/0815/c40531 - 31297057. html。

放 40 多年的不断发展为我国人民生活富裕和中华民族的伟大复兴奠定了坚实的物质基础，这是中华民族实现由衰转盛并走向繁荣富强的重要拐点与伟大飞跃。第三次历史性飞跃"强起来"指的是改革开放以来尤其是党的十八大以来，在习近平新时代中国特色社会主义思想的指引下，和在以习近平同志为核心的党中央的坚强英明领导下，党和政府统筹协调推进"五位一体"总体布局和"四个全面"战略布局，使中国特色社会主义现代化发生了历史性变革，现代化各项事业取得了历史性成就。在这一发展阶段，中国特色社会主义迈入新时代，中国共产党人一方面坚持"创新、协调、绿色、开放和共享"的新发展理念，另一方面坚持"以人民为中心"的发展思想，针对已经发生转变的社会主要矛盾，统筹"安全"与"发展"两个大局，在确保并维护国家总体安全的基础上扎实推进实现经济社会高质量发展，并在不断发展中促进"发展"与"安全"有机融合及动态平衡。正如习近平总书记在中央政治局第二十六次集体学习时强调的那样，"我们党诞生于国家内忧外患、民族危难之时，对国家安全的重要性有着刻骨铭心的认识"。[①] 正是因为如此，我们党才"不忘初心，牢记使命"孜孜以求维护保障实现国家安全的根本途径——这个途径就是发展——而发展不仅是党执政兴国的第一要务，是解决当前我国面临一切难题与矛盾的关键，也是维护并实现国家安全的保障基础。

其次，从微观的现实视角来看，发展是维护当前和今后供应链与产业链安全的前提条件。自美国奥巴马政府 2012 年 2 月签发了《全球供应链安全国家战略》以来，尤其是自 2018 年美国特朗普政府发起对华贸易摩擦以来，美国政府调整其全球供应链战略和策略的逻辑依据已经转为所谓的"国防论"和"选择性贸易保护主义"。[②] 这种所谓"国防论"和"选择性贸易保护主义"政策理念的实践侧重点，在于诠释和甄别其所认为具有国

---

① 《习近平在中央政治局第二十六次集体学习时强调坚持系统思维构建大安全格局为建设社会主义现代化国家提供坚强保障》，中国政府网，http://www.gov.cn/xinwen/2020 - 12/12/content_5569074.htm。

② 李淑俊、王小明：《美国全球供应链调整的国家安全逻辑及实现路径》，《国际安全研究》2022 年第 1 期，第 100 页。

防安全意义的进出口产品与服务，并根据其所诠释和甄别的结果实行或改变美国对外贸易政策——因为美国认定随着中国制成品贸易在全球占比的显著提升，中国已经"威胁"到了美国的"供应链安全"甚或国家安全，所以，美国这种政策理念及其引导下的政策实践尤其针对其对华贸易。美国拜登政府上台后不仅在总体上延续了其前任的对华贸易政策理念和政策路径，更有甚者，其施政伊始还推出了一系列针对我国的供应链调整新对策。尤其值得关注的是，美国拜登政府一方面仍然以"国家安全"这种叙事方式强化其国内产业政策，另一方面着力扶持本国先进制造业与新兴技术研发，并联合其盟友建构所谓的"关键技术产业国际供应链联盟"。[①] 在这种狭隘的霸权思路下，美国全然不顾市场作用和贸易规律，以显性或隐性的所谓"美国优先"原则为指引强行调整全球供应链，这构成了对我国经济发展外部不确定性因素中最为主要的一环。[②] 在这种不利的对外贸易环境与疫情负面影响叠加之下，我国要维护产业链安全的治本之策在于发展自身，尤其需要我们在关键核心技术领域掌握主动权。从一定意义上而言，与其说美国发起的是针对中国的贸易战和全球供应链的争夺战，还不如说这是中美之间一场科技创新实力的擂台赛。国家统计局公布的相关数据显示，自新中国成立以来，我国科技实力与我国经济发展同步发展壮大，当前，中国不仅已经成长为极具国际影响力的科技创新大国，而且正朝着世界科技强国的发展目标迈进。[③] 不断提升的科技创新实力，是我们参加这场世纪对决的底气来源。而我国不断提升的科技实力表现在诸多方面。如上一章所提及，根据国家统计局社科文司首席统计师李胤对国家统计局"中国创新指数研究"课题组发布的"2020 年中国创新指数测算结果"的解读可知，从总体测算结果来看，我国 2020 年创新指数已经高达242.6，这说明在这个衡量一国创新活跃度最权威的指标上我国比 2019 年

① 管传靖：《安全化操作与美国全球供应链政策的战略性调适》，《国际安全研究》2022 年第 1 期，第 73 页。

② 李淑俊、王小明：《美国全球供应链调整的国家安全逻辑及实现路径》，《国际安全研究》2022 年第 1 期，第 101 页。

③ 《70 年数据见证新中国伟大飞跃 从科技大国向科技强国迈进》，国家统计局网站，http://www.stats.gov.cn/tjzs/spdb/tjxcycb/201907/t20190724_1681244.html。

净增长了 6.4%，而且在四个分领域的各项评价指标体系中，90% 以上的指标指数相较上一年都呈现明显提升态势——基于对以上统计数据的分析，李胤对我国创新能力和水平的总体状况作出这样的基本判断——我国创新环境不断优化，创新投入继续增加，创新产出较快增长，创新成效进一步显现。① 另外，从 2005～2020 年的中长期统计数据来看，不论是我国的创新指数还是"创新环境指数"、"创新投入指数"、"创新产出指数"和"创新成效指数"等分指标都呈现逐年攀升的良好走势。"2022 年 2 月 10 日，世界知识产权组织（WIPO）发布的数据显示，中国 2021 年申请人通过《专利合作条约》（PCT）途径提交的国际专利申请为 6.95 万件，比上一年增长了 0.9%，这表明我国已经连续三年位居该申请量排行榜首位。"② 此外，我国不论是科研究人才总量，还是作为战略储备的科技人力资源，在近些年来都保持着持续攀升的基本态势。国家统计局发布的数据显示，"按折合全时工作量计算，2018 年我国全国科技研发人员总数已经高达 419 万人，这一数据是 1991 年的 6.2 倍。与此同时，我国科技研发人员总数早在 2013 年就已超越美国，并连续多年稳居全球第一位。另中国科协调研宣传部与中国科协创新战略研究院联合发布的《中国科技人力资源发展研究报告（2018）——科技人力资源的总量、结构与科研人员流动》报告显示，在不考虑专升本、死亡和出国等因素，我国科技人力资源总量截至 2018 年底已经高达 10154.5 万人"。③ 更加令人欣慰的是，我国不仅在科研人员总数上连续多年成为全球翘楚，而且我国科技人力资源的学历层次和学科结构也在不断提升与优化。以上种种存量优势，都为我们今后在全球供应链产业链发挥更大的影响力和维护未来的供应链产业链安全，提供了坚实的物质资源与人力资源保障。按照著名经济学家约瑟夫·熊彼特（Joseph Alois Schumpeter）的"创新理论"来看，"创新"是推动经济

---

① 《国家统计局社科文司首席统计师李胤解读 2020 年中国创新指数》，国家统计局网站，ht-tp：//www.stats.gov.cn/xxgk/jd/sjjd2020/202110/t20211029_1823965.html。

② 《2021 年我国 PCT 国际专利申请再次蝉联全球第一 华为连续五年位居申请人榜首》，国家知识产权局网站，https://www.cnipa.gov.cn/art/2022/2/10/art_53_173154.html。

③ 金叶子：《我国科技人力总量超 1 亿人：规模世界第一，工科占比最高》，新浪网，ht-tps：//tech.sina.com.cn/roll/2020-08-21/doc-iivhuipn9853451.shtml。

增长与社会发展的决定性动力，而所谓创新就是将有关生产要素或生产条件的"全新组合"引入社会生产体系中，进而建立一种全新的推进经济社会发展的"生产函数"。我国创新能力和水平的不断发展进步，不仅为我们构建推动经济社会发展的新"生产函数"和新发展格局注入了新动力，也为我们维护当前和今后供应链产业链安全奠定了物质基础。

（三）在实现"发展"与"安全"有机融合的基础上促进二者动态平衡

构建新发展格局的深层次原因，是为了维持经济社会的可持续发展和推进全体人民共同富裕取得实质进展，而这一切都是实现和保持国家长治久安的经济社会基础。另外，深入推进社会治理现代化进程不仅是全面建设社会主义现代化国家的题中之义，而且新发展阶段社会治理现代化的首要本职自然是在新形势下维护和确保社会有机体稳定有序的运行状态。因此，从宏观视域来看，构建新发展格局和新发展阶段推进社会治理现代化都秉持"促进'发展'与'安全'有机融合及动态平衡"这一基本理念。

"发展"与"安全"长期以来都是人类社会生活中最重要最核心的一对关系。如上所述，安全是发展的前提条件，而发展又是安全的物质基础，二者是彼此相依且辩证统一的关系。虽然前文分为两个层面对"发展"与"安全"二者关系进行了简单的理论梳理，但是，事实上在现实经济社会生活中二者彼此交织难以分割。因此，探究二者有机融合和动态平衡更具现实意义。也许有人会有所疑问，既然"发展"与"安全"二者本身就是辩证统一的关系，何必再探讨二者的耦合路径？这岂不是无病呻吟？实则不然。这是因为二者在现实经济社会生活中的分割，很多时候体现在公共政策制定与实施的侧重点上。亦即"发展"与"安全"在本体论和价值论维度本来是一体两面的关系，但是在认识论和实践论层面这二者很多时候却形同悖论。我们之所以断言构建新发展格局与新发展阶段社会治理现代化价值理念相通，在很大程度上就是因为不论是构建新发展格局还是新发展阶段推进社会治理现代化进程，都内蕴并需要在其相关政策理念与政策实践中统筹"发展"与"安全"并实现二者的动态平衡。正如习近平总书记强调的那样，居安思危强化忧患意识，统筹"发展"与"安全"是中国共产党治国理政的一个重要原则。自新中国成立以后尤其是改革开放 40 多年以来，我国的国家面貌在经济、政治、文化和科技等领域已经焕然一新，综合国力也得到了显著提高。在我们完成"第一个百年"奋斗目标"全面建成小康社会"的同时，也迈入了"全面建设社会主义现代化国家"的新发展阶段。新发展阶段是我国"第二个百年"奋斗目标的开启阶段，承担着切实推进实现经济社会高质量的发展推进全面建设社会主义现代化国家进程的重大使命。进入新发展阶段以来，我们所处的国际国内环境都发生了巨大改变，在这种背景下，我们一方面必须深刻地意识到构建新发展格局对全面深化改革提出了更新更高的要求，另一方面还要更加清醒地认识到波谲云诡的国际局势和外部环境可能给我们带来的新问题新挑战新风险。因此，新发展阶段相较于以往势必更加强调统筹"发展"与"安全"，有效推进实现更高质量、更为公平、更可持续、更有效率与更加安全的发展。发展与安全的关系成为新发展阶段最重要的一对关系。

立足当前我国现代化事业所处的新发展阶段，我们理应在辩证地把握统筹"发展"与"安全"科学内涵的基础上，明辨统筹"发展"与"安全"的具体实现路径，切实实现和维护在安全的保障下的高质量发展，和在高质量发展进程中得以强化的国家总体安全。还要在公共政策集群制定与实施过程中正确认识妥善处理好"发展"与"安全"之间的辩证关系，实现应急处突与风险治理的深度耦合，增强防范化解各种风险挑战的治理能力，以保障中华民族伟大复兴第二个百年奋斗目标的顺利实现。习近平总书记在多个重要场合上曾反复强调要坚持"总体国家安全观"统筹发展与安全的重要性，而且，"这一提法是与将新发展理念贯穿国家发展各领域和全过程放在同等重要的地位，这足以证明在进入新发展阶段之后，统筹发展与安全这两件大事的极端重要的意义"。[1] 如前所述，当今时代正处于百年未有之大变局，这为中华民族伟大复兴提供重大机遇的同时，国际局势中不稳定不安全因素的激增，也给我们带来了诸多新风险和新挑战。从我国经济社会发展的国际环境来看，虽然和平与发展仍然是当今的时代

---

① 胡敏：《把安全发展贯穿国家发展各领域和全过程》，《学习时报》2020 年 11 月 11 日，第 A1 版。

主题，但是随着国际格局重心自西向东的逐渐转移，在当前与今后相当长的一段时期内，国际政治经济势必迎来新一轮的结构性调整。在这一背景下，国际局势正在或隐或显诸多不稳定和不确定性因素。当然，经过40多年改革开放和经济社会科技的持续健康发展，我国的综合实力已经跃升至近代以来的历史新高，这为我们在新发展阶段构建新发展格局统筹发展与安全奠定了坚实的物质基础。另外，从国内经济社会发展现状来看，尽管我国在诸多领域已经取得了举世瞩目的辉煌成就，但是，不仅我国现阶段仍未出离社会主义初级阶段，经济基础还相对薄弱，而且我国社会主义现代化进程中发展不平衡不充分的问题依旧存在，尤其是在一些重要领域关键环节依然面临着亟须继续深化改革创新的艰巨任务，国内经济社会发展进程中还面临着诸多新问题和新挑战。在这种国内发展环境中，传统安全问题和非传统安全问题相互交织，如果在这种背景下政府机制和公共政策运行中依然固守旧有的"唯GDP论"行为路径，既难以适应新发展阶段构建新发展格局的更高要求，也无法满足统筹"发展"与"安全"实现经济社会高质量发展的最新要求。这就要求我们深入探索并实现政府机制和公共政策的深度耦合机制，在寻求经济政策集群和社会政策集群协同路径的过程中实现"发展"与"安全"有机融合，并促进公共政策实践中"发展"方向与"安全"机制的动态平衡。具体而言，应该依循如下两大原则。第一，以国家总体安全观作为政府机制和公共政策制定实施过程中的方向性指引——这主要源自于两方面的原因，一方面，国家总体安全平稳是经济社会存续和得以健康有序发展的基本前提，民族伟大复兴战略发展目标能否得以顺利实现也完全依托于国家安全这一前提；另一方面，经济、科技、金融与社会治理等领域的不断发展也为国家总体安全提供必要保障。第二，全面深刻理解"发展"与"安全"的科学内涵，在正确认识改革发展稳定三者之间辩证关系的基础上统筹"发展"与"安全"，并将这一理念有机融入政府机制建设、政绩考核标准和公共政策实现路径之中，总体而言，就是要正确认识处理好发展与安全的辩证关系，在政府机制建设和公共政策实践中实现发展与安全的彼此支持、互相促进和高度融合，整体有效提升应对各种风险挑战的防范、化解、应急、反馈和治理能力，以更高层次更有实效更高质量的安全，来保障更高质量的经济社会发展。

二 坚持"以人民为中心"推动共同富裕取得实质进展

构建新发展格局的主旨是以改革创新为推动力深化供给侧结构性改革，确保"发展"与"安全"的有机统一及其动态平衡，聚焦当前我国社会主要矛盾，推进经济社会高质量发展，坚持"以人民为中心"切实保障巩固脱贫成果推进全民共同富裕取得实质进展。而新发展阶段推进社会治理现代化的主旨则是以坚持"以人民为中心"推动共同富裕为指引，创新社会治理模式，优化与强化社会治理制度化建设，建立健全以"党委领导、政府负责、社会协同、公众参与和法治保障"[①] 为基本特征的全新社会治理体制，切实有效提升社会治理的法治化、社会化、专业化、智能化和现代化水平，进而营造"共建共治共享的社会治理格局"。因此，构建新发展格局与新发展阶段推进社会治理现代化的主旨相通，都以坚持"以人民为中心"推动共同富裕取得实质进展为根本旨归。

（一）"以人民为中心"推动共同富裕凸显马克思主义最基本的政治品格

人类社会任何历史时期所产生的任何理论学说都有其特定内涵和本质特征，"以人民为中心"推动共同富裕从本质上体现的是人民性，而人民性体现的又是马克思主义理论体系最基本的政治品格和理论品质。归根结底，博大精深的马克思主义理论体系的思想核心，就是探索人类解放和人类全面自由发展的出路。马克思主义是以实现人民自身解放和发展为宗旨的理论体系，以其科学的思想体系为最终建立一个能够实现人的自由平等全面发展的理想社会指明了前进方向和实现路径。

在党的十九大报告中，党中央将坚持"以人民为中心"置于坚持和发展新时代中国特色社会主义基本方略的战略高度予以论证和阐释，这进一步凸显了马克思主义坚持人民性的这一基本政治立场和政治品格。可以说，以习近平同志为核心的党中央旗帜鲜明地提出坚持"以人民为中心"的发展思想，这是中国共产党人自中国特色社会主义迈入新时代以来，在继承马克思

---

① 江必新：《把新时代社会治理提升到更高水平》，《人民日报》2018 年 8 月 5 日，第 5 版。

主义和马克思主义中国化已有理论成果的基础上，系统阐发的以马克思主义倡导的"人民性"为核心的新时代发展思想。坚持"以人民为中心"不仅充分彰显了马克思主义坚持人民性的基本品质，也直观地彰显了新时代中国共产党的根本政治立场，并再次证明新时代中国共产党人仍然秉持着全心全意为人民服务这一党的根本宗旨。坚持"以人民为中心"至少有以下两层政治意蕴：第一，不论身处任何历史方位，我们党始终未改马克思主义政党的政治底色，我们党始终未忘"为人民谋幸福，为民族谋复兴"的初心使命；第二，不论中国特色社会主义现代化事业发展到什么阶段哪个层次，始终都会坚持共同富裕和人民当家作主这两条社会主义的本质规定性。坚持"以人民为中心"的根本立场，就是要始终将人民立场和人民利益作为政府机制与公共政策的实践基础，在政府机制与公共政策制定执行评估反馈全过程全领域全周期贯穿为"人民谋幸福"这一初心，始终坚持以全心全意为人民服务这一根本宗旨为一切行为准则，尊重人民的主体地位与人民的首创精神，深刻贯彻执行党的群众路线，始终保持并巩固党同广大人民群众的血肉联系，凝聚中华民族共同体的磅礴力量，团结带领全国各族人民建设社会主义现代化国家。"以人民为中心"推动共同富裕，既是对历史发展必然规律的尊重，也是对马克思主义科学理论体系的遵循与继承。

马克思主义理论体系所秉持的人民性，为依靠人民推进人类社会有机体不断向前发展指明了正确的政治方向。新时代的中国共产党人始终坚持马克思主义的指导地位，在为推动实现中华民族伟大复兴的前进过程中，一直坚持以"全心全意为人民服务"这一党的根本宗旨为一切行动指针；始终坚持贯彻执行"一切为了群众，一切依靠群众"和"从群众中来，到群众中去"的群众路线；始终坚持"立党为公，以人为本和执政为民"的执政理念……这一切已经充分显示，新时代中国共产党人始终"不忘初心，牢记使命"一直代表中国最广大人民根本利益，习近平新时代中国特色社会主义思想是立足马克思主义人民理论基础上的马克思主义中国化的新飞跃。[①] 当然，"以

---

① 《续写马克思主义中国化时代化新篇章（深入学习贯彻党的十九届六中全会精神）》，《人民日报》2022年2月11日，第7版。

人民为中心"推动共同富裕之所以凸显马克思主义最基本的政治品格，不仅是因为其内蕴的马克思主义的人民性原则，还是因为坚持"以人民为中心"与推动共同富裕二者存在相辅相成辩证统一的关系。

（二）"以人民为中心"与推动共同富裕相辅相成辩证统一

坚持"以人民为中心"与推动共同富裕二者存在相辅相成辩证统一的关系。坚持"以人民为中心"与推动共同富裕，既是一个严肃的理论命题，也是实现中华民族伟大复兴使命的基本方略。坚持"以人民为中心"与推动共同富裕不仅是坚持和发展好新时代中国特色社会主义现代化事业的政治立场，又是坚持和发展好新时代中国特色社会主义现代化事业的根本要求，亦即"以人民为中心"，就是要以人民的立场和人民的根本利益为中心，而人民的根本利益就是共同富裕。正是因为如此，共同富裕才是社会主义的本质属性，也正是因为如此，"以人民为中心"与推动共同富裕相辅相成辩证统一不可分割。

恰如习近平总书记在党史学习教育动员大会讲话中所指出的："江山就是人民，人民就是江山，人心向背关系党的生死存亡。"① "历史从不偏爱哪一个政党，胜利也从不眷顾哪一支军队。谁把人民放在心上，人民就把谁放在心上。军队打胜仗，人民是靠山，这是一条颠扑不破的真理。"② 坚持"以人民为中心"，就是将"实现好、维护好与发展好"最广大人民根本利益作为我们党和政府一切行动的评判标准，这是对新时代中国共产党人"不忘初心，牢记使命"的深刻彰显。强调"以人民为中心"就是把人民摆在最高和最核心的位置，让改革发展的成果更多更切实更公平地惠及全体中国人民，朝着推进实现全体中国人民共同富裕的奋斗目标不断迈进。而从共同富裕的基本内涵、前提条件和实现路径来看，坚持"以人民为中心"与推动共同富裕二者彼此相依互为因果。

首先，从共同富裕的基本内涵来看，"以人民为中心"与推动共同富

---

① 《江山就是人民 人民就是江山》，中国日报网，http://cn.chinadaily.com.cn/a/202102/23/WS603461e2a3101e7ce9740995.html。

② 边志伟、张桂然：《人民就是江山，江山就是人民——从新中国70年奋斗历程汲取前行智慧和力量⑥》，《解放军报》2019年9月9日，第6版。

裕密切相关。所谓共同富裕，指的是全体国民通过参与劳动或参与社会再分配的方式最终达到消除极端贫富分化基础上的普遍富裕的生活状态。共同富裕是邓小平理论对社会主义本质的理论界定，也是中国特色社会主义理论体系中的核心议题。最终实现共同富裕，既是社会主义的本质属性，是社会主义的终极奋斗目标，也是坚持和发展新时代中国特色社会主义现代化事业的核心原则。考虑到我国的具体国情，虽然共同富裕是全体人民群众最终达到普遍富裕，但是，共同富裕并不可能是"同时富裕、同步富裕或同等富裕"。其中主要有两个原因：一是从理论分析的视角来看，马克思社会有机体理论认为社会有机体结构层次繁复，庞大的社会有机体不可能出现与化学试验室中的那种"提纯萃取"式的社会变迁；二是从我国具体国情这一现实视角来看，我国不仅地广人多不同地区不同产业发展不平衡不充分的问题仍然存在，而且，"与全体人民共同富裕的发展要求相比，现阶段我国在收入分配、发展机会、公共服务和精神文明等诸多方面还存有短板"①，因此，要最终实现共同富裕不可能一蹴而就，只能循序渐进。当然，"以人民为中心"推动共同富裕绝不是停留在笔端嘴边的宣传口号，而是新时代中国共产党人矢志践行的行动方向。特别值得关注的是，2021 年 5 月 20 日党中央和国务院联合发布了《中共中央 国务院关于支持浙江高质量发展建设共同富裕示范区的意见》（以下简称《意见》）。《意见》的发布标志我国在新发展阶段构建新发展格局的背景下，已经正式启动了高质量发展建设共同富裕示范区建设。当前，不仅我国经济社会发展不平衡和不充分的问题依然存在，而且发展不平衡和不充分的问题在一些领域表现得还很突出，例如，现阶段我国城乡差距、区域发展差距与收入分配差距仍然较大，另外，各地区推进共同富裕的物质基础与保障性条件也各有不同。因此，推进实现全体国民共同富裕必然是长期而艰巨的历史使命，这就要求党和政府在基于实践调研科学研判的基础上做好选取部分地区"先行先试"和"先行示范"的顶层设计。浙江省作为我国的经

---

① 罗明忠：《共同富裕：理论脉络、主要难题及现实路径》，《求索》2022 年第 1 期，第 143 页。

济大省和经济强省，前期在探索积极解决经济社会发展不平衡不充分问题方面已经取得了显著成效，这足以证明浙江省完全具备开展共同富裕先行示范区建设的基础条件与资源优势。① 党中央和国务院遵循社会有机体发展规律大力支持推进浙江高质量发展建设共同富裕先行示范区，不仅是在进一步丰富共同富裕的理论内涵，更是在聚焦新时代社会主要矛盾的基础上积极探索新时代中国特色社会主义共同富裕的实现路径。《意见》的出台和浙江高质量发展建设共同富裕先行示范区，是新时代中国共产党人坚持"以人民为中心"的发展思想，为探寻新时代社会主要矛盾破解之道和彰显新时代中国特色社会主义制度优越性的开创之举。马克思主义的共同富裕理论是新时代中国特色社会主义共同富裕实践的理论来源，经过不断的实践探索，新时代中国特色社会主义共同富裕的内涵不断得以丰富。中国共产党人始终坚持"以人民为中心"的发展思想，坚定不渝地坚持全体中国人民共同富裕的发展方向，将共同富裕扎实推至全新的实践发展阶段。

其次，就共同富裕的前提条件而言，"以人民为中心"与推动共同富裕互为因果。从实现共同富裕的前提条件来看，社会生产力的发展与共同富裕之间存在直接的线性关联。一方面，人们不能剥离发展社会生产力空谈共同富裕，这是因为不发展生产力共同富裕就是镜中花水中月毫无现实基础；另一方面，人们也不能抛开共同富裕只谈发展生产，这是因为离开了共同富裕这一经济社会发展目标，生产越发展两极分化越严重，社会有机体的离心力就会加大，社会整合机制就会失效，更有甚者，社会主义的社会本质属性就会被改变。

如前所述，共同富裕不是同时同步同等富裕，要切实推进实现共同富裕，其基本前提有二：一是解放与发展社会生产力，为共同富裕的实现提供必要的物质保障；二是坚持"以人民为中心"的社会主义本质规定性，预防和杜绝严重的贫富分化，为共同富裕的实现奠定必要的政治基础，亦即坚持经济社会发展的社会主义本质规定性，使"以人民为中心"与推动共同富裕

---

① 《中共中央 国务院关于支持浙江高质量发展建设共同富裕示范区的意见》，中国政府网，
　　http://www.gov.cn/zhengce/2021 - 06/10/content_5616833.htm。

互为因果。

最后，以共同富裕的实现路径为切入点，"以人民为中心"与推动共同富裕彼此相连。自党的十八大以来，以习近平同志为核心的党中央将实现全体国民共同富裕置于前所未有的战略高度，采取切实有效的一系列政策举措着力保障与改善民生，完成脱贫攻坚战，实现全面建成小康社会第一个百年奋斗目标，为推进实现全体人民的共同富裕奠定了坚实的物质基础。当前，我国已经迈入全面建设社会主义现代化国家的新发展阶段，在向第二个百年奋斗目标迈进的过程中，实现经济社会高质量发展与促进全民共同富裕具有高度内在契合度和一致性，所谓新发展阶段，就是在实现高质量发展的基础上扎实推进共同富裕的发展阶段。[1] 正是因为如此，习近平总书记多次强调，新发展阶段和构建新发展格局的核心任务，就是要"在高质量发展中促进共同富裕"[2]，如果没有经济社会高质量发展的支撑作用，追求实现共同富裕就犹如缘木求鱼。那么，究竟何谓高质量发展？难道所谓高质量发展仅仅指代的是发展动力的革新和发展速度的提升吗？答案当然是否定的。所谓高质量发展，指的就是在新发展理念的指引下促进实现经济动能革新产业升级和推动经济健康持续发展的同时，更加注重建立和完善更具公平性普适性的改革成果共享机制，以保障经济发展成果更切实地惠及广大人民群众。由此可见，高质量发展并非一个单纯的经济概念，坚持"以人民为中心"和促进社会分层优化是实现高质量发展的基础，而推进全民共同富裕取得实质进展又是坚持"以人民为中心"和促进社会分层优化的治本之策。综合以上，以共同富裕的实现路径作为切入点，不难理解"以人民为中心"与推动共同富裕之间彼此的内在关联。

（三）"以人民为中心"推动共同富裕是中国特色社会主义的本质要求

就从共同富裕的前提条件而言，"以人民为中心"与推动共同富裕互为因果，而且"以人民为中心"推动共同富裕是中国特色社会主义的本质

---

① 施红、程静：《在高质量发展中扎实推进共同富裕》，《光明日报》2021 年 10 月 26 日，第 11 版。

② 习近平：《扎实推动共同富裕》，《求是》2021 年第 20 期。

要求，这是二者最根本的契合点。

诞生自 16 世纪初的社会主义，虽然其最初的理论雏形充满空想色彩，但是其基本内核仍然被后来科学社会主义所吸纳，那就是主张将整个社会视为一个有机整体，社会有机体内一切产品、资产和资源等的管理分配原则都是以实现维护社会公众利益为核心的。换言之，"以人民为中心" 其实就是以 "社会公众利益" 为核心，而实现共同富裕就是最大最直接的 "社会公众利益"。因此，从共同富裕的前提条件来看，"以人民为中心" 与推动共同富裕互为因果。邓小平在 1992 年南方谈话中围绕 "什么是社会主义，怎样建设社会主义" 这一核心议题，对社会主义的本质尤其是对中国特色社会主义的本质进行了系统深刻的总结。他明确提出，社会主义的本质就是 "解放生产力，发展生产力，消灭剥削，消除两极分化，最终达到共同富裕"①。我们可以从以下多个角度对社会主义本质内涵进行深刻解读：第一，社会主义和资本主义在目标层次上有本质区分，顾名思义，资本主义指的是以资本为核心指挥棒分配各种资源的经济社会运行模式及其政治制度体系，而社会主义则是以社会公众利益为核心指挥棒分配各种资源的经济社会运行模式及其政治制度体系，社会主义本质论牢牢把握住二者的这一关键区别，这是界定社会主义本质的关键所在；第二，社会主义本质论秉持马克思主义理论体系中经济基础决定上层建筑的核心观点，从突出生产力和生产关系基础地位的角度出发，强调 "解放生产力和发展生产力" 的根本目的是要打破固有生产关系对生产力的束缚，为实现社会主义本质开辟生产力发展道路；第三，社会主义本质论明确提出社会主义的价值取向和最终目标，是消灭剥削消除两极分化并最终达到共同富裕，这是社会主义与资本主义之间最本质的区别；第四，社会主义本质论中提及了 "解放"、"发展"、"消灭"、"消除" 和 "最终达到" 五个动词，这说明实现社会主义本质不可能一蹴而就，其需要一个渐进的动态过程。实际上，自中国共产党诞生之日起，我们党就已经开启了对社会主义本质的孜孜探索，尤其是改革开放以来，我们党几任领导人对社会主义的本质属

① 《邓小平文选》第 3 卷，人民出版社，1993，第 373 页。

性、要求和中国特色社会主义最本质特征等一系列重大问题都作出了科学严谨的论断，并逐渐形成了系统的社会主义本质理论体系。判明社会主义本质具有重大意义：一方面，社会主义本质论的提出与丰富发展，将我们对社会主义的科学认识提升至新高；另一方面，社会主义本质论的提出与丰富发展，为当前和今后进一步探索怎样建设中国特色社会主义和建设什么样的中国特色社会主义指明了前进方向。

对于社会主义本质的理解，其中最关键一点是在从根本上区分社会主义和资本主义的基础上，把握社会主义的价值取向与最终目标。党的十九届五中全会将推进和实现全体人民共同富裕摆在了前所未有的战略高度上，习近平总书记在《关于〈中共中央关于制定国民经济和社会发展第十四个五年规划和二〇三五年远景目标的建议〉的说明》中强调指出："共同富裕是社会主义的本质要求，是人民群众的共同期盼。我们推动经济社会发展，归根结底是要实现全体人民共同富裕。"[①] 与此同时，习近平总书记还明确指出，扎实推动共同富裕就是要"不断增强人民群众获得感、幸福感、安全感，促进人的全面发展和社会全面进步"。[②] 由此可见，新时代推动共同富裕并未局限于满足人民群众物质生活的需求，而是"以人民为中心"即以人民群众对美好生活的向往为核心，涵盖广大人民群众对经济、政治、文化、社会和生态文明等多领域生活生产发展的要求。

三　以新发展理念为指引推进经济社会高质量发展

新发展格局与新发展阶段社会治理现代化价值理念相通的主要表现，以及二者价值理念相通的旨归，是以新发展理念为指引推进经济社会高质量发展。以往我国经济发展更多关注的是发展速度问题，而发展速度通常指向的是单位时间内发展的数量与规模，对于发展速度的诉求甚或痴迷一般都是一个经济体经济发展起步阶段所追求的目标，往往以"快不快"作为其评判高低的标准；而经济社会的高质量发展多重视的则是经济社会发

---

① 《十九大以来重要文献选编》（中），中央文献出版社，2021，第784页。
② 《十九大以来重要文献选编》（中），中央文献出版社，2021，第809页。

展质量与效益,这是经济社会发展水平已经跃升至一定高度以后才会关注的目标,往往以"好不好"作为其衡量优劣的标准。新发展理念是实现新时代中国特色社会主义经济社会高质量发展的核心指引,围绕新时代我国经济社会中仍然存在的发展不平衡和发展不充分的主要矛盾,新发展理念为推进经济社会高质量发展指明并提供了发展的动力、标准、底色、途径和目标。

(一)推进经济社会高质量发展以"创新"为动力

"创新"是推进经济社会高质量发展的第一动力。在当前国际环境和国内背景下,只有在发展动能上实现由"要素驱动"向"创新驱动"的转化形成发展新引擎,才能为新发展阶段构建新发展格局打通国内循环转换发展动能注入创新型内生动力,才能在激烈的国际市场竞争中树立经济新优势进而为保障国际循环维护供应链产业链安全奠定物质基础。

当然,创新绝不单指科技创新本身,其内涵所指的是以科技创新为核心的理论创新、制度创新和文化创新的集合体。作为党的十八大以来中央为推进实施创新驱动发展战略而出台的指导性顶层设计文件,在中共中央和国务院联合发布的《国家创新驱动发展战略纲要》(以下简称《纲要》)中,不仅提出了将我国建设成为创新型国家的"三步走"发展战略,《纲要》还特殊强调"科技创新"是发展生产力与提高国家综合国力的战略性支撑力量,必须将其置于国家发展战略全局之核心位置。依照《纲要》中提出的"三步走"发展战略来看,我们已经基本实现了第一步发展战略目标,即在 2020 年进入创新型国家行列。2030 年之前,我们的着力点和工作重心是通过继续推进创新型国家建设,让国家跻身于创新型国家前列。要实现新发展阶段的这一发展目标,就要求我们由原来的以外需拉抬、资源带动和投资推动为特点的要素驱动模式,转型升级为以"理论创新为先导,科技创新为主体,文化创新为背景,制度创新为保障"的集约型经济社会高质量发展模式。

以"创新"为动力推进经济社会高质量发展,就是不断推进实现以"思维力"为主要特征的理论创新,以"保障力"为主要体现的制度创新、以"驱动力"为主体结构的科技创新与以"影响力"为主要作用的文化创新，形成并充分发挥创新型政策势能效应，有效推动我国经济社会高质量创新型发展。

（二）推进经济社会高质量发展以"协调"为标准

"协调"发展是推进经济社会高质量发展的评价标准和实现途径。尽管当前我国已经转入高质量发展阶段，但是，"我国发展不平衡不充分问题仍然突出，重点领域关键环节改革任务仍然艰巨，创新能力不适应高质量发展要求，农业基础还不稳固，城乡区域发展和收入分配差距较大，生态环保任重道远，民生保障存在短板，社会治理还有弱项"。[①] 要聚焦新时代社会主要矛盾，解决经济社会发展中不平衡和不充分的一系列结构性问题，全面深化改革推进实现经济社会协调发展，乃是必由之路。

"协调"发展理念是以习近平同志为核心的党中央立足科学发展观，对于经济社会发展规律性认识的进一步丰富与升华。坚持"以人为本"和主张"全面协调可持续"的科学发展观，一方面是我们党基于对当今世界大势与我国具体国情的判定，另一方面是我们党立足于对当今时代经济社会发展实践规律的审视，而形成的兼具系统性、科学性与时代性的发展理念。党的十八届五中全会在坚持科学发展观的基础上，将"创新"发展理念和"协调"发展理念等五大理念一并正式确立为"新发展理念"。与"协调"理念直接相关的表述有"坚持协调发展，需要把握中国特色社会主义事业的总体布局，正确认识和处理改革发展进程中的重大关系"，"推进城乡协调发展，完善城乡发展一体化体制机制建设"和"要塑造要素有序自由流动、主体功能约束有效、基本公共服务均等、资源环境可承载的区域协调发展新格局，努力实现区域整体平衡发展"[②] 等。概括起来，"协调"发展理念具有一系列鲜明的特点：一是协调既是高质量发展的途径手段，也是高质量发展的目标，还是能否实现高质量发展的评价尺度；二是协调发展突出的是平衡与不平衡的辩证统一，平衡是相对的，而经济社会发展不平衡是绝对的，因此，强调协调发展绝不是推崇平均主义，而是

---

① 《十九大以来重要文献选编》（中），中央文献出版社，2021，第789页。
② 石建勋：《践行新理念 引领新发展——如何落实新发展理念》，《经济日报》2017年1月13日，第13版。

"更注重发展机会公平、更注重资源配置均衡"[①]；三是强调协调发展主要是针对当前经济社会发展的短板弱项，推进实现协调发展就是要在找准和补齐经济社会发展中的短板上用力，通过补齐短板与挖掘潜能的方式保障并增进经济社会发展的可持续性。

进入新发展阶段以后，推进和实现经济社会高质量发展是我国迈入后工业化发展阶段的自然表现和必然结果。与激进派后现代主义的主张不同的是，我们在这里所谓的后工业化发展阶段，就是逐步消除传统农业社会向现代工业社会转型过程中的中间阶段——二元经济（Dual Economies）的发展阶段。所谓二元经济，是对后发展国家早期经济起步阶段的概括，特指后发展国家经济从完全依赖第一产业的生产状态向第一产业和第二产业并存的生产状态的转变过程，这一阶段几乎是任何后发展国家实现经济发展的必经之路。进入新发展阶段，推进和实现经济社会高质量发展的主体诉求，就是摆脱"二元经济"的束缚使我国整体迈入现代工商社会。从这个角度而言，推进实现经济社会高质量发展的直接目标，便是全面实现新时代中国特色社会主义的工业现代化和经济现代化。要实现新时代中国特色社会主义的工业现代化和经济现代化，至少应该解决当前经济社会发展中面临的五个结构性问题：一是基本消除"二元经济"发展状态，切实解决区域发展不平衡和城乡发展不平衡的问题；二是避免陷入"中等收入陷阱"，稳步迈入高收入国家行列；三是平抑两极分化推进实现共同富裕，实现并保障改革成果全民共享，体现经济社会发展的公平正义；四是在树立经济发展新优势的同时保护好生态环境，保障经济社会发展的可持续性；五是推进实现国家治理现代化和社会治理现代化，实现国家长治久安并维护经济社会平稳有序运行。其中，解决城乡发展差距问题是重中之重。这是因为现代工业化经济社会与传统农业经济社会最直接的区别，是就业人口由农业向非农产业的转化。农业、农村和农民问题一直是关乎国计民生的根本大事，可以说，如果没有农业与农村的现代化，国家现代化就无从谈起。因此，解决"三农"问题、缩小城乡发展差距问题和实施乡村振兴战略，也是

---

① 《十八大以来重要文献选编》（下），中央文献出版社，2018，第161页。

解决新时代经济社会现实生活中发展不平衡和不充分这一社会基本矛盾的主体路径。改革开放以来，经过连续多年的快速发展，我国第一产业增加值在全国 GDP 中的占比由 1980 年的 29.9% 已经下降至 2021 年的 7.26%①，这一数据与西方发达国家同期相比差距不大。另外，国家统计局公布的数据显示，截至 2021 年末，当年我国全国城镇常住人口总数为 91425 万人，比上一年净增长 1205 万人，常住人口城镇化率已经高达 64.72%，这与发达国家相比也已经相差无几。伴随我国工业化与新型城镇化的持续推进，我国的就业人口的农业占比必将继续下降，传统农业将会得以深化改造，与此同时，全国统一的劳动力市场也将正式形成。伴随全国统一的劳动力市场的成形与成熟，区域间和城乡间的发展差距也会进一步被缩小。

（三）推进经济社会高质量发展以"绿色"为底色

坚持"绿色"发展秉持"尊重自然—顺应自然—保护自然"的生态文明新理念推进人与自然之间的和谐共生，是推进经济社会高质量发展的底色。自改革开放以来我国经济社会发展取得了毋庸置疑且举世瞩目的辉煌成就，但是，长期以来我国也积累了很多生态环境问题，这已经构成了牵动人心的经济短板和社会问题。要补齐短板和扭转这种负面效应，必须坚持"绿色"发展理念保持经济社会高质量发展的生态文明底色。

秉持生态文明新理念推进人与自然之间的和谐共生，是尊重自然规律推进经济社会高质量可持续发展的前提。古今中外，因为违背自然规律而破坏生态环境或类似的案例不胜枚举。例如，恩格斯在《自然辩证法》中所提及的希腊、美索不达米亚和小亚细亚等世界各地居民，他们因为获取更多耕地的一时利益而肆意破坏森林草地进而导致该地区一度成为不毛之地；再如，发生在 20 世纪的"美国洛杉矶光化学烟雾事件"、"比利时马斯河谷烟雾事件"、"日本四日市哮喘事件"、"日本富山骨痛病事件"和"美国多诺拉镇烟雾事件"等生态恶化和环境污染事件，这些恶性事件后来被统称为"20 世纪八大公害事件"；还有就是发生在我国境内的一些生

---

① 赵同录：《经济持续稳定恢复"十四五"实现良好开局》，国家统计局网站，http://www.stats.gov.cn/xxgk/jd/sjjd2020/202201/t20220118_1826602.html。

态事件，比如塔克拉玛干沙漠、河西走廊沙漠和科尔沁沙地的扩散，以及长江流域、黄河流域、淮河流域、大汶河流域和渤海海域曾经遭受的严重污染；等等。这一幕幕生态悲剧让我们人类付出了高昂的代价，也给我们留下了深刻的教训。正如恩格斯曾经强调的那样，"我们不要过分陶醉于我们人类对自然界的胜利。对于每一次这样的胜利，自然界都对我们进行了报复。每一次胜利，起初确实取得了我们预期的结果，但是往后和再往后却发生完全不同的、出乎预料的影响，常常把最初的结果又消除了"。[①] 恩格斯所言表明两点，一是经济社会发展中各种事物的联系具有客观性与普遍性，二是一旦人们违背了经济社会发展中客观事物规律就会受到客观规律的惩罚。

人与自然共生，且人因自然而存续，对于自然界的一切伤害最终都会殃及我们人类自己。因此，尊重自然、顺应自然和保护自然是保证我们人类经济社会发展开发利用自然的过程中不走或少走弯路的必然选择。这个道理不仅要铭于心，更要施于行。这是因为生态环境对于我们人类而言，不仅不可或缺无法替代，而且"用之不觉，失之难存"。[②] 习近平总书记早在十八届中央政治局第四十一次集体学习时，就曾经以《推动形成绿色发展方式和生活方式是发展观的一场深刻革命》为题发表了重要讲话。[③] 在这次学习中，习近平总书记提出："推动形成绿色发展方式和生活方式，是发展观的一场深刻革命。这就要坚持和贯彻新发展理念，正确处理经济发展和生态环境保护的关系，像保护眼睛一样保护生态环境……坚决摒弃以牺牲生态环境换取一时一地经济增长的做法，让良好生态环境成为人民生活的增长点、成为经济社会持续健康发展的支撑点。"[④] 紧随其后，在党的十九大报告中习近平同志再次强调指出，我们"必须树立和践行绿水青山就是金山银山的理念"。以绿色发展理念为指引的社会主义生态文明建设是中华民族实现永续发展的千年大计，而树立与践行"绿水青山就是金山银山"

[①]　《十八大以来重要文献选编》（下），中央文献出版社，2018，第 164 页。
[②]　《十八大以来重要文献选编》（下），中央文献出版社，2018，第 164 页。
[③]　《十八大以来重要文献选编》（下），中央文献出版社，2018，第 759～767 页。
[④]　《十八大以来重要文献选编》（下），中央文献出版社，2018，第 760 页。

的理念，则是建设美丽中国和实现中华民族永续发展的理论指引。为了切实推进"双山"发展理念的贯彻实行，习近平总书记还曾经多次强调："要正确处理好经济发展同生态环境保护的关系，牢固树立保护生态环境就是保护生产力、改善生态环境就是发展生产力的新理念，更加自觉地推进绿色发展、循环发展和低碳发展，决不以牺牲环境为代价去换取一时的经济增长。"[①] 习近平总书记的这一科学论断，等于是已经把对生态环境的保护和改善摆在了发展生产力及保护生产力这样前所未有的战略高度。具体来讲，绿色发展理念不仅倡导探索保护、改善和建设生态环境的实现路径，还注重生态环境的源头预防、过程监控、末端追责和系统治理。习近平总书记的这一论断深刻系统全面地阐发了经济社会发展和生态环境保护之间的辩证关系，这不仅为当前和今后我国生态环境保护与改善工作提供了前进方向和理论指南，也进一步丰富发展了马克思主义中国化生产力理论体系，为新时代中国特色社会主义生态环境生产力理论体系的形成、发展与成熟作出了巨大贡献。

（四）推进经济社会高质量发展以"开放"为助推

着力构建更高水平的对外开放新格局，是构建新发展格局推进社会治理现代化和推动实现经济社会高质量发展的助力。早在 2021 年召开的第二届联合国全球可持续交通大会上，国家主席习近平就曾经明确指出："中国将继续高举真正的多边主义旗帜，坚持与世界相交，与时代相通，在实现自身发展的同时，为全球发展作出更大贡献。"[②] "十四五"时期更是开启"全面建设社会主义现代化国家"新征程的开局阶段，为推动更高水平对外开放、构建新发展格局和推进经济社会高质量发展，党的十九届五中全会确立了国家中长期经济社会发展战略目标，并对今后推动建设更高水平的对外开放进行了提纲性表述。推动建设更高水平的对外开放新格局，是我国顺应"百年未有之大变局"并立足新的历史方位，坚持包括"开放"理念在内的新发展理念，更加注重以更高水平对外开放和更有实效的国际

---

① 刘旭友：《"绿水青山就是金山银山"的理论与实践价值》，《光明日报》2017 年 11 月 7 日，第 14 版。
② 桑百川：《持续推进更高水平对外开放》，《红旗文稿》2021 年第 20 期，第 29 页。

循环推动经济社会高质量发展的主动战略作为。

"没有改革开放，就没有中国的今天，也就没有中国的明天"①，改革开放是中国特色社会主义的强国之路和富民之路。正因为如此，很多人经常误以为"改革开放"是一个名词或是一件事。实际上，"改革"与"开放"是两个名词也是两件事，只是因为二者同时进行且密切相关相辅相成，所以，我们习惯上将二者连用。如果深究二者的内在关联，可知改革是开放的前提条件，而开放则是改革的外部助推力，二者一体两面不可或缺。所谓改革，改变与革除的就是生产关系中那些不适应生产力发展的因素及环节，反过来，只有改善了内部生产关系才能更积极有效地通过对外开放来抓住并利用好外来机遇。抓住并利用好外来机遇，又会进一步促进生产力的发展和生产关系的完善。正是基于对"改革"与"开放"二者关系的深刻理解，在党的十一届三中全会之后，我们主动敞开国门，大量引进外来资金、科技与现代管理经验，以对外开放的方式更快更好更有效地促进国内社会生产力的发展进步。对外开放这一发展战略不仅打通了中国产品走向国际的市场通道，还切实促进了国内要素与国际要素的自由流通，这十分有益于培育我国企业乃至我国整体经济在国际市场中的吸引力竞争力。从这个角度而言，改革开放初期我国的对外开放格局，也被称为"要素型开放格局"。后来，为了进一步吸引外商，也是为了进一步激发对外经济技术合作与交流对经济社会发展的助推作用，我国在不断加大对外商投资优惠政策的同时，逐渐放宽了对外商投资的政策性限制。在这一时期，建设经济特区、沿海开放城市和沿海经济开发区等一系列重大政策举措的相继推出，使我国的对外开放格局上升到了一个全新的高度，因此，这一时期我国的对外开放格局，也被称为"政策型开放格局"。《建议》将基本形成"更高水平开放型经济新体制"作为"十四五"时期我国经济社会发展主要战略目标之一，这是我国打通"双循环"即将把对外开放推向更高水平更高层次的风向标。这也是我国顺应世界历史大势推进建设更高

---

① 华宁：《人民网评：坚守改革开放正确之路强国之路富民之路》，人民网，http://opinion. people. com. cn/n1/2018/0812/c1003 - 30223401. html。

水平对外开放为世界各国和全球市场提供更多发展机遇的主动战略作为。《建议》中所提的推进建设更高水平的对外开放新格局这一决策部署，并不是权宜之计，更不是对原有政策型开放格局简单的增量化扩容，而是基于相关机制体制和制度建设之上的"制度型对外开放新格局"。

构建制度型对外开放新格局的落脚点，在于以制度建设的方式营造和优化营商环境。众所周知，随着我国原有人口红利的逐渐式微，产业转型、消费升级和劳动力成本上升等一系列结构性压力呈现集聚效应。在这种情况下，如果仅仅依靠传统"要素型开放格局"和"政策型开放格局"中出台的各种雷同化优惠政策的累加，是很难在当今的国际市场中再增强对外商的吸引力的。造成这种的情况的原因有三：一是当前我国对外开放的鼓励性优惠性政策的整体存量及其覆盖面已经基本饱和；二是当前我国各地区各省区市对外开放的鼓励性优惠性政策趋同度很高；三是在当前日趋激烈的国际市场竞争中各个国家竞相出台各种对外开放的鼓励性优惠性政策，而且各国政策雷同化现象明显。在这种全新的国际国内背景下，逆全球化和新冠肺炎疫情使吸引外资畅通国际循环的压力陡增。如此一来，要构建国内国际双循环相互促进的新发展格局，以制度建设的方式营造和优化对外营商环境的必要性已经不言而喻。优化营商环境的关键不仅在于降低经济贸易活动中企业的制度性交易成本，更在于在继续强化巩固放管服改革的同时深化政府职能转变，营建风清气正廉洁高效新型政商关系。综合以上可知，一方面，以"开放"为助推促进实现经济社会高质量发展，就要打破原有"要素型开放格局"和"政策型开放格局"习惯追加优惠政策的路径依赖，营建"制度型对外开放新格局"，而要营建"制度型对外开放新格局"，就要以制度建设的方式营造和优化对外营商环境。另一方面，要以制度建设的方式营造和优化对外营商环境，就必须推进政府职能转变，营建亲清新型政商关系。由此可见，国际政治实则是国内政治的延伸，国内循环与国际循环密切相关，对外政策与对内政策休戚与共，要营建国际一流的对外营商环境，就需要推进实现国家治理和社会治理现代化。最重要的是，只有在培育和强化我国经济发展正外部性的基础上切实优化营商环境尤其是优化对外营商环境，并营建亲清新型政商关系，才能疏通国内国际双循环——这不仅是培育和营建"双创"环境的治本之策,更是新发展格局背景下推进实现社会治理现代化的关键点和突破口。

(五) 推进经济社会高质量发展以"共享"为目标

构建新发展格局与新发展阶段推进社会治理现代化之间之所以具有高度的内在契合度,还在于二者共同以推进经济社会高质量发展为旨向,而推进经济社会高质量发展又以"共享"为目标。

正如习近平总书记在会见 2017 从都国际论坛的世界领袖联盟成员时所言:"中国特色社会主义进入了新时代。中国社会主要矛盾已经转化为人民日益增长的美好生活需要和不平衡不充分的发展之间的矛盾。以前我们要解决'有没有'的问题,现在则要解决'好不好'的问题。我们要着力提升发展质量和效益,更好满足人民多方面日益增长的需要,更好促进人的全面发展、全体人民共同富裕。"[1] 习近平总书记的这番讲话内蕴的政治含义,即"人民就是江山,江山就是人民"[2],人民群众不仅是经济社会发展的主体,也是经济社会发展的受益者,新时代中国特色社会主义现代化的价值诉求,就是针对新时代我国社会主要矛盾,更好地满足人民日益增长的对美好生活的向往和需求。[3] 从这个角度而言,在促进深化供给侧结构性改革与强化需求侧管理的结构性耦合的基础上,切实巩固脱贫成果有效推进共同富裕,并实现和保障经济社会发展的共享性不断增强人民群众的安全感、获得感与幸福感,这是构建新发展格局、推进社会治理现代化和推进实现经济社会高质量发展的终极目标。如前所述,基于时代背景与自身发展需求,推进经济社会高质量发展、构建新发展格局依循三条主线:一是旨在促进全民共同富裕以国内大循环为核心的消费升级主线,二是旨在提高全要素生产率以创新为引领的产业升级主线,三是旨在贯彻绿色经济理念提高能源质量和促进新能源革命的能源结构升级主线。构建新发展格局这三条主线的基本

---

① 《习近平谈治国理政》第 3 卷,外文出版社,2020,第 133 页。
② 边志伟、张桂然:《人民就是江山,江山就是人民——从新中国 70 年奋斗历程汲取前行智慧和力量⑥》,《解放军报》2019 年 9 月 9 日,第 6 版。
③ 何星亮:《不断满足人民日益增长的美好生活需要》,《人民日报》2017 年 11 月 14 日,第 7 版。

要义归旨于，实现"两个一百年"奋斗目标的无缝衔接，促进经济社会高质量发展和实质性推进全民共同富裕进程，以确保新时代中国特色社会发展道路的社会主义属性不变——而这与新发展阶段推进社会治理现代化的目标诉求高度一致。构建新发展格局与新发展阶段、推进社会治理现代化目标诉求的一致性，表现在如下几个方面。

第一，坚持经济社会发展的人民性。

坚持经济社会发展的人民性，就是坚持以人民为中心，坚持经济社会发展的社会主义本质规定性。不断实现和满足人民群众对美好生活的向往需求，不仅是习近平新时代中国特色社会主义思想中的价值内核与根本要义，也是新时代中国特色社会主义现代化建设事业的基本方略，更是聚焦新时代社会主要矛盾不断提升人民获得感、幸福感与安全感的实现路径。带领全国各族人民创造美好幸福生活，是中国共产党人始终不渝的"初心"和"使命"。要践行实现这一"初心"和"使命"，就要求我们党必须将人民群众有关对美好生活的向往需求作为相关制度政策的根本指针，围绕这一根本指针形成制度和政策合力，并将这种合力聚焦于实现好、维护好和发展好最广大人民根本利益的行动力和执行力上来。

第二，在经济社会发展中切实有效保障与改善民生。

坚持经济社会发展的人民性，是新时代中国特色社会主义经济社会发展目标诉求，而要实现这一目标诉求则必须增进民生福祉。恰如习近平总书记所言，人民群众不仅是发展的主体，也是经济社会发展最大的受益者，如若经济社会的发展与人民对美好生活的期盼相脱节，如此的发展就失去了社会意义和政治意义，其所谓发展也必然是不可持续的。坚持"以人民为中心"发展思想，不是一个束之高阁的空洞概念，更不是一个只停留在嘴边笔端的响亮口号，而应该是内置于在经济社会发展各项制度各项政策各个领域各个环节的根本原则。前些年，国务院发展研究中心研究员吴敬琏教授曾经在接受媒体采访时就经济发展速度和发展目标的辩证关系进行过比较经典的论述。他认为，发展速度没有发展目标重要，发展的速度可张可弛，但是如果发展的方向偏离了"提高就业改善民生"这一既定目标，发展的意义也就丧失了。吴敬琏教授有关发展速度和发展目标的这一论断，不仅符合经济学和社会学的一般性学理逻辑，也符合习近平总书记所提出的"以人民为中心"的发展思想。自党的十八大以来，以习近平同志为核心的党中央始终依循"幼有所育、学有所教、劳有所得、住有所居、老有所养、病有所医和弱有所扶"的社会建设标准，坚持在推进经济社会发展进程中不断保障与改善民生，这些年来我国总体民生福祉得到不断改善。就具体相关统计数据而言，多个单项统计数据和综合统计数据都证明我国居民民生福祉呈现大幅度提升的总体态势。全国居民人均可支配收入由 1978 年的 171 元增加至 2021 年的 35128 元[1]，中等收入群体在总人口中占比持续扩大，脱贫攻坚战已经胜利收官，与此同时，包括教育、医疗、养老、低保与住房等在内的社会保障体系已经建立健全，全面建成小康社会奋斗目标如期实现，全国居民总体预期寿命由 1981 年的 67.8 岁增至 2019 年的 77.3 岁，婴儿死亡率从 2000 年的 32.2‰下降至 2019 年的 5.6‰[2]，与此同时，国家总体安全全面加强，社会大局总体保持稳定，社会治理体系得以不断完善。[3] 由上可知，在经济社会发展中切实有效保障与改善民生，不仅是新时代中国共产党人治国理政促进实现经济社会高质量发展和"共享"发展的落脚点，也是这些年来我们党矢志不渝为之奋斗的初衷。

第三，在经济社会发展中准确科学全面把握"共享"发展的内涵、外延和实现路径。

共享发展不仅是马克思主义理论体系人民性的内在要求，更是中国特色社会主义本质规定性的必然要求。在党的十八届五中全会上，党中央正式提出包括"创新、协调、绿色、开放和共享"在内的"新发展理念"，并着重强调"创新是发展的动力，共享是发展的目的"，要坚持共享发展，必须坚持"发展为了人民，发展依靠人民和发展成果由全体人民共享"。要真正实现经济社会发展的"共享"目标，就必须作出更加行之有效的制

---

① 《2021 年居民收入和消费支出情况》，国家统计局网站，http：//www.stats.gov.cn/tjsj/zxfb/202201/t20220117_1826403.html。

② 万东华：《从社会发展看全面建成小康社会成就》，国家统计局网站，http：//www.stats.gov.cn/tjsj/sjjd/202008/t20200804_1780439.html。

③ 黎昕：《不断提高人民群众获得感幸福感安全感》，《光明日报》2019 年 5 月 10 日，第 6 版。

度安排并形成制度和政策合力，令广大人民群众在共建共享的经济社会发展中有更多的获得感幸福感安全感，激发发展动力，团结带领各族人民，标定经济社会发展朝着共同富裕的方向阔步前行。"共享"发展理念的确立，是新时代中国共产党人有关经济社会发展思维发展战略的创新发展，也是我们党立足马克思社会有机体理论和依据多年建设经验，对执政规律、社会主义现代化建设规律和人类社会发展规律的再认识，更是新格局新阶段背景下推进经济社会发展的根本遵循与行动指南。如要牢固树立并切实贯彻践行"共享"发展理念，就必须首先准确科学全面把握"共享"发展的内涵、外延和实现路径。

首先，"共享"发展的核心内涵是指发展成果受益的覆盖面，"共享"发展即全民共享和全面共享。立足社会主义本质论就不难理解，促进改革发展成果的全体人民共享，这是由我国社会主义国家性质决定的。从我们党"两个先锋队"的性质和"全心全意为人民服务"的根本宗旨出发，促进改革发展成果的全体人民共享，又是由党的性质和宗旨决定的。因此，促进实现"共享"发展既有理论依据，又有政治基础，更有现实需要。因此，习近平总书记才明确指出，促进实现改革发展成果由广大人民群众共享，不仅是社会主义本质规定性的内在要求，也是中国共产党人"不忘初心，牢记使命"的重要体现。所谓"共享"发展，首先指的是"共享"的覆盖面，即全体人民都可在经济社会发展中获益，而不是只有一部分人或一部分群体受益，否则，经济社会发展的方向就与社会主义本质属性背道而驰了。改革发展成功与否的最终评判标准，就是"三个有利于"，尤其是要看广大人民群众是否共同分享或受益于改革发展成果。人民并不仅仅是一个抽象的和整体的哲学概念，其也是一个具体的和分阶层的现实概念。推进"共享"发展就是要使各地区、各民族和各阶层的人民群众都分享和受益于改革发展成果，一个地区也不能少，一个民族也不能掉队，一个阶层也不能被放弃。另外，"共享"发展除了是指全民共享，还是指全面共享。经济社会发展不是单纯的经济增长，而是经济社会全领域的发展进步，当然，随着经济社会的不断进步人民生活需求也在不断发展进步。经济社会发展的全面性与人民需求的全面性相辅相成，这就决定了人民群众共享的全面性。就共享的领域而言，所谓全面共享理应涵盖经济、政治、社会、文化和生态文明等各领域发展成果的共享。以往很多人都会有一种误解，误将共享直接与共享经济发展成果画等号，这完全是一种误读。共享经济发展的物质成果，这是共享发展的经济基础和物质起点，可是，这绝不是共享发展的唯一含义。尤其是随着经济社会的不断发展进步与人民生活水平的普遍提高，广大人民群众除了物质需求之外，对政治、文化、社会和生态环境等诸多领域的共享需求也逐渐显现。这种现实需要就要求我们应该统筹推进建设"五位一体"总体布局，使各领域各方面各环节协调发展，全面保障和提升广大人民群众各领域各方面的合法权益。具体而言，就是将人民群众关注的焦点视为党和政府工作的着力点和突破点，积极有效应对和解决人民最关心、最现实和最直接的教育、医疗、住房、就业、养老、食品安全和生态环境保护等现实利益问题，不断提升广大人民群众的获得感、幸福感与安全感。当然，在此尤其需要明确的是，近些年来有部分学者将"共享经济"和"共享发展"混为一谈，这实际上既有悖于价值理性也有悖于工具理性，完全是对"共享经济"和"共享发展"的一种误读。所谓共享经济（Sharing Economy），一般指代的是资源或服务供给方依托数字平台将暂时闲置的资源或技术服务有偿地供给资源或服务需求方的一种高效市场化交易模式。其与"共享"发展完全不是一个维度的概念，"共享"发展是标定经济社会发展方向的价值理性维度的概念，而共享经济是数字经济的一种实现机制与市场化运作模式，归根结底，我们可以将共享经济简单理解为基于数字平台的租赁业务模式。因此，共享经济完全是工具理性层面的一个概念，不可将其与"共享"发展画等号。另外，从"共享"发展的实现机制和具体环节来看，全面共享不仅包括发展成果的分享，还包括发展权利与发展机会的共享。其中，发展成果的共享，是"共享"发展的必然结果与集中体现。发展权利的共享是"共享"发展的先决条件与逻辑起点；发展机会的共享则是"共享"发展的关键所在与核心内容。在多种理论原因和现实因素的制约之下，现阶段我国在发展权利、发展机会和发展成果共享机制方面存在尚不完善之处。其具体表现，就是因区域、城乡和社会阶层的不同致使人们在享受就业、教育、医疗和社保等诸多领域仍然存在不小的差距。为了切实实现"共享"发展，要求我们必须基于公平正义原则，不断健全相关机制体制和公共政策体系，形成制度和政策合力为全体社会成员提供平等参与经济社会发展的权利与发展机会，为促进实现人的全面自由平等发展奠定法治保障提供政策支持。

其次，从"共享"发展的实现途径和发展进程来看，共享是共建共享与渐进共享。"共享"发展并非"一刀切"，并非同时同步同等程度实现共享。究其原因有二：一方面，经济社会发展具有不平衡性，即人的才智、体力、家庭环境和努力程度都存在客观差异，这些差异对于"共享"发展的同步性同时性构成现实制约；另一方面，尽管中国特色社会主义已经进入新时代，但是，这并没有改变我们仍然处于社会主义初级阶段这一历史定位，如果在经济基础还相对薄弱的社会主义初级阶段搞无差别所谓"共享"，很可能会陷入平均主义的历史泥潭。同时，历史经验已经一再告诫我们，搞平均主义也是对经济社会主体生产积极性和经济社会活力的极大抹杀，绝不可取。当然，虽然我们不可能在当前的经济社会背景下实现无差别共享，但是，社会主义绝不允许贫富分化的极端化和固化。极端的贫富分化，既有悖于社会主义的本质属性，也会为经济社会生活埋下不稳定的隐患。促进实现全民共享的现实诉求，就是要在把贫富差距控制在合理区间的基础上，逐步缩小贫富差距。共建是共享的生产力基础和物质前提，就生产力与生产关系以及经济基础和上层建筑的辩证关系而言，如要实现人人共享，就必须要人人共建。新时代中国特色社会主义现代化事业只有依靠广大人民的共同努力和共同建设，经济社会才能取得不断发展进步。为了说明这个道理，习近平总书记曾引用荀子在《劝学》中所言："不积跬步，无以至千里；不积小流，无以成江海。"这是说行程千里，都是从一步一步开始；无边江河，都是由涓涓细流汇聚而成。其引申含义则是指如果做事不从一点一滴中做起，就会一事无成。习近平总书记还曾借用王符在《潜夫论·释难》中所言："大鹏之动，非一羽之轻也。骐骥之速，亦非一足之力也。"这句话的道理也很浅显，其意指能直上九天的大鹏鸟，不可能靠一只翅膀的扇动就一飞冲天；同理，千里马即使跑得再快，也不可能只靠一只脚的力量就驰骋千里。这句话比喻和形容的是事物都是相辅相成的。这就是说我们要促进实现"共享"发展，就必须立足共建的基础上，推进渐进共享。这要求我们不仅要调动全体人民共建的主动性积极性，更要革除阻碍实现"共享"发展的体制机制方面的积弊。当前，在我国改革发展成果惠及全民的方面仍然存在一些亟待破解的结构性难题。党中央提出的新发展理念，不是停留在我们口头笔端的宣传标语，而是需要落到实处融入制度安排和政策体系各个领域各个层次各个环节的根本价值遵循。要将"共享"发展理念落到实处融入实体制度和政策全领域全过程，这就要求我们必须在坚持与完善社会主义基本经济制度及分配制度的前提下，在培育并形成经济社会发展新动力新优势的基础上，健全社会保障体系，深化分配制度改革，确保初次分配公平性，提升再分配调节有效性。既要做大国民经济这块"蛋糕"更要切好和分好这块"蛋糕"，巩固脱贫成果进一步缩小区域间、城乡间和人群间收入差距，让广大人民群众都能更多更广泛更有效地分享改革发展成果，切实推进共同富裕取得实质性进展。

第三节　从实践逻辑看新发展格局与新发展阶段社会治理现代化的内在契合度

探索新发展格局背景下社会治理现代化政策集群耦合路径的价值基础和逻辑前提，就是厘定新发展格局与新发展阶段社会治理现代化的内在契合度。厘定二者之间的内在契合度，要分别立足历史逻辑、理论逻辑和实践逻辑来阐释这一问题，这不仅符合学理规范，也是最具现实说服力的研究路径。此前，我们已经分别从历史逻辑和理论逻辑分析阐述了新发展格局与新发展阶段社会治理现代化的内在契合度，这为从实践逻辑看待这个问题提供了历史坐标，并奠定了理论基础。当然，对新发展格局与推进新发展阶段社会治理现代化的内在契合度的探讨，可从不同学科不同视角切入，而本课题则是以公共政策及公共政策集群耦合路径作为立足点开展相关研究论证的。基于这个主体视角，也基于以上历史逻辑和理论逻辑的铺陈，从实践逻辑看新发展格局与新发展阶段社会治理现代化的内在契合度，本书研究聚焦如下三个方面：一是构建新发展格局与推进新发展阶段社会治理现代化跨域政策主体的协同性；二是构建新发展格局与推进新发展阶段社会治理现代化政策绩效评估机制的重合性；三是构建新发展格局与推进新发展阶段社会治理现代化政策保障机制的同一性。

一　构建新发展格局与推进新发展阶段社会治理现代化跨域政策主体的协同性

分析并阐释构建新发展格局与推进新发展阶段社会治理现代化的政策主体间所具有的重合性，是从实践逻辑厘定新发展格局与推进新发展阶段社会治理现代化的内在契合度的实践基础。因为不论是从历史逻辑还是从理论逻辑来看，构建新发展格局与推进新发展阶段社会治理现代化都具有高度内在契合性，所以，构建新发展格局与推进新发展阶段社会治理现代化相关公共政策集群的责任主体本身就具有同一性。因此，基于学理逻辑对二者责任主体同一性的分析完全可以从略。我们应该将这部分的着力点聚焦于对相关政策跨区域、跨领域和跨产业主体间重合性的分析论证。概括而言，构建新发展格局与推进新发展阶段社会治理现代化跨域政策主体间所具有的重合性表现在三个方面：一是构建新发展格局与推进新发展阶段社会治理现代化相关政策跨区域主体间协同性；二是构建新发展格局与推进新发展阶段社会治理现代化相关政策跨领域主体间协同性；三是构建新发展格局与推进新发展阶段社会治理现代化相关政策跨业界主体间协同性。

（一）相关政策跨区域主体间协同性

构建新发展格局和推进新发展阶段社会治理现代化，是当前党和政府经济社会工作的中心任务之一，也是当前我国经济社会治理模式转型升级和国家治理体系治理能力走向"善治"的具体表现。走向新时代"善治"是我国推进实现经济社会高质量发展和推进实现国家治理现代化的必然趋势，而新时代"善治"的主要表现，就是在统筹推进"五位一体"总体布局和"四个全面"战略布局的进程中，形成相关制度之间、相关政策之间、相关制度和政策之间、相关政策责任主体之间的良性互动，形成基于制度和政策合力基础上的势能效应。但是，这种制度和政策合力及其势能效应并非依靠个别区域个别主体个别政策就可一蹴而就，这种良性互动机制和耦合机制，只有依托相关制度和政策跨区域主体间的协同合作才可成形。

首先，构建新发展格局的重心是培育形成畅通高效优质的国内大循环，培育和打通国内大循环就要求强化和优化相关制度及政策跨区域主体间的协同合作。特别值得强调的是，在 2020 年 7 月末召开的中共中央政治局会议上，面对自 2018 年以来尤其是自新冠肺炎疫情突袭而至以来国内外经济形势日趋复杂严峻和国际政治格局不稳定性陡然加剧等现实不利因素，党中央审时度势立足中长期发展战略高度，作出加快构建形成以国内大循环为主体、国内国际双循环相互促进的新发展格局这一重大战略性决策部署。这就等于是说，培育和打通国内大循环绝非权宜之计，而是党中央为维护国家总体安全和推进实现经济社会持续健康发展作出的顶层设计和战略布局。当然，构建以国内大循环为主体、国内国际双循环相互促进的新发展格局，并非"只内不外"或"有内无外"，也绝非"有外无内"，二者是相辅相成辩证统一的关系。但是，我们必须清醒地认识到，在当前国内外多种客观负面因素和不利形势的倒逼之下，我们除了培育和加强国内大循环之外已经别无选择。这就是说，尽管国内循环与国外循环存在辩证关联，但是，一定要分清孰轻孰重。在我国加入世贸组织之初，为了弥补我国国内储蓄与外汇储备的缺口，我国在很长一段时期内依托廉价劳动力和市场规模的比较优势着力发展中低端劳动密集型产业。如此一来，就逐渐形成了经济社会发展模式中的路径依赖。在这种固有的经济社会发展路径中，尽管我国踏上经济全球化的快车道实现了经济社会的飞速增长，但是，近些年来随着我国人口红利的逐渐式微，低劳动力成本这一比较优势已经不再显现。在这种情势之下，很多外资企业已经开始向南亚和东南亚等地转移。这说明我国在国际产业链和国际循环中原来的那种低劳动力成本比较优势已经逐渐流失，在日趋激烈的国际市场竞争中，我国只有逐步依靠中高端技术才能培育提升产业竞争力。然而，长期以来我国逐渐形成对西方发达国家产业的结构性依附，在这种依附性产业结构中相对缺乏高端制造业核心技术的支撑。虽然在自由贸易时期这种缺乏高端制造业核心技术支撑的产业结构的弊端并未凸显，但是，自 2018 年以来随着贸易保护主义和逆全球化的抬头，我国产业结构相对缺乏高科技核心技术支撑的弊端越发显现。尤其值得一提的是，近些年来我国在制造业总额、固定资产投资总额、购买力、工业总产值和外汇储备等一系列重要经贸领域长时间领跑全球，在已经习惯"美国优先"和"美国领先"的美国看来这是对其经济霸权的空前挑战，因此，美国挖空心思极力打压我国高端制造业甚至不惜以经贸脱钩相要挟。这不仅有悖于国际市场竞争的自由秩序，也破坏了全球供应链和产业链的原有平衡。随着我国在高端技术领域不断有所斩获和取得长足进步，中美围绕贸易与技术的纷争越发激烈，因此，培育旨在为我国建构一整套核心技术去依附化的产业链，形成有利于我国摆脱依附型发展困局的国内大循环，对于实现我国制造业的独立自主和积极有效有力应对反击国外制裁意义重大。而形成国内大循环既不可能一蹴而就，也不可能一劳永逸，只有依托相关制度和政策跨区域主体间的协同合作，只有强化优化相关政策跨区域主体间协同性，才能形成制度和公共政策集群合力进而形成覆盖全国的国内大循环。早在 2014 年 12 月召开的中共中央经济工作会议上，党中央就已经明确作出旨在促进区域协调发展的"三大战略"决策部署，即"一带一路"、京津冀协同发展和长江经济带三大战略——这三大战略旨在促进实现区域协调的发展战略具有一个共同的特点，那就是跨行政区划和促进区域协调发展。[1] 构建新发展格局，就是强化优化国家经济运行结构，即提升国家经济社会发展的生产力、影响力和免疫力。其中，强化优化经济社会发展结构的免疫力至关重要。在复杂的国内国际环境下，要形成经济社会发展结构的免疫力，就必须建立健全现代化经济体系促进实现国家经济体系的结构性优化。建设并完善产业结构升级和区域协调发展的现代化经济体系，不仅是我国经济社会发展的中长期战略目标，更是推动实现我国经济社会高质量发展的内在要求。培育新优势、形成新动能和促进联动的城乡区域协调发展体系，是建立健全现代化经济体系的工作重心。在当前及今后相当长的一个时期内，我国

---

[1] 《实施三大战略，促进区域协调发展（2014 年 12 月 9 日—2017 年 2 月 23 日）》，人民网，http://theory.people.com.cn/n1/2018/0103/c416126-29743050.html。

要以跨行政区划跨区域经济社会协调发展为既定目标，推进跨区域良性互动和城乡一体化融合发展，持续优化现代化经济体系的空间布局。而一旦涉及跨行政区划协调发展的问题，就必然会涉及一系列制度和政策耦合的问题，其中尤其突出的机制体制性问题就是经济绩效统计核算问题和政绩考核标准及其执行问题。这样一来，一方面需要党中央国务院在做好试点及调研的基础上做好宏观制度的顶层设计，另一方面也需要各行政区划政策制定及执行主体间结构性耦合机制的建立健全。

其次，推进新发展阶段社会治理现代化的重心，是在巩固脱贫成果推进共同富裕取得实质进展的基础上坚持和完善"共建共治共享"的社会治理新格局。党的十九届四中全会作出"社会治理是国家治理的重要组成部分"这一论断，在我们党史上是首次。这一重要论断，具有极其深刻的理论价值、实践价值与政治价值。尤其是新时代中国特色社会主义开启全面建设社会主义现代化国家新阶段以来，推进实现新发展阶段社会治理现代化更具特殊意义。我们知道，在党的十九大上，以习近平同志为核心的党中央作出"决胜全面建成小康社会，夺取新时代中国特色社会主义伟大胜利"的战略决策部署①，并明确提出全党全社会要在全面建成小康社会"第一个百年"奋斗目标如期实现的基础上，乘势而上乘势而为向"第二个百年"奋斗目标迈进正式开启"全面建设社会主义现代化国家"的新征程。计划到 2035 年前后，将我国建设成为"富强、民主、文明、和谐、美丽"的社会主义现代化国家，基本实现国家治理现代化，推进共同富裕取得实质性进展。届时，我国综合国力与国际影响力将居于世界领先地位。这一阶段推进社会治理现代化的经济基础，是巩固脱贫成果推进共同富裕取得实质进展，依循马克思社会有机体理论，只有奠定了坚实的经济基础才能寻求社会结构的发展进步和结构性优化。当然，党的十九届四中全会在全面深刻阐释全面推进国家治理现代化的内涵时，就已经对社会治理以及社会治理现代化的基本内涵核心诉求进行了规范化界定。新时代中国特色社会主义所倡导的"社会治理"是从属于国家治理体系范畴之内

---

① 《习近平谈治国理政》第 3 卷，外文出版社，2020，第 1~60 页。

的，具体而言，其意指诸元社会主体共同参与，以维持与规范社会秩序、预防与化解社会矛盾、保持社会稳定、保障社会与国家安全、协调经济社会关系、维护公平正义、促进社会主体关系和谐、激发经济社会活力、推动经济社会发展进步为宗旨的一系列经济社会活动。一方面，从"社会治理"的定义中可知，多元社会主体的共同参与是"社会治理"的题中之义。因此，确保和增进相关政策跨区域主体间协同性，乃是推进新发展阶段社会治理现代化的内在要求。另一方面，推进实现社会治理现代化是推进国家整体现代化的重要组成部分，只有切实有效的社会治理才能为国家整体现代化其他领域的发展建设提供必然的物质基础与社会保障。基于这种考虑，党的十九届四中全会又为推进实现社会治理现代化的内涵赋予了重大创新性要求，而这种创新性要求的实践及实现又依托于确保并增进相关政策跨区域主体间的协同性。

综上可知，不论是构建新发展格局还是推进新发展阶段社会治理现代化，都需要确保和增进相关政策跨区域主体间的协同性。确保和增进相关政策跨区域主体间的协同性，是继续全面深化改革促进实现区域协调发展和全面建设社会主义现代化国家的必由之路。

（二）相关政策跨领域主体间协同性

从改革实践层面来看，构建新发展格局和推进新发展阶段社会治理现代化，不仅需要确保和增进相关政策跨区域主体间的协同性，还要保证并不断提升相关政策跨领域主体间的协同性。如果说确保和增进相关政策跨区域主体间的协同性，是为了推进实现区域协调发展，那么，保证和提升相关政策跨领域主体间的协同性，则是为了更好地凝聚相关制度和政策合力，进而更加积极有效地促进实现经济增长与社会发展的结构性耦合。不管是立足经济增长理论、发展型社会政策和马克思社会有机体理论的理论逻辑，还是立足中国特色社会主义现代化建设的实践逻辑，推进相关政策跨领域主体间协同性都是构建新发展格局和推进新发展阶段社会治理现代化的必然选择。严格来说，我们在这里所谓构建新发展格局与社会治理现代化跨领域政策主体的协同性，主要表现为经济政策与社会政策本身的协同性，以及经济政策责任主体和社会政策责任主体之间的协同性。

如前所述，构建新发展格局的核心任务就在于形成畅通高效优质的国内大循环，而优质高效的国内大循环的良性运转，是需要经济增长新动能新优势予以赋能的。如果把优质高效的国内大循环形象地比喻为一辆性能优良的跑车的话，那么，这辆车的驱动力自然来自它的引擎，而这个"引擎"就是经济增长的新动能以及由新动能形塑的经济增长新优势。这就是说，如要形成培育和打通国内大循环就必须培育经济新动能和经济增长新优势，培育经济新动能和经济增长新优势就要求强化和优化相关制度及政策跨领域主体间的协同合作。这是因为只有强化相关制度及政策跨领域主体间的协同性，才能使持续多年的供给侧结构性改革的探索性成果阶段性成果实现生产力转化。我们知道，经济增长理论是关注经济制度和经济政策制定实施全过程的相关理论体系，其基本特征就是综合运用各种均衡分析方法或其衍生方法，以建构各种经济分析模型的途径，系统对比与考察长周期内经济增长动态过程，并借此探索经济平稳运行状态下经济均衡性增长所需各种条件。归纳起来，影响经济增长的制约因素大致可以分为三种类型，即资源性制约因素、技术性制约因素和制度性制约因素。归根结底，促进经济政策与社会政策本身的协同性，以及达成经济政策责任主体和社会政策责任主体之间的协同性，就是在改革与优化影响经济社会发展制度性因素的基础上，整合或激发其他因素推进实现经济社会高质量发展。

如果单从社会治理现代化的视角来看，只有围绕社会治理的多元性、公共性与共同性推进社会治理机制体制创新，才能在保证社会主义本质规定性不变的基础上体现社会治理的价值诉求和实际效能。正是因为如此，党中央在准确把握新时代社会治理运行规律与特点的基础上，为进一步完善社会治理制度体系明确了坚持与完善"共建、共治、共享"的改革方向。不言自明，"共建、共治、共享"这一改革方向内蕴社会治理须多主体参与这一基本含义。既然社会治理需要多主体参与其中，那么，多主体间协同性的高低必然就是社会治理效能优劣的晴雨表。因此，自党的十九届四中全会以来，党中央对新时代中国特色社会主义推进实现社会治理现代化的境界诉求给出了明确界定，即建设"人人有责，人人尽责和人人享有"的社会治理共同体。这不仅为新时代推进实现社会治理现代化建设取得实质进展提供了方向指引，也是我们党对社会治理自身发展规律认识进一步深化与拓展的理论表现。后来，在 2020 年 8 月 24 日召开的中共中央经济社会领域专家座谈会上，就如何正确科学认识与把握经济社会中长期发展等一系列重大问题，习近平总书记进一步强调指出，我们要建设和完善"共建共治共享的社会治理制度，实现政府治理同社会调节、居民自治良性互动，建设人人有责、人人尽责、人人享有的社会治理共同体。要加强和创新基层社会治理，使每个社会细胞都健康活跃，将矛盾纠纷化解在基层，将和谐稳定创建在基层"。① 可以说习近平总书记的这些重要论述，是我们党为"十四五"时期乃至整个"全面建设社会主义现代化国家"新发展阶段推进实现社会治理现代化提出的最新目标要求。这一系列最新目标要求，一方面为当前和今后相当长一段时期优化社会结构、调整社会关系、规范社会行为和疏导社会心理等社会治理各领域工作提供了方向指南，另一方面也为新发展阶段进一步创新与优化社会治理并为构建新发展格局指明了方向。这里所提到的社会治理共同体，其理论渊薮可追溯至马克思社会有机体理论。马克思和恩格斯在多部经典著作中都曾经提及社会共同体思想，并在马克思社会有机体理论体系中详细阐述了社会共同体的形成和运行逻辑。党中央提出的要建设的新时代中国特色社会主义的社会治理共同体，指的是人民群众在共同的经济社会条件下以推进形式或纽带形式联结起来的社会组织体。新时代中国特色社会主义的社会治理共同体强调的是，多元社会主体及社会成员以共同利益、共同价值、共同规范、共同发展和共同承担为核心的共治社会有机体。只有如此，才能充分调动各方面积极因素，有效开拓社会治理的新局面和新境界。由上可知，促进和达成多元社会主体的耦合协同以及促进和达成相关政策跨领域主体间的耦合协同，是推进新发展阶段社会治理现代化开创社会治理新格局的内在要求和必由之路。如要达成这种结构性耦合，相关机制体制建设至关重要。建设新时代社会治理共同体推进新发展阶段社会治理现代化，建立健

---

① 王斌通、马成：《以共建共治共享构建社会治理共同体》，光明网，https://theory.gmw.cn/2020 – 09/21/content_34206997.htm。

全相关体制机制是关键所在。众所周知，党的十九届六中全会通过的《决议》，对我们党一百年来光辉奋斗历程中凝结的历史经验进行了系统总结。《决议》中总结和梳理的有关中国共产党百年历史经验中的第一条，就是"坚持党的领导"。为了强调"坚持党的领导"的重要意义，《决议》还明确指出："治理好我们这个世界上最大的政党和人口最多的国家，必须坚持党的全面领导特别是党中央集中统一领导，坚持民主集中制，确保党始终总揽全局、协调各方。"① 坚持中国共产党的领导，既是新时代中国特色社会主义的最本质特征，更是新时代中国特色社会主义最大的制度优势。② 推进新发展阶段社会治理现代化，就必须要更加坚定自觉地坚持和发挥我们党"总揽全局，协调各方"的领导作用，这是因为只有将党的领导贯穿于社会治理体系的全领域和全过程，才能协调多元社会主体有序、有效、有为地参与社会治理，并切实应对和积极解决包括人民内部矛盾有效化解机制、社会风险预警应急处突机制和社会风险常态化治理机制等在内的一系列基础性机制体制建设问题。

（三）相关政策跨业界主体间协同性

从公共政策集群实践层面来看，构建新发展格局和推进新发展阶段社会治理现代化，不仅需要确保和增进相关政策集群跨区域主体间的协同性和跨领域主体间的协同性，还需要在具体政策实践层面促进达成相关政策集群跨业界主体间协同性。就主体指向性而言，此前我们论及的相关政策集群跨区域主体间协同性和相关政策集群跨领域主体间协同性，都基本指向公共政策的责任主体，而构建新发展格局和推进新发展阶段社会治理现代化相关政策集群跨业界主体间协同性的主体指向性，更多倾向于公共政策的责任客体（经济和社会主体）。

首先，从构建新发展格局的相关政策集群实践层面来看，要营造国内大循环就得充分调动和实现相关公共政策集群的势能效应和集聚效应，在继续深化供给侧结构性改革的同时强化优化需求侧管理，进而在实现经济

---

① 张浩：《确保党始终总揽全局、协调各方》，《光明日报》2022 年 3 月 15 日，第 6 版。
② 习近平：《中国共产党领导是中国特色社会主义最本质的特征》，《求是》2020 年第 14 期，第 1~3 页。

社会高质量发展的基础上推进供需良性动态平衡。在此，有两个基本事实需要我们予以高度重视，第一个基本事实是经济运行从来都不是彼此隔绝的静态式孤立存在，而应该是一个充满竞争充满活力的动态循环过程；第二个基本事实是我国自改革开放以来早已经深度融入经济全球化整体运行体系之中，即使是在新冠肺炎疫情和不稳定的国际局势严重冲击全球经贸秩序的当前背景下，我国要扩大内需打造国内经济大循环也仍然脱离不开国际产业链国际供应链的协同与畅通。恰如习近平总书记在 2020 年 7 月 21 日的企业家座谈会上强调的那样："以国内大循环为主体，绝不是关起门来封闭运行，而是通过发挥内需潜力，使国内市场和国际市场更好联通，更好利用国际国内两个市场、两种资源，实现更加强劲可持续的发展。"[①] 而要充分实现国内国际双循环相互促进必须明确两个重要的着力点，一是营建优质的对内对外营商环境，二是形成经济社会发展的创新驱动模式转换经济社会发展新动能，树立参与国际合作国际市场经济竞争新优势。二者相辅相成，这是因为只有转换经济社会发展新动能树立参与国际合作国际市场经济竞争新优势，才能增进并巩固我国经济正外部性和经济内循环的凝聚力，进而形成优质的对内对外营商环境。反过来，营建优质的对内对外营商环境，又会为我们构建以国内大循环为主体、国内国际双循环相互促进的新发展格局奠定基础。非常令人欣慰的是，在商务部于 2022 年 3 月 17 日举行的例行新闻发布会上，商务部新闻发言人高峰正式对外公布 2022 年开年前两个月我国实际使用外资情况，并明确指出了我国实际使用外资金额连续快速增长的主要原因。据此次商务部公布的信息可得到两个基本结论，一是我国 2022 年 1~2 月全国外资企业总体运营情况稳定；二是 2022 年前两个月我国实际使用外资总额与上一年同期相比净增长 37.9%，尤其值得一提的是，1 亿美元规模以上外来投资大项目实际到资与上一年同期相比净增长 74.3%。商务部将我国近来吸引和实际使用外资增幅再创新高主要归因为三个方面：（1）我国经济增长长期向好的基本面和基本趋势没有改变；（2）2022 年以来，在疫情等负面因素的压力之

---

① 习近平：《在企业家座谈会上的讲话》，人民出版社，2020，第 10 页。

下，我国经济仍然呈现持续稳定恢复的总体态势；（3）国内生产需求的较快增长和国内消费的稳步恢复，进一步增进和巩固了外国投资者的投资合作信心。[①] 因此，"打铁还需自身硬"这一论断不仅适用于党建和政治发展领域，也同样适用于经济和社会发展领域。也就是说只有营建起畅通优质的国内大循环才能提升我国经济在复杂国际环境中的生命力、影响力、吸引力和免疫力，才能为推进实现国内国际双循环相互促进的良性新发展格局奠定坚实的物质基础，即营建和优化国内经济大循环是构建新发展格局的关键点与落脚点。如要营建和优化国内经济大循环，就要在经济社会高质量发展基础上推进供需良性动态平衡，其关键点还在于建构优质高效和充满活力竞争力的供给体系。如此一来，相关政策跨业界主体间协同性的重要性就凸显出来了。自 2010 年以来，尤其自 2018 年美国发动针对我国的贸易摩擦和科技打压以来，西方对我国加大包括光刻机技术、航空发动机技术和真空镀膜技术等在内的很多关键核心技术的限制甚或封锁。尽管这对我国的经济社会发展构成了负面压力，但是，我国不仅是全球唯一拥有全部工业门类的国家，还在超高压电、高铁、核废料再利用和 5G 网络等关键核心技术领域树立了傲视全球的技术优势，这为我们今后进一步凝聚集成现有技术优势早日在关键核心技术短板领域实现重大突破奠定了坚实的物质基础。若要在进一步凝聚集成现有技术优势的基础上在关键核心技术短板领域实现重大突破，打破企业壁垒和产业壁垒确保并增进相关政策跨业界主体间协同性的重要性必要性就毋庸赘言了。

其次，从推进新发展阶段社会治理现代化的相关政策集群实践层面来看，要营建"共建共治共享"的社会治理共同体和社会治理新格局，就要立足巩固脱贫成果推进共同富裕的经济基础，以夯实巩固党和政府公信力为核心，推进实现社会风险应急处突机制和社会风险长效常态化综合

[①] 《商务部：中国将进一步扩大高水平对外开放》，央视新闻客户端，https://content-static. cctvnews. cctv. com/snow-book/index. html? item_id = 843813391404374704&t = 1647502304626&toc_style_id = feeds_default&share_to = copy_url&track_id = d57df703 – 62d2 – 45e2 – a726 – 2b4ee0bd7ea2。

治理机制的结构性耦合。而要促进实现社会风险应急处突机制和社会风险长效常态化综合治理机制的结构性耦合，就必然要依托于关涉"产＋学＋研＋消费"相关政策跨业界主体间的协同性。

最后，从第七次全国人口普查公布的数据结果来看，我国当前经济领域存在的很多瓶颈性问题大多都源自于人口结构和人口素质等因素的制约。这就应和了前文所提及的一个核心观点，即经济发展状况往往受制于社会结构。当然，事实上很多社会领域的一些结构性问题大多是由经济发展状况所引发的。以近些年来持续走低的人口出生率为例，最能说明问题。自 2016 年我国放开二孩政策出台以来，我国新生儿出生率不升反降，而且是持续降低。① 这种人口政策初衷与现实人口出生状况之间的错配现象和矛盾表现，都是源自经济领域结构性问题造成的对人口出生率的限制性瓶颈效应。出现这种情况的现实原因是随着经济社会生活中社会成员工作竞争压力、生活成本和房价的逐年走高，适婚人口选择生育的能力和意愿都在锐减。随着我国新生儿出生比例的连续降低，人口老龄化问题的负面效应必然会日益显现。人口老龄化问题的凸显会对经济社会生活产生多种影响，其中，最典型的负面影响，是随着人口老龄化问题的加剧，一方面适龄劳动力人口比例会下降，另一方面家庭和社会养老负担也会不断加重。正是基于这一考虑，一是为了贯彻和落实党的十九大，党的十九届二中、三中、四中和五中全会会议精神；二是为了促进实现人口长期均衡发展，2021 年 7 月中共中央和国务院联合出台了《关于优化生育政策促进人口长期均衡发展的决定》，即人们通常所说的"三孩"政策。这一政策的出台是对原有生育政策的进一步调整优化，是关系整个国家未来经济社会发展大势的大事。② 为了积极应对这一问题，除了出台最新的生育政策，2022 年国务院又相应地发布了《"十四五"国家老龄事业发展和养老服务体系规划》（以下简称为《规划》）。《规划》的发布，标志着我国"十四

---

① 《新时代高质量发展的人口机遇和挑战——第七次全国人口普查公报解读》，国家统计局网站，http://www.stats.gov.cn/xxgk/jd/sjjd2020/202105/t20210512_1817342.html。
② 《中共中央 国务院关于优化生育政策促进人口长期均衡发展的决定》，中国政府网，http://www.gov.cn/zhengce/2021-07/20/content_5626190.htm。

五"时期推进全社会积极应对人口老龄化的制度和公共政策格局已经初步形成。与《规划》的制定和执行直接相关的部门有国家发展改革委员会、国家卫生健康委员会、民政部和国家医保局四部门。[①] 由此可知,要妥善应对人口老龄化问题,必须依托多部门多主体的共同参与和相关多种公共政策集群结构性协同耦合。尤其需要关注的,就是如果经济领域的结构性问题不能得以有效改善,单纯的社会政策是很难发挥效能的。因此,在这种情形下要推进社会治理现代化,相关政策集群跨业界主体间协同性的重要性就非常明显了。

二 构建新发展格局与推进新发展阶段社会治理现代化政策绩效评估机制的重合性

从实践逻辑看新发展格局与推进新发展阶段社会治理现代化的内在契合度,是探索新发展格局背景下社会治理现代化相关政策集群耦合路径的现实依据。因为二者价值理念相通政治基础一致,二者都是以巩固脱贫成果推进共同富裕为基础和宗旨的,所以,构建新发展格局与推进新发展阶段社会治理现代化的相关政策绩效和政绩考核机制理应具有重合性和交叉性。改革开放40多年来,我国经济社会发展进步取得了举世瞩目的成就,并开创了震惊全球的"中国奇迹"。然而,我们不得不面对的一个基本事实,那就是我们在为我国经济社会发展的巨大成就而倍感振奋的同时,更应该注意到我国原有经济社会发展所依赖的粗放型增长方式所引发的包括贫富分化、环境污染和产业结构不合理等在内的一系列亟待妥善解决的机制体制性问题。出现这些问题的原因众多,其中,各级政府绩效和政绩考核机制体系的不健全,是导致我国经济社会发展低效能的关键性因素。因此,构建新发展格局与推进新发展阶段社会治理现代化的相关政策绩效和政绩考核机制,理应建立在巩固脱贫成果推进共同富裕这一共同价值理念的基础之上。

---

① 《推动全社会积极应对人口老龄化格局初步形成——四部门有关负责同志就〈"十四五"国家老龄事业发展和养老服务体系规划〉答记者问》,《新华每日电讯》2022年2月22日,第2版。

（一）以巩固脱贫成果推进共同富裕为指引完善政府绩效和政绩考核标准

在现代政治经济社会运行体系中，各级各地党政机关及其相关职能部门政绩的优劣高低好坏是各级各地党政机关负责人员升迁考核的主要依据和核心标准。然而，改革开放以来我国各级各地党政机关政绩考核标准受到重商主义经济发展模式的直接影响，一度陷入"唯GDP论"的机制体制窠臼难以自拔。这种"唯GDP论"式的党政机关绩效和政绩考核机制体制的弊端逐渐显现。在这种绩效和政绩考核标准之下，滋生出了片面化、数字化和形象工程化的畸形政绩观，而这种畸形政绩观在机制体制方面对经济社会的健康可持续发展形成了最大阻碍。近些年来，尤其是党的十八大以后，党中央和国务院已经充分认识到错误政绩观所产生的恶性多米诺骨牌效应的风险与危害，因此，党中央和国务院通过对各地各级党政机关及其职能部门的深入调研，得出对此问题的全面认识和正确结论，并在此基础之上开始有针对性地调整与改革党政机关绩效和政绩考核标准。党中央和国务院面对现实中已经长期错位的政绩观，发现导致这一问题的主要原因，在于很多地方党政机关在重商主义和管理主义的影响下将政绩简单粗暴地理解为拉动经济增长的绩效，却往往忽视甚或无视了作为社会主义国家党政部门政绩观的政治价值与现实意义。鉴往知来便可未雨绸缪，要探索新发展格局背景下推进社会治理现代化相关公共政策集群耦合路径，就应该明辨构建新发展格局和推进新发展阶段社会治理现代化的内在耦合度——而从公共政策实践视角切入，我们不难发现和理解的是，构建新发展格局和推进新发展阶段社会治理现代化必然会涉及与其相关的多元公共政策集群，要形成与其相关的多元的制度和政策合力，就理应以巩固脱贫成果推进共同富裕为指引完善相关政府绩效和政绩考核标准。以巩固脱贫成果推进共同富裕为指引完善政府绩效和政绩考核标准的主要工作可以归纳为如下三个方面，即以推进共同富裕理念为指引实现政绩考核"考人"与"考绩"相统一；以推进共同富裕理念为指引促进政绩考核"实绩"与"潜绩"相补充；以推进共同富裕理念为指引保证政绩考核"定性"与"定量"相结合。

（二）以巩固脱贫成果推进共同富裕为主体改革政府绩效和政绩考核方式

恰如《贞观政要》中所言，"为政之要，惟在得人，用非其才，必难致治"①，而若要知事知人，则重在考核。正是因为如此，中共中央组织部于2020年正式印发了《关于改进推动高质量发展的政绩考核的通知》（以下简称为《通知》）②，《通知》统一要求全国各地各级党政机关及相关职能部门组织人事部门围绕推动高质量发展目标任务，结合实际认真抓好贯彻落实。③如上所述，错位的政绩观会产生恶性多米诺骨牌效应，为了规避这种错误，改革党政机关绩效和政绩考核制度体系势在必行。因为各级各地党和政府绩效和政绩考核制度体系之中有三大部分，即考核标准、考核方式和考核结果的使用，所以，与考核标准相呼应，建立健全以巩固脱贫成果推进共同富裕为主体改革政府绩效和政绩考核方式的必要性已经不须多言。具体而言，如若探索建构以巩固脱贫成果推进共同富裕为主体改革政府绩效和政绩考核方式，应遵循两个主体向度：一是夯实并保障党政机关绩效和政绩考核机制体制建设符合马克思主义价值观、社会主义本质规定性和政治合法性的政治伦理基础，具体来说，就是坚持以科学发展、实事求是、公平正义和"以人民为中心"为核心设置党政机关及职能部门绩效和政绩考核机制体制；二是以巩固脱贫成果推进共同富裕为主体改革政府绩效和政绩考核方式，具体而言，就是在以推进共同富裕理念为主体扩容各级各地党政机关绩效和政绩考核客体覆盖面的基础上，保障各级党政机关绩效和政绩考核制度常态化，并以推进共同富裕理念为主体增强各级各地党政机关绩效和政绩考核双向随机性。

（三）以巩固脱贫成果推进共同富裕为核心有效运用绩效和政绩考核结果

如前所述，从实践逻辑看，新发展格局与推进新发展阶段社会治理现

---

① 赵金刚：《"为政之要，惟在得人"的辩思》，人民网，http://fanfu.people.com.cn/n1/2019/0402/c64371-31009540.html。

② 《中组部印发〈关于改进推动高质量发展的政绩考核的通知〉》，中国政府网，http://www.gov.cn/xinwen/2020-11/05/content_5557591.htm。

③ 《坚持干部政绩考核的"三度"标准》，光明网，https://difang.gmw.cn/2021-01/12/content_34537459.htm。

代化都是以巩固脱贫成果推进共同富裕为基础和宗旨的，因此，以构建新发展格局与推进新发展阶段社会治理现代化为旨向的相关政策绩效和政绩考核机制理应具有同质化倾向。又因为考核标准、考核方式和考核结果的使用居于各级各地党和政府绩效和政绩考核制度体系的核心位置，所以，与考核标准和考核方法的价值理念相呼应，以巩固脱贫成果推进共同富裕为核心有效运用绩效和政绩考核结果的必要性和重要性不仅是毋庸置疑的，而且，其还是构建新发展格局与推进新发展阶段社会治理现代化政策绩效机制具有重合性的关键点和集中体现。我们知道，"知事知人，重在考核"，而考核的最终目的却并不仅仅局限于"知事知人"。因为党政机关及其相关职能部门是构建新发展格局和推进新发展阶段社会治理现代化相关政策集群的制定者和主要施动者，所以，以巩固脱贫成果推进共同富裕为核心有效运用针对党政机关及其相关职能部门绩效和政绩考核结果，是构建新发展格局和推进新发展阶段社会治理现代化能否取得实质进展能否收到实效的关键所在。具体而言，要以巩固脱贫成果推进共同富裕为核心有效运用绩效和政绩考核结果，至少应该锚定三个着力点：一是以巩固脱贫成果推进共同富裕理念为核心保障党政机关及其相关职能部门绩效和政绩考核结果的奖惩导向性；二是以巩固脱贫成果推进共同富裕理念为核心促成党政机关及其相关职能部门绩效和政绩考核结果的价值引领性；三是以巩固脱贫成果推进共同富裕理念为核心实现党政机关及其相关职能部门绩效和政绩考核结果的行为规范性。这是因为只有将构建新发展格局和推进新发展阶段社会治理现代化的经济基础理念，融入党政机关及其相关职能部门绩效和政绩考核机制体制，并有效运用绩效和政绩考核结果，才能切实保障相关政策集群的耦合性和实效性。

三　构建新发展格局与推进新发展阶段社会治理现代化政策保障机制的同一性

从相关公共政策集群的实践逻辑来看，新发展格局与新发展阶段社会治理现代化的内在契合度表现在三个方面：一是构建新发展格局与推进新发展阶段社会治理现代化跨域政策主体之间的协同性；二是构建新发展格局与推进新发展阶段社会治理现代化政策绩效和政绩机制体制具有重合性；三是构建新发展格局与推进新发展阶段社会治理现代化保障机制具有同构性。具体而言，构建新发展格局与推进新发展阶段社会治理现代化政策的政治保障机制、组织保障机制和制度保障机制，都具有明显的同一性。

（一）构建新发展格局与推进新发展阶段社会治理现代化的政治保障机制

从现实和实践逻辑来看，不论是构建新发展格局还是推进新发展阶段社会治理现代化的领导核心都是中国共产党，坚持党"总揽全局，协调各方"的领导作用，是构建新发展格局与推进新发展阶段社会治理现代化的根本政治保障。

众所周知，在党的十九届六中全会上通过的《决议》是总结中国共产党百年奋斗历程光辉历史经验的最高级别的纲领性文件，在《决议》中凝练总结的有关我们党百年来从胜利走向胜利的"十大历史经验"中的第一条，就是"坚持中国共产党的领导"。《决议》还明确强调，坚持中国共产党的领导既是中国特色社会主义的最本质特征，也是中国特色社会主义最大的制度优势，更是历史上和现实中全党全国各族人民根本利益与共同意志的集中体现。从现实和实践逻辑来看，不论是构建新发展格局还是推进新发展阶段社会治理现代化，都体现了我们党"全心全意为人民服务"的根本宗旨和"以人民为中心"的发展思想。习近平总书记首倡的我们党坚持"以人民为中心"的发展思想，植根于我们党"全心全意为人民服务"的根本宗旨和历史传统。这说明我们党自诞生之日起，始终都秉持着"为人民谋幸福，为民族谋复兴"的"初心"和"使命"。[①]一方面，构建新发展格局不仅是新发展理念的实践表现，也是对经济高质量发展的最新诠释和对新发展理念的进一步升华，还是统筹"发展"与"安全"将新时代中国特色社会主义经济社会发展的工具理性路径"培育新优势"和价值理

---

① 翁淮南、郭慧等：《中国共产党人的初心和使命，就是为中国人民谋幸福，为中华民族谋复兴——习近平》，《党建》2018 年第 1 期，第 6～7 页。

性目标"推进共同富裕"高度融合的新发展战略。另一方面，推进新发展阶段社会治理现代化统属于国家治理体系和治理能力现代化的范畴，其有三个基本支撑点：一是以巩固脱贫成果和推进共同富裕为经济基础，二是以巩固维护党的权威和政府公信力为核心，三是以实现社会风险应急处突与社会风险长效治理相结合为路径的。综上可知，构建新发展格局与推进新发展阶段社会治理现代化都是我们党"为人民谋幸福，为民族谋复兴"的内在要求和当代体现。当然，我们之所以断言坚持党"总揽全局，协调各方"的领导作用，是构建新发展格局与推进新发展阶段社会治理现代化的根本政治保障，不仅是立足于现实和实践逻辑的考量，还是基于对我们党自诞生之日起即"不忘初心，牢记使命"这一历史传承的深刻认知。

首先，"为人民谋幸福，为民族谋复兴"既是我们党在新民主主义革命及社会主义建设时期带领全党全国各族人民不断取得胜利的强大动力，也是我们党的力量之源和执政之基。在整整28年的新民主主义革命斗争实践中，我们党始终以"为人民谋幸福，为民族谋复兴"为己任，敢于更善于领导全国人民成功地推翻了"三座大山"建立了新中国。新中国成立后经过近30年的不懈努力，我国逐步建立起来独立完整的国民经济体系与工业体系。其次，自改革开放以来尤其是自中国特色社会主义迈入新时代以来，"不忘初心，牢记使命"为人民谋幸福，为民族谋复兴是中国共产党人推进改革开放的力量之源。前赴后继砥砺前行，经过40多年的不懈奋斗，我国经济社会发展取得令世人惊叹的巨大成就，人民群众生活水平也随着经济社会的不断发展得到了显著提升。到2010年，我国国内生产总值越过408903亿元人民币（折合60403.7亿美元）大关，一跃成为全球第二大经济体。不仅如此，我国截至目前仍然持续稳步保持经济总量排名第二的位次，而且，我国经济总量与美国的差距也在逐渐缩小。到2021年，在新冠肺炎疫情肆虐全球的大背景下，我国全年国内生产总值已经高达1143670亿元，按不变价格计算，实现了同比8.1%的高增长。[①] 在我们党

---

① 《2021年国民经济持续恢复 发展预期目标较好完成》，国家统计局网站，http://www.stats.gov.cn/tjsj/zxfb/202201/t20220117_1826404.html。

的带领下，我们不仅取得了辉煌的经济成就，还统筹"五位一体"总体布局和"四个全面"战略布局推动党与国家各项事业取得了全方位和开创性的历史成就，解决了很多过去想解决而没有解决的问题，办成了过去想办成而没有办成的大事，向全体中国人民交上了一份沉甸甸且令人满意的历史答卷。与此同时，我们还应该清醒地认识到三个基本事实：一是 2008 年金融危机的后续影响、新冠肺炎疫情、美国挑起的逆全球化浪潮和突发的俄乌冲突共同构成了对全球产业链和供应链的不稳定因素；二是当前我国经济社会发展正处于经济增长速度换挡期、经济结构调整阵痛期和前期刺激政策消化期"三期叠加"阶段；三是我国全面建成小康社会的目标已经如期实现，我国已经正式开启全面建设社会主义现代化国家的新征程。认清以上三个基本事实，就会让我们更加意识到坚持我们党"总揽全局，协调各方"领导核心地位的重要性和必要性。综上可知，坚持党的领导，不仅是历史的选择，人民的选择，还是推进实现民族伟大复兴使命的现实需要，更是构建新发展格局与推进新发展阶段社会治理现代化的根本政治保障。

（二）构建新发展格局与推进新发展阶段社会治理现代化的组织保障机制

构建新发展格局与推进新发展阶段社会治理现代化的最高组织保障机关，是中国共产党中央财经委员会、中央全面深化改革委员会、中央网络安全和信息化委员会。

坚持党"总揽全局，协调各方"的领导核心地位和领导核心作用，是构建新发展格局与推进新发展阶段社会治理现代化的根本政治保障，而政治保障是为构建新发展格局与推进新发展阶段社会治理现代化锚定发展前进正确政治方向的，其组织保障机制则是推进实现二者发展价值诉求的现实体制基础。恰如在全国组织工作会议上习近平总书记所强调的那样，"党的力量来自于组织，党的全面领导、党的全部工作，要靠党的坚强组织体系去实现。必须把加强党的组织体系建设摆到更加重要的位置"。[①] 具

---

① 吴德刚：《党的力量来自组织》，《党建》2018 年第 8 期，第 11 页。

体而言，构建新发展格局与推进新发展阶段社会治理现代化最为核心的共
同保障性组织机构，是中国共产党中央财经委员会、中央全面深化改革委
员会、中央网络安全和信息化委员会。其中，最主要的是中央全面深化改
革委员会和中央财经委员会。

　　为了强化优化党中央的决策与统筹协调职责，中共中央依据《深化党和
国家机构改革方案》（以下简称为《方案》）将原有的中央全面深化改革领
导小组改为中央全面深化改革委员会，将原有的中央网络安全和信息化领导
小组改为中央网络安全和信息化委员会，将原来的中央财经领导小组改为中
央财经委员会，将原来的中央外事工作领导小组改为中央外事工作委员会。
中共中央这几大委员会负责相关领域所有重大工作的总体布局、顶层设计、
统筹协调、整体推进与督促落实。在四大委员会中，"中央全面深化改革委
员会"、"中央财经委员会"与"中央网络安全和信息化委员会"，是构建新
发展格局与推进新发展阶段社会治理现代化的最高层次的组织保障。其中，
中央全面深化改革委员会是党中央于 2018 年 3 月根据《方案》要求设立的
由中共中央直属的旨在加强改善党对全面深化改革统筹领导工作的党内顶级
决策议事协调机构。中国共产党中央财经委员会也是成立于 2018 年 3 月，也
是党中央依据《方案》的具体要求，由原有的中央财经领导小组改组升级而
成的由中共中央直属的旨在加强改善党对财政和经济统筹领导工作的另一个
党内顶级议事协调机构。中央财经委员会的设立，是为了加强和改善中共中
央对涉及党与国家事业全局的所有重大工作的集中统一领导。尤其值得关注
的，是中央财经委员会在 2021 年 8 月 17 日召开的第十次会议。在这次会议
上习近平总书记明确界定了共同富裕的核心内涵，即"共同富裕是全体人民
共同富裕，是人民群众物质生活和精神生活都富裕，不是少数人的富裕，也
不是整齐划一的平均主义"。[①] 这是中央财经委员会的一次重要会议，我们
可以将这次会议理解为党中央为构建新发展格局和推进新发展阶段社会治
理现代化相关政策集群定下来的基本基调。

---

① 《习近平主持召开中央财经委员会第十次会议强调 在高质量发展中促进共同富裕 统筹做
　　好重大金融风险防范化解工作 李克强汪洋王沪宁韩正出席》，新华网，http://www.xin-
　　huanet.com/politics/leaders/2021 - 08/17/c_1127770343.htm。

（三）构建新发展格局与推进新发展阶段社会治理现代化的制度保障机制

从公共政策集群的实践逻辑来看，构建新发展格局与推进新发展阶段社会治理现代化不仅有共同的政治保障机制和组织保障机制，还有共有的制度保障机制。前文已述，构建新发展格局和推进新发展阶段社会治理现代化的政治保障机制是坚持党"总揽全局，协调各方"的领导核心地位和作用，而二者共有的组织保障机制，则是包括"中央全面深化改革委员会"、"中央财经委员会"与"中央网络安全和信息化委员会"在内的一系列中共中央直属的党内顶级决策议事协调机构。包括党的十八届六中全会通过的《关于新形势下党内政治生活的若干准则》与《中国共产党党内监督条例》在内的一系列党内法律法规，则是构建新发展格局与推进新发展阶段社会治理现代化的制度保障机制。

从制度经济学的视角来看，制度可以分为两个维度：一是宏观维度上的"制度体系"（System），即宏观意义的根本政治制度，如封建宗法制度、资本主义制度或社会主义制度等；二是微观维度上的"制度安排"（Institution），即微观意义的具体实体性法律、法规和规章等。依循马克思主义政治学原理审视，国家具有政治统治和公共事务管理这两类主要职能，而国家的这两种主体性职能恰好与制度的两个维度一一对应：这就是说有关规范与配置国家政治统治这一根本政治职能的制度从属于"制度体系"这一宏观维度，而有关规范与配置国家公共事务管理及公共政策运行的制度从属于"制度安排"这一微观维度。[①] 依循这一理论逻辑，不难理解的是，构建新发展格局与推进新发展阶段社会治理现代化的制度保障机制，应该介于"制度体系"这一宏观维度和"制度安排"这一微观维度之间。

自党的十八大以来，以习近平同志为核心的党中央越来越重视以制度建设为载体推进全面从严治党的重要性和必要性。习近平总书记近些年来在不同场合，对"制度治党"提出了很多紧密相关的重要论断和重要思

---

① 丁东铭：《论当代中国政府公共决策路径及其制度建构》，人民日报出版社，2012，第215页。

想。其中，近年来习近平总书记有关"制度治党"最具影响力和代表性的论断有如下几个点：一是提出坚持思想建党与制度治党有机结合的重要思想，并明确指出思想建党与制度治党"同时发力""同向发力"的重要性；二是将建立完善的党内法规制度体系确定为推进和实现"全面依法治国"总目标的核心内容之一，并提出尽快推进形成国家法律法规与党内法规制度体系相互促进、相辅相成和相互保障的制度建设新格局的要求；三是将党内法规及相关制度体系建设确立为事关国家长治久安与事关我们党长期执政的根本战略任务，并提出加速建构以党章为根本遵循以一系列党内法规为主体支撑的党内法规制度体系的制度建设新要求。自党的十八大以来习近平总书记有关"制度治党"的一系列重要论断和重要思想的提出，不仅丰富并发展了马克思主义政党建设理论，而且对于当前和今后推进全面从严治党的制度建设具有重要的战略性和方向性指导意义。从党内法规制度建设的具体实践层面来看，近年来不断发展完善的一系列党内法规制度与党内规范性文件的制定与实施都收到了前所未有的成效，这不仅为"制度治党"奠定了坚实的政治基础，而且也为构建新发展格局与推进新发展阶段社会治理现代化提供了强大的制度保障机制。

第五章

新发展格局对经济社会结构的解构与重塑

党的十九届五中全会通过的《建议》提出了加快构建"以国内大循环为主体、国内国际双循环相互促进的新发展格局",《建议》中所提及的是以习近平同志为核心的党中央立足推进实现民族伟大复兴战略全局的高度,和基于新时代中国特色社会主义所处新环境新发展阶段而作出的兼具丰富内涵与战略意义的重大决策部署。既然构建新发展格局是事关新时代中国特色社会主义经济社会发展战略全局的重大决策,那么,厘清新发展格局对经济社会结构的解构与重塑,既是探索新发展格局背景下推进社会治理现代化实现路径的题中之义,也是探索新发展格局背景下社会治理现代化政策集群耦合路径的基本前提。

第一节　新发展格局对经济结构的解构与重塑

党的十九届五中全会通过的《建议》对新发展格局中的"双循环"内涵进行了明确界定,新发展格局内蕴的"双循环"是立足于"国内大循环"为主体的"双循环"。新发展格局的这种界定给我们两个启示,一是"双循环"绝非等量齐观的天平两端,更不是像以往那样在拉动经济增长的"三驾马车"中由国际循环领衔驾辕的态势;二是畅通的国内经济大循环是新发展格局中的主循环,是新发展格局中"双循环"的基础,相对而言,国际循环仅仅是"双循环"中的次循环,是国内经济大循环的辅助与外延,这是新发展格局的基本内涵和显著特征。由此可知,只有深刻理解了具有特定时代背景的新发展格局的特殊内涵，才能为进一步解析新发展格局对经济结构的解构与重塑奠定逻辑基础。

一 国内外有关"经济结构"的研究现状和经济结构的基本内涵

解析新发展格局对经济结构的解构与重塑的必要性上文已述，这不仅是探索新发展格局背景下推进社会治理现代化实现路径的题中之义，更是探索新发展格局背景下社会治理现代化政策集群耦合路径的基本前提。而要解析新发展格局对经济结构的解构与重塑的前提，则是厘定经济结构的基本内涵和外延。当然，经济学界对"经济结构"这一概念的理解和定义不尽相同，但是，虽然经济学不同理论流派研究视角各异且研究方法不同，但是，学界对"经济结构"的认知大致形成一种主流共识，那就是大多数学者都是立足经济结构的整体性、系统性、结构性、科学性或合理性等角度予以考察。从某种程度来说，学界这种共识的逐渐形成不仅证明"经济结构"是颇具关注度的理论核心和理论热点，还说明"经济结构"的基本特征是其固有的整体性、系统性和结构性。

（一）国内外学界有关"经济结构"的研究现状

严格来说，尽管现代国外学界有关"经济结构"（Economic Structure）的认识和界定并未完全达成一致，但是，经过简单的梳理和对比我们不难发现，其实国外学界有关"经济结构"的认识是具有一定的互补性和共融性的。在现代国外学界中，对"经济结构"提出具有一定代表性观点的学者众多，总结起来，其中比较具有影响力的学者有弗朗索瓦·佩鲁（Francois Perroux）、让·皮亚杰（Jean Piaget）、简·丁伯根（Jan Tinbergen）、阿瑟·刘易斯爵士（Sir Arthur Lewis）和戴尔·乔根森（D. W. Jogenson）等人。弗朗索瓦·佩鲁认为，所谓"经济结构"指的是在特定时空内作为一个整体的国民经济体系既定的关系和比例。他还明确指出，尽管难以用人为的方式总体鸟瞰经济结构的全貌，但是，如果合理运用经济数量比例关系是可以直观感知和体现整体经济结构的某一方面特征的。简·丁伯根则从另一个角度提出了自己对"经济结构"的理解。他的观点与佩鲁截然不同，他认为"不可观察性"是经济结构的基本特征。当然，这并不是说他有关"经济结构"的认知陷入了不可知论的泥潭而无法自拔。这是因为丁伯根不仅指出"经济结构"的调整是对经济运行状况发生变化所做的反应，还提出通过建构有关"经济结构"的功能形式化系数体系的方式，是可以间接了解"经济结构"的基本运行状况的。通过对佩鲁和丁伯根有关"经济结构"不同认知的对比可知，尽管从表面看他们二人观点相左，但是，事实上佩鲁和丁伯根都承认运用相应的数理分析模型是可以认知和解释"经济结构"的基本运行状态的。比佩鲁和丁伯根更进一步的是戴尔·乔根森和阿瑟·刘易斯等人。刘易斯在《劳动无限供给条件下的经济发展》中开创性地将后发展国家中普遍存在的传统农业和现代工业并存的"二元性经济"这一结构性问题提了出来，并将这一结构性问题视为制约后发展国家经济发展的根本原因。乔根森则是在肯定农业在整个经济结构中起至关重要的作用的基础上，对刘易斯理论进行了合理化修正，提出市场经济具有改善"二元性经济"结构功能这一观点。

近年来，国内经济学界很多学者对"经济结构"的深刻认识及相关研究成果也相继问世。近年国内学界已经出版和发表的相关成果如雨后春笋般不断涌现，其中不乏鸿篇巨制更不乏真知灼见。首先，从我国学者对这一问题研究的"主题分布"的角度来看，我国学界对"经济结构"的研究多集中于消费结构、实证研究、经济增长、资本结构和产业结构调整等几大主题。其次，从我国学者对这一问题研究的"学科分类"角度来看，我国学界对"经济结构"研究多集中于工业经济、贸易经济、金融、农业经济、宏观经济管理与可持续发展、经济体制改革等几大领域。最后，从国内学者针对这一问题研究具有代表性的切入点来看，我国学界对"经济结构"的研究大致分为如下两个方面：一是从宏观视域对整体国民经济体系进行的结构性分析或总结，二是从具体的实践层面入手基于经济结构的具体制度安排对经济结构进行的微观层面分析。其中，从宏观视域对整体国民经济体系进行结构性分析或总结的研究成果比较集中，其中比较有代表性的有王弟海等人的《经济增长与结构变迁研究进展》（2021）、张树阳的《新常态下我国产业经济结构转型研究》（2020）、隋建利和李玥蓉等人的《宏观调控政策与经济结构变迁》（2020）、史晋川的《经济结构调整与经济发展方式转变》（2012）和张培刚发展经济学研究基金会的《中国经济结构变迁与高质量发展》（2021）等。从具体的实践层面入手对经济结构进行的微观分析成果最多，其中比较有代表性的成果有刘胜题和黄庭明的《经济总量和经济结构的空间协调效应研究——外资研发嵌入提升视角》（2021）、马红和侯贵生的《经济结构转型、混合所有制与国有企业创新升级》（2021）、谢长安的《经济结构调整与财税体制安排的政治经济学研究》（2019）等。在国内经济学界来看，所谓经济结构，实则是指企业结构、产业结构和区域结构在内的经济系统中各要素之间的空间比例关系，而在其中发挥主导作用的是产业结构。因此，从总体来看，近年来国内学界大多将研究视角集中于与产业结构调整直接或间接相关的研究领域。

（二）经济结构的基本内涵

综合国内外学界有关"经济结构"的分析和界定，我们可以对其内涵作出一个基本判断。所谓"经济结构"，主要指的是整个国民经济体系的组成部分与各个组成部分的比例关系。既然经济结构是由多个子系统共同构成的多要素多维度的复合性实体，那么，它自然也就内蕴多重内涵。

实际上，在现实经济社会发展运行过程中有很多因素能够间接影响甚或直接左右经济结构，在众多因素中对经济结构影响最大的是供需关系的平衡问题，尤其值得关注的是科技进步和社会需求这两个关键性问题。经济社会主体（消费者）对供给侧所提供产品的需求及这种需求的有效性，以及科技进步等因素，都会对经济结构的构成与变迁产生巨大影响。归根结底，一个国家经济结构的合理性，往往是建立在这个国家合理的经济可能性基础之上的。如果经济结构合理就会形成经济优势并充分发挥这种优势的积极作用，这十分有益于整个国民经济运行体系中各部门各产业各组成部分之间的有机融合与协调发展，反之亦然。从这个角度而言，一个国家或地区经济结构合理与否及其基本运行状况，几乎是衡量这个国家或地区经济社会发展状况的晴雨表。经济社会发展取向和经济体制不同的国家或地区，其经济结构的运行状况乃至其整体经济社会发展状况都会大相径庭。

如上所述，经济结构是由多个子系统共同构成的多要素多维度的复合性实体。学界对其内涵的解释路径众多，归纳起来，大概有如下几种。其一，如果立足整个国民经济体系中各组成部门或立足社会再生产各组成部分及其比例关系的视角来考察"经济结构"的话，所谓"经济结构"是指涵盖技术结构、产业结构、分配结构、贸易结构、消费结构和劳动力结构等多种关系的国民经济宏观比例关系结构；其二，如果立足经济社会宏观生产关系总和的视角来考察"经济结构"的基本内涵，那么，所谓"经济结构"则主要指的是不同生产资料所有制属性经济部门之间的比例与组成结构；其三，如果立足不同领域或不同角度旨在对"经济结构"进行专门化研究的话，那么，还可以将"经济结构"细分为就业结构、产品结构、投资结构、能源结构、企业结构、组织结构和人员组成结构等；其四，如果立足"经济结构"所涵盖的具体范畴来考察其内涵的话，又可以将"经济结构"划分为国民经济运行体系的整体结构、产业结构、区域结构，以及企业之间结构和企业内部结构等。其实不论立足哪个维度和角度对"经济结构"内涵进行界定，都有其合理性和局限性。归根结底，所谓"经济结构"指的就是一个由多个要素或子系统组成的相辅相成彼此相依的复合性经济系统，各个组成部分之间的比例关系和彼此之间的耦合度对于整体而言至关重要。因此，考察研究任何一个国家或地区的经济结构，都不可轻易下结论，不仅要高度重视其基本组成部门和组成要素的属性及其彼此之间的耦合方式，更要关注它们之间的比例和结构的合理性。在特定的技术发展运行条件下，在特定的经济社会发展条件下，都需要特定的与之相适应的经济结构，否则，将会滋生并引爆经济社会发展的结构性失速甚或失衡。经济结构内部的各个组成部门和组成要素之间，一方面彼此具有客观的制约性，另一方面彼此也具有有机融合性。随意组成确立的经济结构是难以达成内部协调的，而缺失内部协调性的经济结构自然就会对整个经济社会运行体系产生严重的负外部性。如前文所论及的那样，在现实经济社会发展运行过程中有很多因素能够影响经济结构的形成和运行，在这些众多因素当中，尤其值得关注的是科技进步和社会需求这两个关键性问题。一个国家或地区经济结构的合理性，是建立在这个国家或地区经济发展可能性基础之上的。而要增强经济发展的可能性，就需要调动和激发各个经济部门各个要素的能动性积极性。在"经济结构"涵盖的企业结构、产业结构和区域结构等诸多子系统中居于核心的是产业结构，因此，产业结构的调整在经济结构调整中起关键作用。虽然产业结构的调整在经济结构调整中起关键作用，产业结构也是经济社会主体（企业和消费者）在生产和分配中所处地位的决定性因素，亦即产业结构直接左右分配结构与消费结构，但是，这并不等于说在经济结构中除了产业结构的其他子系统都无关痛痒。严格来讲，如果从广义视角界定经济结构，一个国家或地区的经济结构除了产业结构之外，还包括经济部门结构、区域经济结构、供需结构、市场结构和企业结构等。不仅如此，除了产业结构之外的其他结构也会对产业结构构成反作用。因此，除了厘定经济结构核心内涵之外，梳理和明辨经济结构的外延也是非常必要和重要的。

二 调整经济结构的必要性和我国经济结构调整历程

经济结构的调整是事关一个国家或地区经济社会发展走势的大事，其不仅关涉思维理念的发展进步，更是经济社会发展实践的集中体现。改革开放以来，尤其是自党的十八大以来，我国正在经历着空前的经济结构调整变迁，考察梳理我国经济结构调整的演进历程，是审视和剖析新发展格局对经济结构的解构与重塑的实践基础。

（一）经济结构调整的基本内涵

经济结构调整是国家或地区宏观调控的主要方面，具体而言，就是根据经济社会发展的现实需要，调整国民经济体系中各部门、各领域、各地区与各要素之间的比例关系和耦合方式，并以此促进国民经济体系中各要素之间比例关系与结合方式的优化，借助科技发展进步的助推作用，促进国民经济结构的整体性优化，推进整个国家或地区经济社会发展进步。新中国成立以来尤其是改革开放以来，我国根据国内经济发展需要和全球科技发展趋势，为了全面提升国民经济整体水平与素质，也是为了提高我国的综合国力与国际竞争力，已经和正在对我国经济结构进行战略性调整。因此，适时有效推进经济结构的调整，不仅是国民经济实现高质量发展的现实需要，也是包括我国在内的很多后发展国家都必须面对的长期任务。

（二）调整经济结构的必要性

调整经济结构是为了应对"一大需要"和"两大潮流"。其中，"一大需要"是推进实现我国经济社会高质量发展的现实需要。改革开放以后，随着中国特色社会主义市场经济的不断深化，一方面，国民经济结构体系中各部门各要素之间的联系越发紧密；另一方面，进一步提升国民经济结构体系中各部门各要素之间耦合度的需求也越来越紧迫。当然，我国经济社会发展已经由原来的"中高速增长"迈入"高质量发展"的全新阶段，在这一全新阶段经济结构对经济社会发展的影响力更加显著。因此，继续调整与优化经济结构自然是我国推进实现经济社会高质量发展的主要任务。现阶段，我国经济社会发展中仍然存在的"发展不平衡"和"发展不充分"等问题，不仅与经济增长的周期性因素相关，更与经济结构性问题密切相关，因此，调整经济结构是推进我国经济社会高质量发展的必然要求。当然，调整经济结构也是为了应对"两大潮流"：其一，是包括新信息技术革命、新能源革命、生物工程技术革命和新材料革命在内的席卷全球的新科技革命潮流，这一潮流自然会对全球原产业结构构成重大冲击并滋生与之相对应的新兴产业；其二，是表现为生产、贸易、投资和金融跨国流通的经济全球化潮流，这一潮流将我国经济和世界经济紧紧联结在一起，甚至让整个世界都联结为一个"地球村"。因此，一个国家或地区要推进实现经济社会的快速发展，就无法也不可能无视这"两大潮流"，而要顺应这"两大潮流"，就必须适时调整原有的经济结构，只有顺势而为，才能乘势而上有所作为。

（三）我国经济结构调整的演进历程

改革开放之前，因为受苏联经济模式的影响，所以我国经济结构曾长期存在农业、轻工业与重工业比例严重失衡的问题。改革开放之后，通过对经济结构持续多年的渐进式调整，我国经济结构逐渐趋向协调，而且还向结构性优化与升级的方向不断发展。改革开放以来我国调整经济结构的主导方向，是在夯实农业基础地位的前提下优先发展第二和第三产业。另外，在扩大高档消费品进口的同时，加大针对基础设施基础产业的建设力度，改变过去经济增长主要由第一和第二产业担纲的传统结构，把经济结构调整为经济增长主要由第二和第三产业领衔担纲的新结构。这种新经济结构最大的特点，就是经济增长的主动力由以往的第一产业升级为第二产业。当然，改革开放初期我国在从整体上推进产业结构调整的同时，各个产业的内部也发生了结构性变迁。这种结构性变迁至少有如下三种表现：第一，在包括农林牧渔在内的第一产业总产值中，林牧渔业占比呈现逐年上升态势，而纯农业占比则呈现逐渐下降态势；第二，在第二产业内部，轻工业和重工业的比例关系也逐步得到了改善，工业产业结构由以往的以偏向消费的轻工业为主的结构，向以注重投资驱动的重工业为主的结构转型；第三，第三产业内部结构也发生了积极的变化，其表现有二：一是传统交通业、餐饮业和商贸业占比降低，二是新兴的金融业、保险业、房产业、通信业、新型物流业和咨询服务业等新业态在第三产业中占比逐渐提高。立足新时代中国特色社会主义大背景，为积极应对和有效解决制约经济社会持续发展这一重大结构性问题，在党的十八大上，党中央作出推进实现经济结构战略性调整的决策部署。现阶段，我国经济结构调整的中心工作是贯彻践行新五大发展理念，继续巩固"三去，一降，一补"成果，努力实现供给侧结构性改革和优化需求侧管理的有机融合，并在此基础上以巩固脱贫成果推进共同富裕取得实质进展为根本旨向，构建以国内大循环为主体、国内国际双循环相互促进的新发展格局。

三　新发展格局对原有经济结构的解构与重塑

构建以巩固脱贫成果推进共同富裕取得实质进展为根本旨向，以国内大循环为主体、国内国际双循环相互促进为基本特征的新发展格局，对原有经济结构形成前所未有的解构和重塑作用。这种解构和重塑作用是体系化和结构性的，其指向原有经济发展理念、原产业结构、原有区域经济结构和原有企业结构。

（一）新发展格局对传统机械式经济增长理念的解构与重塑

构建新发展格局以巩固脱贫成果推进共同富裕取得实质进展为根本旨向，以贯彻新发展理念为指引，以国内大循环为主体、国内国际双循环相互促进为基本特征，其对我国原有经济发展理念形成巨大解构和重塑效应。

实现经济社会健康持续发展，是积极应对和有效解决我国现代化进程中面临的所有问题的前提与关键，而良性的经济发展理念既是经济社会发展的先导，也是发展方向、发展思路与发展着力点的集中化具象化表现。经济发展理念的合理与否，是经济社会发展成效甚或成败的决定性因素。因此，我们可以将经济发展理念等同为一国或地区推进实现经济社会发展的指挥棒和红绿灯。改革开放初期，我国在重商主义和经济增长工具理性的影响下逐渐形成了"唯 GDP 论"式机械经济增长理念。"唯 GDP 论"式机械经济增长理念的理论渊薮，可以追溯至兴起于 16～17 世纪的"重商主义"。严格而言，所谓重商主义是西欧国家在资本原始积累时期备受推崇的一种近似庸俗的经济哲学。其兴起并盛行于 15～17 世纪的西欧国家，也被称为"工商业本位论"，其所倡导的基本主张和理念是注重国家对工商业的干预。就严格意义而言，"重商主义"是封建社会解体后西欧很多资本主义国家正处于资本原始积累这一历史阶段的一种比较流行的经济发展理念，其对当时正处于资本原始积累阶段的很多西欧资本主义国家公共政策体系形成了最直接的影响。在重商主义刚刚兴起的那一段时期，其对很多国家的经济社会发展都发挥了非常明显的促进作用，有关于重商主义曾经的积极作用任何人都不可否认和抹杀。我们可以毫不夸张地说，正是重商主义的诞生和盛行推动了资本主义工商业与商品货币关系的长足进步，这为早期资本主义生产方式的建立、成长和发展营建了必要的物质条件。历史上曾经秉持重商主义的国家有很多，其中既有英美这样的资本主义强国，也包括改革开放初期的社会主义中国。深受重商主义影响而产生的"唯 GDP 论"经济发展理念，其很多思想主张和基础理念大多脱胎于重商主义，其核心理念和主张是以 GDP 总量或 GDP 人均值的直观统计数据作为政府绩效和政绩考核的首要标准甚或唯一标准。改革开放初期在"唯 GDP 论"经济发展理念的主导和助推下，我国经济社会发展进程中曾出现一系列社会问题与城市发展病。

党的十八大以来，党中央和国务院齐抓共管连续多次部署并切实推进政绩考核制度改革工作，多次强调各级各地党政机关及其职能部门绩效和政绩考核实践中绝不能单纯"以GDP论英雄"。为此，全国多个省、市、区（县）的党政机关及其职能部门的考核制度体系都进行了相应调整，据并不完全统计，截至目前全国多地党政机关及其职能部门大多数单位已修改了其政绩考核标准甚或直接取消了原有单纯的GDP考核机制。然而，由于改革开放后很长一段时期我国深受重商主义和新自由主义的影响，以"唯GDP论"为基本特征的机械增长式经济发展理念对我们的影响已经深入经济社会生活的各个领域和各个方面。而以新五大发展理念为主导的新发展格局，对"唯GDP论"式机械经济增长理念形成近乎颠覆性的解构效应。亦即构建新发展格局的同时，也是从发展理念、制度安排和政策框架等多领域多环节对传统机械式经济增长理念的洗礼和扬弃。

（二）新发展格局对传统产业结构的解构与重塑

构建以新发展理念为引领、以国内大循环为基础、以巩固脱贫成果推进共同富裕为最终目标的新发展格局，是对传统产业结构的系统化解构与重塑。

实际上，所谓产业，指的是社会有机体发展到一定阶段社会分工的直接产物及其表现，作为经济学的一个学理性概念，就其所涉学科层次归属而言，其处于宏观经济学和微观经济学的居间位置。而产业结构，则是经济结构的主体，其意为各产业的组成方式和比例关系。其也被称为国民经济体系的部门结构，亦即国民经济体系中各产业部门内部以及各产业部门之间的构成比例。国民经济体系中的产业结构（部门结构），是随着社会分工的产生而产生，也是随着社会分工的不断细化而逐渐发展和完善起来的。从产业部门分类来看，产业结构涵盖农业、轻工业、交通运输业、重工业和服务业等部门内部以及彼此之间的比例关系。学界对产业结构的研究，主要指向生产资料与生活资料这两大部类的比例关系。产业结构的升级不仅是经济社会发展的推动力，也是标识经济社会发展质量的晴雨表。产业结构升级也被称为产业结构的高级化，指的是一个国家或地区经济社会发展的产业重心由原来的第一产业（农业）向第二产业（工业）与第三产业（服务业）逐渐转型升级的过程。这标志着一个国家或地区经济发展水平由低到高的核心诉求和发展方向。产业结构高级化的过程，往往表现为国民经济体系中各产业部门占比、各部门就业人数占比和各部门在国民收入分配中占比的变动。

归根结底，产业就是利用各种生产要素组织生产推动经济增长以满足经济社会现实需求的要素构成载体。随着经济社会的不断发展，生产要素的比较优势会随之变化，经济社会需求也会随之升级，这就要求产业结构必须适时有效地作出相应调整。顺应经济社会发展阶段性需求的变化，建构适合新时代中国特色社会主义现代化事业发展需要的新的经济增长平台，就倒逼我们必须集成相关制度和公共政策集群培育扶持新的产业集群及与之相适应的企业盈利新模式——实现主体产业集群的转型式升级、传统产业结构的优化式升级、产业区域布局的调整式升级与产业技术的创新式升级。现阶段，我国正处于经济社会发展阶段和经济增长动力转换的关键时期，产业结构内部和产业结构之间的比例关系正处于大幅调整之中。党的十八大以来，我国产业结构调整的力度不断加大，产业结构调整的向度也逐渐明朗，其具体表现有二：一是以中重型产业和中低端制造业为主要代表的传统产业集群逐渐衰退，二是以中高端制造业及现代服务业为主要代表的新业态新产业集群迅速成长。这种"一降一升"的产业分化现象既符合后发展国家产业转型升级发展进程的一般规律，也昭示着新时代中国特色社会主义现代化产业结构转型升级的总体趋势。另外，产业结构的转型升级要求对分属不同产业及行业进行分类施策，这也体现出新发展阶段我国产业结构调整的基本方向。而构建以新发展理念为引领、以国内大循环为基础、以巩固脱贫成果推进共同富裕为最终目标的新发展格局，更是对传统产业结构的系统化解构和重塑。

当前，党中央作出构建以国内大循环为主体、国内国际双循环相互促进的新发展格局这一重大决策部署，从总体来说是基于并针对两大背景原因的主动作为：一是在国际金融危机后续影响持续加大和贸易保护主义沉渣泛起的国际大背景下，构建新发展格局是为了我们能够主动适应国际环境新变化，而制定的参与经济全球化的新方略；二是经过连续多年的高速发展后，不仅我国经济总量已经跃居全球第二，人均 GDP 突破 1 万美元大关，而且我国建立起来了完备的工业生产体系，构建新发展格局是在这种新国情下夯实和扩大内需，担纲领衔国民经济增长主引擎并形成这一经济社会发展新优势的主动战略转型。这就等于说，构建新发展格局既是经济社会发展主引擎的转型，更是经济社会发展核心诉求的整体性升级。这种整体性系统性的转型升级，自然对传统产业结构构成系统化解构。首先，以中重型化工产业领衔的传统产业结构依托于以往"外需"担纲经济增长主引擎的经济增长模式，如今，我们要建构以"内需"为经济增长主引擎的经济发展模式，这就自然要求解构传统产业结构的整体框架；其次，构建新发展格局就要解构传统产业结构的整体框架，而解构传统产业结构的整体框架就要培育经济增长新引擎新业态，培育经济增长新引擎新业态就是大家非常熟悉的深化供给侧结构性改革，这需要以巩固脱贫成果切实推进共同富裕为根本旨向探索相关公共政策集群耦合路径，进而调动各方主体积极性主动性；最后，构建新发展格局的落脚点是促进达成畅通连续的国内经济大循环，即实现涵盖国内经济运行体系中各产业、各部门、各区域和各环节之间的畅通，这就是构建新发展格局与传统产业结构和传统经济增长模式最大的不同，这也是新发展格局对传统产业结构解构效应的直观体现。当然，构建新发展格局并不是忽视更不是无视国外循环的重要性，而是要在强化优化国内大循环和培育经济新动能新优势的基础上补强产业链，以促进实现国内国际双循环之间的良性互动。

（三）新发展格局对传统区域经济结构的解构与重塑

构建以新发展理念为引领、以国内大循环为基础、以巩固脱贫成果推进共同富裕为最终目标的新发展格局，不仅要补强产业链，还要提升价值链和稳定供应链，这不仅是对传统产业结构的系统化解构和重塑，也是对传统区域经济结构的整体性解构和重塑。

新发展格局是以新发展理念为引领的，因此，从很大程度上而言，构建新发展格局实质上就是贯彻落实新发展理念的规模化整体性实践。也就是从这个角度而言，构建新发展格局是对传统区域经济结构的整体性解构和重塑。早在党的十八届五中全会上，党中央就已经明确提出今后指引我国经济社会发展的五大新发展理念，并将"协调"发展置于关涉经济社会发展战略全局的重要位置。新发展理念中所倡导的"协调"发展，其核心要义是科学认识并协调处理好经济社会发展进程中面临的一系列多元化多主体重大关系。这是因为只有妥善处理好这些重大关系，才能缩小差距、补齐短板，推进实现各区域和各行业的协调、持续、健康和有序发展。其中，促进实现区域协调发展、优化区域经济结构是"协调"发展理念的核心诉求和核心内涵。同时，只有促进实现区域协调发展、优化区域经济结构，才能切实巩固脱贫成果推进共同富裕取得实质进展，而巩固脱贫成果推进共同富裕又恰是构建新发展格局的出发点和落脚点。进入 21 世纪以来，我国已经经过持续多年的区域经济结构调整，尤其是自党的十八大以来，随着一系列重要的区域协调发展战略推进实施，我国区域经济结构协调性已经得到了大幅提升。实际上，早在 2008 年我国东北和中西部地区经济增速就已经实现了相较于东部地区的全面超越。另外，从东北、中西部地区与东部地区人均可支配收入对比情况来看，近些年来我国区域发展的协调性的确正在得到逐步提升。我们可以根据《中国统计年鉴 2021》中的公开数据，直观对比一下 2014～2020 年我国各区域人均可支配收入情况。2014 年东部地区人均可支配收入为 25954.0 元，同年中部、西部和东北地区人均可支配收入分别为 16867.7 元、15376.1 元和 19604.4 元，而到了 2020 年同样的数据则分别为 41239.7 元、27152.4 元、25416.0 元和 28266.2 元。[①] 根据对以上数据进行的简单对比可知，2014 年中部地区、西部地区、东北地区和东部地区人均可支配收入比分别为 64.99%、59.24% 和 75.53%，而到了 2020 年同样一组对比数据则分别为 65.84%、61.62% 和 68.54%。由此可知，从整体而言近些年来我国区域发展的协调性在逐渐提高，但是，从相关统计数据以及对统计数据的对比分析可知，我国在改善区域发展协调性的进程中仍然存在三大问题：一是区域之间经济发展水平的差距依然较大，二是区域发展协调性提升的总体速度放缓，三是东北地区和东部地区发展差距不降反升。实际上，我国近年来区域结

[①] 《中国统计年鉴 2021》，国家统计局网站，http://www.stats.gov.cn/tjsj/ndsj/2021/index-ch.htm。

构调整中面临的这些问题的根源就在于区域间人口分布和产业分布的严重失衡。据中国发展研究基金会发布的《中国城市群一体化报告》可知，2006～2015 年，包括长三角、珠三角、京津冀和山东半岛等城市群在内的我国 12 个城市群经济总量在全国的比重从 70.56% 飙升至 82.03%，更有甚者，当前包括长三角、京津冀和珠三角三大城市群在内的地区经济总量已经超过全国 GDP 的 40% 以上。[①] 城乡差距和区域差距的拉大，归根结底都可以归咎于人口分布和产业分布的严重失衡，而人口分布和产业分布严重失衡自然会引发多米诺骨牌效应。这在一定程度上，已经说明我国在推进实现区域协调发展这个问题上仍有很长的路要走。进入 21 世纪尤其是党的十八大以来，我国连续作出促进实现区域协调发展的一系列重大决策部署，其中有西部大开发战略、中部崛起与振兴东北老工业基地发展战略、京津冀协同发展战略、长江经济带与"一带一路"区域合作发展战略等。在"协调东中西，平衡南北方"[②] 的整体协调发展思路的指引下，以上旨在促进区域协调发展的各大战略正在有序推进并取得了很多可喜可贺的阶段性成果。然而，在传统产业结构和原有区域发展差距的双重因素制约下，我国区域发展的协调性并未彰显。究其根源，原来的各种旨在促进区域协调发展的计划和战略的着力点大多聚焦在顶层设计维度以调整针对各区域的资源分配力度，而缺乏经济增长动力和经济社会发展模式整体转型式平台加持。而缺乏经济增长动力和经济社会发展模式整体转型式平台加持的宏观调控，很难从源头上逆转区域发展中的"马太效应"（Matthew Effect）。而构建新发展格局就为促进区域经济协调发展提供了一个全新的经济增长动力和经济社会发展模式整体转型式平台，因此，其对传统区域经济结构形成了强大的解构和重塑效应。

构建新发展格局对传统区域经济结构形成的解构和重塑效应，表现在如下两个方面。第一，构建新发展格局以巩固脱贫成果和切实推进共同富

---

① 《报告：长三角、珠三角和京津冀三大城市群占全国经济总量 40% 以上》，经济参考报，http://www.jjckb.cn/2019-03/20/c_137908861.htm。

② 杜传忠：《经济新常态下推进我国区域协调发展的路径及对策》，人民网，http://theory.people.com.cn/n1/2017/0622/c40531-29354850.html。

裕取得实质进展为根本旨向，而促进实现区域经济协调发展恰是巩固脱贫成果和切实推进共同富裕取得实质进展的内在要求。从价值理性和工具理性之间辩证统一的内在关系来看，促进实现区域经济协调发展与巩固脱贫成果和切实推进共同富裕取得实质进展，二者实际上存在互为因果的关系，即二者既是彼此的价值理性的归宿，也是彼此工具理性的依托。新发展格局就是基于这种辩证思维架构起来的经济社会发展新模式，这就从根本上打破了传统的促进区域经济结构协调发展的各种战略所秉持的单向度思维定式。第二，构建新发展格局的直接目的是适应国际国内新环境需求、培育树立经济增长创新型新优势，而实现创新驱动并非单纯指涉科技创新，而是要更好地发挥市场机制在资源配置中的决定性作用，构建以科技创新为引领的制度创新体系。在市场经济体制下，促进并实现生产要素自由的跨区域流动不仅是构建以科技创新为引领的制度创新体系的前提，也是促进区域经济协调发展的关键性基点。构建以科技创新为引领的制度创新体系，就需要进一步推动市场经济体制改革的进程，进而实现生产要素的自由合理有效流动，破除生产要素的地区性封锁与垄断，建立健全竞争有序和统一开放的市场经济运行体系，推进实现生产要素和各种资源在各区域间的自由流动及优化配置。这需要东北和中西部地区应尽快推进深化国企体制改革、金融体制改革、财税体制改革和优化对外开放政策，切实有效形成一系列相关制度和政策集群合力，从供给侧和需求侧两端激发各领域各层次经济社会主体参与经济循环的活力，进而形成促进实现区域经济协调持续健康发展的内在驱动机制。

（四）新发展格局对传统企业结构的解构与重塑

构建以新发展理念为引领、以国内大循环为基础、以巩固脱贫成果推进共同富裕为最终目标的新发展格局，不仅是对传统产业结构的系统化解构，是对传统区域经济结构的整体性解构，更是对居于供给侧核心的传统企业结构形成前所未有的解构和重塑效应。构建以国内大循环为主体、国内国际双循环相互促进的新发展格局，其核心任务在于要促进涵盖国内与国外各领域各层次经济活动的畅通，即打通涵盖国内与国外的产业链和供给链。供给链植根于产业链，而供给链发轫于创新链，因此，构建新发展格局的关键节点在于加快自主创新步伐打造支撑新发展格局的创新链。打造足以支撑新发展格局的创新链的基础，实际上就是深化供给侧结构性改革，而深化供给侧结构性改革就是对传统企业结构的解构与重塑。

企业结构是一个国家或地区经济结构的微观单元，其本身又有广义和狭义之分，广义的企业结构居于产业结构的从属地位，指的是同产业和跨产业企业间比例及相互关系；而狭义的企业结构则特指企业内部的组织结构，指的是为了实现企业组织自身存续和发展的目标，在组织理论及其相关理念的指引下，经过企业组织设计而形成的企业组织内部各部门、各层次和各主体之间相对稳定的构成比例和排列方式。新发展格局对传统企业结构的解构与重塑，是全方位和立体式的。亦即新发展格局对传统广义和狭义企业结构都构成强大的解构与重塑效应。广义的我国传统企业结构特点依附于我国传统产业结构特点，在此就不再赘述了。总体而言，广义的我国传统企业结构特点有三：一是从事中重化工等传统制造业的企业比重较高，二是同产业企业同构性明显，三是同产业间和跨产业间企业合作环境不佳合作空间不足。受长期倾向于重商主义的宏观经济环境影响，也是在西方企业管理学影响下，我国狭义的包括"U形组织结构"、"M形组织结构"、"矩阵制结构"和"H形组织结构"在内的传统企业内部组织结构都具有明显的"重组织""重绩效"而"轻开拓""轻创新"的基本特点。构建以新发展理念为引领的新发展格局，依托于深化供给侧结构性改革树立并夯实国际经济合作竞争中的创新型新优势。这对我国传统企业结构构成系统化解构与重塑效应。

改革开放之初，我国正处于经济全球化快速扩容时期，因此，当时基于"降低成本、提高效率和快速融入"的战略考量，我国采取了 FDI 和"出口导向"发展战略，这种发展战略也被称为资源与市场"两头在外"的经济发展模式。在一段时期内，这种经济发展模式不仅加速了我国融入经济全球化的步伐并切实加速了我国工业现代化的发展进程，但是，我们必须正视另一个事实，那就是这种经济发展模式在带给我们快速经济增长的同时，也使我国逐渐陷入核心技术、关键性零部件和关键性原材料对外依存度高居不下的"依附发展"状态。这种"依附发展"状态对我国企业结构和产业安全产生了一连串的负面影响：一是这种"依附发展"状态使我国从事中重化工等传统制造业的企业比重较高，且同产业间和跨产业间企业合作环境不佳合作空间不足；二是这种"依附发展"状态使我国从事中重化工等传统制造业的企业外部竞争压力不足，进而导致很多企业内部组织结构偏向产出绩效激励机制建设而忽视创新机制建设，亦即企业创新内驱力不足；三是这种"依附发展"状态对我国产业升级与产业安全构成了巨大隐患和现实制约。构建新发展格局，就是要从根本上摆脱我国经济发展原有的那种对外"依附发展"结构，构建以自主创新为根本的创新链以树立并夯实我国在未来国际经济合作经济竞争中的新优势。众所周知，创新链是一个复合型概念，其是由知识、技术、产业和产品创新等一连串环节及主体有机组成的。要构建足以支撑以国内大循环为主体、国内国际双循环相互促进的新发展格局的创新链，就必须充分调动作为供给侧主体的企业的积极性主动性。而要调动作为供给侧主体的企业的积极性主动性，就需要实现广义和狭义的企业结构的转型升级：一方面通过一系列产业结构和区域经济结构的有效调整引导企业实现朝向新型高科技产业的转型，并建构同产业和跨产业从业企业合作机制，进而优化广义企业结构以适应构建新发展格局的现实需要；另一方面，在优化广义企业结构以适应构建新发展格局现实需要的同时，保障市场机制在资源配置中的决定性作用，为适应处于激烈竞争中的内外部环境，倒逼企业调整其内部组织结构，生成创新内驱力。当然，只有形成"政府—市场—企业"三位一体的联动机制并形成相关制度及公共政策集群合力，才能推进并巩固深化供给侧结构性改革的成效。尤其值得关注的是，虽然深化供给侧结构性改革指向的主要客体是企业结构乃至企业自身，但是，要深入推进并巩固供给侧结构性改革成果不可能单纯寄希望于企业的内驱力，而是要形成制度和政策合力，培育"政府引导＋企业主导＋社会联动"的深化供给侧结构性改革的实现机制和保障机制。尤其是要开拓并夯实激励创新的产业基础，建立并完善激励创新的创投融资机制体制，在培育鼓励扶持一大批拥有自主知识产权核心技术的产业集群的同时，还要建构自主创新的市场"试错＋容错＋合作"机制，为拥有自主知识产权的新技术、新装备和新产品拓展市场空间，为拥有自主知识产权的新技术、新装备和新产品走向市场"最后一公里"扫除障碍。

第二节　新发展格局对原有社会分层结构的解构与重塑

因为新发展格局以新发展理念为指引，以构建畅通的国内大循环为主体，以巩固脱贫成果推进共同富裕取得实质进展为根本旨向，所以，其不仅对我国传统经济结构具有解构与重塑效应，也对我国原有社会结构具有结构性解构与系统性重塑的效能。而系统解析新发展格局对我国原有社会结构的解构与重塑，是探索新发展格局背景下社会治理现代化政策集群耦合路径的现实基础和直接依据。

一　国内外有关"社会结构"的研究现状和社会结构的基本内涵

系统解析新发展格局对我国原有社会结构的解构与重塑，是探索新发展格局背景下社会治理现代化政策集群耦合路径的现实基础和直接依据，而要解析新发展格局对社会结构的解构与重塑的前提，则是审视并梳理社会结构的基本内涵和外延。

（一）国内外学界有关"社会结构"的研究现状

社会结构（Social Structure），是一个社会学频繁使用且具有复合性内涵的专业术语。总体而言，社会结构有广义和狭义之分。广义的社会结构，几乎涵盖了经济、政治、社会和文化等诸领域多主体的所有结构关系；狭义的社会结构，则是特指社会学范畴中备受关注的社会分层结构。本书在此提及的"社会结构"处于其广义内涵和狭义内涵的交集，因此，在系统解析新发展格局对我国原有社会结构的解构与重塑之前，总结梳理一下近些年来国内外学界有关"社会结构"的研究现状是十分有必要的。

1. 国外学界有关"社会结构"的主体研究路径

经过对西方社会学有关社会结构的基本态度和主要观点的简单梳理可知，致力于有关社会结构领域问题研究的国外社会学各理论学派，大致分为三类：一类是结构—功能主义及其衍生理论；一类是专注于现象学和民俗学的行为主义及其衍生理论；一类是脱胎于社会有机体理论的宏观结构主义理论。

众所周知，不论是专注于现象学和民俗学的行为主义及其衍生理论，还是脱胎于社会有机体理论的宏观结构主义理论，基本上都是结构—功能主义的注脚或衍生物。结构—功能主义不仅是西方社会学中的主流学派，而且"社会结构"更是结构—功能主义相关理论研究所关涉的核心。因此，明辨结构—功能主义对"社会结构"的理解，是解开西方主流社会学对这一核心概念认知状态的密钥。

在这一领域最具代表性的西方学者有塔尔科特·帕森斯、安东尼·吉登斯和罗伯特·默顿等人。在结构—功能主义看来，社会是各行动主体相互作用而结成的一个有机整体，要深入了解这一有机整体的内部结构理应立足静态与动态两个维度予以解析。结构—功能主义恰是依循这两个研究视角而树立起来的研究范式——一方面，从静态（结构）角度入手，可以将社会这一有机整体分化为多个组成部分，并在此基础上确定各组成部分之间的关系和"结构"；另一方面，从动态（过程）角度入手，又可以分析社会这一有机整体各组成部分的运行状态和各自"功能"。在结构—功能主义看来，分析社会结构的最基本单元，是相关社会主体所处的社会地位及其所承担的社会角色。在此基础上，结构—功能主义将社会结构视作社会主体所承担各地位和各角色间相对稳定的比例关系。从这个角度而言，结构—功能主义理论视域中的社会结构实际上就是彼此制约又相互成就的特定类型社会角色互动模式。在一定程度上来看，结构—功能主义眼中的社会结构类似于西方现代哲学理论体系中经常提及的"主体间性"。最值得引起关注的是，在结构—功能主义看来，由各行动主体相互作用而结成的社会有机整体得以存续的依据，就是社会体系结构中各组成部分功能的存在。亦即一旦社会体系结构中各组成部分功能缺失，由各行动主体相互作用而结成的社会有机整体的存续基础也就丧失了。而这些能够满足社会有机体特定功能要求的组成部分，就被结构—功能主义看作该社会有机体不可或缺的功能性子系统。作为一个整体的社会有机组织，恰是依靠其内部诸多相互依存的功能性子系统的良性互动而维系自身存续的。基于这种认知,作为西方社会学主流的结构—功能主义后来又衍生出社会结构层次性理论,这种理论认为,当社会有机体的子系统发展到相对成熟阶段,社会有机体子系统内部也会依照同样的功能要求分化出更次一级的子系统。结构—功能主义所秉持的这种"静态"与"动态"相结合的结构—功能分析理论研究方法,其核心任务就是立足认知社会有机体各组成部分基本功能的基础之上,探索并解析由各子系统组合构成的整体性社会结构满足社会有机体和相应社会主体所需功能要求的运行状况及实现路径。虽然结构—功能主义居于西方社会学主流,但是,因为其刻意强调社会有机体各组成部分价值取向的同构性,并在此基础上过分夸大了社会有机体各子系统之间的整合性,从而忽视了对社会结构中内蕴的冲突性和矛盾性问题的探究。正是因为如此,结构—功能主义不仅受到多方质疑,还大大限制了该理论对现实经济社会生活解释的普适性和科学性。

2. 国内学界有关"社会结构"的研究现状及主要研究路径

尽管改革开放40余年来我国经济社会建设取得了举世瞩目的辉煌成就,与此同时我国的国际影响力也已经今非昔比,但是,经济社会发展不平衡和不充分的问题仍然是推进实现我国经济社会高质量发展进程中的制约性因素。近些年来,国内学界的仁人志士立足各自学科不同视角孜孜探求应对这些负面制约因素的破解之道。其中,以社会结构转型视角作为切入点探索这一研究课题是相关领域研究的主流。

追溯起来,实际上国内学界自20世纪80年代末90年代初就已经开启了"社会结构"和"社会结构转型"这一研究路径。尤其是自党的十四大明确推进"社会主义市场经济体制改革"目标以后,国内学界的这一研究路径逐渐成为主流和显学。当然,有关"社会结构"和"社会结构转型"的研究并非社会学的专属领地,国内学界从经济学、政治学、社会学甚至哲学等不同学科角度对这一研究主题进行了和进行着多维度的深刻探索。

首先,立足社会学学科视角研究这一主题,是这一课题研究的本源正朔,从事相关领域研究的学者众多,其研究成果也汗牛充栋。其中,最具代表性的国内研究者有费孝通、雷洁琼、陆学艺、李强和孙立平等人。相关领域极具代表性和影响力的成果如恒河沙数,其中最具知名度的专著类成果有费孝通的《乡土中国》和《中国文化的重建》、陆学艺的《当代中国社会建设》、李强的《社会分层十讲》和《当代中国社会分层》等。其中最具代表性的学术论文类成果有费孝通的《差序格局》、陆学艺的《加强社会建设是现代化不可逾越的阶段》和孙立平的《中国社会结构演变的四个可能趋势》等。总体而言，大部分社会学家非常关注经济社会转型进程中的整体性和结构性变化，他们大多把"社会结构"和"社会结构转型"界定为社会分层结构从传统向现代的转型。他们认为，社会结构的转型与经济结构的转型有本质上的区别，相较于经济结构的转型，社会结构的转型更深刻其影响力更持久更深远。

其次，立足经济学学科视角研究这一主题的研究人员众多，研究成果也非常丰富。其中，最具代表性的研究者有厉以宁、林毅夫、吴敬琏、张维迎、李季、钱颖一、姚先国、陈志武、温铁军、任泽平和郎咸平等人。代表性成果就更加不胜枚举了，其中最具影响力的专著类成果有厉以宁的《改革开放以来的中国经济：1978—2018》、林毅夫的《中国经济的逻辑与展望》、吴敬琏的《吴敬琏论改革基本问题》、温铁军和董筱丹的《去依附——中国化解第一次经济危机的真实经验（1949～1952）》等。其中最具代表性的学术论文类成果有厉以宁的《新旧发展方式更替是一场革命》、林毅夫的《双循环——国家发展新格局》、吴敬琏的《全面深化改革的关键一步》等。同社会学和政治学相关研究相比，经济学家们对这一主题的研究起点大多缘于对我国现代化进程经济学视角的观察和思考。

另外，立足政治学和政治哲学学科视角研究这一主题，则是对这一课题研究的顶层思考和系统性总结。从事相关领域研究的学者可谓灿若星河。其中，最具代表性的国内研究者有王惠岩、王沪宁、孙正聿、李慎明、王浦劬、林尚立、燕继荣、毛寿龙、赵宝煦、张贤明和樊建新等人。代表性成果就更加不遑枚举了，其中最具影响力的专著类成果有王惠岩的《政治学原理》、王沪宁的《政治的逻辑——马克思主义政治学原理》、孙正聿的《哲学通论》、王浦劬等的《构造共建共治共享的城乡社区治理共同体研究——基于天津滨海新区社区治理的实践》、林尚立等的《当代中国政治：基础与发展》、燕继荣等的《新时代国家治理变革研究》（2022）、赵宝煦的《政治学与和谐社会》、张贤明等的《基本公共服务均等化研究》和《回顾与思考：政治学理论与方法 30 年》等。其中颇具代表性的学术论文类成果也是俯拾皆是。[①] 以上众多国内知名的政治学、行政学和政治哲学研究者大多是立足政治发展的理论视域借鉴经济学和社会学相关研究方法来审视"社会结构"和"社会结构转型"问题的，又因为政治学、行政学和政治哲学研究与公共政策密切相关，所以，国内学界依循这一研究路径对"社会结构"的研究成果的理论价值和实践意义是不言自明的。本书对"社会结构"和"社会结构转型"问题的认知，即遵循这一理论研究范式。

（二）社会结构的基本内涵

社会结构，是一个包括社会学、经济学和政治学在内的社会科学体系内诸学科普遍关注的社会问题，同时，其也是隶属于社会学理论范畴中的一个常用术语。然而，尽管这一术语时常被提及，但是，由于其内涵丰富且深刻，有关对其内涵的直白界定鲜见于各类典籍。由于系统解析新发展格局对原有社会结构的解构与重塑，是探索新发展格局背景下社会治理现代化政策耦合路径的直接依据，因此，在推进相关理论研究之前非常有必要厘清社会结构的基本内涵。

社会结构有广义和狭义之分，本书研究拟选取社会结构的广义和狭义的居间内涵作为研究端口，因此，综合审视社会结构的广义和狭义内涵是推进本课题研究的必经之途。若以社会学和政治学相关理论作为切入点可知，要理解"社会结构"内涵必须明辨其内蕴的三个维度，一是社会关系维度，二是社会要素构成维度，三是社会规范体系维度。依循社会结构的三个维度，可以将其分为三种类型，即关系型社会结构、要素构成型社会结构和规范型

[①] 主要有孙正聿的《共产党人的世界观和方法论》和《从大历史观看中国式现代化》、李慎明的《正确认识中国特色社会主义和中国特色社会主义道路、理论、制度、文化这五个语汇的科学内涵——学习〈习近平谈治国理政〉第三卷》、王浦劬的《中国社会科学研究本土化与政治学的发展》、林尚立的《治国安邦：当代中国政治形态定型》和《把新发展理念贯穿发展全过程和各领域》、燕继荣的《探索共同富裕的政策表达》和《把制度优势转化为治理效能》、毛寿龙的《城市管理与社会善治笔谈》和《政府与社会关系的秩序维度》、张贤明的《社会治理共同体：理论逻辑、价值目标与实践路径》和《国家纵向治理体系现代化：结构、过程与功能》等。

社会结构。① 首先，所谓关系型社会结构，指的是社会主体按照一定比例或秩序构成的关系，这种类型的社会结构是最基本的社会结构，其他类型和其他维度的社会结构基本上都是其派生物或衍生物。其次，要素构成型社会结构也被称为"实质型社会结构"，其意为社会基本构成要素共同作用并构成社会结构本身。依据这种归类方式，可以将社会结构构成要素分为人口要素、组织要素、群体要素、制度要素和文化要素等，按照这些要素构成和组合方式，又可以将社会结构分为人口结构、社会分层结构、社区结构、制度结构和文化结构等。最后，所谓规范型社会结构，指的是社会主体需要遵循的各种社会规范和社会秩序的组合方式。社会主体需要遵循的社会规范是多元立体相互交叉的，具体而言，包括经济规范和制度、政治规范和制度、文化规范和制度等。

当然，以上对于广义社会结构类型的划分都受到结构—功能主义的影响，事实上，各种类型的社会结构基本上都具有一定程度的交叉性，即彼此相依相辅相成。而狭义上微观的社会结构，一般是从具体的人际关系这一角度予以界定的。因此，狭义的社会结构，可以被理解为作为社会主体的个人之间、个人与群体之间、群体与群体之间的关系模式。恰如社会交换理论者彼得·布劳（Peter Michael Blau）在其所著的《社会生活中的交换与权力》中所言，任何一个社会主体其在社会中的位置和角色都会直接影响其在社会结构中的关系。彼得·布劳立足社会交换理论对社会结构的这种界定，在学界得到了广泛认可。他的这种界定，就是说社会地位和社会角色即为狭义社会结构的直观表现。社会地位和社会角色犹如硬币的两面，不可分割相辅相成。既没有无社会角色的社会地位，也没有无社会地位的社会角色，社会角色只要被社会主体和社会环境所认可，就会随之产生与其相对应的社会地位，反之亦然。当然，二者的功能并不完全雷同，社会地位相对稳定，其意指社会主体（个人或组织）在社会体系中所处位置，而社会角色往往居于动态，其意指社会主体（个人或组织）在社会体系中的行动状态及过程。② 对

---

① 陆学艺主编《社会学》，知识出版社，1996，第294～299页。
② 〔日〕富永建一：《社会学原理》，严立贤等译，社会科学文献出版社，1992，第88～90页。

于社会地位和社会角色最具象化的表述，即"社会分层"（Social Stratification）。社会分层指的是社会主体因"社会资源占有不同而产生的层化或差异现象，尤其是指建立在法律、法规基础上的制度化的社会差异体系"。①这里所说的"社会资源"是一个复合型概念，其意指涵盖了经济资源、政治资源和文化资源等多领域多方面多层次对社会主体有价值的资源总和。与社会分层相对应的是"社会流动"（Social Mobility）。所谓社会流动具有双层内涵，一是指社会主体在地理位置上的位移，二是指社会主体在社会分层结构中社会地位或社会角色的变动。

（三） 马克思社会结构理论的理论框架、基本特征及其对我国的启示

厘清马克思社会结构理论的基本特征及其对我国的启示，是解析新发展格局对原有社会结构的解构与重塑的理论前提。因为马克思社会结构理论派生于马克思社会有机体理论，所以，要厘清马克思社会结构理论的基本特征，须先从回顾马克思社会有机体理论做起。前文已述，作为马克思历史唯物主义的立论支柱的马克思社会有机体理论，其对马克思主义原理的整个理论谱系产生了贯穿式影响，因此，深入探究和理解马克思社会有机体理论，不仅有利于我们更加深刻辩证系统地领会理解马克思主义唯物历史观，这一理论也为研究者了解社会现象透析社会分层结构探索把握社会变迁规律提供了直接的理论指导。基于马克思社会有机体理论的这一理论内核，马克思社会结构理论不仅相应地形成了自己的理论观点、逻辑架构和基本特征，并对我国推进实现社会治理现代化具有直接的启示意义。

1. 马克思社会结构理论的核心观点

马克思社会结构理论隶属于马克思社会有机体理论，因此，其理论观点与其理论母体马克思社会有机体理论多有交集，归纳起来，其核心观点主要有三：第一，在批判费尔巴哈抽象人性论的基础上，揭示社会有机体和社会结构的本质属性源于人的本质，即社会结构和人的本质都归于"一切社会关系的总和"②；第二，社会有机体中的基本结构和主体框架，指的

---

① 李强：《社会分层十讲》，社会科学文献出版社，2008，第 1~2 页。
② 《马克思恩格斯文集》第 1 卷，人民出版社，2009，第 505 页。

是由"生产力与生产关系"与"经济基础和上层建筑"这两对基本矛盾相互作用共同组成的,"生产力与生产关系"与"经济基础和上层建筑"这两对基本矛盾不仅自成体系,而且还相互联系共同构成"社会结构"这一复杂整体;第三,在马克思社会有机体理论和马克思社会结构理论看来,社会不仅内蕴"生产力与生产关系"与"经济基础和上层建筑"这两对基本矛盾和宏观结构体,还涵盖经济(市场)、政治(国家)、文化(宗教和思想文化)、社会生活和生态文明等一系列构成社会结构的微观要素。

2. 马克思社会结构理论的理论框架和基本特征

首先,马克思社会结构理论认为社会结构兼具静态性与动态性。在马克思之前的西方社会学理论谱系之中,很多流派和学者们大多秉持社会结构相对长期居于静止状态这一基本观念。马克思和恩格斯并不认同这种社会结构静态论。马克思和恩格斯立足辩证唯物主义和历史唯物主义对社会结构静态论进行系统性反思甚至结构性批判,他们认为社会结构在一定历史阶段内所呈现出的稳定性是相对的,在社会结构内部各要素相互作用的过程中,各要素不断变化和发展才是社会结构存续的基本形态和总体趋势。因此,从这个角度而言社会结构的稳定性是相对的,其动态性才是绝对的。亦即在马克思社会结构理论看来,社会结构兼具静态性与动态性。因此,对社会结构的静态化分析,就是对社会结构短周期内的状态性表象考察,而对社会结构的动态化分析,则是对社会结构长周期的过程性趋势研究。

其次,马克思社会结构理论认为社会结构兼具整体性与层次性。

恰如马克思在《〈政治经济学批判〉序言》中所言:"人们在自己生活的社会生产中发生一定的、必然的、不以他们的意志为转移的关系,即同他们的物质生产力的一定发展阶段相适应的生产关系。这些生产关系的总和构成社会的经济结构……物质生活的生产方式制约着整个社会生活、政治生活和精神生活的过程。"[①] 马克思的这段论断,清晰地阐释了其社会结构论中的核心观点之一,即社会结构兼具整体性与层次性。基于这种总

① 《马克思恩格斯文集》第 2 卷,人民出版社,2009,第 591 页。

体认知，马克思社会有机体理论和社会结构理论对经济、政治、宗教和人自身等社会结构不同层次的要素都进行过系统分析，马克思在这些层次性理论分析的基础上将关注点聚焦于对人类社会的整体性研究上。马克思和恩格斯都非常注重对社会结构各层次各要素的整体性考察，他们不仅在经典原著中多处多次强调社会结构各层次与社会结构整体的辩证关系，还明确提出作为整体的社会结构只有通过各层次各要素之间的自发式协调机制，才能最终推进实现社会有机体整体的结构和谐及整体的有序运行。总而言之，马克思社会结构理论认为社会结构兼具整体性与层次性，社会结构的整体性与层次性是一体两面的关系，二者相辅相成辩证统一。

最后，马克思社会结构理论是对以往相关理论的传承与重构，同时，马克思社会结构理论认为社会有机体和社会结构本身就具有传承性与重构性。马克思社会有机体理论和马克思社会结构理论都不是空中楼阁，而是在继承以往自然科学与社会科学相关理论成果基础上，立足辩证唯物主义和历史唯物主义的理论视角，对社会结构的科学认知和理论总结。一方面，马克思和恩格斯是在继承和借鉴前人思想的基础上，创立了包括马克思社会有机体理论和社会结构理论在内的马克思主义理论体系——众所知，马克思和恩格斯对包括黑格尔和费尔巴哈在内的很多哲学家思想的继承并非照搬照抄，而是基于批判基础上的创新，即扬弃和升华。另一方面，马克思社会有机体理论和社会结构理论认为社会结构自身的发展进步既是对以往社会形态优秀成果的继承，也是社会生产力不断积累的结果，而新的社会形态更是对旧有生产关系和旧有社会形态的结构性重塑。

3. 马克思社会结构理论对我国推进实现社会治理现代化的启示意义

在马克思主义理论体系和马克思主义中国化理论体系的指导之下，几代中国共产党人筚路蓝缕披荆斩棘，带领全国各族人民以"为人民谋幸福，为民族谋复兴"为己任，取得了举世瞩目的光辉成就，然而，在我们推进经济社会高质量发展和推进社会治理现代化的进程中，仍然面临着"发展不平衡"和"发展不充分"等一系列结构性阻滞因素。尤其是在当前异常复杂的外部局势下和在推进构建新发展格局的内部背景下，加强对马克思社会有机体理论和马克思社会结构理论的研究和理解，对我国推进实现社会治理现代化具有明确而深远的启示意义。

首先，马克思社会结构理论对我国推进实现社会治理现代化具有理论启示意义。虽然经过改革开放40余年的持续发展之后我国经济社会发展取得了长足的进步，全面建成小康社会的奋斗目标也已经如期实现，但是，以往受重商主义影响而形成的片面追求经济增长的发展理念的负面影响并未完全消除。这种单纯追求经济增长的发展理念，与构建新发展格局和开启全面建设社会主义现代化国家的现实需要格格不入。因此，要在新环境下构建以国内大循环为主体、国内国际双循环相互促进的新发展格局，要在新发展阶段推进实现社会治理现代化，要通过全面深化改革与调整经济社会结构来寻求经济社会的全面协调健康高质量发展，马克思社会有机体理论和社会结构理论都能够为我们提供最具价值的理论启示。从坚持"以人为本"主张全面、协调、可持续发展的"科学发展观"，到主张创新、协调、绿色、开放和共享的"新发展理念"，无不体现马克思社会有机体理论和马克思社会结构理论的精神内核。

其次，马克思社会结构理论对我国推进实现社会治理现代化具有实践启示意义。正如习近平总书记在党的十九届四中全会第二次会议上强调指出的那样："中国特色社会主义制度和国家治理体系不是从天上掉下来的，而是在中国的社会土壤中生长起来的，是经过革命、建设、改革长期实践形成的，是理论创新、实践创新、制度创新相统一的成果，凝结着党和人民的智慧，具有深刻的历史逻辑、理论逻辑、实践逻辑。"[①] 不论是在马恩的经典原著中，是在毛泽东的《实践论》中，还是在党的十二大修订的党章对"实事求是思想路线"的重新界定之中，都系统阐论了认识与实践的辩证关系——认识来源于实践，同时，认识又反作用于实践，人类就是在认识与实践的螺旋式上升和否定之否定的相互作用中不断发展进步的。从认识与实践的辩证关系中可知，马克思社会有机体理论和社会结构理论对我国推进实现社会治理现代化不仅具有理论启示意义，更具有实践启示意义。从坚持科学发展观构建社会主义和谐社会，到贯彻"新发展理念"整

---

① 《习近平谈治国理政》第3卷，外文出版社，2020，第119页。

体推进"五位一体总体布局"和"四个全面战略布局",到深入"供给侧结构性改革"推进实现经济社会高质量发展,再到构建以国内大循环为主体、国内国际双循环相互促进的新发展格局以及开启全面建设社会主义现代化国家新征程,无不体现马克思社会有机体理论和社会结构理论对我国推进实现社会治理现代化的实践启示意义。

二 研究社会分层的意义和我国社会分层结构的总体特征

社会分层结构不仅是社会结构的具象化表述,也是包括社会学在内的诸元社会科学相关理论研究关注的焦点之一。其相关研究不仅居于社会科学相关理论研究的核心位置,对于推进新时代国家治理现代化更具有重要意义。在明辨研究社会分层重要意义的基础上,厘定改革开放以来我国社会分层结构的总体特征,是系统解析新发展格局对原有社会结构解构与重塑的现实依据和理论基础。

(一) 社会分层研究居于社会学及相关理论研究的核心位置

自社会学作为一门独立的学科兴起以来,包括奥古斯特·孔德、卡尔·马克思、赫伯特·斯宾塞、埃米尔·涂尔干、马克斯·韦伯、塔尔科特·帕森斯和安东尼·吉登斯等人在内的众多学界泰斗,也包括"功能论"、"冲突论"、"过程论"、"象征互动论"、"批判论"和"结构—功能论"等研究范式,无一例外都将社会分层研究纳入自己的研究范畴,甚或将其列为自己理论研究的核心问题。

从一定程度而言,社会学就是围绕社会分层问题而展开的理论学科。截至目前,社会学已有超过一百个的理论分支和研究范式,其中包括人口社会学、家庭社会学、环境社会学、社会保障、社会工作、微观社会学、政治社会学、宗教社会学、体育社会学和分层社会学等,社会分层研究对于社会学的这些众多分支学科而言,都是不可或缺的立论基础和理论主线。无须赘言,社会学及其相关理论的主要研究对象就是整个人类社会,但是,如果仅仅偏重于整体视域审视社会犹如"老虎吞天,无从下口"又似"隔靴搔痒,难得要领"。解决这个难题的最佳方案和实现路径,就是对包罗万象且纷繁复杂的社会整体进行分类分层化解析。所谓社会分层,实则是对社会主体所具备的社会地位和所承担的社会角色给予的性质分类。对于社会主体的分类可以遵循多个标准，而按照不同标准对社会主体进行分类就会得出不同的结论。在相关理论研究中，既可以按照社会主体所属地域不同进行分类，也可以按照社会主体的体貌特征进行分类，当然，也可以按照社会主体拥有社会资源的多寡进行分类。

在所有分类标准和相关研究方法中，按照社会主体拥有社会资源多寡进行分类，是社会分层研究的主体路径。而社会分层主要表现为社会地位的高低不同。按照马克思在《黑格尔法哲学批判》和《德意志意识形态》中系统阐释的"经济基础决定上层建筑"的基本理论逻辑审视，造成社会分层高低不同的根本原因在于经济利益分配和经济资源占有情况的差距——其实这就是隶属于马克思社会有机体理论的马克思社会结构理论的核心观点，这也是我们立足物质和经济利益分配及占有情况分析社会结构的直接理论依据。不论是从属于自然科学还是从属于社会科学的任何理论之产生都不可能是灵光乍现的结果，必然都是经历了艰难探索的历程，前文已经论及的马克思社会有机体理论和从属于其理论体系的社会结构理论也同样如此。马克思和恩格斯在经历初期的理论研究和实践探索的基础之上，逐渐将自己的关注点聚焦于经济问题并试图立足经济利益分配的视角洞悉社会结构及其变迁问题，这就逐渐奠定了马克思社会结构理论的逻辑起点和理论框架。立足物质和经济利益分配及占有情况分析社会结构，是对社会结构最深刻的解析。立足物质和经济利益分配及占有情况分析社会结构，不仅是社会学理论的主体研究路径，也是关注经济社会发展方向和社会结构问题的其他诸多社会科学首选的理论研究视角，更是马克思社会有机体理论和马克思社会结构理论秉持的基本研究路径。例如，政治学有关公共政策和政治发展问题的研究，以及经济学有关分配制度改革和宏观经济调控等问题的研究，都会将立足物质和经济利益分配及占有情况分析社会分层结构置于其相关理论研究的核心位置。

（二）有关社会分层结构研究对我国的特殊意义

在中国人的经济社会生活中，社会结构尤其是社会分层结构问题一直都是人们最关注的社会问题。中国自古以来就是一个非常讲究并极其看重等级层次的社会，就连《水浒传》中落草为寇的梁山好汉们也要假借神授名义排个座次顺序。如果立足当前经济社会现实生活，人们对于社会结构尤其是社会分层结构问题的重视程度其实也并未降低。前些年被人们炒热的"学区房"价格之所以一度远超房屋本身的价值，归根结底在于这些所谓"学区房"附带的优质教育资源。因此，与其说是人们热衷于炒作"学区房"，还不如说人们更加关注的是子女的教育问题。教育的本原应该是人的教化和社会化，然而，稍加考察即可发现一个基本事实，那就是很多人之所以关心子女的教育并非在于关注子女的教化和社会化问题，而是关心子女因接受优质教育所形成的社会分层优化问题。① 立足物质和经济利益分配及占有情况分析社会分层结构不仅具有极高的理论价值，对于我国来说还具有极其特殊的现实意义。一方面，我国作为社会主义国家，有关社会分层结构研究对于我国的特殊意义，主要在于推进相关研究可以为审视并确保我国经济社会发展的社会主义前进方向提供必要的理论参照系。另一方面，随着中国特色社会主义进入新时代，我国社会主要矛盾已经转变为人民群众日益增长的美好生活需要和不平衡不充分的发展之间的矛盾，立足物质和经济利益分配及占有情况分析社会分层结构，是积极应对有效解决新时代社会主要矛盾的理论前提。

首先，立足物质和经济利益分配及占有情况分析社会分层结构，为审视并确保我国经济社会发展的社会主义前进方向提供必要的理论参照系。尽管马克思和恩格斯没有在经典原著中使用过"社会主义本质"这一概念，但是，不可否认的是探索和界定社会主义本质，是科学社会主义的理论核心和现实主题。顾名思义，所谓本质，指的是一客观主体区别于其他主体的内在属性，这是该主体自身固有的内在联系和内在规定性。而社会主义的本质，则是指社会主义社会区别于其他社会形态的内在属性与根本规定性，这是社会主义社会与其他社会形态根本区别之所在。中国共产党百年奋斗历程，其实就是我们党对社会主义本质的求索和践行实现社会主义本质的奋斗历程。百多年来，尤其是新中国成立以后和改革开放以来，

---

① 李强：《社会分层十讲》，社会科学文献出版社，2008，第6页。

我们党在长期的社会主义建设及改革的探索实践中，对社会主义本质认识不断深入。我们党在领导新中国社会主义革命、建设和改革的实践进程中，多角度多层次深刻探索社会主义本质。可以说我们中国共产党人不仅继承、丰富与发展了科学社会主义有关社会主义本质的理论体系，还在有关社会主义与中国特色社会主义的本质这两个核心问题上提出了一系列具有原创性的新理论与新观点。更加令人欣慰和振奋的是，新时代中国共产党人不仅丰富发展了科学社会主义理论体系中的社会主义本质论，将人类有关社会主义本质的思想认识提高至一个前所未有的新高度，还将我们党对于社会主义本质的新认识付诸新时代中国特色社会主义现代化建设之中，并取得了一个又一个令人叹为观止的发展成就。马克思和恩格斯在经典原著中所揭示的社会主义本质，其意为促进和实现人类自身的自由全面发展。同时，他们二人还将促进和实现人类自身的自由全面发展视为未来理想社会的终极目标与实现标准。尽管经典原著作者终其一生未曾切实身处社会主义社会形态之中，但是，他们对社会主义本质的预断是基于辩证唯物主义和历史唯物主义的逻辑起点，是在系统分析资本主义社会形态社会基本矛盾的基础上，并从历史发展趋势和发展过程中凝练出的确切结论。"马克思主义之所以有强大生命力并受到广大人民群众的拥护，就在于其从一开始就坚持为劳动人民立言的道义立场，关注无产阶级与人民群众的生存处境及发展命运，进而成为无产阶级与大众解放的'头脑'。"[1]恰如习近平总书记在纪念马克思诞辰 200 周年大会上强调指出的那样："马克思主义博大精深，归根到底就是一句话，为人类求解放。"[2] 促进和实现人类自身的自由全面发展，不仅是马克思主义理论体系的主题，也是马克思主义理论体系的立论基础和核心价值诉求。其核心就是促进和实现人摆脱资本主义的体制性桎梏，让人们从被压迫和被奴役的包括资本主义在内的一切社会关系中解放出来，真正成长为客观世界和主观世界自由发展的主人。经典原著作家关于人自由全面发展的预判，是以对个体发展与

---

①　唐爱军：《马克思主义为什么能永葆青春》，光明网，https://theory. gmw. cn/2016 - 05/24/content_20243890. htm。

②　习近平：《在纪念马克思诞辰 200 周年大会上的讲话》，《人民日报》2018 年 5 月 5 日，第 2 版。

社会发展辩证关系的深刻认识为逻辑出发点的，并在此基础上阐明未来理想社会不仅是人的自由全面发展的社会，更是人与人之间、人与社会之间关系全面发展的社会形态。新中国成立之后，我国经过对所有制的"三大改造"初步建立了社会主义制度，然而，经过多年的探索实践，究竟"什么是社会主义"，以及"怎样建设社会主义"这两个重大问题仍然摆在中国共产党人面前。以邓小平为代表的党的第二代领导集体，在深刻总结社会主义建设实践历史经验的基础上，科学总结并极具原创性地提出了"社会主义本质论"，认为社会主义的本质就在于"解放生产力，发展生产力，消灭剥削，消除两极分化，最终达到共同富裕"。① 邓小平还曾多次强调："社会主义最大的优越性就是共同富裕，这是体现社会主义本质的一个东西。"② 邓小平理论中的"社会主义本质论"，突破了以往单纯依据社会主义社会形态外部表现及主要特征对社会主义本身予以界定的理论局限性和历史局限性。邓小平社会主义本质论秉持马克思主义基本立场并综合运用辩证唯物主义和历史唯物主义的方法观点，将中国共产党人有关社会主义本质的认识提升至空前的理论高度和政治高度。事实上，顾名思义即可知社会主义的本质内涵。所谓社会主义，就是以社会公共利益为核心为指挥棒分配各种资源的经济社会运行模式及其政治制度体系。邓小平"社会主义本质论"中提出的"解放生产力，发展生产力，消灭剥削，消除两极分化，最终达到共同富裕"就是最大的"社会公共利益"，而维护和实现最大的"社会公共利益"，就是以习近平同志为核心的党中央提出并倡导的"以人民为中心"发展思想的精神内核。寻根溯源，"以人民为中心"发展思想不仅源自于毛泽东思想"三大活的灵魂"之中的"群众路线"，更发轫于中国共产党的性质与宗旨。从这个角度而言，中国共产党百年来"为人民谋幸福，为民族谋复兴"的奋斗历程，其实就是探索和实现社会主义本质的奋斗历程。尽管如此，尤其值得公共政策研究者甚或施政者关注的是现实经济社会发展不平衡这一结构性问题。因此，实时观测考量现实经济社会发展不平

---

① 《邓小平文选》第3卷，人民出版社，1993，第373页。
② 《邓小平文选》第3卷，人民出版社，1993，第364页。

衡程度，是判断经济社会发展是否朝着切实推进实现共同富裕目标前进的必要条件——而立足物质和经济利益分配及占有情况分析社会分层结构，为审视并确保我国经济社会发展的社会主义前进方向提供必要的理论参照系。

其次，随着中国特色社会主义进入新时代，随着我国社会主要矛盾的转变，立足物质和经济利益分配及占有情况分析社会分层结构，是积极应对有效解决新时代社会主要矛盾的理论前提。众所周知，自新中国成立以来，我国社会主要矛盾一共发生了三次历史性转变：第一次转变是随着新民主主义革命的胜利和社会主义改造的成功，中国共产党第八次全国代表大会提出我国社会主要矛盾已经由原有矛盾转变为"落后的农业国与先进的工业国发展需求之间、人民群众日益增长的物质文化需求同现实中落后的社会生产之间的矛盾"；第二次转变是随着"文革"的结束和经济社会发展秩序的逐渐恢复，党中央在党的十一届六中全会上明确提出我国社会的主要矛盾已经由旧有矛盾转变为"人民日益增长的物质文化需要与落后的社会生产之间的矛盾"；第三次转变是随着中国特色社会主义现代化进程不断取得突破，党中央在党的十九大上宣布，我国的社会主要矛盾已经由原有的矛盾转变为"人民日益增长的美好生活需要和不平衡不充分的发展之间的矛盾"。[①] 这是以习近平同志为核心的党中央深刻把握我国经济社会发展阶段性特征，科学精准定位我国现阶段经济社会发展最新历史方位，进而对当前我国社会主要矛盾作出的全新判断。新时代中国共产党人作出我国社会主要矛盾已经发生转变这一重大判断有三大依据：其一，经过数十年经济社会的持续健康发展，我国社会生产力发展水平不再处于绝对落后状态，不仅 GDP 总量稳居全球第二，还在工业总产值、固定资产投资总额、外汇储备和进出口货物贸易总额等诸多宏观经济指数上连续多年领跑全球，除此之外，我国在超高压电、核废料再利用和5G 网络技术等微观技术领域也在全球独占鳌头，这就是说再用"落后的社会生产力"来界定我国经济社会发展现状已经不合时宜，我国以往曾长时期所处的结构性供给不足的"短缺经济"状况已经得到根本改变；其二，随着人民群众

---

① 《习近平谈治国理政》第3卷，外文出版社，2020，第9页。

生活水平的不断提高，老百姓对美好生活的向往不再局限于物质生活，亦即人民群众对美好生活的向往与追求更加多元和多层次；其三，当前影响和制约人民群众对美好生活向往和需求满足程度的因素有很多，但是，其中主要因素是发展不平衡和发展不充分的问题，最大的"不平衡"主要是指城乡发展不平衡、区域发展不平衡和收入分配不平衡，而最大的"不充分"主要是指农村发展不充分和某些关键核心技术领域发展不充分。实时观测考量现实经济社会发展不平衡程度，是判断经济社会发展是否朝着切实积极应对和妥善处理当前社会主要矛盾方向前进的必要条件——而立足物质和经济利益分配及占有情况分析社会分层结构，是积极应对有效解决新时代社会主要矛盾的理论前提。

最后，随着我国经济结构的不断调整和改革开放逐渐进入深水区，尤其是在构建新发展格局的背景下，我国社会结构优化和整体性变迁也进入了关键时期。在新发展阶段，社会结构优化和整体性变迁必然能够推进实现社会治理现代化，但是，社会结构的变迁不可避免也会造成存量社会矛盾和增量社会矛盾的集聚效应。这些社会矛盾和结构性问题如果不能得以有效解决，势必会引发负面的多米诺骨牌效应，不仅会阻碍新发展阶段推进实现社会治理现代化进程，甚或影响国家的长治久安。改革开放之初，很多人以为我国经济社会发展进程中产生诸多结构性问题的根源是社会生产力的落后状态，并认为只要提高社会生产力，随着经济的发展，各种结构性社会问题就会水到渠成迎刃而解。事实上，改革开放40余年过去了，我国经济社会建设取得了空前辉煌的成就，但是制约甚或阻碍经济社会发展的一些存量社会矛盾并未完全得以根除，而且在存量社会矛盾并未根除的基础上一些增量问题也在滋生，这就是党的十九大上所提的"不平衡"和"不充分"发展的问题。面对这些经济社会发展中的结构性问题，我们不能再像以往那样寄希望于单纯依靠拉动经济增长的方式来解决一切社会问题，而应该从调整和优化社会结构的角度来寻求推进实现社会治理现代化的实现路径。因此，简单总结和梳理一下改革开放以来我国社会分层结构的总体特征尤为必要，这是探索新发展格局背景下社会治理现代化政策集群耦合路径的基本前提。

（三）改革开放以来我国社会分层结构的总体特征

明辨和梳理改革开放以来我国社会分层结构的总体特征，对于在新发展格局背景下推进实现社会治理现代化具有特殊意义。一方面，改革开放40余年来，我国社会分层结构发生了重大变迁，当前，我国社会结构仍处在解构、分化、流动和重组的激烈进程之中，而社会结构尤其是社会分层结构的变迁是影响社会治理现代化进程和方向的首要制约因素；另一方面，虽然全面建成小康社会奋斗目标已经如期实现，巩固脱贫成果和切实推进共同富裕取得实质进展的任务仍然艰巨，社会结构尤其是社会分层结构变迁的压力，以及"发展不平衡"和"发展不充分"的结构性矛盾仍然存在。因此，总结和梳理改革开放以来我国社会分层结构的总体特征意义重大。归纳起来，改革开放以来我国社会分层结构的总体特征大概可以凝练为如下几个方面。

1. 区域和城乡发展差距仍然巨大

古今中外，社会分层现象是普遍存在的。导致社会分层的诱因是多元化的，有自然地理因素，有经济社会发展不平衡性因素，有社会主体先天禀赋差异因素，不一而足、不可尽举。因多种因素而导致的区域和城乡发展差距较大的问题，一直是困扰我国经济社会健康持续发展的首要负面因素。随着"西部大开发战略"、"东北地区等老工业基地振兴战略"、"中部地区崛起战略"、"京津冀协同发展战略"、"长江经济带发展战略"、"珠三角发展战略"、"粤港澳大湾区建设"、"一带一路"合作发展倡议和"乡村振兴战略"等旨在促进区域协调发展的各大发展战略的有序实施，尤其是随着全面建成小康社会奋斗目标的如期实现，我国区域间和城乡间发展差距都在大幅度缩小。从国家统计局历年发布的相关统计数据可知，我国区域和城乡发展差距自1978年以来整体呈现逐渐缩小的趋势。然而，按照国家统计局最新发布的《中国统计年鉴2021》中所公布的包括"地区生产总值（2020）"在内的一系列相关统计数据来看，不仅当前我国区域和城乡间整体发展差距仍然较大，在某些细分统计专项领域这种差距还有继续扩大的趋势。[①] 这说明我国区域和城乡间整体发展差距仍然较大这种

---

① 《中国统计年鉴2021》。

影响推进实现社会治理现代化的存量风险不仅依然存在，而且，这种存量风险还有继续扩大甚或转化为增量风险的可能。

2. 整体社会分层结构仍待优化

依照著名人口统计学家萨缪尔·普雷斯顿（Samuel H. Preston）对1950~1970年除中国之外的绝大多数国家工业化和城市化进行的统计数据比较研究可知，工业劳动力在整体劳动力占比每提升1%，城市人口在总人口中占比就会提高2%。如果以这个大数据统计比例作为参照的话，我们会发现在我国改革开放之后很长一段时期内曾经存在严重的城市化发展滞后问题。以1978年至2000年我国相关统计数据作为参照可知，在此期间我国城市化发展速度比国际平均速度低了整整两倍。另外，按照"国际标准职业社会经济地位指数"（ISEI）测算，我国整体社会分层结构曾经长期呈现"倒丁字形"分布。① 这种"倒丁字形"社会分层结构的表面特征，就是高等收入群体在总人口中占比极低，中等收入人群在总人口中占比次低，而低收入群体在总人口中占比极高。这种社会分层结构兼有显性风险和隐性风险，其后果极具不确定性。在这种社会分层结构下，因为低收入群体占比过高，又因为中等收入群体在总人口中比重不高很难发挥社会结构中的"安全阀"和"缓冲带"的作用，所以，这种社会分层结构就处于社会学相关理论中所提及的"结构紧张"（Structural Strain）状态。作为结构—功能主义主要代表人物之一的罗伯特·默顿，是西方社会学说中系统论证"结构紧张"的第一人。在默顿看来，所谓"结构紧张"指的是整个社会有机体中居于主流的社会文化所形塑的社会成员对于渴望成功的期望值，与现实社会结构中所能提供给社会成员走向所谓成功的途径和手段产生结构性冲突的一种社会状态。亦即这种社会分层结构最大的后果，就是社会资源分配到两极分化以及因社会资源代际传承而导致的两极分化的固化。当然，这里面有我们必须承认的两个基本事实：第一，随着自2009年以来我国经济发展模式由原来的出口导向型经济模式向"内需"驱动型经济模式的转型，我国的基尼系数在逐渐回落；第二，自党的十八届

---

① 李强：《社会分层十讲》，社会科学文献出版社，2008，第239~261页。

三中全会我国正式启动"新型城镇化发展战略"以后，随着我国城市化进程的加速，我国社会分层结构也随之逐渐得以改善和优化。然而，从国家统计局近几年公布的《中国统计年鉴》中的相关数据可知，2015年我国基尼系数为0.462[①]，2017年我国基尼系数为0.467[②]，2019年我国基尼系数为0.465，2020年该数据则为0.468。[③] 通过对以上统计数据的简单对比可知，近些年来我国基尼系数具有一定程度的回升趋势，这种变化是值得关注甚或值得警觉的。另外，尽管根据最近两次全国人口普查结果来看我国社会分层结构已经明显得到改善，已经不再如前些年那样呈现畸形化的"倒丁字形"结构分布，但是，当前整体社会分层结构距离理想的"橄榄形"社会分层结构差距仍然巨大。这说明，我国整体社会分层结构仍有待优化，现实的社会分层结构距离推进共同富裕取得实质进展的新发展阶段社会治理现代化的奋斗目标差距尚远。

3. 社会分层间距过大导致社会流动机制有效性降低

在多种因素共同作用下，任何社会形态的任何发展阶段的社会分层结构，都不太可能完全能与经典社会学理论中竖状"橄榄形"社会结构一一对应。然而，因为我国是社会主义国家，而社会主义的本质规定性在于促进实现共同富裕，所以，新时代中国特色社会主义优化社会分层结构指向目标不仅一定是"橄榄形"社会结构，还应该是横状"橄榄形"社会结构。建立并完善自下而上的社会流动机制，是保证社会分层结构得以优化的体制机制保障。如上所述，所谓"社会流动"具有双层内涵，一是指社会主体在地理位置上的位移，二是指社会主体在社会分层结构中社会地位或社会角色的变动。在这里我们所提的"社会流动"，特指社会主体在社会分层结构中社会地位或社会角色的变动。严格而言，社会分层和社会流动是一体两面的关系，二者的指向性，具有高度同一性——所谓"社会分层"是对社会主体分为不同层次这种状态的静态化描述，而"社会流动"则是对社会主体分为不同层次这种状态的动态化描述。当然，二

---

① 《中国统计年鉴2017》。

② 《中国统计年鉴2019》。

③ 《中国统计年鉴2021》。

者关系并非同向对等的。良好的社会流动是形塑良性的社会分层结构的动力机制，反之亦然，亦即不良的社会流动机制是形塑恶性的社会分层结构的直接肇因。在社会分层间距处于合理区间的理想化社会形态中，社会成员可以通过接受高等教育、技能培训、科技创新和合法经营勤劳致富等一系列自下而上的有序社会流动机制实现自身的社会分层升级。这种自下而上合理有序的社会流动机制所形塑的社会关系是非零和式的"竞合"关系。由这种非零和式的"竞合"关系所塑就的社会分层结构，一定不会显现社会关系中的"结构紧张"。从这个角度而言，建构由非零和式的"竞合"关系所塑就的合理有序的社会分层结构，是构建社会主义和谐社会的必然要求，又因为促进实现社会和谐是社会主义的本质属性之一，所以，建构由非零和式的"竞合"关系所塑就的合理有序的社会分层结构，是体现新时代中国特色社会主义现代化事业社会主义本质的内在要求。问题的关键所在，是改革开放以后尤其是自 20 世纪 90 年代我国正式开启公众住宅商品化以来，因开发房产和炒房行为国内诞生了一批又一批的富人、巨富甚或"富豪"，这就等于人为地拉大了原本因经济社会发展不平衡性和社会成员先天禀赋不同而引发尚处于合理区间的社会分层的间距。巨大间距的社会分层结构，大大提高了社会成员通过接受高等教育、技能培训、科技创新和合法经营勤劳致富等一系列有序社会流动机制实现自身社会分层升级的难度。更加令人担忧的，是社会分层结构中的间距如果巨大到出现用一代人的努力都难以逾越的鸿沟，再加上社会资源代际传承特性的加持，两极分化的固化状态就产生了。按照马克思社会有机体理论和社会结构理论来看，所谓两极分化的固化，实际上就是阶级分化——正是出于这种考量，习近平总书记才在党的十九大报告上掷地有声地提出"房住不炒"的政治主张。当前，我国社会分层结构除了有社会分层间距过大的现象之外，社会流动机制有效性偏低也是基本事实。深究起来，二者之间实则具有一定的因果关联。如前所述，已知自下而上合理有序的社会流动机制包括接受高等教育、技能培训、科技创新和合法经营勤劳致富等一系列途径，然而，前些年由房地产等物质要素过多参与初次分配而引发的社会分层间距过大问题，已经大大降低了原有社会流动机制的有效性。

三　新发展格局对社会分层结构的解构与重塑

构建以新发展理念为指引，以巩固脱贫成果切实推进共同富裕为指向，以国内大循环为主体、国内国际双循环相互促进的新发展格局，对传统社会分层认知标准、形成机制和反馈机制都构成了解构与重塑效应。

（一）新发展格局对传统社会分层认知标准的解构与重塑

以"创新、协调、绿色、开放和共享"新五大发展理念为指引的新发展格局，既是对传统社会分层认知理念的解构，也是对其的重塑。改革开放初期我国经济增长在很长一段时期内都奉行要素驱动发展模式，这种发展模式最大的特点有三：一是在这种发展模式下经济增长速度和规模由物质要素投资的效率和规模决定；二是在这种发展模式下初次分配领域遵循"谁投资，谁受益"的基本原则；三是在这种发展模式下人们多以占有物质要素多寡作为评判社会分层高低的核心标准。以新发展理念为指引的新发展格局，对要素驱动发展模式以及由这种发展模式所催生的有关社会分层认知标准形成了系统性解构与重塑。

在国人原有的社会分层认知标准体系中，主要以掌握物质要素多寡作为衡量社会分层结构的认知标准，以这个主导性认知标准为核心现实生活中又派生出多个社会分层认知标准。例如，很多人在主观意识或潜意识里习惯以职业、地域、人脉、年龄、容貌或性别作为评判社会主体社会分层的标准。归根结底，这些区分社会分层的标准都从属于或派生于以掌握物质要素多寡作为衡量社会分层结构这一核心认知标准。这种社会分层结构认知标准，对经济社会生活至少有四方面的负面效应：其一，由物质要素本身的稀缺性所决定，围绕稀缺的物质要素参与经济活动，在分配领域很可能会形成贫富分化；其二，因为物质要素占有情况不同，又因为物质要素具有代际传承特点，所以，因物质要素占有情况不同而导致的贫富分化问题，很可能会因为物质要素自身所具有的代际传承特点，而导致贫富分化固化现象；其三，贫富分化固化现象会反过来加剧人们对原有社会分层认知标准的固守，这大大抵消了合理社会分层间距对于社会成员的正向激励作用和社会整合作用；其四，贫富分化的固化不仅与社会主义本质规定性相悖，贫富分化的固化不仅会腐蚀社会成员通过自身努力奋斗提升社会分层的意识基础和物质基础，而且，贫富分化的固化也是其他一切社会矛盾和社会风险的温床。

新发展格局是以新发展理念为指引的，在五大新发展理念中"创新"理念和"共享"理念居于核心位置，这是因为"创新"是发展的动力，而"共享"是发展的目的。如果将五大新发展理念比作一列火车的话，那么，这列火车的联结机制就是"协调、绿色和开放"，而这列火车的动力机制是"创新"，这列火车的目的地则是"共享"。对于一列火车而言，其联结机制固然重要，但是，不可否认的是最关键的还是这列火车的动力系统和目的地。我们通过这个生动形象且浅显易懂的比喻，可直观感知"创新"和"共享"在新发展理念中的重要位置。明确了"创新"和"共享"在新发展理念中的重要位置，就为我们理解新发展格局对传统社会分层认知标准的解构与重塑铺平了道路。首先，新发展格局旨在构建我国以创新作为主驱动力的经济增长新动能，这就打破了旧有的以要素作为主驱动力的路径依赖；其次，以创新作为主驱动力的经济增长新动能破除旧有的以要素作为主驱动力的路径依赖，就意味着创新要素在初次分配领域所占份额会大幅提升；最后，随着创新要素在初次分配领域所占份额的大幅提升，就会重新形塑社会主体对社会分层的认知标准，亦即不再以掌握物质要素的多寡作为区分社会分层高低的唯一标准，而是更加倾向于以掌握创新要素的多寡作为区分社会分层高低的核心标准。

（二） 新发展格局对传统社会分层形成机制的解构与重塑

党中央作出推动构建"新发展格局"这一重大决策部署，不仅是恰逢百年未有之大变局我国开辟发展新局的战略调整和主动作为，也是深化供给侧结构性改革疏通国内大循环、重塑经济发展新优势和国际经贸合作竞争新优势的战略锚点与必然选择。构建新发展格局不仅是对经济发展动力机制的变革，也会借由经济发展动力机制的变革对传统社会分层形成机制构成解构与重塑效应。

社会分层研究领域巨擘格尔哈特·伦斯基（G. E. Lenski）早在其名著《权力与特权：社会分层的理论》中就已经明确指出社会分层形成机制中

有两个基本问题：一是谁得到了什么而导致的社会分层？二是他为什么能够得到？换言之，在伦斯基的社会分层理论体系中所提及的社会分层形成机制，其关键点就在于两点——哪个社会群体得到更多的社会资源和这个社会群体得到社会资源的途径。如果用更加规范的学术语言表述的话，即可表述为社会分层形成机制涵盖两点：一是社会资源不均等分配和社会地位不均等分布的状态，二是社会地位准入机制。改革开放初期我国社会资源不均等分配和社会地位不均等分布的状态，主要是由我国经济增长动力机制和分配原则共同形塑的。改革开放初期在重商主义和"唯GDP论"的影响下，我国在很长一段时期在经济增长动力方面依托要素驱动和人口红利两个支点，在发展模式上选取的是"允许一部分人和一部分地区率先发展起来"的非均衡性发展模式，另外，在分配领域采取"效率优先，兼顾公平"的分配原则。在这种经济增长动力机制、发展模式和分配原则的共同作用下，逐渐形成了我国改革开放初期那种区域间、城乡间和人群间的发展差距，而这种发展差距进一步形成了改革开放初期我国社会资源不均等分配和社会地位不均等分布的状态。至于社会地位准入机制，则是另一个维度的问题。从历史逻辑来看，社会地位准入机制有多种，其中最具代表性的有"血统"准入机制、等级准入机制、关系网准入机制、推荐准入机制、考试准入机制（也被称为"学历"准入机制）、选举准入机制和市场竞争准入机制等。其中，"血统"准入机制、等级准入机制和关系网准入机制属于垄断式准入机制，而考试准入机制（"学历"准入机制）、选举准入机制和市场竞争准入机制则属于竞争式准入机制。随着人类文明程度的不断提升和人类社会形态的不断更迭演进，竞争式社会地位准入机制越来越成为社会地位准入的主流。此外，这种准入机制不仅相较于传统社会地位准入机制更加公平更加高效，而且，这种竞争式社会地位准入机制也更有利于社会整合和社会有机体的良性存续。换言之，这种竞争式社会地位准入机制不仅有利于缓解甚或规避多种社会矛盾的激化风险，还更加有益于资源的优化配置、经济社会秩序的良性运行和经济社会的持续健康发展。

改革开放之初，在多种因素的共同作用下我国竞争式社会地位准入机制的有效性相对欠缺，具体原因有三：一是因为经济增长机制过于依赖人口红利和投资红利，二是由于长期的非均衡式发展模式导致区域间、城乡间和人群间发展差距较大，三是改革开放初期社会主义市场机制尚不健全。而构建新发展格局不仅是对经济发展动力机制的变革，也会借由经济发展动力机制的变革对传统社会分层形成机制构成解构与重塑效应。首先，当前我国经济发展已经迈入"刘易斯拐点"，人口红利已经基本结束，与此同时，国际经贸领域负面因素激增和外需持续疲软，在这个时间节点构建新发展格局旨在深化推进"供给侧"结构性改革，以创新驱动为引领形成经济增长新动力和国际经济合作经济竞争新优势，这不仅打破了原有经济增长机制过于依赖人口红利和投资红利的路径依赖，还重塑了经济社会发展的动力机制——这为重塑社会分层结构奠定了动力基础；其次，因为"全面建成小康社会"奋斗目标已经如期实现，我国已经开启"全面建设社会主义国家"新征程，而"全面建设社会主义国家"新征程的核心价值诉求，在于在巩固脱贫成果的基础上推进共同富裕取得实质进展，所以，这就要求打破旧有非均衡发展模式将"共享"发展理念贯穿于经济社会发展全领域全过程——这为重塑社会分层结构奠定了物质基础；最后，自党的十八届三中全会以来尤其是自党的十九届四中全会以来，随着我国社会主义市场经济体制的不断健全和国家治理体系的不断完善，合理有序的市场竞争机制也逐渐成熟和稳固起来，而逐渐成熟和稳固起来的合理有序的市场竞争机制，不仅为构建新发展格局提供规则保障，也为重塑社会分层结构奠定了秩序基础。

（三）新发展格局对传统社会分层反馈机制的解构与重塑

构建新发展格局不仅是对传统社会分层认知标准和传统社会分层形成机制的解构与重塑，也是对传统社会分层反馈机制的解构与重塑。若要厘清新发展格局对传统社会分层反馈机制解构与重塑的理论逻辑和现实逻辑，需要从重温和解析"新发展格局"的主旨做起。

"新发展格局"的主旨是以改革创新为推动力深化供给侧结构性改革，确保"发展"与"安全"的有机统一及其动态平衡，聚焦当前我国社会主要矛盾，推进经济高质量发展，切实保障全民共同富裕取得实质进展。换言之，构建新发展格局就是党中央针对当前经济社会发展进程中"发展不平衡"和"发展不充分"这一社会主要矛盾，而主动作出的关于经济社会发展格局的结构性和整体性转型升级的重大决策部署。虽然新发展格局的根本旨向是在巩固脱贫成果的基础上切实推进共同富裕取得实质进展，但是，推进共同富裕并不是用简单粗暴"一刀切"式的平均主义来处理"发展不平衡"和"发展不充分"的问题——究其原因有二：一是社会主要矛盾的转变并未改变我国仍然处于社会主义初级阶段这一基本事实，整个社会主义初级阶段最大的国情和实际就是社会生产力有待发展，经济基础相对薄弱，而在经济基础相对薄弱社会生产力有待发展的现实国内经济环境中，尚难以彻底消弭社会分层；二是在经济基础相对薄弱社会生产力有待发展的现实国内经济环境中，搞平均主义是在逆历史潮流而动，非但不能解决"发展不平衡"和"发展不充分"的问题，还会大大限制经济社会的有序发展甚或滋生更多更大的社会矛盾。因此，在新发展格局中有效应对妥善解决"发展不平衡"和"发展不充分"问题的法门绝对不是平均主义，而是在于合理有序的自由竞争式社会地位准入机制，以及由这种准入机制而引发的对社会成员参与创新过程的激励性反馈机制。改革开放初期，相对落后并倾向于垄断式的社会地位准入机制形塑着消极的社会分层反馈机制。换言之，改革开放初期在我国当时选择的要素驱动型经济发展模式等多种因素的共同作用下，很长一段时期内我国社会地位准入机制的自由竞争度没有得到彰显，尤其是在当时"放管服"改革尚未启动的全能型审批型政府管理模式下，很多社会成员和群体竞相以各种途径挤入掌握较多社会资源的"熟人圈子"为荣——实际上，这就是传统社会分层准入机制所引发的负面反馈效应。这种倾向于负面的社会分层反馈机制有三大恶果：一是从宏观层面阻碍甚或破坏正常的社会主义市场竞争机制运行，这不仅不利于经济社会资源的优化配置，更有碍于营建适合创新创业的宏观经济环境；二是从中观层面助长供给侧（主要指企业）短视效应，亦即企业在这种社会分层反馈机制下倾向于"挣快钱"，难以潜心科技研发创新，不利于推进实现供给侧结构转型升级；三是从微观层面催生经济社会主体的投机和钻营心理，在这种社会分层反馈机制下，很多作为经济社会主体的个人或社会群体习惯于类似

"拉关系"和"走后门"这种投机钻营式处世之道，难以矢志于本职专业，这十分不利于"工匠精神"的树立和传承。而以改革创新为推动力深化供给侧结构性改革为主旨的新发展格局，正是对这种传统社会分层反馈机制的系统解构与重塑。

新发展格局对这种传统社会分层反馈机制的解构与重塑体现在如下几个方面：首先，构建新发展格局旨在深化推进"供给侧"结构性改革，将"创新要素"塑造为经济增长的主动力，这就等于是在重新形塑全新的以"创新要素"占有情况不同而进行社会分层的社会地位准入机制——这种以"创新要素"为优先的社会地位准入机制会激发倾向于创新的社会分层反馈机制；其次，已知影响经济发展的制约因素分为资源性制约因素、技术性制约因素和制度性制约因素三种类型，另外，当前影响和制约我国经济高质量发展的主要因素是技术性因素，而倾向于创新的社会分层反馈机制有助于引导并形成供给侧（企业）向技术创新领域的靶向性投资——这种聚焦技术创新领域的靶向性投资一旦成规模化和体系化，就会推进实现供给侧结构转型升级，进而借由倾向于创新的社会分层反馈机制从根本上改善社会分层结构；最后，一旦借由倾向于创新的社会分层反馈机制从根本上改善社会分层结构，社会主体之间的关系就会由原有的围绕"物质要素"的近似"零和"的社会关系，转化为围绕"创新要素"的趋向"非零和"的社会关系——这是优化社会分层结构的落脚点，这不仅十分有助于树立和培育"工匠精神"，还是培育经济社会朝共同富裕方向高质量发展的内生性动力机制的前提。

第三节　新发展格局背景下社会治理现代化的核心诉求

围绕"以人民为中心"这一推进实现新发展阶段社会治理现代化核心价值诉求，基于新发展格局对传统经济社会结构的解构与重塑，厘定新发展格局背景下社会治理现代化具象化的核心诉求，是探索新发展格局背景下社会治理化政策耦合路径的基本前提。如果说前文立足历史逻辑、理论逻辑和实践逻辑三个维度厘定新发展格局与新发展阶段社会治理现代化的内在契合度，已经为探索新发展格局背景下社会治理现代化政策集群耦合路径奠定了理论基础，那么，明辨新发展格局背景下社会治理现代化的现实核心诉求，则是探索新发展格局背景下社会治理现代化政策集群耦合路径的直接依据。值得欣慰的是，本章前两节厘清新发展格局对经济社会结构的解构与重塑，又为明辨新发展格局背景下社会治理现代化的现实核心诉求锚定了逻辑起点和基本导向。如上一章所论及，新发展格局与新发展阶段社会治理现代化的内在契合度表现在三个方面：一是从历史逻辑来看，二者历史方位重合，逻辑起点相同；二是从理论逻辑来看，二者价值理念相通，政治导向一致；三是从实践逻辑来看，二者政策框架彼此交叉，实现机制相互衔接。可以说对二者的内在契合度和新发展格局对经济社会结构解构与重塑的审视，为解析新发展格局背景下社会治理现代化的现实核心诉求铺平了道路。厘定新发展格局与新发展阶段社会治理现代化的内在契合度和明辨新发展格局对经济社会结构解构与重塑，是提炼新发展格局背景下社会治理现代化价值理念的前提。而提炼新发展格局背景下社会治理现代化价值理念，不仅为框定新发展格局背景下社会治理现代化的现实核心诉求，还为探索新发展格局背景下社会治理现代化政策耦合路径奠定了基础。

一 坚持以人民为中心，以促进共同富裕为保障

"坚持以人民为中心，以促进共同富裕为保障"，是保障和实现新时代中国特色社会主义现代化事业的社会主义本质属性的本义，因此，其也是新发展格局背景下推进国家治理现代化和社会治理现代化的核心诉求。

作为由马克思主义执政党所领导的社会主义大国，我们必须始终坚持社会治理为了人民、依靠人民、服务人民和以人民为中心的核心理念。恰如习近平总书记在 2019 年 1 月中旬召开的中央政法工作会议上强调指出的那样，我们要"坚持以人民为中心的发展思想，加快推进社会治理现代化"。[①] 由此可知，坚持"以人民为中心"的发展思想，直面新时代中国特色社会主义所面临的社会主要矛盾，不断满足民众对美好生活的向往与追

---

① 《以人民为中心推进社会治理现代化》，《经济日报》2019 年 1 月 17 日，第 1 版。

求，令人民群众有更多幸福感、获得感和安全感，是加强与创新社会治理体系推进实现新发展阶段社会治理现代化的核心价值诉求。后来习近平总书记在庆祝中国共产党成立 100 周年大会讲话和党的十九届六中全会上掷地有声地宣称，我们要始终牢记"江山就是人民，人民就是江山"①，这是以习近平同志为核心的党中央以最高政治规格的方式对以坚持"以人民为中心"推进实现社会治理现代化核心价值诉求的重申与定位。坚持"以人民为中心"的发展思想不仅是直面和从根本上解决新时代中国特色社会主义社会主要矛盾的必然要求，也是深化、整合与完善各项"为民、惠民和便民"制度政策措施令广大人民群众拥有更多幸福感、获得感与安全感的内在要求，更是巩固脱贫成果推进实现共同富裕取得实质进展体现社会主义本质规定性的题中本义。依照马克思主义唯物史观和马克思主义实践论可知，人民群众不仅是社会历史的绝对主体，是推动现实经济社会不断向前发展的决定力量，也是推进实现社会治理现代化的行动主体。社会治理体系是否能充满生机与活力，是衡量社会治理现代化程度的标尺，而激发社会治理体系生机活力的关键，在于激发人的主观能动性。这就要求将"以人民为中心"的发展思想贯穿于社会治理的初端、中端和末端，保障人民群众在社会治理中的知情权、参与权和监督权，并保障实现改革开放成果和社会治理成果的全民共享。新发展阶段坚持"以人民为中心"推进实现社会治理现代化是贯彻新发展理念中"共享"理念的内在要求，其根本目的，是积极应对新时代社会主要矛盾满足广大人民群众对美好生活的向往和需求。要实现新发展阶段社会治理现代化的最终目标，就应该如习近平总书记在党的十九届五中全会上强调的那样，即坚持"发展为了人民，发展成果由全民共享"。这就要求我们必须建立并完善改革开放成果和社会治理成果的共享机制，保障并拓宽人民群众参与社会治理和共享社会治理成果的机会与渠道，进一步建设和完善广大人民群众的利益诉求与利益协调的实现机制及保障机制。具体而言，就是要在继续完善统筹城乡

---

① 《中共中央政治局召开会议决定召开十九届六中全会审议〈关于十九届中央第七轮巡视情况的综合报告〉中共中央总书记习近平主持会议》，《人民日报》2021 年 9 月 1 日，第 1 版。

的社会保障制度体系的基础上，在教育、就业、医疗（健康）、养老和巩固脱贫成果等诸多民生领域增强其基础性、兜底性和普惠性。因此，坚持"以人民为中心"是核心，巩固脱贫成果促进共同富裕取得实质进展是坚持"以人民为中心"的保障，二者相辅相成共同构成新发展格局背景下推进实现社会治理现代化的主导性和根本性诉求。

二　防范化解社会风险，规范维持社会秩序

"防范化解社会风险和规范维持社会秩序"，不仅是维护国家总体安全的内在需要，更是新发展格局背景下推进实现国家治理现代化和社会治理现代化的本质规定性。

众所周知，在党的十八届三中全会通过的《中共中央关于全面深化改革若干重大问题的决定》（以下简称"十八届三中全会《决定》"）中，我们党在历史上第一次使用"社会治理"这一概念。究其根源，十八届三中全会《决定》中提到的所谓"社会治理"，指的是由多元社会主体共同参与，旨在防范化解社会矛盾和社会风险、规范维持社会秩序、保障国家总体安全、维护社会公平正义、协调社会关系和推进社会发展等一系列活动及过程的统称。这就等于说，"防范化解社会风险，规范维持社会秩序"原本就是社会治理的题中之义。而至于"社会治理现代化"的基本内涵，党中央在党的十九届四中全会通过的《中共中央关于坚持和完善中国特色社会主义制度 推进国家治理体系和治理能力现代化若干重大问题的决定》（以下简称"党的十九届四中全会《决定》"）中已经予以明确界定。

党的十九届四中全会《决定》中所谓的"社会治理现代化"是一个内涵丰富的复合型概念，其指的是社会治理理念、治理体系（治理工作布局）、治理能力和治理方式的整体性现代化。总而言之，社会治理现代化是整个国家治理现代化的重要领域和重要方面，其具有极其重要的政治意义、理论意义和现实意义。[①] 从这个角度而言，实际上"是否防范化解社

[①] 《中共中央关于坚持和完善中国特色社会主义制度 推进国家治理体系和治理能力现代化若干重大问题的决定》，中国法院网，https://www.chinacourt.org/article/detail/2019/11/id/4610249.shtml。

会风险和能否规范维持社会秩序"，不仅是社会治理现代化的基本含义，更是衡量社会治理现代化的主要标尺。虽然我国经济社会总体形势稳定向好，全党全国各族人民"四个自信"、"四个意识"和"两个维护"在显著增进，但是，面对当前错综复杂甚或波谲云诡的国际局势和繁重艰巨的改革发展稳定众多任务，我们理应也"必须始终保持高度警惕，既要高度警惕'黑天鹅'事件，也要防范'灰犀牛'事件；既要有防范风险的先手，也要有应对和化解风险挑战的高招；既要打好防范和抵御风险的有准备之战，也要打好化险为夷、转危为机的战略主动战。"① 因此，防范化解社会风险和规范维持社会秩序，不仅是维护国家总体安全的必然要求，也是推进实现国家治理现代化和社会治理现代化的本质规定性。而构建以国内大循环为主体、国内国际双循环相互促进的新发展格局，就是维护国家经济安全、金融安全、科技安全和社会安全的主动战。

三　维护社会公平正义，推进社会治理创新

社会治理现代化从属于国家治理现代化，而"维护社会公平正义，推进社会治理创新"，不仅是国家治理现代化的题中之义，也是推进实现社会治理现代化的核心诉求之一。

要推进实现国家治理现代化和社会治理现代化，就要求我们在坚持和巩固我国国家制度与国家治理体系存量优势同时，继续完善和扩容我国国家制度与国家治理体系的增量优势，持续不断地将我国国家制度优势转化为国家治理现代化和社会治理现代化的实际效能。我国国家制度与国家治理体系最大的存量优势，就在于坚持党的领导、人民当家作主和依法治国的有机统一，具体而言，"始终代表最广大人民根本利益，保证人民当家作主，体现人民共同意志，维护人民合法权益，是我国国家制度和国家治理体系的本质属性，也是我国国家制度和国家治理体系有效运行、充满活力的根本所在"。② 曾经在改革开放初期很长的一段时间内，因为我们没有

---

① 《习近平谈治国理政》第 3 卷，外文出版社，2020，第 219～220 页。
② 《习近平谈治国理政》第 3 卷，外文出版社，2020，第 123 页。

把经济领域和社会领域严格区分开来，这样一来，新自由主义经济政策被简单应用于社会领域，致使社会领域过度货币化和市场化。这种经济领域与社会领域边界缺失的问题引发了一系列连锁反应，其中最明显的问题是新自由主义渗透到住房、医疗和教育等社会领域，并使这些行业一度成为暴富行业。例证有二：其一就是当年国内有人建议用"教育产业化"的方式规避1997年东南亚金融危机对我国经济基本面的巨大冲击——虽然中央政府从未以正式文件或命令的方式对所谓"教育产业化"政策予以赋权，但是，事实上就是从此之后我国走上了较为激进的教育产业化发展道路；其二，就是2008年国际金融危机爆发之后，以新自由主义为主导的经济政策被引入社会属性更强的另一个领域，那就是房地产。[①] 从此之后，围绕房地产的"造富"效应越发明显，房地产一度被冠以金融产品的附加属性。与此同时，我国的基尼系数也很快就达到了前所未有的峰值，不断凸显的贫富分化问题成了一系列社会问题乃至社会矛盾的温床。为了切实有效应对这一结构性问题，习近平总书记在党的十九大上明确提出"坚持房子是用来住的，不是用来炒的"这一定位，这是党中央在推进实现社会治理现代化进程中坚决坚持"维护社会公平正义"这一基本理念的集中体现。再如习近平总书记在2018年海南建省办经济特区三十周年庆祝大会的讲话中强调的那样，将推进社会治理现代化的奋斗目标标定为"要始终把人民利益摆在至高无上的地位，加快推进民生领域体制机制改革，尽力而为、量力而行，着力提高保障和改善民生水平，不断完善公共服务体系，不断促进社会公平正义，推动公共资源向基层延伸、向农村覆盖、向困难群体倾斜，着力解决人民群众关心的现实利益问题"。[②] 党的十九届四中全会之后，我们党更进一步凝练和丰富了社会治理现代化的内涵，并围绕"维护社会公平正义"为推进社会治理创新提出了更多和更新要求。

　　首先，在推进新时代社会治理机制体制建设方面，为更进一步彰显社会治理的多元性、公共性与共同性，党的十九届四中全会明确提出坚持并

---

①　郑永年：《重建中国社会》，东方出版社，2016，第52~55页。
②　《习近平谈治国理政》第3卷，外文出版社，2020，第343页。

完善"共建、共治、共享的社会治理制度"这一最新要求——这是相较于以往对新时代社会治理现代化运行特点、规律和目标更深刻和更科学的界定;其次,在提升新时代社会治理境界和层次方面,党的十九届四中全会首次明确提出要建设以"人人有责、人人尽责和人人享有"为基本特质的"社会治理共同体"这一最新奋斗目标,这是对推进实现新时代社会治理创新和社会治理现代化提出的最新目标要求,是在提升新时代社会治理境界和层次方面质的飞跃。党中央为推进社会治理创新和社会治理现代化提出建设"社会治理共同体"的目标要求,就是着重强调所有社会成员及各类经济社会主体围绕共同利益、共同价值、共同规范、共同发展,承担共同的社会治理责任,这不仅有益于激发和调动一切积极因素,还为更加有效地开创社会治理新局面新境界新格局奠定基础——基于马克思社会有机体理论中"经济基础和上层建筑之间辩证关系"的基本原理可知,构建新发展格局是开创社会治理新局面新境界的经济基础,而开创社会治理新局面新境界又是构建新发展格局的必要保障。综上可知,"维护社会公平正义,推进社会治理创新"相辅相成共同构成了新发展格局背景下社会治理现代化核心诉求。

四 统筹"安全"与"发展",实现国家总体安全

归根结底,构建新发展格局就是为了坚持并保证新时代全面建设社会主义现代化国家前进方向社会主义本质属性的落脚点。构建以国内大循环为主体、国内国际双循环相互促进的新发展格局,其主旨是以坚持扩大内需为战略基点以改革创新为推动力,促进供给侧与需求侧管理的动态平衡,在确保"发展"与"安全"有机统一的基础上,聚焦当前社会主要矛盾,推进经济高质量发展,切实巩固脱贫成果并保障全民共同富裕取得实质进展。这与新发展阶段推进实现社会治理现代化的主体导向高度一致。因此,统筹"安全"与"发展",实现国家总体安全,是新发展格局背景下社会治理现代化的最终目标和实现标准。

首先,从价值理性审思,统筹"安全"与"发展",是保障和实现国家总体安全的必然要求。所谓安全,特指作为个体性社会主体的具体社会

成员和作为整体性社会主体的国家、民族甚或整个人类居于一种相对稳定不受威胁没有危险的状态。具体来看，依照"国家总体安全观"分类标准，"安全"具体可分为政治安全、经济安全、国土安全、军事安全、信息安全、科技安全、文化安全、社会安全、资源安全、生态安全和核安全共计11种安全。如果对其进行最笼统划分，也可以将"安全"大致分为三类：生产安全、生活安全和生态安全。而所谓"发展"，应属于哲学范畴，一般是指一切事物所经历的由小到大、由简到繁、由低到高的这种由旧物质形态提升至新物质形态的运动变化及其过程。依照马克思辩证唯物主义和历史唯物主义可知，一般情况下，客观事物的发展都是经历类似由简入繁、由小至大、由低至高这种的由量变最终达到质变的运动过程。如果以价值理性作为切入点，依照联合国开发计划署发布的《人类发展报告》中对"人类生存安全"和"人类发展"的界定可知两个基本事实：一方面，安全既是评判经济社会发展的价值诉求，也是经济社会发展实现程度高低的衡量标准；另一方面，推进实现经济社会持续健康发展不仅是确保各领域安全的基本前提，也是实现各领域安全的基本路径。只有实现二者有机融合，才能成就彼此，进而更好地推进实现人与经济社会持续、协调和健康发展。从价值理性层面来看，构建以国内大循环为主体、国内国际双循环相互促进的新发展格局的价值诉求，就是为了在统筹"安全"与"发展"的基础上，增强我国经济社会发展基本面在错综复杂甚至波谲云诡的国际背景下的活力和韧性。

其次，从工具理性检视，统筹"安全"与"发展"是构建新发展格局的缘起，维护和实现国家总体安全，是新发展格局背景下国家治理现代化及社会治理现代化的政策集群的聚焦点和落脚点。恰如程颐在《代吕公著应诏上神宗皇帝书》中所言："为政之道，以顺民心为本，以厚民生为本，以安而不扰为本。"由此可见，古代先贤已知执政者在定政施策之中统筹"安全"与"发展"的重要性。而事实上，任何时代执政者在定政施策之时都要统筹"安全"与"发展"，否则，一旦厚此薄彼最终都会顾此失彼。当前，从国内来看，我国已经完成"全面建成小康社会"的奋斗目标并正式开启了"全面建设社会主义现代化国家"的新征程；从国际来看，新冠肺炎疫情的蔓延、贸易保护主义的抬头和国际局势的动荡等多种负面因素在不断累积。在以上背景下，构建以国内大循环为主体的新发展格局就是为了在统筹"安全"与"发展"的基础上，培育新动力新优势以确保我国经济社会基本面平稳健康可持续发展。依照"总体国家安全观"审视，各个领域各个层面的安全彼此相依相辅相成共同构成国家安全体系，若要切实维护国家安全就必须明辨"总体国家安全观"的五大要素：以人民安全为宗旨，以政治安全为根本，以经济安全为基础，以军事文化社会安全为保障，以促进国际安全为依托。构建以国内大循环为主体、国内国际双循环相互促进的新发展格局，其实就是在统筹"安全"与"发展"的基础上对"总体国家安全观"的践行和保障。

第六章

新发展格局背景下社会治理现代化
政策集群耦合的实现路径

中国共产党的十九届五中全会通过的《建议》提出了加快构建"以国内大循环为主体、国内国际双循环相互促进的新发展格局",这是党中央基于国内外新形势新发展阶段而作出的兼具丰富内涵与战略意义的重大决策部署。既然新发展格局是立足当今国际国内大势而作出的事关国家未来经济社会发展走向和发展全局的重大决策,那么,新发展格局对整个经济社会的影响就已经是结构性、系统性和整体性的。前几章立足历史逻辑和理论逻辑已经对有关新发展格局背景下推进实现社会治理现代化的内在关联度进行了必要的阐释和梳理。现在,我们将对此问题的思考移至现实逻辑视角,阐释新发展格局背景下促进社会治理现代化政策集群耦合的现实需要,并在此基础上探索新发展格局背景下社会治理现代化政策集群耦合的基本路径。

第一节　新发展格局背景下促进社会治理现代化
政策集群耦合的现实需要

构建新发展格局,既是我们党在新的历史起点上和新的发展环境下对我国经济社会发展模式作出的重大调整,也是我们党在"两个一百年历史交汇期"对新发展阶段全面深化改革各项工所作出的重大战略性部署,其具有重要的承前启后的战略意义。在这种全新的发展环境和背景下，促进和实现社会治理政策集群耦合是释放制度红利和凝聚政策红利的现实需要。

具体而言，基于新发展格局对经济社会结构的解构与重塑，以及对新发展格局背景下社会治理现代化核心诉求的基本考量可知，新发展格局背景下促进社会治理政策集群耦合极具现实必要性：首先，新发展格局背景下促进社会治理政策集群耦合是后人口红利时代释放制度红利和凝聚政策红利的必要性；其次，新发展格局背景下促进社会治理政策集群耦合是实现构建新发展格局政策主体向度的现实需要；新发展格局背景下促进社会治理政策集群耦合是实现新发展格局背景下社会治理现代化核心诉求的现实需要。

一　后人口红利时代释放制度红利和凝聚政策红利的必要性

历经 40 余年改革开放，我国经济社会发展原本所倚重的人力资源禀赋性规模优势在新的内外部环境下已经逐渐发生改变，即我国经济社会发展正在经历着由原有的人力资源增量优势驱动下的高速增长，向人力资源存量优势驱动下高质量发展的转变。这种转变已经表明，在我国经济社会发展曾经长期依赖的"人口红利"已经式微的同时，后人口红利时代已经开启。后人口红利时代的开启，表明我国人口增长的规模和人口结构的变化都已经表现出了不可逆的新特征，这要求我们唯有充分调动释放制度红利和凝聚发挥政策红利，才能在人力资源增量不足的情况下培育经济社会发展新动能和新优势。而在人力资源增量不足的情况下培育经济社会发展新动能和新优势，不仅是构建新发展格局的现实需要，也是新发展格局背景下促进社会治理政策集群耦合的现实需要。

（一）积极应对后人口红利时代我国经济社会发展所面临挑战的需要

后人口红利时代我国经济社会发展面临的挑战和压力众多，其中最主要的问题就是人口老龄化。人口老龄化问题对经济社会发展的挑战是系统性和整体性的，其中最主要的挑战和表面弊端有二：一是劳动适龄人口基数降低，劳动力成本升高，这对经济基本面和出口贸易影响明显；二是社会养老负担加重，社会保障体系压力加剧，社会治理难度系数加大。要想化危为机，就要从导致人口老龄化的原因入手充分释放制度红利和凝聚政策红利，以寻求新发展格局背景下社会治理现代化的实现路径。

人口结构进入老龄化阶段，是包括我国在内的很多国家和地区共同面临的问题。导致人口老龄化的原因很复杂，其中最主要的是一"正"一"反"两个原因：首先，正面原因是随着经济社会的发展，随着人民生活水平和医疗水平的不断提高，人均寿命也会跟着水涨船高；其次，负面原因是在通货膨胀和劳动力成本激增等多种因素的作用下，人口总量停止增加甚或出现负增长。虽然导致人口老龄化的原因众多，但是，其中最根本的原因无外乎以上两种。在此，尤其值得关注的一个结构性问题，那就是"人口老龄化"和"劳动力成本结构性提高"这二者之间存在互为因果的关系。亦即在经济社会发展动能不足的情况下，劳动力成本的整体性和结构性提高，是导致新生儿出生率降低和人口老龄化的直接肇因，反之亦然。这就是说只要是在经济社会发展动能不足的情况下，"人口老龄化"和"劳动力成本结构性提高"阻碍经济社会平稳健康可持续发展的这一对"悖论"和一对"因果"就会显现叠加效应。

如要了解这对"悖论"和"因果"的内在关联，可以在现实经济社会生活中为其寻找注脚和佐证。很显然，寻找这种注脚和佐证的难度系数并不高。以国家统计局公布的近几年我国新生儿出生率相关数据为例可知，自我国放开"二胎"政策实施以来，我国新生儿出生率和人口自然增长率不升反降。《中国统计年鉴 2021》公布的数据显示，2016 年我国人口自然增长率为 6.53%，从此之后该统计数据一直在下滑，2018 年仅为 3.78%，而到了 2020 年竟然降至 1.45%。[①] 新生儿出生率和人口自然增长率的降低，就等于反向证明老龄化的加剧。人口老龄化是进入后人口红利时代的主要标志，而在人口老龄化众多弊端中对经济社会影响最直接最深远的负面效应是其对于国家社保财政支付的影响，"尤其是如果立足财务闭环管理的角度审视，不论是当前我国医疗性社保支出还是我国养老产业支出都将面临空前的财务压力"。[②] 为了贯彻落实党的十九届五中和六中全会精

---

① 《中国统计年鉴 2021》。

② 孙文亮、原新：《后人口红利时代的中国新型发展战略——基于老龄化经济影响的视角》，《河南社会科学》2018 年第 4 期，第 111 页。

神，为了积极有效应对我国人口老龄化问题，国务院于 2022 年 2 月 21 日印发了《规划》。整个《规划》紧紧围绕推进我国老龄化事业与老龄化产业协同发展、推进实现新发展阶段我国养老服务机制体制高质量发展这两大主题，确定了"十四五"时期我国老龄事业、产业和服务体系建设的整体要求、基本目标和主要任务。在国务院新闻发布会上，国家发改委、民政部、国家卫健委和国家医保局等职能部门相关负责人面向记者详细阐释了《规划》的主要内容和具体细则。其中，最引人关注的是《规划》中所提到的"织牢兜底性养老服务网"具体涵盖的范畴和内容。根据四部门有关负责同志的解答可知，《规划》中重点提及的"织牢兜底性养老服务网"涵盖三个方面：第一，建立健全覆盖全国统筹城乡的基本养老服务政策体系，其重点是建立健全覆盖全国统筹城乡的基本养老服务清单制度及其政策体系，明确并细化基本养老服务标准；第二，发挥并保障公办养老机构在养老服务体系中的兜底保障作用，其重点工作是在保障特困老年人群体集中供养服务需求的基础上，将养老服务重点向面临经济困难的留守、独居（空巢）、残疾、失能、高龄和计划生育家庭特殊老年人倾斜，其具体要求是截至 2025 年全国范围内所有县级特困老年人供养服务相关设施建成率要达 100%；第三，加速发展和完善农村养老服务体系，即依托农村幸福院进一步建构完善具有互助性的农村养老服务网络，并建立健全农村特殊困难老年人常态化巡访制度，其具体要求是截至 2025 年保障农村特殊困难老年人每月探访率达到 100%。① 不言自明，如要高标准达成《规划》中的具体要求，不仅是对基层职能部门和社会养老机构工作能力的挑战，也对医疗性养老性社保支出和我国养老产业支出构成巨大的财务压力。面临人口老龄化这一后人口红利时代我国经济社会发展所面临的首要挑战，要寻求应对之道应该聚焦于两个着力点：一是要在尽快形成以创新为引领的经济社会发展新优势的新模式的基础上深挖养老产业这一新的经济增长点，以增进经济社会发展的可持续性——这可以为充盈和完善养老服务体

---

① 《推动全社会积极应对人口老龄化格局初步形成——四部门有关负责同志就〈"十四五"国家老龄事业发展和养老服务体系规划〉答记者问》，《新华每日电讯》2022 年 2 月 22 日，第 2 版。

系提供物质性保障；二是在人口红利已经式微的情况下，以改革红利为引领充分释放制度红利和凝聚政策红利，以探索新发展格局背景下社会治理现代化政策集群耦合路径的方式形成政策集群的势能效应和合力效应——这可以为建立健全养老服务制度体系提供政策性保障。

（二）有效把握后人口红利时代我国经济社会发展所面临机遇的需要

"不破不立，破而后立"，很多时候所谓"危机"，可以被理解为"危险"与"机遇"并存的一种状态。不可否认，后人口红利时代我国所面临的人口老龄化问题，的确是构建新发展格局推进经济社会高质量发展面临的最大阻滞性因素，但是，"危"中蕴"机"，只要在新发展格局背景下充分释放制度红利和凝聚政策红利，我们是可以化"危"为"机"的。

事实上，人口老龄化问题除了对国家社保财政支付有明显的负面影响之外，其对劳动力市场、消费结构、社会全要素生产率的提升和经济发展正外部性都会产生或多或少的负面效应。其中，尤以人口老龄化对劳动力市场的负面影响为最。人口老龄化问题对劳动力市场的负面冲击基本上体现在以下两个方面：一方面，从直接影响来看，由于人口老龄化的加剧和新生儿出生率的降低，亦即随着适龄劳动力在总人口中占比的逐渐走低，劳动力市场中适龄人力资源供给结构和供给效能也会随之受到巨大影响；另一方面，从间接影响来看，人口老龄化问题还会透过国内消费结构进而对国民经济需求侧产生间接影响，而需求侧一旦出现结构性变化就可能波及整个国民经济的基本面。归根结底，人口老龄化问题对劳动力供给的结构性影响是最直观的。具体而言，人口老龄化问题对劳动力供给的负面影响体现在两个方面：一是在适龄劳动人口供给数量和规模上看，人口老龄化大大压缩了适龄劳动人口供给空间；二是就适龄劳动人口供给结构而言，人口老龄化也会直接抬高适龄劳动人口的平均年龄。当然，如前所述，所谓"危机"其实就是"危险"与"机遇"并存的一种状态。这也就是说人口老龄化并非一无是处，其也是内蕴经济社会发展新机遇新动能的。首先，从劳动力就业门类和就业结构来看，人口老龄化问题的逐渐凸显一定会对与养老服务业相关的一系列产业形成激励促进作用；其次，就人口老龄化问题对劳动力需求侧的影响而言，因为老龄化也会促进社会总消费量的扩容，又因为有一定经济积累的老龄人口群体边际消费倾向水平一般是高于整体社会成员边际消费倾向水平均值的，所以，这不仅会间接推进社会消费需求总量的增加，还会直接促进社会消费层级的提升；最后，人口老龄化还会直接并显著地推动养老产业（也被称为"银色产业"、"银发产业"或"银发经济"）本身的发展，这也是推动今后经济社会持续健康高质量发展的又一个新动能——立足人口结构经济学的视域来审视，因为劳动需求依附或衍生于经济需求，所以，随着以养老产业和供养服务产业相关的"银发产业"的快速发展，相关经济社会消费需求也必然会水涨船高，而这又会促进相关劳动就业机会的大量涌现。

尤其值得关注的，是在《规划》中有"大力发展银发经济"的专章，这在国务院养老五年发展规划中尚属首次。在《规划》"大力发展银发经济"的专章中明确强调，今后我国不仅要着力发展具有中国特色的"银发经济"，还要在发展"银发经济"的进程中坚守两个基本原则和主导方向：第一，中央和地方政府及其职能部门要为发展"银发经济"确保并发挥"保基本，兜底线"的主体职能，为特殊困难的老龄群体提供均等可及切实有效的养老服务及相关产品；第二，充分调动和发挥国有和社会不同资本、企业和非企业单位的积极性主动性，齐心聚力共同推动壮大国内"银发经济"市场，并通过建构兼具整体性和系统性的相关产业发展政策集群来推进实现我国"银发经济"持续、健康和稳步发展。① 这说明在后人口红利时代，我国已经做好以释放制度红利和凝聚政策红利的方式推进发展"银发经济"。由此可知，充分释放制度红利和凝聚政策红利，的确是有效把握后人口红利时代我国经济社会发展所面临机遇的现实需要。

（三）推进后人口红利时代制度红利和政策红利转化为发展红利的需要

如果说新发展格局背景下促进社会治理政策集群耦合不仅具有理论基础，更具有现实需要，那么，后人口红利时代充分释放制度红利和凝聚政策红利的必要性，正是其现实需要的最直观的体现之一。而切实推进后人

---

① 《推动全社会积极应对人口老龄化格局初步形成——四部门有关负责同志就〈"十四五"国家老龄事业发展和养老服务体系规划〉答记者问》，《新华每日电讯》2022年2月22日，第2版。

口红利时代制度红利和政策红利转化为发展红利，又是后人口红利时代释放制度红利和凝聚政策红利的必要性之一。

如前所述，后人口红利时代我国经济社会发展面临的挑战和压力众多，其中最主要的挑战和压力就是人口老龄化问题。要积极应对和妥善处理人口老龄化问题，就要把握住两个基本点，一是保证政府"保基本，兜底线"的主体职能；二是切实推进后人口红利时代制度红利和政策红利转化为发展红利，充分调动和发挥经济社会各主体的积极性主动性，齐心聚力共同推进国内"银发经济"持续、健康和稳步发展。这充分表明，只有凝聚制度和政策合力才能促成推进国内"银发经济"健康发展的势能。要凝聚这种制度和政策性势能不可能毕其功于一役。公共政策的决策通常都被看作公共政策理念与基层有效管理有效耦合的关键节点。[①] 而公共决策的科学性、合法性、实效性和时效性，并不是由立法法令或行政命令的宣布所能决定的。[②] 从历史经验来看，财政往往是束缚行政机关和公共政策效能的主要因素。[③] 为了解决扩容公共政策赖以存续和发展的财政来源问题，也是为了有效遏制公共政策运行中经常容易出现的官僚主义和形式主义问题，国内外学界一直都在致力于寻求破解之道和破题之策。在西方公共管理学界，最具影响力的是戴维·奥斯本（David Osborne）和特德·盖布勒（Ted Gaebler）在《改革政府：企业家精神如何改革着公共部门》中为破解公共政策运行过程中的官僚主义开出的"十剂良方"。然而，他们所给出的针对官僚主义的十种应对之策，都是围绕以所谓"企业家精神"为内核的治理理念展开的。[④] 问题的关键，是公共政策不仅具有合法性、整体性、系统性、多元性、超前性和层次性等外部特征，而且，公共政策的这些外部

---

① 〔美〕戴维·H. 罗森布鲁姆等：《公共行政学：管理、政治和法律的途径》，张成福等校译，中国人民大学出版社，2002，第335页。

② 〔美〕罗伯特·B. 登哈特：《公共组织理论》，扶松茂、丁力译，中国人民大学出版社，2003，第147页。

③ 〔美〕戴维·H. 罗森布鲁姆等：《公共行政学：管理、政治和法律的途径》，张成福等校译，中国人民大学出版社，2002，第576页。

④ 〔美〕乔治·弗雷德里克森：《公共行政的精神》，张成福等译，中国人民大学出版社，2003，第74~75页。

特征都是以其内部特征"公共性"为核心而展开的。因此，将所谓的"企业家精神"完全植入以公共性为内核的公共政策并不一定适用于新时代中国特色社会主义公共政策的实践。这是因为我们是坚持"以人民为中心"的社会主义国家，社会主义国家公共政策的"公共性"更是不可或缺不容抹杀的。以"逐利"和"提速"为其主要价值诉求的"企业家精神"的确不一定与新时代中国特色社会主义公共政策的主体向度价值理念相契合。另外，大力发展以养老产业和供养服务产业相关联的"银发经济"不仅是新时代新发展阶段建立健全我国社会保障体系的兜底性政策，也是新发展格局背景下推进我国经济社会高质量发展的又一新动能。因此，从这个角度而言，以扶持和激励发展"银发经济"为核心诉求凝聚制度和政策合力的难度系数及经济阻力并不高。

由上可知，虽然我国经济进入"刘易斯拐点"，人口红利已经式微，人口老龄化问题也在逐渐凸显，但是，机遇往往与挑战并存，甚至在很多时候机遇就内蕴于挑战之中。在"人口红利"逐渐落幕的背景下，突破对旧有发展模式的路径依赖构建新发展格局势在必行，而围绕构建新发展格局这个核心任务点以"改革红利"为牵引汇聚"制度红利"和"政策红利"，就会切实推进后人口红利时代"制度红利"和"政策红利"转化为"发展红利"。

二 实现构建新发展格局政策主体向度的现实需要

如前所述，依循公共政策分析中常用的"理念—主体—路径"梳理脉络来看，在巩固脱贫成果和切实推进共同富裕取得实质进展这一核心价值诉求的指引下，实现构建新发展格局政策主体向度有三：一是统筹发展和安全贯通三个"新发展"，二是激发经济发展新动能树立经济竞争新优势，三是探索构建经济与社会政策耦合路径。

（一）统筹发展和安全贯通三个"新发展"的现实需要

构建新发展格局的政策主体向度分为价值理念、政策主体和实现路径三个维度，而其中的价值理念就在于以新发展理念为核心指引统筹发展和安全贯通新发展阶段、新发展理念和新发展格局。亦即构建新发展格局的政策理念基础，是统筹发展和安全贯通"新发展阶段、新发展理念和新发展格局"。

党的十九届五中全会通过的《建议》对新时代中国特色社会主义现代化事业的未来走向这一世纪之问给出了明确的回答：一是要"坚持总体国家安全观"、"统筹发展和安全"和"防范和化解现代化进程中的各种风险"等一系列已有重大部署在《建议》中得以重申和强调；二是因为"安全是发展的前提，发展是安全的保障"，所以，贯穿《建议》全文的一条核心思想线索，就是统筹好"发展"与"安全"两件大事，集中力量办好自己的事。[1] 以"创新、协调、绿色、开放、共享"为主体内容的新发展理念所体现的就是马克思社会有机体理论所推崇的以实践为主和以人为本这两大核心理念。在新发展阶段想要有所作为，就需要"在危机中育先机，于变局中开新局"[2]，这就要求我们要紧紧扭住并贯彻"新发展理念"，全面推进国家治理现代化和社会治理现代化。在新发展理念的指引下，构建新发展格局的工作重心是培育并加速形成新的经济合作竞争优势，以扩大内需为战略基点促进国内国际双循环，这非但不是权宜之计，还是中国共产党人面对国内外新形势立足新时代中国特色社会主义本质属性对于以往经济增长理论的全面超越。这是以习近平同志为核心的党中央依据我国发展新阶段所面临的内外部环境条件的新变化，作出的全新战略决策部署。这一决策部署以切实巩固脱贫成果实质化推进共同富裕进程为宗旨，以扩大内需为战略基点，加快形成新的经济竞争优势进而促进形成国内国际双循环相互促进的新发展格局。这不仅是保障新时代经济社会发展社会主义本质方向不变的内在要求，也是推进实现我国新发展阶段经济持续健康发展的必然选择。

由此可见，一方面，保障经济社会发展的社会主义本质方向，是维护

---

①　《向第二个百年奋斗目标进军的行动指南——解读〈中共中央关于制定国民经济和社会发展第十四个五年规划和二〇三五年远景目标的建议〉》，中国共产党新闻网，http://dangjian. people. com. cn/big5/n1/2020/1104/c117092 - 31917979. html。

②　任理轩：《在危机中育新机 于变局中开新局（深入学习贯彻习近平新时代中国特色社会主义思想）》，《人民日报》2020 年 10 月 12 日，第 9 版。

国家长治久安的治世之道；另一方面，形成新的经济竞争优势构建新发展格局又是新发展阶段实现高质量发展的关键所在。因此，构建新发展格局是党中央经过深思熟虑为在新发展阶段统筹国家安全和经济发展的战略抉择。新发展格局背景下要达成上述发展目标，必然要求围绕改革红利释放制度红利和凝聚政策红利，推进实现相关制度和政策集群的结构性耦合。

（二）激发经济发展新动能形成树立经济竞争新优势的现实需要

当前我国不仅面临来自外部的逆全球化保护主义和突如其来的新冠肺炎疫情双重冲击，还面临内部经济社会发展正处于转换动能和优化结构的关键"换挡"时期等多重挑战，在这种内外部的双重压力之下，构建新发展格局的政策主体向度，就是以新发展理念为指引激发经济发展新动能树立经济合作竞争新优势。激发经济发展新动能树立参与未来经济合作竞争新优势，自然是牵一发而动全身的大事，这也必然要求围绕改革红利释放制度红利和凝聚政策红利，推进实现相关制度和政策集群的结构性耦合。

考虑到美国现任政府不仅在经贸和科技层面延续了上任政府的负面对华政策，还变本加厉地在政治上不断挑衅进一步挤压两国合作空间，在这种总体态势之下，以往中美两国基于互补均衡的发展与交往模式已经很难继续维系，这构成了对我国推进经济社会发展模式转型升级的巨大外部压力。另外，从国内发展阶段性特点来看，当前我国经济社会发展主体向度正处于由"要素和投资"驱动转向创新驱动进而构建新发展格局的关口期，激发培育经济发展新动能进而尽快形成参与未来经济合作竞争新优势，是这一发展阶段我们面临的最大内生性压力。在内外部双重压力之下，要推进实现新发展格局背景经济社会的高质量发展，就必须以巩固脱贫成果推进共同富裕取得实质进展为根本旨向，在加速新旧动能转换的基础上建构和完善现代化的经济体系。尤其需要注意的是，只有在继续深化供给侧结构性改革的基础上，切实降低生产、流通、分配和消费等经济活动各个环节交易过程中的制度性成本，不断强化和优化营商环境和经济运行环境，才能培育树立新形势下我国参与国际经贸合作和竞争的新优势。

总而言之，不管是从国际还是从国内来看，不论是从短期来看还是从中长期来看，以扩大内需为战略基点培育树立新形势下我国参与未来经济合作竞争新优势，都是构建新发展格局相关制度和政策集群的关键所在。如前所述，第四代经济增长理论"创新领域规模型投资理论"对我国培育参与未来经济合作竞争新优势构建新发展格局具有最明显最直接的启示意义。在第四代经济增长理论看来，在技术创新（尤其是高科技创新）领域兼具聚集性、靶向性和规模性的投资，不仅是技术创新与有效投资的功能契合点和效能倍增器，更是新发展阶段推动经济社会高质量发展的主动力。问题的关键，是要促进实现技术创新领域形成兼具聚集性、靶向性和规模性的投资效应是牵一发而动全身的事情，这需要深化供给侧结构性改革与优化需求侧管理的深层次耦合。具体而言，其相关政策集群着力点有五：其一，为有序有效实现经济发展动能更新迭代，在顶层设计层面制定并完善符合新发展格局背景下市场发展需求的与互联网、大数据、人工智能及数字经济相关的产业中长期战略发展规划；其二，在优化相关政策集群结构层面建立健全以"企业为主体、市场为导向、产学研相融合"的覆盖全社会的创新创业体系；其三，在优化相关政策集群动态运行的层面建构围绕"激发经济发展新动能树立参与未来经济合作竞争新优势"的"政策引导"、"决策交易"与"市场需求"之间实时动态耦合机制；其四，在相关政策集群环境层面继续优化营商环境和创新环境，切实有效降低创新创业等经贸活动中的制度性交易成本；其五，在相关政策执行层面进一步优化分配格局，在提升创新要素在初次分配中占比的基础上，培育以参与创新创业为荣的良好社会舆论氛围。只有以新发展理念尤其是以"创新"发展理念为指引整合以上政策集群制定、施行和反馈等政策过程和环节，才能形成集成化的制度和政策性势能效应，才能在高科技创新领域引导培育兼具聚集性、靶向性与规模性的投资，进而激发经济发展新动能形成在未来经济合作竞争中的创新型新优势。因此，要在构建新发展格局背景下激发经济发展新动能，并形成参与未来经济合作竞争新优势，自然需要围绕改革红利释放制度红利和凝聚政策红利。

（三）探索构建经济与社会政策集群耦合路径的现实需要

构建新发展格局相关政策集群的主体向度，是探索并构建相关经济与社会政策集群耦合路径，进而以新发展理念为指引激发经济发展新动能形成参与未来经济合作竞争的新优势。而在新发展格局背景下推进实现社会治理现代化的关键点，就在于探索构建相关经济与社会政策的耦合路径，这恰恰是围绕改革红利得以充分凝聚释放的制度红利和政策红利而展开。

在马克思社会有机体理论和发展型社会政策的共同启示下，并基于对当前我国经济社会发展的阶段性特点现实观察可知，在新发展格局背景下推进实现社会治理现代化的关键点在于探索并构建相关经济与社会政策耦合路径。正如习近平总书记所言，"在危机中育先机"就要勇于作为敢于下"先手棋"，想要在"变局中开新局"就要有所突破树立新优势。在新发展格局背景下要在促进实现经济社会高质量发展的基础上推进社会治理现代化，仅靠政策理念的指引性和政策主体的导向性是难以尽收全功的，必须探索并构建与新发展格局背景下推进实现社会治理现代化相关的政策集群耦合路径。针对当前以构建新发展格局为主体向度的具体经济和社会政策的社会认知度问题，本书课题组成员于2019年初至2022年初在广东、山东、吉林和贵州等省部分高校与社区进行了相关田野调研，与此同时，在因新冠肺炎疫情使现场调研受限的情况下我们还进行了相关网络调研。从此次跨区域田野调研和网络调研的数据来看，本次调研的受众年龄覆盖16岁至82岁，涵盖了高校教师、初高中教师、高中学生、大学生、研究生、公务员、国企职员、私企从业人员、农民工和自由职业者等多个社会群体。因此，本次长周期、跨区域、跨年龄段和覆盖多种职业身份的调研数据具备一定代表性和说服力。本次田野调研总计发放问卷6360份，收回问卷5866份，有效问卷5198份，经过统计可对本次调研结果得出如下认识：一是对构建新发展格局相关政策的集群总体认知度仅为40.49%；二是在对构建新发展格局相关政策集群具备基本认知度的人群中，占比由高到低分别为高校教师、研究生、公务员和大学生这四个群体，分别为27.83%、19.71%、18.09%和10.49%，占比最低的则是私企从业人员、农民工和自由职业者；三是网上问卷调研结果与田野调研结果数据对比基本接近；四是经过对田野调研和网络调研统计数据汇总之后，我们发现超过89.67%的受众认为现实经济社会生活中"公平"重于"效率"，与此同时，又有超过68.74%受众认为现实经济社会生活中的"公平"与"效率"没有兼得，还有接近57.81%的受众认为"公平"在现实经济社会生活中没有得以凸显。经过对以上调研数据结果的汇总和分析，可知两个基本事实：一是当前大多数社会成员对构建新发展格局相关政策集群总体认知度并不高，尤其是公务员、私企从业人员、农民工和自由职业者这几个社会群体对构建新发展格局相关政策集群总体认知度普遍偏低；二是大多数受众认为现实经济社会生活中"公平"的重要性远高于"效率"。如众所知，我国改革开放初期能够维系连续多年的经济快速增长，主要是得益于人口红利与资源环境的低成本载荷等优势。随着我国人口红利的式微与资源环境承载力极限的不断临近，我国经济已经进入"刘易斯拐点"。这就说明，我国经济社会发展的要素禀赋条件和经济社会发展的内外部环境都发生了深刻的变化。从国际来看，虽然我国经济在面临保护主义、新冠肺炎疫情蔓延和动荡的国际局势等多重负面因素的冲击下仍然保持积极增长的稳健态势，但是，异常复杂的国际环境对于我们重塑经济合作竞争新优势修复国际产业链与供应链构成了前所未有的外在压力。从国内情况来看，我国经济社会发展虽保有存量优势，但也面临增量挑战，当前我国创新力与高质量发展要求还不完全适应，城乡区域发展以及收入差距仍然较大，民生保障、生态环保和社会治理领域尚存短板弱项。以上这些"发展不平衡"和"发展不充分"的问题已经成为我们不得不面对不得不解决的社会主要矛盾了。这就是说，我国经济已经开始迈进高质量发展的新阶段，我们面临的已经不是过去那种因为绝对落后的社会生产力而导致的社会矛盾了，而是"发展不平衡"和"发展不充分"的问题。在这种情况下，发展的速度远不如发展的质量重要。尽管我国市场空间大、发展韧性强和社会大局稳定等一系列存量优势和制度性优势非常显著，但是，面临诸多内外部风险挑战想要勇于作为有所突破不可能一蹴而就，需要在统筹安全与发展两个大局的宏观视域下，以马克思社会有机体理论和发展型社会政策为借鉴启示探索并构建具体的经济与社会政策耦合路径。

以马克思社会有机体理论和发展型社会政策为借鉴启示，以巩固脱贫成果切实推进共同富裕为旨向促进经济与社会政策的结构性耦合，其根本目的就在于在价值理性层面促进实现"公平"与"效率"之间的有机融合。随着坚持"以人为本"的科学发展观的提出，尤其是随着"新发展理念"的提出和贯彻实施，社会发展和发展型社会政策已经逐渐与我国经济社会发展"五位一体"总体布局融为一体。尤其需要强调的是，以巩固脱贫成果切实推进共同富裕为旨向促进经济与社会政策的结构性耦合，不仅符合积极应对妥善解决新时代社会主要矛盾的理论逻辑，探索这种体现马克思社会有机体理论和发展型社会政策思维模式的政策耦合路径，更符合新发展格局背景下推进实现社会治理现代化的现实需要。

三 实现新发展格局背景下社会治理现代化核心诉求的现实需要

促进和实现社会治理政策集群耦合不仅是释放制度红利和凝聚政策红利的现实需要，这种现实需要的具象化表现，不仅体现后人口红利时代释放制度红利和凝聚政策红利的必要性，以及实现构建新发展格局政策主体向度的现实需要，更体现为实现新发展格局背景下社会治理现代化核心诉求的现实需要。新发展格局背景下社会治理现代化核心诉求，就在于在构建新发展格局为今后经济社会持续健康高质量发展不断拓展新空间的基础上，坚持"以人民为中心"发展思想促进实现"安全"与"发展"的有机融合和动态平衡，进而以巩固脱贫成果切实推进共同富裕取得实质进展为根本旨向优化社会分层结构。

（一）贯彻新发展理念促进实现经济社会高质量发展的现实需要

新发展理念是实现新时代中国特色社会主义经济社会高质量发展的核心指引，围绕新时代我国经济社会中仍然存在的发展不平衡和不充分的主要矛盾，新发展理念为推进经济社会高质量发展指明并提供了发展的动力、标准、底色、途径和目标。贯彻新发展理念不仅是促进实现经济社会高质量发展的现实需要，还是新发展格局背景下推进实现社会治理现代化的价值基础，而新发展格局背景下促进社会治理政策集群耦合，恰是新发展格局背景下推进实现社会治理现代化的实现路径。因此，新发展格局背景下促进社会治理政策集群耦合与推进实现社会治理现代化二者之间存在辩证统一互为因果的关系。

　　新发展格局背景下促进社会治理政策集群耦合的落脚点，就是在充分理解领悟新发展理念基本内涵的基础上将新发展理念融入实体制度和政策环节。首先，"创新"是推进经济社会高质量发展的第一动力。在当前国际环境和国内背景下，只有在发展动能上实现由"要素驱动"向"创新驱动"的转化形成发展新引擎，才能为新发展阶段构建新发展格局、打通国内循环、转换发展动能注入创新型内生动力，才能在激烈的国际市场竞争中树立经济新优势，进而为保障扩容国际循环、维护供应链产业链安全奠定物质基础。其次，"协调"发展是推进经济社会高质量发展的评价标准和实现途径。尽管当前我国已经转入高质量发展阶段，但是，"我国发展不平衡不充分问题仍然突出，重点领域关键环节改革任务仍然艰巨，创新能力不适应高质量发展要求，农业基础还不稳固，城乡区域发展和收入分配差距较大，生态环保任重道远，民生保障存在短板，社会治理还有弱项"。① 要聚焦新时代社会主要矛盾，解决经济社会发展中不平衡和不充分的一系列结构性问题，全面深化改革推进实现经济社会协调发展，乃是必由之路。再次，坚持"绿色"发展秉持"尊重自然—顺应自然—保护自然"的生态文明新理念推进人与自然之间的和谐共生，是推进经济社会高质量发展的底色。自改革开放以来我国经济社会发展取得了不可争辩且举世瞩目的辉煌成就，但是，长期以来我国也积累了很多生态环境问题，这已经构成了牵动人心的经济短板和社会问题。要补齐短板和扭转这种负面效应，必须坚持"绿色"发展理念保持经济社会高质量发展的生态文明底色。还有，推动建设更高水平的对外开放新格局，是我国顺应"百年未有之大变局"并立足新的历史方位，坚持包括"开放"理念在内的新发展理念，更加注重以更高水平对外开放和更有实效的国际循环推动经济社会高质量发展的主动战略作为。最后，共享发展不仅是马克思主义理论体系人民性的内在要求，更是中国特色社会主义本质规定性的必然要求。在党的十八届五中全

---

① 《中国共产党第十九届中央委员会第五次全体会议文件汇编》，人民出版社，2020，第6页。

会上，党中央正式提出包括"创新、协调、绿色、开放和共享"在内的"新发展理念"，并着重强调"创新是发展的动力，共享是发展的目的"，要坚持共享发展，必须坚持"发展为了人民，发展依靠人民和发展成果由全体人民共享"。要真正实现经济社会发展的"共享"目标，就必须作出更加行之有效的制度安排并形成制度和政策合力，令广大人民群众在共建共享的经济社会发展中有更多的获得感幸福感安全感，激发发展动力，团结带领各族人民，标定经济社会发展朝着共同富裕的方向阔步前行。"共享"发展理念的确立，是新时代中国共产党人有关经济社会发展思维发展战略的创新发展，也是我们党立足马克思社会有机体理论和依据多年建设经验，对执政规律、社会主义现代化建设规律和人类社会发展规律的再认识，更是新格局新阶段背景下推进经济社会发展的根本遵循与行动指南。

要贯彻新发展理念促进实现经济社会高质量发展，不仅需要将新发展理念融入实体制度和公共政策集群全领域全过程，更需要以新发展理念为指引促进实现相关政策集群的结构性耦合。又因为促进实现经济社会高质量发展，是推进实现新发展格局背景下社会治理现代化的经济基础，所以，实现新发展格局背景下社会治理现代化核心诉求之一就是贯彻新发展理念促进实现经济社会高质量发展。

（二）坚持以人民为中心促进"安全"与"发展"动态平衡的现实需要

坚持以人民为中心促进"安全"与"发展"动态平衡，不仅是构建新发展格局和推进实现新发展阶段社会治理现代化的内在契合点之一，也是新发展格局背景下促进社会治理政策集群耦合的现实需要之一。

如前所述，构建新发展格局不仅是我们党在新的历史起点上和新的发展环境下对我国经济社会发展模式作出的重大调整，也是我们党在"两个一百年历史交汇期"对新发展阶段全面深化改革各项工作所作出的重大战略性部署，这一发展新理念及其理论更是对马克思主义空间生产理论、马克思主义经济循环和社会再生产理论的继承与发展。马克思和恩格斯在经典原著中就曾对资本生产及其与空间需求之间的关系进行过详细论证。马克思曾明确指出，在固有的生产空间中往往内蕴着潜在的经济增量空间，经济发展的真正意义，就在于不断使潜在的经济增量空间转变为新的现实经济增长空间。立足当前国际国内新环境，立足国内大循环深度挖掘内需市场空间，既是为了维系国内国际双循环的良性畅通，也是为了今后经济的持续健康发展不断拓展新空间，构建以国内大循环为主体、国内国际双循环相互促进的新发展格局已经成为新发展阶段整合实现"安全"与"发展"动态平衡的必然选择。在此，有两点需要格外关注：第一，整合并实现"安全"与"发展"动态平衡，就是贯彻落实总体国家安全观，既重视外部安全，又重视内部安全，对内求发展、求变革、求稳定，建设平安中国，对外求和平、求合作、求共赢，建设和谐世界；第二，尤其需要强调的是构建新发展格局并非局限于经济领域和经济政策的单向度问题，新发展格局对经济社会结构具有解构与重塑的社会效应，这就对新发展格局背景下推进实现社会治理现代化提出了更高要求。新发展格局对推进实现社会治理现代化的新要求，已经完全超越了传统社会治理模式中专注应急处突和整体维稳的初级阶段——其要求在巩固脱贫成果切实推进共同富裕的基础上，疏通社会流动机制并优化社会分层结构——这是马克思社会有机体理论所秉持的"人民性"的集中体现。总而言之，构建新发展格局非但不是单纯的经济问题，而且还是关涉经济、社会、文化和政治等多领域发展的战略性全局性问题。从科学社会主义发展的历史逻辑、理论逻辑和实践逻辑审视，构建新发展格局和推进新发展阶段社会治理现代化，二者具有高度内在契合性。归根结底，二者的内在契合点主要聚焦于经济社会发展的最终目标属性，即马克思主义的核心主张"人民性"。因为不断实现和满足人民群众对美好生活的向往需求，不仅是习近平新时代中国特色社会主义思想中的价值内核与根本要义，也是新时代中国特色社会主义现代化建设事业的基本方略，更是聚焦新时代社会主要矛盾不断提升人民获得感、幸福感与安全感的实现路径，所以，对马克思主义核心主张"人民性"的马克思主义中国化的最新表述，应该是坚持"以人民为中心"。

带领全国各族人民创造美好幸福生活，是中国共产党人始终不渝的"初心"和"使命"。如要实现这一"初心"和"使命"，就要求我们党必须始终将人民群众对美好生活的向往需求作为一切相关制度和政策的根本指针，围绕这一根本指针促进实现制度和政策的结构性耦合，以及政策集群之间的结构性耦合，最终形成制度和政策合力，并将这种耦合性合力聚焦于"实现好、维护好和发展好"最广大人民根本利益的行动力上来。而要"实现好、维护好和发展好"最广大人民根本利益，就要求一切相关制度和政策的全领域全过程紧紧围绕科学认识妥善处理"公平"与"效率"两者之间关系而展开，并要求在科学认识妥善处理"公平"与"效率"两者之间关系的基础上促进"安全"与"发展"的动态平衡。

（三）以巩固脱贫成果推进共同富裕为旨向优化社会分层结构的现实需要

以巩固脱贫成果推进共同富裕为旨向优化社会分层结构，不仅是坚持"以人民为中心"促进"安全"与"发展"动态平衡的直观体现，更是新发展格局背景下推进实现社会治理现代化核心诉求和最终旨向。

党中央作出推动构建"新发展格局"这一重大决策部署，不仅是深化供给侧结构性改革、疏通国内大循环和重塑经济发展新优势的战略锚点与必然选择，其也是对经济社会发展动力机制的变革，并透过经济社会发展动力机制的变革对传统社会分层形成机制构成解构与重塑。因为优化社会分层结构是从根源上化解社会矛盾和社会风险的治本之策，所以，其是实现新发展格局背景下社会治理现代化核心诉求。又因为构建新发展格局透过经济社会发展动力机制的变革对传统社会分层形成机制构成解构与重塑，所以，在新发展格局背景下优化社会分层结构在推进实现社会治理现代化进程中居于相关政策集群价值诉求的核心位置。众所周知，虽然五大新发展理念是构建新发展格局的核心指引，但是，可能很多人误以为这五大理念是等量齐观的。实则不然，因为"创新"是发展的动力，而"共享"是发展目的，所以在新发展理念中"创新"和"共享"理念处在新发展理念整体结构中的核心位置。如前文所做比喻，如果将新发展理念体系看作一列火车的话，那么，"协调、绿色和开放"理念就是这列火车的中间连接部位，而这列火车的引擎是"创新"，目的地就是"共享"。不言自喻，火车的连接部件固然重要，但不可否认的是，对于这列火车而言最关键的仍然是其动力装置和最终的目的地。只有在明确"创新"与"共享"理念在新发展理念中核心地位的基础上，才能理解新发展格局对传统社会分层认知标准的解构与重塑。一方面，构建新发展格局的直接旨向是构建以创新为主驱动力的经济增长新动能，这就等于是完全打破了以往那种以要素为主驱动力的经济增长模式；另一方面，打破以往以要素为主驱动力的经济增长模式进而以创新为主驱动力，就意味着创新要素在分配领域尤其是在初次分配领域所占比重会大幅提升，而随着创新要素在分配领域尤其是在初次分配领域所占比重的大幅提升，就会重新形塑社会主体对社会分层的认知标准，亦即不再以掌握物质要素的多寡作为区分社会分层高低的唯一标准，而是更加倾向于以掌握创新要素的多寡作为区分社会分层高低的核心标准。实际上，构建新发展格局不仅是对传统社会分层认知标准和传统社会分层形成机制的解构与重塑，也是对传统社会分层反馈机制的解构与重塑。

综上可知，要实现以巩固脱贫成果推进共同富裕为旨向优化社会分层结构这一既定目标，必将是一个关涉多领域多主体的系统性和整体性工程。甚至可以毫不夸张地说，这一既定目标体现的是新时代中国特色社会主义现代化事业的社会主义本质规定性，其实践和实现的历程基本上与实现"民族伟大复兴"的历程同步。因为实现中华民族伟大复兴的既定奋斗目标，需要集聚全党全国各族人民的智慧和力量，全面推进"五位一体总体布局"和"四个全面战略布局"，又因为以巩固脱贫成果推进共同富裕为旨向优化社会分层结构与实现"民族伟大复兴"的目标指向和奋斗历程同步，所以，以巩固脱贫成果推进共同富裕为旨向优化社会分层结构也是关乎多领域多主体多政策集群的，其价值诉求是需要促进实现社会治理多政策集群耦合才可能得以实现的。

第二节　新发展格局背景下优化经济与社会政策集群耦合机制的基本路径

因为依循公共政策内在特性，只有提升政策及政策集群耦合度才能最终形成有序有效的政策势能，进而促成公共政策集群目标的顺利实现，又因为构建新发展格局对经济和社会政策集群耦合度提出更高要求，所以，对新发展格局背景下优化经济与社会政策集群耦合机制进行整体性探析，兼具理论价值和现实意义。如前所述，构建新发展格局和推进实现新发展阶段社会治理现代化相关政策集群主体向度高度契合，这是促进相关政策集群耦合的理论前提。另外，一是为促进社会治理领域运动式治理向常态化治理的现代化转型，二是为了规避相关政策运行过程中显现或隐现的"政出多门"和"揽权诿过"等"内卷式"困境，三是为了响应构建新发展格局有对经济社会发展和社会治理提出的更高要求，因此，探究新发展格局背景下优化经济与社会政策集群耦合机制极具必要性。为促进社会治理领域运动式治理向常态化治理的现代化转型，也是为了规避相关政策运行过程中的"内卷式"困境，这部分拟从促进相关政策主体间耦合、促进相关政策本体与政策环境耦合、促进相关政策理念与政策过程耦合、促进相关政策集群跨域耦合四个维度，对新发展格局背景下优化经济与社会政策集群耦合机制提出整体性对策建议。

一　构建新发展格局对经济社会发展的新要求

以国内大循环为主体、国内国际双循环相互促进的新发展格局具有丰富且深刻的科学内涵，这一发展新理念及其理论不仅是习近平新时代中国特色社会主义经济思想的最新成果，同时，这也是对马克思主义空间生产理论[①]、马克思主义经济循环和社会再生产理论的继承与发展，并对未来经济社会发展和社会治理提出了高于以往的新要求。从其对经济社会发展和社会治理所提出的更高要求这一角度切入，可以在厘清构建新发展格局的深刻内涵的基础上，框定新发展格局背景下优化经济与社会政策集群耦合机制的现实基础和逻辑起点。

第一，对新发展理念的进一步充实和升华。

构建新发展格局不仅是新发展理念的实践表现，也是对经济高质量发展的最新诠释和对新发展理念的进一步升华。构建新发展格局的实践及理论更加注重发展的安全性和可持续性，在保障"发展"与"安全"有机统一的基

[①]　胡博成、朱忆天：《从〈资本论〉到新时代：马克思空间生产理论及双循环新发展格局构建研究》，《重庆大学学报》（社会科学版）2020 年第 2 期，第 1～9 页。

础上，聚焦新时代社会主要矛盾，并以切实推进全民共同富裕取得实质进展为构建新发展格局的最终目标。因此，如果说新发展理念是新一代党的领导集体对马克思主义科学发展观及其理论的继承与发展，那么，构建统筹发展与安全的新发展格局则是对新发展理念的进一步充实和升华。

第二，对总体国家安全观的进一步扩展。

构建新发展格局既是总体国家安全观的集中体现，也是对总体国家安全观的进一步扩展。构建新发展格局，不仅需要将总体国家安全观与新发展理念有机融合，还要求将发展的安全和可持续性贯穿于国家发展的各领域及全过程，尤其是要求将加快实现关键核心技术的实质性突破作为维护安全和发展利益的关键一环，进而为夯实维护总体国家安全和国家发展利益提供经济技术保障，进而在统筹国内国际双循环的同时维护好发展和安全两件大事，以提升有效应对内外各种不确定性因素甚或风险挑战的国家治理能力水平。

第三，需要依托市场规模性存量优势的同时挖掘创新型增量优势。

构建新发展格局须依托国内市场超大规模存量优势的同时，深度挖掘国内市场科技创新型增量优势。经过改革开放 40 余年来的持续发展和各种风险挑战的洗礼，我国产业多元、驱动力强劲和规模巨大的内需市场存量优势越发彰显，这是我国有能力有条件有自信启动并运行活力焕发与兼具韧性的国内大循环的底气来源和物质基础。构建新发展格局就要立足这一存量优势，促进供给侧改革与需求侧管理动态平衡，以创新为驱动，全面扩容投资和消费的有效需求空间，深度挖掘国内市场科技创新型增量优势，并最终形成经济竞争的新的可持续型增长点和创新型新优势。

第四，旨在将改革引向深入进而促进经济社会高质量发展。

构建新发展格局旨在将改革引向深入，进而促进经济社会高质量发展。构建新发展格局须坚持继续深化供给侧结构性改革，不断推进并实现经济发展质量、效率和动力更新迭代，与此同时，强化和优化需求侧管理，提升消费和投资的有效性，在促进供给侧与需求侧有机衔接和动态平衡的基础上，逐渐形成改革势能与合力，使一切有利于促进经济增长和社会发展进步的力量充分迸发涌流。亦即充分发挥举国体制优势，通过全面深化改革，实现有效市场与有为政府的高效融合，打通国民经济运行体系中的堵点，补齐经济建设和社会治理领域的短板，激发经济社会多元主体的活力，助推全民共同富裕取得实质性进展，真正实现经济社会的高质量发展。

第五，依托并进一步开拓更高水平的对外开放格局。

构建新发展格局依托且需要进一步开拓更高水平的对外开放格局。在很大程度上，构建国内国际双循环相互促进的新发展格局不仅不能放弃对外开放，反而需要依托更高水平的对外开放格局。当前的关键性问题并非是否需要继续深化对外开放，而是如何全面提升对外开放水平，怎样继续开拓对外开放新境界。构建新发展格局的归旨在于重塑国际竞争中的新增长点和新优势，因此，构建新发展格局自然强调开拓以合作互利共赢为内核的以人类命运共同体理念为基础的更高水平的对外开放。

通过以上五个方面的审思与总结可知，构建新发展格局对未来经济社会发展和社会治理提出了更高更新的要求，借此不仅可以厘清构建新发展格局的深刻内涵，更重要的是，这恰是优化新发展格局背景下经济与社会政策集群耦合机制的现实需求与逻辑起点。

虽然我国经济社会已经迈入高质量发展阶段，但是，"我国发展不平衡不充分问题仍然突出，创新能力不适应高质量发展要求，农业基础还不稳固，城乡区域发展和收入分配差距较大，生态环保任重道远，民生保障存在短板，社会治理还有弱项"[1]，因此，推进和实现社会治理现代化极具必要性和紧迫性。如果依照中科院牛文元研究员基于"社会物理学"[2] 理论图谱所提出的"社会燃烧论"[3] 的理论视域审思，不难发现，社会治理现代化的基本诉求在于推进实现社会风险的动态防范化解与规制。而实现社会风险的源头治理，恰是推进实现社会风险的动态防范化解与规制的归旨路径。在全面建设社会主义现代化国家进程中可能面临的

---

① 习近平：《在经济社会领域专家座谈会上的讲话》，人民出版社，2020，第3页。
② 王俊美、陈禹同：《开拓社会物理学发展空间》，《中国社会科学报》2020年12月16日，第2版。
③ 王冠群、杜永康：《社会燃烧理论视域下"中国式邻避"的生成与治理》，《领导科学》2020年第22期，第34~38页。

"四大陷阱"① 中，直接指向政府公信力的"塔西佗陷阱"② 最具社会结构解构性和破坏性，因此，夯实党和政府公信力才是实现社会风险治理现代化乃至社会治理现代化的主体诉求。正是基于这一认识，不难理解，实现社会治理现代化的主体向度和价值诉求就在于立足总体国家安全观，防范系统性风险化解结构性矛盾，补齐社会治理短板弱项，筑牢夯实党和政府公信力，进而提升全民族全社会命运共同体的向心力凝聚力，弘扬以爱国主义和改革创新为内核的"中国精神"③，助推并实现国家治理体系和治理能力现代化。

基于以上认知，构建新发展格局与实现社会治理现代化的主旨绝非彼此游离，而是具有高度内在关联性和一致性。构建新发展格局与实现社会治理现代化的主旨之所以具有高度内在一致性，是因为二者的一致性至少应和着如下三组基本逻辑关联与事实关联。首先，构建新发展格局与实现社会治理现代化具有高度内在关联，完全符合马克思主义"经济基础决定上层建筑"这一基本论断；其次，二者主旨具有高度内在关联，完全应和了习近平总书记有关"发展"与"安全"存在辩证统一性的重大判断；最后，二者主旨具有高度内在关联，完全切合社会治理现代化的夯实并维护政府公信力的核心价值诉求及其实现路径。

基于以上思考，在党的十九届五中全会《建议》的指引下，推进新时代经济社会高质量发展、构建新发展格局与实现"中国之治"，理应遵循多维度一系列政策耦合路径：第一，从宏观视域转变经济社会发展模式，以创新为引领转变经济增长动力的同时，将旧有要素驱动模式下经济社会主体间的"零和"关系转变为创新驱动模式下的"非零和"关系，从而为推进实现社会治理现代化夯实经济与社会基础；第二，从中观维度以促进全民共同富裕为旨向改善宏观分配格局，切实优化社会分层结构，为推进实

---

① 葛聪、程恩富：《习近平新时代中国特色社会主义思想的理论特性——兼论破解"四大陷阱"》，《学习论坛》2018 年第 11 期，第 15 ~ 19 页。

② 刘明翠：《领导干部话语的"塔西佗陷阱"及其破解之道》，《领导科学》2020 年第 13 期，第 41 ~ 43 页。

③ 隋牧蓉：《精神优势：中国共产党的百年爱国主义》，《北京工业大学学报》（社会科学版），2021 年第 2 期，第 2 ~ 5 页。

现社会治理现代化提供物质保障；第三，从微观层面优化营商环境和政商关系，妥善处理好"政府与市场"以及"政府与社会"① 的关系，健全并疏通社会主义协商民主表达机制和实现机制，为推进实现社会治理现代化拓宽实现路径。

二 新发展格局下优化经济与社会政策集群耦合机制的理论依据

依循横向维度可以将公共政策分为经济政策、政治政策、社会政策、文教政策和科技政策等，而依循纵向维度则可以将公共政策分为元政策、基本政策与具体政策等。② 依据公共政策的特点对其要素进行结构性分类，还可以将公共政策分为政策主体、政策客体、政策过程和政策环境等多个要素。③ 另外，如果对公共政策进行功能性划分的话，也可以将公共政策分为引导功能型政策、制约功能型政策、调控型政策和分配型政策等。④ 当然，如果根据公共政策生命周期各环节进行过程性分类的话，还可将其分为制定、实施、监控、评估、反馈和调整等环节。本书对公共政策的研究采取宽视域、跨维度和交叉性分析路径，本书将研究主要集中在公共政策集群及其耦合问题上。具体而言，构建新发展格局相关政策集群的主旨，是以坚持扩大内需为基点，以改革创新为动力，促进供给侧与需求侧管理新的动态平衡，在保证"发展"与"安全"有机融合的基础上，推进经济高质量发展，切实巩固脱贫成果推进全民共同富裕取得实质进展。这与社会治理现代化政策集群主体向度高度关联，是优化新发展格局背景下经济与社会政策集群耦合度的理念基础和实践导向。

构建新发展格局应该依循三条主线：一是旨在促进全民共同富裕和以国内大循环为核心的消费升级⑤，二是旨在提高全要素生产率以创新为引领的产业升级，三是旨在贯彻绿色经济理念提高能源质量和促进新能源革

① 韩小凤、赵燕：《公共服务供给侧改革中政府与社会组织关系的再优化》，《福建论坛》（人文社会科学版），2020年第10期，第191~200页。
② 冯静主编《公共政策学》，北京大学出版社，2007，第7页。
③ 王曙光等：《公共政策学》，中国财富出版社，2014，第28~38页。
④ 冯静主编《公共政策学》，北京大学出版社，2007，第10~11页。
⑤ 张喜艳、刘莹：《经济政策不确定性与消费升级》，《经济学家》2020年第11期。

命的能源结构升级。这三条主线的基本要义首先归旨于实现"两个一百年"奋斗目标的无缝衔接，促进经济社会高质量发展和实质性推进全民共同富裕进程，以确保新时代中国特色社会发展道路的社会主义属性不变。其次，依照牛文元基于"社会物理学"理论图谱提出的"社会燃烧论"视域审思，不难发现，社会治理现代化的核心诉求在于推进实现社会风险的动态防范化解与规制。如前所述，在全面建设社会主义现代化国家进程中可能面临的"四大陷阱"中，直接指向党和政府公信力的"塔西佗陷阱"最具社会结构解构性和破坏性，因此，夯实党和政府公信力才是实现社会风险治理现代化乃至社会治理现代化的主体诉求。基于这一认识，不难理解，实现社会治理现代化的主体向度和价值诉求就在于立足总体国家安全观，防范系统性风险化解结构性矛盾、补齐社会治理短板弱项、筑牢夯实党和政府公信力，进而提升全民族全社会的向心力凝聚力，助推并实现国家治理体系和治理能力现代化。因此，构建新发展格局与推进实现社会治理现代化主旨至少具有如下三个高度关联的契合点。

第一，坚持"以人民为中心"为根本宗旨。

为人民服务思想在中国特色社会主义发展的不同阶段不断得以丰富发展。特别是从党的十八大以来，以习近平同志为核心的党中央立足新时代背景在继承为人民服务思想的基础上，进一步提出"以人民为中心"的发展思想。这一重要思想的核心内涵，是权为民所用、利为民所谋，以满足人民对美好生活的向往为发展目标。有两方面因素说明坚持"以人民为中心"这一宗旨是构建新发展格局和推进社会治理现代化的主旨契合点：一方面，坚持扩大内需是新发展格局的战略基点，而扩大内需的关键又在于提升人民群众的有效需求，即在稳定物价的前提下有效提高民众收入水平；另一方面，维护和夯实政府公信力是实现社会风险治理现代化乃至社会治理现代化的基本诉求，而要避免陷入"塔西佗陷阱"，治本之道就在于切实维护人民群众的根本利益。

第二，坚持以"共同富裕"为主体诉求。

坚持以共同富裕为目标，是构建新发展格局和推进社会治理现代化相关政策集群的目标契合点。坚持以共同富裕为目标，是新时代中国特色社会主义的发展方向。厘清社会主义本质及其实现路径，不仅是一个至关重要的理论问题[①]，更是建设新时代中国特色社会主义的政治前提。坚持以共同富裕为目标，是构建新发展格局和推进社会治理现代化的目标契合点，原因有二：一是党的十九届五中全会在强调构建新发展格局的同时，已经为构建新发展格局、促进经济社会高质量发展框定了共同富裕这个终极目标；二是从社会分层理论视域审视，积极应对社会矛盾乃至有效防范化解社会风险的主要途径之一，就是平抑两极分化[②]，而这恰恰也是社会治理现代化的向度之一。

第三，坚持以创新为核心动力。

一方面，根据瑞典经济学家埃利弗·赫克歇尔（Eli F. Heckscher）和贝蒂尔·奥林（Bertil Ohlin）所提出的"赫克歇尔—奥林"模型可知，由于产品要素和国家要素密集度的不同，各经济体在国际贸易中的优势会有所不同，而随着创新要素在整个经济运行体系中所占比例的提升，该经济体在国际贸易中的比较优势就会越发明显。另一方面，恰如约瑟夫·熊彼特所主张的那样，所谓创新就是在相关生产体系甚或整个经济运行体系中建立一套全新的"生产函数"，推进经济运行效率的提升，甚至是整个经济社会运行方式的变革。因此，坚持以创新引领经济发展，不仅会强化中国在国际贸易中的优势，还会引发整个社会结构的变迁。正是从这个角度而言，坚持以创新为引领，恰是构建新发展格局和推进社会治理现代化相关政策集群的动力契合点。究其原因，可归纳为两个向度：一是以创新为引领凸显经济发展新优势是在当前国际新形势下构建新发展格局的直接目标，同时，创新也是促进经济社会高质量发展和实现经济发展模式转型升级的基本驱动力；二是改传统要素驱动经济增长模式为以创新为驱动的经济高质量发展模式，会从分配领域促成社会主体间关系由旧有的趋向"零和"关系向"非零和"关系转变，而达成这种社会关系的转变是推进实现社会治理现代化的基础条件。

---

① 《邓小平文选》第 3 卷，人民出版社，1993，第 114 ~ 117 页。

② 〔美〕约翰·罗尔斯：《正义论》，何怀宏等译，中国社会科学出版社，2009，第 46 ~ 49 页。

三　新发展格局下优化经济与社会政策集群耦合机制的现实依据

优化新发展格局背景下经济与社会政策集群耦合机制既有理论依据也有现实依据，优化新发展格局背景下经济与社会政策集群耦合机制最大的现实依据，就是当前影响优化新发展格局背景下经济与社会政策集群耦合机制的一些亟待应对的负面因素。

第一，固有经济增长模式下形成的路径依赖现象仍待破解。

固有经济增长模式下所形成的路径依赖现象，共同构成了优化新发展格局背景下经济与社会政策集群耦合机制的主要阻滞性因素。改革开放初期，在工具理性主导的重商主义经济增长模式下，GDP 几乎成为各级政府政绩考核最重要的甚或唯一的指针。这种过分强调经济增长的模式和政绩考核体系，自然会导致很多地方政府因注重经济增长的短期效应，而相对忽视社会公共利益最大化等关涉经济社会真正发展进步的长周期性问题。长此以往，必会滋生助长妨碍经济社会高质量发展的结构性阻滞因素。此外，还有经济基本面脱实向虚的倾向和某些地方"重积累，轻消费"的传统经济增长模式等多种现象，共同构成妨碍优化新发展格局背景下经济与社会政策集群耦合机制的主要因素之一。

第二，供给侧与需求侧管理有待整合。

进一步优化整合供给侧与需求侧管理，是优化新发展格局背景下经济与社会政策集群耦合机制的又一目标。2015 年以来，随着中国主要经济指标间联动性背离效应的积累，经济下行压力与供给侧结构性改革的迫切性剧增，中国持续深化供给侧结构性改革推进"三去一降一补"，切实优化市场供需结构。不过，就现代市场经济而言，需求侧与供给侧管理同等重要，只有二者良性协同才会促成经济平稳健康持续增长。这是因为如果不具有可支付能力的有效消费和对应的高质量发展的有效投资，单维度的供给侧管理不足以支撑整个国民经济体系的大循环运行。因此，为切实优化新发展格局背景下经济与社会政策集群耦合机制，供给侧与需求侧管理有待进一步整合。

第三，微观经济政策与社会政策集群耦合度亟须提升。

当前很多地区尤其是跨辖区府际微观经济政策与社会政策集群耦合度

不足，也是优化新发展格局背景下经济与社会政策集群耦合机制的现实困境。国家治理体系和治理能力集中表现为制度设计以及制度执行力，所以，要推进国家治理现代化必须厘清制度和制度执行力之间的内在关联。制度执行力不仅是制度设计合理性和有效性的直观体现，还是制度得以实施的实践性依托，因此，考察制度执行力是探索治理现代化的理论增长点和实践突破点。归根结底，制度的执行是多种政策集群共同作用的结果。而优化新发展格局背景下经济与社会政策集群耦合机制的实践考察点主要在于相关具体经济政策与社会政策集群的耦合。因为构建新发展格局，是在国际环境发生深刻变化和中国步入高质量发展阶段的条件下，应对百年未有之大变局与开辟发展新局的主动作为和发展战略的重大调整，这事关经济社会发展思路和实践路径的整体调整，不是单维度经济政策或社会政策能够促成的，尤其需要二者的深度耦合。提升二者耦合度，促进跨辖区府际合作就显得尤为必要了。

四　新发展格局下优化经济与社会政策集群耦合机制的基本路径

为探索优化新发展格局背景下经济与社会政策集群耦合机制的基本路径，本书按照元政策、基本政策和方面政策再到具体政策的顺序，提出如下四个方面的对策建议。

（一）促进相关政策主体间耦合

促进并提升公共政策主体间耦合度，是达成公共政策目标和维护公共利益的中心工作。又因为构建新发展格局与推进社会治理现代化涉及多元化政策集群，所以，提升相关政策集群中政策主体间耦合度，是优化新发展格局背景下经济与社会政策集群耦合机制的基本前提。

公共政策主体是构成公共政策的核心要素，促进政策主体间耦合是保证公共政策科学性、规范性、合理性和有效性不可或缺的必要条件。公共政策的主体通常是对公共政策的决策者和决策参议者的统称，就其构成和分类而言，公共政策主体包括辖区内和跨辖区政党组织、立法组织、行政组织、司法组织、人民团体、利益集团、外脑机构、新闻媒体和公民个人等。促进相关政策主体间耦合度的重心，不在于达成辖区内各主体的协同

（辖区内各主体协同容易达成），而在于促进跨辖区各主体间耦合度的提升。从宏观视域考察，为了避免政策运行中出现"政出多门"和"揽权诿过"等困境，更是为了形成政策集群合力，应该深刻理解三组关系：第一，虽然构建新发展格局和推进社会治理现代化各自统属一系列政策集群，但是因为两大政策集群主旨高度一致，所以，这两大政策集群同样重要，不可偏废。第二，保证构建新发展格局和推进社会治理现代化两大政策集群主体间的耦合度，是实现相关政策集群决策过程科学化与法治化的基本前提。第三，保证构建新发展格局和推进社会治理现代化两大政策集群跨辖区主体间的耦合度，是实现相关政策集群实施过程民主化与协同化的必要条件。就微观视角而言，随着新发展格局的构建，区域一体化已经从经济领域向社会治理领域不断拓展，公共和社会事务的跨辖区性与复杂性不断提升，在这种条件下跨辖区府际合作正逐渐由经济领域向跨辖区生态环境治理、自然灾害应对、公共安全治理和突发公共卫生事件应急等公共与社会治理领域延伸。[①] 因此，促进"避害型"跨辖区府际合作，已经逐渐成为新发展格局背景下优化经济与社会政策集群主体间耦合机制的主导方向之一。

（二）促进相关政策本体与政策环境耦合

公共政策主体和客体共同构成公共政策本体，因此，不仅提升公共政策主客体间耦合度至关重要，而且，优化公共政策本体与政策环境之间的关系也是确保政策实效的关键所在。具体原因有二：一方面是任何政策主体和客体都不可能脱离政策环境独立运行和存续，政策主客体所需要的物质、能量和信息条件都毫无例外地来源于政策环境；另一方面，政策主客体的运行自然也会直接或间接地反作用于政策环境，进而对政策环境产生量变甚或质变性影响。按照不同标准可以将公共政策环境分为自然环境和社会环境，以及国内环境和国际环境。本书关注的焦点在于相关政策集群与政策集群广义社会环境之间的关系。依循"结构—功能主义"理论研究路径可知，公共政策及其政策集群广义的社会环境涵盖了政治环境、经济

---

① 李辉等：《如何推开"避害型"府际合作的门？——基于京津冀大气污染联防联控的过程追踪》，《公共管理评论》2021年第2期。

环境和文化环境。相较于前两者，文化环境对公共政策的影响多以间接方式进行，但也正是因为如此，只有优化政策本体与政策社会环境尤其是政策的文化环境的耦合，才更有利于政策目标的实现。由于在政策的文化环境中政治文化对政策本体的影响最为显著，因此，考察和探索营造良性的政治文化环境是提升相关政策集群中政策本体与政策环境之间耦合度的重心。按照"结构—功能主义"的开创者加布里埃尔·阿尔蒙德（Gabriel A. Almond）的划分标准，可以将政治文化分为偏狭型、屈从型和参与型三个类型。其中，参与型政治文化与现代社会公共政策契合度最高，有序的政治参与及互动也最有利于促进政策理念与政策过程的耦合，并最终体现为政策或政策集群的时效性和实效性。不论是构建新发展格局还是推进社会治理现代化的着力点，都在于激发经济社会各主体活力，因此，培育和营造参与型政治文化环境乃是构建新发展格局和推进社会治理现代化相关政策集群得以运行的必要条件。要构建这一要件，完善社会主义协商民主的实现机制是不二之选，而这也正是提升相关政策集群中政策本体与政策环境之间耦合度的基本路径。当然，不论是提升相关政策集群中政策主体与政策客体之间的耦合度，还是提升相关政策集群中政策本体与政策环境之间的耦合度，都只是停留在本体论层面上对优化新发展格局背景下经济与社会政策集群耦合机制的探讨。不言而喻，在本体论层面的研究将为本问题价值论乃至实践论层面的认知标定基本性质与取向。

（三）促进相关政策理念与政策过程耦合

对于提升相关政策集群中政策理念与政策过程之间耦合度的探究，是基于对相关问题本体论探讨的基础上，对优化新发展格局背景下经济与社会政策集群耦合机制的价值论探索。

如图 6 - 1 所示，公共政策及政策集群的运行周期分为政策制定（或变更）、政策风险评估、政策实施、政策过程评估（监控）和政策反馈等环节，其呈现环环相扣的闭合式连接状态。也就是说，在公共政策及政策集群生命周期过程中，任何一个环节出现政策理念与政策过程脱节的现象，都可能破坏该公共政策及其政策集群的有效性甚或公共性。鉴于前文所述构建新发展格局对经济社会发展提出的更高、更新的要求，提升相关政策集群中政策理念与政策过程间耦合度的关键，在于剔除以往"唯 GDP 论"和工具理性层面的重商主义对于相关政策集群生命周期过程中各个环节的渗透和干扰，以新发展理念尤其是"创新"和"共享"理念统筹相关政策集群生命周期的全过程。"创新"是引领经济社会发展和构建新发展格局的核心动力，而"共享"是经济社会发展和推进社会治理现代化的最终旨归，因此，以其为相关政策及政策集群的指导性理念，并建立健全以"创新"和"共享"理念为核心的绩效评价标准体系，是提升相关政策集群中政策理念与政策过程耦合度的必由之路。

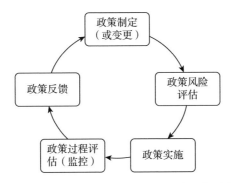

图 6 - 1　公共政策及政策集群的生命周期过程

毋庸置疑，在本体论和价值论维度探讨优化新发展格局背景下经济与社会政策集群耦合机制的实现路径，为在实践论层面探索该问题奠定了理论基础并指明了实践方向。

（四）促进相关政策集群跨域耦合

如前所述，依循横向维度可以将公共政策集群分为经济政策、政治政策、社会政策、文教政策和科技政策等，又因为构建新发展格局属经济政策集群，而推进社会治理现代化统属社会政策集群，所以，从实践论层面探索提升新发展格局背景下经济与社会政策集群耦合机制的落脚点，就在于提升相关政策集群中经济政策与社会政策集群跨域耦合度。

第一，应该以创新为引领重塑经济新优势并推进社会治理现代化。

构建新发展格局，需要从宏观层面转变经济社会发展模式，以创新为引领实现经济增长动能迭代，为社会治理现代化筑牢经济和社会基础。从国际看，当今世界正值百年未有之大变局，不仅最新一轮科技与产业革命持续深入发展，而且，国际经贸环境受单边主义、保护主义影响异常复杂，再加之新冠肺炎疫情和动荡的国际局势对全球经济的冲击，在这种充满不确定性的外部环境下，以创新为引领重塑中国经济竞争新优势乃是构建以畅通的国内经济大循环为主体的新发展格局的必经之路。从国内看，当前中国已经迈入高质量发展阶段，但是，发展不平衡和不充分的问题仍然突出，在发展进程中还存在非常明显的短板。因此，以创新为引领在关键核心技术领域取得实质性突破则是必要前提，同时，这也是构筑能带动国内经济大循环动力机制之必然。更加值得关注的是，以创新为引领重塑经济发展新优势构建新发展格局，不仅是引导经济社会主体间关系由趋向"零和"关系转变为趋向"非零和"关系的经济前提，更是实现社会治理现代化的物质基础。

第二，应该改善收入和机会分配格局进而优化社会分层结构。

启动国内大循环在于促成供给侧与需求侧的动态平衡，因此，构建新发展格局并非仅仅指向产业结构调整，还关涉分配领域改革。立足宏观视域，目前中国依然存在着人群、区域和城乡之间收入差距问题，这是新时代社会主要矛盾的基本表现。另外，如果着眼微观，平抑贫富差距是拉抬内需的关键，拉抬内需又是启动国内大循环的必要前提。而要优化收入和财富分配格局，重点在于优化初次分配秩序和结构。国家统计局公布的相关数据显示，如果去除价格因素，2019 年全国居民人均可支配收入比上一年实际增加 5.8%。尤其值得一提的是，农村居民人均可支配收入为 14389元，相较上一年增加了 10.1%。[①] 当然，尽管 2020 年和 2021 年国民经济和城乡居民可支配收入的增长态势或多或少受到疫情的冲击，但是，不论制造业 PMI 还是非制造业商务活动指数都已经持续超周期高于荣枯线运行，这显示出中国经济基本面和城乡居民收入保持增长态势。但不容乐观的是，在我国的初次分配环节当中劳动要素占比偏低，而物质要素占比仍然偏高。在社会资源代际传承等负面因素的叠加影响下，这自然会加大以社会主群体

---

① 《中华人民共和国 2019 年国民经济和社会发展统计公报》，国家统计局网站，http://www.stats.gov.cn/xxgk/sjfb/tjgb2020/202006/t20200617_1768655.html。

弱势化为基本特征的贫富分化烈度，并事实上抑制了机会分配的正义性。因此，要进一步改革和完善我国现行收入分配格局中的初次分配，关键在保证劳动性报酬在初次分配中所占比重的基础上，着力提高技术、管理和信息等有利于实现经济创新驱动转型的要素在初次分配中的比重。

第三，以新发展理念为指引优化营商环境并理顺政商关系。

探索构建新发展格局背景下经济政策和社会政策集群微观耦合路径，以新发展理念为引导优化内外营商环境，理顺政商关系，进而激发经济社会主体的创新动力，应从以下路径入手。（1）以"开放"和"共赢"理念为指引营造国际营商环境。就政策存续力和有效性而言，营造优质国际营商环境的关键有三点：搭趁"一带一路"合作倡议顺利实施的时机，并凭借 RCEP 和中欧投资协议等新平台，继续推进优化涉外营商环境立法工作，保证新发展格局中"外循环"健康平稳可持续；健全科技创新孵化扶持激励机制和平台，在筑牢我国超高压电、核废料再利用和 5G 网络等领域技术优势的基础上，尽快实现关键核心技术领域的实质性突破，不断强化中国经济发展的"正外部性"[1]；妥善处理国内与涉外法治关系，保障国内与涉外法律及相关政策的存续力和一致性，以"开放"和"共赢"理念营造国际营商环境，并更好地维护和实现国家安全、主权与发展利益的有机统一。（2）以"创新"和"绿色"理念为引领优化国内营商环境。建立健全社会信用体系，着力推进重要产品溯源机制建设，完善以信用为基本前提的新型监管机制体制；在《优化营商环境条例》、民法典和反垄断法等引导下，形成制度与政策的合力，在发挥市场机制的基础上，以"创新"和"绿色"为目标引导社会资本投资走向。（3）以"共享"和"协调"理念为导向理顺政商关系。以"共享"理念为导向理顺政商关系，关键在于坚持"以人民为中心"，借鉴推广"枫桥经验"夯实社会主义协商民主机制；以"协调"理念为导向理顺政商关系[2]，关键在于转变政府职

---

①　Masoud Seddighin et al. , "Maximin Share Guarantee for Goods with Positive Externalities," *Social Choice and Welfare* 8（2020）.

②　廖福崇：《审批制度改革优化了城市营商环境吗？——基于民营企业家"忙里又忙外"的实证分析》，《公共管理学报》2020 年第 1 期。

能，协调"政府与市场"和"政府与社会"的关系——根本在于从机制体制上防范公权力暗箱操作，切实维护自由竞争市场秩序。以"共享"和"协调"理念为导向理顺政商关系就会形成良性的制度和政策势能效应，这是优化营商环境之根本，有利于新发展格局的形成，也有利于促进其与社会治理现代化多重耦合机制的稳健运行。综上所述，新发展格局背景下"发展"的旨归，在于以扩大内需为战略基点，切实推进全民共同富裕取得实质进展，同时，这也是经济社会高质量发展的本义；"两个一百年"历史交汇期境遇中"安全"的根本，在于维护基于经济安全基础之上的政治安全，坚持新时代中国特色社会主义经济社会发展道路，锚定社会主义本质这一前进的主航向。因此，探索构建新发展格局背景下优化经济政策与社会政策集群耦合机制，恰是对"安全"与"发展"辩证关系的现实观照，更是开启全面建设社会主义现代化国家的题中本义。

第三节　新发展格局背景下优化经济与社会政策集群耦合机制的新增长点

如果说优化经济与社会政策集群耦合机制，是新发展格局背景下推进实现社会治理现代化的基本路径，那么，新发展格局背景下优化经济与社会政策集群耦合机制的新增长点，则是积极应对经济新旧动能转化中面临的内生型挑战，以新发展理念为指引优化营商环境并理顺政商关系。不论是从当前各项统计数据来看，还是从新旧动能转换进程中不断优化升级的经济结构来看，我国经济运行总体状况依然保持着"总体平稳，稳中有进"的积极态势。然而，在国际环境负面效应增长的宏观背景下，人口红利渐行消退、消费升级趋向放缓、投资效能扩容不足、社会分层优化动力缺失等诸多我国经济新旧动能转化中面临的内生型挑战构成了阻碍新旧动能转换首要负面因素。本节将在深入分析我国经济新旧动能转化中面临的内生型挑战构成因素的基础上，阐释积极应对我国经济新旧动能转化中风险挑战的新理念，并着重在推动建设完善有利于新旧动能转换的多重耦合机制方面提出相关政策建议。

一　明辨当前供给侧内生型风险

党的十九大报告提出，"我国经济已由高速增长阶段转向高质量发展阶段，正处在转变发展方式、优化经济结构、转换增长动力的攻关期，建设现代化经济体系是跨越关口的迫切要求和我国发展的战略目标"。① 从各个主要经济运行指标来看，当前我国经济总体积极平稳运行。然而，正所谓"打铁还需自身硬"，在国际环境负面效应增长的背景下，人口红利渐行消退、消费升级趋向放缓、投资效能扩容不足、社会分层优化动力缺失等诸多内生型风险构成了阻碍新旧动能转换首要挑战。因此，在新发展理念主导下，推动建设和完善有利于新旧动能转换的多主体耦合机制，不仅有助于确保和增强我国经济发展的"正外部性"（Positive Externality），也有益于增强中国经济抵御内外部风险挑战的韧性。

（一）当前我国经济发展依然彰显正外部性

在国际上单边主义和保护主义不断抬头的环境下，第一，我国创新指数不断攀升；第二，我国营商环境不断改善；第三，我国 PMI 长时间处于荣枯线以上运行。这些都足以说明，当前我国经济发展依然彰显正外部性。

1. 国家经济发展正外部性的基本内涵及重要意义

国家经济发展外部性，又被称为国家经济的溢出效应、外部影响或外部效应，是指一国经济运行状况引发外部经济主体受益或受损的情况。依据经济溢出效应性质划分，可以将经济外部性分为"正外部性"与负外部性（Negative Externality）。

而国家经济发展的正外部性，其意指经济主体（主权国家）的经济发展不仅使本国受益，也吸引他国与其合作并令他国受益的状况。如图 6－2 所示，在现代经济社会发展特点视域下，国家经济发展的正外部性，也可以直接理解为一国以其经济发展自身创新力为核心而衍生的对外竞争力、影响力和吸引力。

---

① 吕守军、代政：《新时代高质量发展的理论意蕴及实现路径》，《经济纵横》2019 年第 3 期，第 16 页。

在当前内外部经济环境复杂多变的特殊背景下，彰显我国经济发展的正外部性意义重大：第一，有益于在外部环境负面效应明显的国际环境中，凸显中国经济的韧性和中国特色社会主义市场经济体制的优越性；第二，彰显我国经济发展的正外部性，既是"六稳"工作成效的直观体现，也有益于"六稳"工作的进一步顺利实施；第三，有益于实现新旧动能转换和深化供给侧结构性改革；第四，有益于推进我国经济高质量发展目标的早日实现；第五，有益于构建以国内大循环为主体、国内国际双循环相互促进的新发展格局；第六，为推进实现新发展阶段社会治理现代化夯实经济基础。

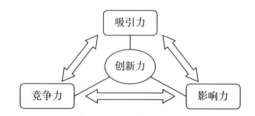

图 6 - 2　现代经济视域国家经济发展正外部性结构

2. 我国创新指数不断攀升为经济发展正外部性激发动力

近年来，我国创新指数的不断攀升，正为展现我国经济发展正外部性源源不断地激发动力。如图 6 - 2 所示，现代经济视域下国家经济发展正外部性是以"创新力"为核心和原动力的，而新旧动能转换绝非是单纯的经济结构的转型，其是关涉发展理念革新，涵盖三大产业协同融合调整的从整体上而言的经济社会发展模式的革新迭代。"创新、协调、绿色、开放、共享的新发展理念，是党的十八大以来以习近平同志为核心的党中央在总结国内外发展经验教训、分析国内外发展大势的基础上提出的"[1]，其中，"创新"是引领经济社会发展的原动力，居于国家发展全局的核心位置，同时，也是实现新旧动能转换的决定性要素。2018 年中国创新指数（以 2005 年为 100）高达 212.0，这是该数据首次突破 200，比上一年增长 8.6%，与 2005 年相比，已经实现翻番。[2] 另外，世界知识产权组织（WIPO）2019 年 7 月 24 日发布

---

① 牛先锋：《五大发展理念的认识问题与落实建议》，《前线》2017 年第 7 期，第 41 页。

② 《2018 年中国创新指数为 212.0 科技创新能力再上新台阶》，国家统计局网站，http://www.stats.gov.cn/tjsj/zxfb/201910/t20191024_1704985.html。

的《2019 年全球创新指数报告》（以下简称《报告》）显示，在全球创新指数排名榜单中，我国的排名比上一年又提升了 3 个位次，由 2018 年的全球第 17 位升至全球第 14 位。WIPO 的《报告》还显示，当前我国已有 18 个技术集跻身全球科技集群百强行列，另外，中国在全球所有中等收入经济体中已经连续 7 年居于创新质量首位。[①] 另世界知识产权组织最新发布的《2021 年全球创新指数报告》显示，中国排名已经升至全球第 12 位，相较 2020 年上升 2 位。[②] 这充分说明，当前我国创新指数在不断攀升，更加令人可喜的是经济发展的正外部性往往与创新指数成正比。

3. 我国营商环境不断改善为经济发展正外部性提供保障

在"六稳"工作持续推进的基础上，尤其是在一段时间以来行之有效的减税降费和"放管服"一系列改革举措的综合因素作用下，国内营商环境明显改善。另外，在国际上单边主义和保护主义不断抬头的背景下，我国外部营商环境也越来越得到外界认可。自改革开放以来，尤其是近些年以来，随着经济社会的持续发展和社会主义市场经济体制的不断完善，我国的对外营商环境也得以明显提升。特别值得关注的是，十三届全国人大二次会议表决通过的《中华人民共和国外商投资法》，堪称我国对外营商环境明显提升的里程碑式标识。这项旨在简化外商投资设立、保护与经营的程序法，其最终的目的在于给予外商投资以"准入前国民待遇"，并将其常态化和制度化。对此，国际社会普遍认为，中国希望通过此项立法减少以往对外商投资的部分限制性举措，这十分有益于培育和树立更富吸引力的良性营商环境。[③] 尽管这项程序法的立法与实施之间具有一定时间差，但是，在综合因素的共同作用之下，中国宏观营商环境的认可度已经提前凸显。"经济与合作发展组织发布的最新数据显示，2019 年上半年全球外国直接投资较 2018 年下半年下降了 20%。其中，流入美国的外国直接投

---

① 《全球创新指数 中国排名再升》，《人民日报》2019 年 7 月 26 日，第 2 版。
② 张亚雄：《我国在全球创新指数排名中稳步上升》，《光明日报》2022 年 4 月 23 日，第 6 版。
③ 《美媒：美欧商界称外商投资法"令人鼓舞"》，参考消息网，http://column. cankaoxiaoxi. com/2019/1024/2393729. shtml。

资下降超过 25%，但流入中国的外国直接投资却增加了 5%。"① 这一数值的此消彼长足以说明，中美两国的宏观营商环境的表现已经大相径庭。世界银行于 2019 年 10 月 24 日发布的《全球营商环境报告 2020》（以下简称《报告》）显示，我国营商环境指数排名已经跃居全球第 31 位，这一排名比上一年整整提升 15 位。② 这就是说，根据世界银行的《报告》，可以确认的是，我国已经被世行连续两年评定为全球营商环境改善幅度最高的十大经济体之一。据悉，该报告"采信了京沪等地以及有关部门在办理建筑许可、保护中小投资者、办理破产、跨境贸易、获得电力、纳税、开办企业、执行合同、登记财产等 9 个指标领域的 36 项新增改革政策"，这足以证明世行最新公布的《报告》极具采信度和说服力。③ 以上种种已经充分证明，在外部经贸环境消极因素增多的环境下，中国经济依然坚持和扩大对外开放的既定方向，随着"一带一路"合作倡议的顺利推进，中国经济发展的正外部性日益彰显，同时，我国宏观外部营商环境也得到明显提升和广泛认可。更加令人振奋的是，经过 6 个月的调整，制造业 PMI 指数于 2019 年 11 月重返上升区间。非常值得玩味的是在这个时间点上，美国对华进口产品征税覆盖率和额度都已经居于饱和状态。此外，令人感到颇具戏剧效应的是，当地时间 2022 年 4 月 25 日美国白宫新闻秘书普萨基公开承认，上一届美国政府对华商品征收的关税，事实上提高了美国人的生活成本。④ 可以毫不夸张地说，美国公开承认对华贸易战失败及其不降反升的对华贸易逆差，都从侧面佐证着两个基本事实：一是中国制造业的强大生命力和韧性，二是制造业 PMI 重返上升区间为我国经济发展正外部性汇聚信心。当然，尽管我国经济运行总体稳健，"六稳"工作扎实推进并取

① 《外交部就经合组织发布 2019 年上半年全球外国直接投资数据等答问》，中国政府网，ht-tp：//www. gov. cn/xinwen/2019 – 10/30/content_5446886. htm。

② 《经济观察：全球排名再提 15 位 在华做生意越来越容易》，中国新闻网，http：//www. chi-nanews. com/cj/2019/10 – 24/8988147. shtml。

③ 《京沪 9 个指标领域 36 项新增政策获〈全球营商环境报告〉采信》，中国政府网，http：//www. gov. cn/xinwen/2019 – 10/25/content_5444869. htm。

④ 《白宫承认失败 但都怪上届政府》，新浪网，https：//news. sina. com. cn/c/2022 – 04 – 26/doc-imcwiwst4108295. shtml#/。

得阶段性实效，但是，不得不承认的是我国经济新旧动能转化进程中依然面临着诸多风险挑战。其中，除了世界经济增长乏力、国际贸易环境被破坏、外部金融输入型冲击、大宗货物输入型通胀和高科技产业产品被围堵等外生型风险之外，我国经济新旧动能转换面临的最大挑战依然是内生型风险。

（二）我国经济新旧动能转换中面临的供给侧内生型风险

不论是依据经济学经典理论背书，还是对于现代经济发展实证分析，促进供给侧与需求侧动态平衡都是推动经济持续健康发展的必由之路。当前我国经济新旧动能转换进程中面临的内生型风险，分为供给侧与需求侧两端。其中，内生型需求侧风险有三：消费升级对供给侧提出更高要求；人口结构老龄化成为创新驱动的抑制因素；"M形消费"结构抑制新旧动能转换。内生型供给侧风险有三：一是制造业"创新双螺旋"内部结构性矛盾；二是金融服务实体经济能力和防范化解系统性风险能力有待加强；三是通胀幅度扩大激增新旧动能转换的消费力支撑抵消风险。以上提到的我国经济新旧动能转换所面临的外生型风险多属于需求侧，又因为当前我国经济新常态中结构性问题主要在供给侧，所以，供给侧内生型风险才是当前我国新旧动能转换进程中的首要风险挑战。

1. 整体消费升级对供给侧提出更高要求

伴随我国城乡居民收入和消费力的不断提高，以及城乡和地区之间居民收入差距的逐渐缩小，消费总体升级对供给侧提出更高要求和挑战。1949～2018年，我国居民人均可支配收入增长566.6倍，居民人均消费支出增长224.1倍。即使刨除一切价格因素，实际增幅也分别高达59.2倍和28.5倍。另外，2018年我国人均城乡居民可支配收入倍差仅为2.69，比1956年和2012年分别下降了0.64和0.19，这足以证明，我国城乡居民收入在总体快速增长的同时，城乡及地区之间的居民收入差距也在不断缩小。[①] 城乡居民收入和消费力的不断提高，以及城乡和地区之间居民收

---

① 《人民生活实现历史性跨越 阔步迈向全面小康——新中国成立70周年经济社会发展成就系列报告之十四》，国家统计局网站，http://www.stats.gov.cn/ztjc/zthd/bwcxljsm/70znxc/201908/t20190809_1690097.html。

入差距的逐渐缩小，这就等于是说，在国民经济运行天平中"需求侧"（即"消费侧"）托盘中的"砝码"在不断增加。在这种情势下，如要实现供需动态平衡，势必对于国民经济"供给侧"提出更高要求与挑战。

2. 人口结构老龄化成为创新驱动的抑制性因素

近年来我国人口结构的逐渐老龄化，已经构成了对于创新驱动的抑制性因素。新中国成立以来，我国人口再生产的类型经历了两次转变。新中国成立初期，我国的人口再生产归属于"高出生率、低死亡率、高自然增长率"这种传统类型。随着经济社会的不断发展，与发达国家相似，我国人口再生产也迈入了"低出生率、低死亡率、低自然增长率"的发展阶段。我国人口再生产类型的转变，一方面昭示着人民群众健康水平的普遍提高，另一方面也是人口结构老龄化的佐证。进入 21 世纪以来，我国人口老龄化程度不断加剧，2000 年，我国 65 岁及以上人口比重仅为 7%，而2018 年这一比重已经高达 11.9%。① 而 2020 年，大陆地区 60 岁及以上的老年人口总量为 2.64 亿人，已占到总人口的 18.7%。② 人口结构的老龄化问题，不仅加重对基本公共服务与社会保障的供给压力，而且，逐渐抵消了"人口红利"的正效应，进而形成了对于社会主体活力、创新驱动力与潜在经济增长力的消极影响，成为新旧动能转换面临的重要的内生型风险之一。

3. "M 形消费"结构抑制新旧动能转换

持续多年的地产经济路径依赖和经济高杠杆运行后续负面影响众多，其后果之一就是无论未来房价涨跌，都会分化中等收入群体的消费力，形成抑制新旧动能转换的"M 形消费"结构。高端消费倾向表明多数高端消费群体对国内供给侧满意度不足，而低端消费倾向又反过来说明多数消费者的需求有效性不足——这种结构性矛盾构成了当前我国新旧动能转换进程中最主要的内生型风险之一。

---

① 《人口总量平稳增长 人口素质显著提升——新中国成立 70 周年经济社会发展成就系列报告之二十》，国家统计局网站，http://www.stats.gov.cn/tjsj/zxfb/201908/t20190822_1692898.html。

② 《新时代高质量发展的人口机遇和挑战——第七次全国人口普查公报解读》，国家统计局网站，http://www.stats.gov.cn/xxgk/jd/sjjd2020/202105/t20210512_1817342.html。

尽管当前我国消费形势与当年大前研一（Ohmae Kenichi）对当时日本消费模式的概括不尽相同，但是，我国消费领域"M 形消费"现象呈现显性特征。国内高端消费倾向表现最为明显的是家用车消费和出国消费两个方面。从 2019 年 1～5 月家庭乘用车销售排行情况来看，在作为家用车主要部分的轿车板块中，价格高出中国品牌的合资车长期占据榜首及榜单前列。这说明多数消费者对于中国品牌家用轿车供给侧认可度不高。再如，当前很多人已经热衷于出国消费奢侈品和生活必需品。其实，国民出国消费行为，不仅是国民消费力提高的表现，也是基于国民对国内供给侧的一种否定认知。

"M 形消费"现象的另一方面，即低端消费倾向同样表现在家用车消费环节上。与近年新车销售持续低迷相反的是，随着多地二手车限迁政策的逐渐放开，二手车销售情势逆势增长。2018 年 1～12 月全国汽车销售量为 3582万余辆，其中二手车占比高达 38.58%，虽然国六落地新车销售明显下滑，但是二手车全年交易总量为 1382.19 万辆，销售同比增长 11.46%。[①] 近年来，二手车交易量在持续走高。仅 2021 年上半年，全国二手车交易量就已经高达 843.42 万辆，同比增长超过 52.9%。[②] 这种家用车低端消费倾向，一方面是汽车消费者理性化的直观表现，但是，另一方面这也足以表明多数消费者家用车消费需求有效性不足。由此可见，供给侧改革与需求侧结构优化建立有效耦合机制，才能更好应对风险挑战，有效地推动新旧动能的转换进程。

4. 制造业"创新双螺旋"内部结构性矛盾

制造业"创新双螺旋"内部结构性矛盾，即实体制造业转型升级与自主创新体系建设进程中短期内难以逾越的机制体制障碍。当前，制造业"创新双螺旋"内部结构性矛盾，构成当前新旧动能转化中面临的首要供给侧内生型风险之一。

如果熊彼特的"创新理论"对于现代工业社会经济的革命性发展进步的

---

① 《2018 年二手车交易同比增长 11.46%》，中华人民共和国商务部网站，http://www.mof-com.gov.cn/article/jiguanzx/201901/20190102828185.shtml。

② 《2021 年二手车交易持续活跃 政策制约将进一步破除》，搜狐网，https://www.sohu.com/na/477338828_129654。

内在逻辑具有一定理论说服力的话，那么，我们可以认为，所谓创新就是旨在推动经济突破性发展的"生产要素的全新组合"。由熊彼特这种创新理论衍生而来的"创新双螺旋理论"，在此基础上进一步深化了对于"创新"的认知与理解层次。他们认为，推动经济发展革命性进步的"创新"要素内部呈现由"技术研发型进步"和"技术应用型创新"共同构成的"双螺旋结构"。这就是说，科技创新和科技应用的有机结合，才是对现代工业社会经济发展具有正向推动作用的原动力。然而，熊彼特所提出的那种教科书式的经济发展模式并不一定能与经济社会发展现实一一对应起来。

目前阶段，在非制造业发展情势基本平稳的总体态势下，我国经济新旧动能转换进程中的经济下行压力主要来自实体制造业部门技术转型升级中罹遭的一系列机制体制障碍。其表现有二：一是制造业技术创新与技术应用耦合机制欠缺；二是制造业技术创新与技术应用效应发挥存在时空差。当然，这仅仅是制造业"创新双螺旋"内部结构性矛盾的直观表现，其肇因则是经济社会主体（企业）尤其是中小型民营企业技术创新动力和后续力不足。而导致企业尤其是中小型民营企业技术创新动力和后续力不足的深层原因，主要在于有益于创新的融资环境有待完善，与此相关制度与政策耦合度有待提升。

5. 金融服务实体经济能力有待优化

鉴于金融与国民经济运行的关联度，当前经济新旧动能转换进程中可能面临的系统性风险主要集中于金融领域。而金融领域诸多风险中最大的风险乃是金融服务旨向"脱实向虚"。因此，确保和不断提升金融服务实体经济能力，是防范化解系统性风险的关键所在。如前所述，因为我国经济新旧动能转换进程中的经济下行压力主要来自实体制造业部门技术转型升级中罹遭的机制体制障碍，所以，提升相关制度与政策耦合度以营造有益于创新的融资环境成为防范化解风险的必要条件。就当前形势而言，营造有益于创新的融资环境的重心，在于围绕"回归本源"为核心原则，保障银行融资的同时拓宽和引导社会融资渠道归旨于优化提升金融服务实体经济能力和防范化解系统性风险能力。因为社会融资不但可以弥补银行融资渠道拥堵和资金量有限等诸多不足，十分有益于全社会融投资水平和资金利用率的提升，更为拉动实体经济增长增添助力，所以，社会融资成为实体经济融资的重要补充途径。正是因为如此，目前"社会融资规模存量"已经与 PMI 一道成为衡量实体经济活跃度和发展趋势的显性指标之一。其中，"社会融资规模存量"指的是一定周期末（月、季或年）实体经济从金融体系所获资金余额。截至 2019 年 11 月末，据央行初步统计，我国社会融资规模存量达到 221.28 万亿元，同比增长 10.7%；其中，指向实体经济的人民币贷款余额是 150.5 万亿元，同比增长 12.5%；指向实体经济的外币贷款余额是 2.15 万亿元（折合人民币），同比降低 6.9%；信托贷款同比降低 3.7%；委托贷款同比降低 8.2%；未贴现银行承兑汇票同比降幅则高达 12.6%。[①] 另外，截至 2021 年 11 月末，"社会融资规模存量为 311.9 万亿元，同比增长 10.1%。其中，对实体经济发放的人民币贷款余额为 190.5 万亿元，同比增长 11.8%；对实体经济发放的外币贷款折合人民币余额为 2.3 万亿元，同比增长 3.7%；委托贷款余额为 10.92 万亿元，同比下降 1.8%；信托贷款余额为 4.81 万亿元，同比下降 29.3%；未贴现的银行承兑汇票余额为 3.16 万亿元，同比下降 15.3%；企业债券余额为 29.72 万亿元，同比增长 7.7%；政府债券余额为 51.9 万亿元，同比增长 14.4%；非金融企业境内股票余额为 9.28 万亿元，同比增长 14%"。[②] 通过以上统计数据可知，虽然我国社会融资对于实体制造业的指向性已经显现，但是，融资渠道仅限于人民币贷款单一形式，其他形式融资渠道情势明显走低。另外，民营企业尤其是作为新旧动能转换主体之一中小型民营企业融资难的痼疾依然存在。这些都足以说明金融服务实体经济的融资合力尚未成熟。

二 促进政策集群耦合积极应对经济新旧动能转换中的风险挑战

如要防范化解内外部风险挑战助推新旧动能转换深化供给侧结构性改革，除了培育经济新动能，以及营造与激发利于新旧动能转换的动力机

---

① 《2019 年 11 月社会融资规模存量统计数据报告》，中国人民银行网站，http://www.pbc.gov.cn/goutongjiaoliu/113456/113469/3936088/index.htm。

② 《2021 年 11 月社会融资规模存量统计数据报告》，中国人民银行网站，http://www.pbc.gov.cn/goutongjiaoliu/113456/113469/4410543/index.html。

制、激励机制和保障机制之外，更为要紧的是，构建与提升利于新旧动能转换的理念、制度、政策与主体耦合机制。

（一）构建与提升有利于新旧动能转换的政策理念与实践耦合机制

构建与提升利于新旧动能转换的政策理念耦合机制的关键，在于避免机械化理解党的十八届五中全会提出的"创新、协调、绿色、开放、共享"五大发展理念。其中，"协调"不仅是发展的手段，也是发展的目标，更是衡量发展水平的标准与尺度[1]，从这个角度而言，厘清新发展理念内在关联度就是构建与提升利于新旧动能转换的理念耦合机制的前提。归结起来，所谓"新发展理念"是从五个维度对于促成新时代经济社会持续健康发展和实现新旧动能转换提供的不同解释路径。如要构建与提升利于新旧动能转换的政策理念耦合机制，必须凝练新发展理念的核心要义——其中，"创新"是引领发展的第一动力，也是新旧动能转换的本旨，将创新放在新发展理念的 C 位，是因为创新不仅是决定发展动力、速度、效能和可持续性的首要因素，也是引领新旧动能转换和促进经济发展的第一原动力；而"共享"则是发展的出发点和落脚点——实现共享发展，至少衍生三大利好效能：首先，保证经济社会发展的社会主义属性不变；其次，为深化供给侧结构性改革和实现新旧动能转换提供必要稳妥的消费侧支撑；最后，有利于促成经济社会主体由传统的"零和"关系向"非零和"关系转化，这不仅是实现供给侧与消费侧动态平衡的必要条件，也是优化社会分层和"以人民为中心推进社会治理现代化"[2] 的必然选择。

（二）构建与提升有利于新旧动能转换的制度与政策耦合机制

促进新旧动能转换，除了要不断强化相关政策的逆周期调节功能，即"继续实施积极的财政政策和稳健的货币政策"[3]，还必须在整体层面上构建与提升制度与政策耦合机制，这是预防化解内外部风险挑战推进供给侧

---

① 《习近平这样阐释新发展理念》，新华网，http://www.xinhuanet.com//politics/xxjxs/2019 - 10/24/c_1125144509.htm。

② 《新华网评：以人民为中心推进社会治理现代化》，新华网，http://www.xinhuanet.com/comments/2019 - 01/18/c_1124011527.htm。

③ 程勤主编《经济关键词：读懂新时代中国经济》，东方出版社，2019，第 33 页。

结构性改革和实现新旧动能转换的关键所在。

依据以加尔布雷思（John Kenneth Galbraith）和科斯（Ronald H. Coase）等人为主要代表的新制度经济学（New Institutional Economics）的这一西方主流经济学派基本观点来看，制度建设因其具有的全局性、根本性、稳定性特点，其对于经济社会发展的指引作用更具规范化、常态化和长效化特性。也正是因为如此，新制度主义学派将制度因素列为自己理论研究和实践分析的首要对象因素。实际上，公共政策也具有对于经济社会生活的导向功能、分配功能和调控功能，而且，这一系列功能在其内蕴合法性的前提下发挥作用，并兼具超前性、集成性、层次性、多样性、灵活性和即时性等其他特性。因此，构建与提升有利于新旧动能转换的制度与政策耦合机制，才可能促成制度与政策正向叠加作用边际效应最大化和帕累托最优，以便更高效地推进供给侧结构性改革和实现我国经济高质量发展。

依据当前经济发展形势和最近几次中央经济工作会议部署，尤其根据党的十九届四中、五中和六中全会会议精神来看，当前和今后一段时期如若构建与提升利于新旧动能转换的制度与政策耦合机制，在宏观和微观视域至少应该牢牢把握如下几点。首先，构建与提升利于新旧动能转换的制度与政策耦合机制，在宏观视域应该把握这样几个要点：（1）坚持建设中国特色社会主义法治体系，积极推进公共政策科学化、民主化和法治化进程，为中国特色社会主义市场经济提供完备的体制机制保障，保证维护有益于新旧动能转换的合理有序的竞争机制；（2）制度并非与政策直接相连，制度与政策的耦合机制是通过政策全程参与其中的与制度相关的体制机制建立、运行、完善与改革等一系列过程来确立的；（3）贯彻落实党的十八届三中全会精神，全面深化改革处理好政府与市场的关系，保证和加大政府"放管服"改革力度和持续度的同时，释放经济社会主体创新活力和积极性；（4）根据党的十九届四中全会和中央全面深化改革委员会第十一次会议要求，牢牢把握和突出通过坚持和完善中国特色社会主义制度推进国家治理现代化这一全面深化改革的"主轴"，和制度建设这一全面深化改革的"主线"；（5）遵循制度建设以及公共政策决策与执行过程的基本运行规律，在保障制度与相关政策的科学性合法性的前提下确保和提升其执行力，并不断扩大制度的稳定性与政策的灵活性的耦合区间；（6）构建与提升利于新旧动能转换的制度与政策耦合机制的关键点在于促进两组关系的结构协调和动态平衡，一是促进经济发展与社会建设的结构协调，二是促进供给侧与消费侧的动态平衡。另外，依据当前经济发展形势来看，构建与提升利于新旧动能转换的制度与政策的微观耦合机制已经迫在眉睫。从微观视域来看，构建与提升利于新旧动能转换的制度与政策的耦合机制有三个要点：一是通过制度建设和政策集成，避免经济基本面"脱实向虚"；二是通过制度建设和政策集成，激发市场主体创新活力；三是通过制度建设和政策集成，保障和重点扶持非公经济企业积极融入"双创"。具体而言，应该把握这样如下要点：（1）坚持"房住不炒"的定位并将这一定位制度化，是建立防范经济基本面脱实向虚风险保障机制的基础和前提；（2）仍需保证房地产相关政策的属地性、适时性与调控性，以确保经济总体运行平稳[①]；（3）推进国家税收制度和相关机制体制改革，从源头逐渐打破地方政府对于土地财政的路径依赖；（4）推进金融制度和相关机制体制改革，提升金融服务实体经济能力，并出台一系列相关配套政策，一是为了防范化解金融风险，二是为供给侧结构性改革和经济新旧动能转换提供金融扶持，三是为避免经济脱实向虚提供保障机制；（5）秉持"共享"发展理念并将其融入实体制度建设和政策实施环节，在加快持有环节征税的房产税立法化进度的同时，着力推动住房"租售同权"立法进程，建立健全相对稳定又符合市场规律的住房租期与租金等方面的制度体系，以"共享"发展理念为指引，出台并集成各项配套政策，保障和逐渐落实租房居民与买房居民在基本公共服务面前享有平等的公民待遇，为"双创"的供给端和消费端减负降压，以确保为"房住不炒"提供机制保障；（6）秉持"开放"发展理念并将其融入实体制度建设和政策实施环节，在坚持"放管服"和减税降费总基调的基础上，不断改善对内对外营商环境，以利于促进中国经济增长动力向创新转型，与此同时，持续保障

---

① 夏丹：《2019 年房地产市场展望：政策调控或结构化边际松动》，新华网，http://www.xinhuanet.com/fortune/2019－01/05/c_1123950069.htm。

并提升中国经济的正外部性；（7）秉持"协调"发展理念并将其融入实体制度建设和政策实施环节，处理好二、三产业与农业供给侧结构性改革的关系，保证对于非公经济企业和农业的优惠政策扶持力度，最大限度激发经济增长新动能；（8）秉持"创新"和"绿色"发展理念并将其融入实体制度建设和政策实施环节，鼓励倾向于绿色技术创新研发投资，着力"加快建立健全能够充分反映市场供求和资源稀缺程度、体现生态价值和环境损害成本的资源环境价格机制，完善有利于绿色发展的价格政策，将生态环境成本纳入经济运行成本，撬动更多社会资本进入生态环境保护领域，促进资源节约、生态环境保护和污染防治，推动形成绿色发展空间格局、产业结构、生产方式和生活方式，不断满足人民群众日益增长的优美生态环境需要"。[①] 即以创新理念为引领，实现"创新驱动"与"绿色发展"战略的有机融合，敢于和善于在科技领域激烈的国际竞争中下"先手棋"。

（三）构建与提升有利于新旧动能转换的主体耦合机制

不论是从市场供给角度来看，还是从市场结构的视域来看，新旧动能转换阵痛期对于市场主体尤其是对于非公经济市场主体的动力机制必然构成巨大压力和挑战。由此可知，集成多种积极因素共同构建与提升利于新旧动能转换的主体耦合机制尤为必要。

毕竟新旧动能转换的主体并不是政府，而是作为市场主体的企业。因而，在新旧动能转换过程中，与传统产业相伴而生的旧业态旧模式必将无可避免地遭遇巨大冲击甚或彻底淘汰，这势必对于市场主体及时有效集成利用新技术新模式推动自身发展与市场对接的能力提出高于以往的要求与挑战。在这种情势下，一旦推动新旧动能转换的动力机制、激励机制、保障机制及其相关配套政策耦合不利，自然会大大抵消作为市场主体和新旧动能转换主体的企业的积极性主动性。从一定程度上而言，这是通常意义上的新旧动能转换的阵痛期必然结果。综合以上，构建利于新旧动能转换

[①] 《国家发展改革委关于创新和完善促进绿色发展价格机制的意见》，中国政府网，http://www.gov.cn/xinwen/2018 - 07/02/content_5302737.htm。

的主体耦合机制，其核心在于承认和尊重新旧动能转换各主体的主体间性，优化政府与市场主体的关系，而优化二者关系就是在优化利于新旧动能转换的营商环境。

正所谓"无恒产者无恒心"，如果没有科学合理有效制度化的产权和土地确权作为支撑，至少有两个后果：一是会致使第一和第二产业市场主体不成立；二是如果市场主体不确定，在这一前提下，潜在主体自然也没有推进技术革新和产业产品结构升级的能力与意愿。因此，如若构建与提升利于新旧动能转换的主体耦合机制，应该重点把握这样几个要点：（1）全面贯彻落实党的十八届三中全会通过的《中共中央关于全面深化改革若干重大问题的决定》，推进产权和土地确权工作，并保障其规范化、系统化、科学化、制度化①；（2）避免认识误区，新旧动能转换不仅局限于供给侧和城市，新技术新业态新模式应在三产业中协调发展，尤其需要关注的农业供给侧结构性改革和农业新旧动能转换的重要性紧迫性，积极推进乡村振兴战略顺利实施，实现供给侧和消费侧的动态平衡，最终迈向城乡融合发展路径；（3）坚持与完善我国社会主义基本经济制度，坚决做到"两个毫不动摇"②，尊重非公经济企业市场主体地位，并给予必要产权保护和各项利于其推进新旧动能转换的扶持性政策。这也就是说，应该在转变政府职能，处理好政府与市场的关系，在保证市场在资源配置中发挥决定性作用和引入合理竞争机制的前提下，厘清新旧动能转换主体，并着重抓住如下几个要点：首先，构建与提升利于新旧动能转换的政府与市场主体之间的耦合机制；其次，构建与提升利于新旧动能转换的制度主体之间的耦合机制；再次，构建与提升利于新旧动能转换的政策主体之间的耦合机制；复次，构建与提升利于新旧动能转换的新业态新技术新模式主体之间的耦合机制；最后，构建与提升利于新旧动能转换的供给主体与消费主体之间的耦合机制。

从新旧动能转换进程中不断优化升级的经济结构来看，我国经济运行

---

① 厉以宁：《改革开放以来的中国经济（1978～2018）》，中国大百科全书出版社，2018，第448～451页。

② 葛扬：《坚持"两个毫不动摇"是一条基本经验》，《求是》2018年第20期。

总体状况依然保持着"总体平稳，稳中有进"的积极态势。这在一定程度上足以说明在外部环境负面影响扩大的背景下，中国经济彰显着足够的韧性和潜力。然而，不容忽视的是在我国经济新旧动能转换中遭遇的外生型风险与内生型挑战的双重叠加作用之下，经济依然面临着前所未有的下行压力。基于以上分析，积极应对和有效化解内外风险挑战的行动路径依循四个向度：第一，营造与激发利于新旧动能转换的动力机制；第二，坚持与扩大利于新旧动能转换的激励机制；第三，建设与完善利于新旧动能转换的保障机制；第四，构建与提升利于新旧动能转换的耦合机制。尤其值得强调的是，探讨应对当前我国经济新旧动能转换中所面临风险挑战的理念与对策，还需要牢牢把握这样几个基本要点：首先，尽管当前我国新旧动能转换之际面临内外部风险挑战，但是，我们不应该机械地理解"危机"，所谓"危机"恰是内蕴"危"与"机"并存之意，内外部风险挑战也正是激发深化供给侧结构性改革和充分释放"改革红利"的外在压力和难得的机遇；其次，探讨应对当前我国经济新旧动能转换中所面临风险挑战的理念与对策，需要在强化相关制度建设和政策实施逆周期调节功能的同时，积极构建二者的耦合机制；最后，探讨应对当前我国经济新旧动能转换中所面临风险挑战的理念与对策的着力点，不仅在于贯彻新发展理念深化供给侧结构性改革，更在于在"以人民为中心的发展思想"引领促进市场机制与社会政策有机融合——恰如郑永年所言："经济领域的市场机制和社会领域的社会政策必须互相配合，平衡发展。如果不能正确理解经济改革和社会改革之间的关系，改革不但难以前行，而且会不断倒退，而倒退就是没有出路的"[①]——归根结底，以新旧动能转换为支撑的供给侧结构性改革是一项系统性改革，其不仅涵盖供给侧的新动能的培育与旧动能的升级，还关涉消费侧的消费力的保障与社会分层结构的优化。

三　厘定当前优化我国对外开放营商环境的丰富内涵与主体向度

新发展格局背景下优化我国对外开放营商环境，不仅是建设更高水平

---

① 郑永年：《大趋势：中国下一步》，东方出版社，2019，第 185 页。

开放型经济新体制的内在要求，是推动实现经济高质量发展的题中之义，还是疏通国内国际双循环的关键节点，更是新发展格局背景下优化经济与社会政策集群耦合机制的突破口和新增长点。现阶段，除了前文已经多次提及的疫情冲击之外，在推进对外开放营商环境建设中依然面临诸多挑战：全球对外投资净流入持续缩减对我国对外营商环境建设形成外在压力；境外金融风险输入的威胁；科技创新要素配置效率与知识产权保护力度急需提升。优化对外开放营商环境建设应从扩容增量优势为优化对外开放营商环境筑牢主体根基、强化存量优势为优化对外开放营商环境提供必要保障、激发多主体在优化对外开放营商环境建设中的协同作用和深入推进对外开放营商环境建设法治化进程等方面着力。

（一）当前优化对外开放营商环境的基本内涵

当前，我国加快建设开放型经济新体制，要求不断优化对外开放营商环境建设，从中央到地方相继推出一系列新举措，《中华人民共和国外商投资法》和《优化营商环境条例》于 2020 年的正式实施，标志着我国对外开放营商环境建设已纳入法治化轨道，优化营商环境进入新阶段。然而，不容忽视的是，新发展格局背景下在加快优化对外开放营商环境进程中仍面临一些重大挑战，积极应对防范化解风险，及时采取相应对策尤为必要。自 2002 年世界银行首次启动《全球营商环境报告》项目以来，"营商环境"这一概念逐渐被世人认知。虽然世界银行《全球营商环境报告》项目启动之初，其旨在对投资中小型企业进行考察，以评估在企业生命周期内适用政策和法规的合法性、合理性与可行性，但 21 世纪以来，随着国际经贸环境复杂多变，国际经贸往来方式已发生巨大变革，在国际经贸领域以往人们较为熟知的"投资环境"，已逐渐被"营商环境"这一提法所取代。对外开放营商环境建设分为宏观和微观两个分析维度：宏观视域的对外开放营商环境建设关涉利于对外开放和国际经贸合作的相关法规制度和政策的制定与实施，而微观视域的对外开放营商环境建设则关涉利于对外开放和国际经贸合作交往的相关政策法规的执行反馈与效果评估等。我们关注的集中于优化对外开放营商环境建设的宏观视域分析，并提出相应的优化政策耦合路径的对策建议。

（二）新发展格局背景下优化我国对外开放营商环境的重要意义

第一，新发展格局背景下优化我国对外开放营商环境是建设更高水平开放型经济新体制的内在要求。建设更高水平开放型经济新体制，需要营造更开放、自由、有序和更加稳定、公平、透明的对外开放营商环境。当今世界经济社会发展的原动力，在于激发市场主体的活力与创造力，而这在很大程度上受营商环境的影响——在新发展格局下，这种影响更为明显。尤其是随着国际经贸合作的持续深入，在新发展格局背景下切实优化对外开放营商环境，从我国实际出发，借鉴吸收国际有益经验，推进对外投资与贸易自由化、便利化和法治化进程，已经成为凸显和夯实我国经济竞争力与吸引力的基础条件。

第二，新发展格局背景下优化我国对外开放营商环境是推动实现经济社会高质量发展的题中之义。当前，我国建设更高水平开放型经济新体制，并在对外开放范围、领域和层次向更高水平迈进方面明确了发展目标。这就要求继续减少外商投资的负面清单，巩固和强化对于外商投资的保护与激励机制，并有效引导国内企业积极开拓多元化国际市场，推进对外贸易工作稳中求进和稳中提质。在此前提下，优化对外开放营商环境不仅是建设与完善中国特色社会主义市场经济体制的应有之义，也是在当前国际贸易领域保护主义抬头和"逆全球化"的大背景下，推动实现经济社会高质量发展的内在要求。

第三，新发展格局背景下优化我国对外开放营商环境，不仅是抓住并用好重要发展机遇期的必然选择，也是夯实经济基础推进实现国家和社会治理现代化的物质保障。改革开放40多年以来，我国经济社会发展取得巨大成就，社会稳定和经济发展的内外部环境决定我国对外开放迎来重要的发展机遇期。然而，在2008年国际金融危机后续负面影响并未完全消退、近年来国际贸易领域保护主义持续升温、突如其来的新冠肺炎疫情和动荡的国际局势等多种负面因素的影响下，世界经济的不确定性也在逐渐凸显。在此复杂形势下，当前及今后很长一段时期内如何继续抓住并用好重要发展机遇期，更多需要我们的主动作为，而优化对外开放营商环境恰是我们主动作为的首选项和主路径之一。

（三）新发展格局背景下优化我国对外开放营商环境建设的主体向度

第一，新发展格局背景下我国对外开放营商环境建设以"稳定公平透明"为主基调。早在 2017 年中央财经领导小组第十六次会议上，习近平总书记就曾强调，我们要不断"改善投资和市场环境，加快对外开放步伐，降低市场运行成本，营造稳定公平透明、可预期的营商环境"。① 由此可见，优化对外营商环境是新时代加快建设我国开放型经济新体制和推进经济持续健康发展的落脚点。而"稳定公平透明"恰是对外开放营商环境建设的主基调。

第二，新发展格局背景下我国对外开放营商环境建设以法治化为指引。新发展格局背景下我国对外开放营商环境建设的主基调是"稳定公平透明"，而实现这一目标的前提在于推动对外开放营商环境建设的法治化进程。因此，新发展格局背景下我国对外开放营商环境建设主体向度中的指引就是推进其法治化进程。《中华人民共和国外商投资法》和《优化营商环境条例》的颁布与实施，在新时代尤其是在新发展格局背景下对外开放营商环境建设法治化进程中无疑具有里程碑式的意义，这也等于是吹响了加快新发展格局背景下对外开放营商环境建设法治化进程的号角。

第三，新时代尤其是在新发展格局背景下我国对外开放营商环境建设以便捷化为主导。降低市场运行成本是新发展格局背景下我国对外开放营商环境建设的关键，而要降低市场运行成本，提升对外开放营商环境的便捷化程度是其主导方向。现阶段，不论是国内企业对外投资还是外商对内直接投资，更多关注的是信息化、高效化、便捷化和更具吸引力的营商环境，以及与此对应的政府公共服务能力。自党的十八届三中全会以来，我国基于市场发挥配置资源决定性作用的同时更好地发挥政府作用的基本原则，转变政府职能不断深化商事登记及相关制度改革和"放管服"改革，持续释放"减税降费"激励效应，企业投融资成本大幅降低。这说明我国对外开放营商环境的便捷化程度正在与日俱增。

第四，新时代尤其是新发展格局背景下我国对外开放营商环境建设以

---

① 《营造稳定公平透明的营商环境 加快建设开放型经济新体制》，《海南日报》2017 年 7 月 18 日，第 1 版。

重塑经济发展新优势为依托。新发展格局背景下我国优化对外开放营商环境的目的，是增加经济发展的正外部性和吸引力。当前，我国处于新旧动能转换的关键时期，经济社会发展原有的要素优势如不能升级为创新优势，经济社会发展的对外吸引力必将逐渐式微。创新驱动发展战略实施以来，创新作为引领经济社会发展的原动力，居于国家发展全局的首要位置，[①] 同时，也是彰显中国经济正外部性和优化对外开放营商环境的决定性要素。如果说新时代尤其是新发展格局背景下推进我国对外开放营商环境建设的要旨在于增强中国经济的对外吸引力，那么，以创新要素嵌入重塑经济竞争新优势就是新时代我国对外开放营商环境建设的核心要义和基本依托。从国家统计局《中国创新指数研究》课题组公布的中国创新指数（CII）看，2017 年我国 CII（以 2005 年为 100）为 196.2，这比上一年增长了 6.8%。2018 年 CII 则高达 212，这是该数据首次突破 200，这比 2017 年增长了 8.6%，与 2005 年相比已经实现翻番。[②] 另世界知识产权组织（WIPO）发布的"2019 年全球国际专利申请（PCT）排名"报告显示，2019 年我国以 58990 件专利申请总数超越美国的 57840 件专利申请总数，成为全球专利申请第一国。[③] 可见，中国已经跃升为世界科技创新的重要主体，有望改写全球创新格局。另外，截至 2020 年，我国创新指数增至 242.6[④]，这表明我国的创新指数一直保持着高速增长的基本态势。中国创新指数和 PCT 排名的攀升，得益于科技要素在我国经济发展中贡献率的大幅跃升，以及经济社会创新机制的不断完善。当前，新一轮科技革命带来全球竞争格局的重构。我国正处于以创新重塑发展新优势的关键期，提升科技要素贡献率和完善创新机制，是对外开放营商环境建设的核心诉求之一。

---

① 牛先锋：《五大发展理念的认识问题与落实建议》，《前线》2017 年第 7 期，第 41 页。

② 《2018 年中国创新指数为 212.0 科技创新能力再上新台阶》，国家统计局网站，http://www.stats.gov.cn/xxgk/sjfb/zxfb2020/201910/t20191024_1768132.html。

③ 《2019 年中国首次成为全球专利申请最大来源国》，中国日报网，https://cnews.chinadaily.com.cn/a/202004/08/WS5e8d4c33a310395ca8f745ba.html。

④ 《2020 年中国创新指数增长 6.4%》，国家统计局网站，http://www.stats.gov.cn/xxgk/sjfb/zxfb2020/202110/t20211029_1823964.html。

四 检视优化对外开放营商环境进程中面临的风险挑战

优化对外开放营商环境建设意义重大且势所必然，但是优化对外开放营商环境进程中面临的诸多外生和内生风险挑战也逐渐凸显。

(一) 全球对外投资净流入持续缩减对我国优化对外营商环境形成外在压力

近些年，全球对外投资净流入量总体缩减，激发各国对外营商环境竞争风险，这构成了当前我国优化对外开放营商环境进程中面临的首要风险挑战和不确定性。不论是从世界银行公布的数据来看，还是就现实情况而言，2008 年以来全球对外投资净流入持续缩减的走势并未改变。尤其是在国际贸易领域"去全球化"现象激增以来，全球对外投资走低的趋势越发显现。2020 年暴发的新冠肺炎疫情的全球蔓延，更加剧了这种颓势。从疫情之前的中长期统计数据来看，全球对外投资净流入持续缩减走势明显。从 2007～2018 年全球对外直接投资净流入情况来看，不论是总流入量走势，还是净流入量的 GDP 占比，都双双走低。其中，全球对外直接投资净流入量在 GDP 中的比例，2007 年为 5.471%，而 2018 年则仅为 0.896%。最近在新冠肺炎疫情和动荡的国际局势的共同影响下，全球经济走势越发不容乐观。早在疫情突袭而至之初的 2020 年，国际经济就已经开始显现衰退的迹象。其中，比较有标志性的是在 2020 年 3 月数日内美国三大股指连续暴跌并接连熔断事件。随着美国三大股指连续暴跌并接连熔断，美石油股和国际油价也呈现跌势。[①] 紧跟着，英、法、德等欧洲国家股市也大幅受挫，截至同年 3 月 16 日，全球逾 30 家股市陷入技术性熊市。尽管随后美联储超规模降息救市，但是随着美联储政策冗余度的极限压缩，仍有专家推测这很可能预示着全球经济即将跌入新一轮萧条与危机。这种宏观经济不稳定和总体走低的国际经济环境，不仅为保护主义提供了温床，还会对各国对外营商环境构成空前严峻挑战。在这种背景下，加上国际市场需

[①] 《超 2000 点！道指创 2008 年金融危机以来最大跌幅 加剧全球金融市场恐慌情绪》，新浪网，https://finance.sina.com.cn/roll/2020-03-10/doc-iimxyqvz9186845.shtml.

求萎缩，进一步扩大对外开放，优化对外开放营商环境的紧迫性和重要性就越发凸显。同时，其对于对外开放营商环境的层次要求相较以往也会更高，各国之间在优化对外开放营商环境方面的竞争将日趋加剧。事实证明，近年来许多新兴国家借助自身劳动力优势和不断优化其营商环境，致力于持续加大吸引外资力度，对我国扩容引资构成新挑战。① 2020 年是"十三五"规划的收官之年，也是完成"第一个百年"奋斗目标的关键一年，若要如期完成既定目标，整个"十三五"期间经济平均年增率不应低于 6.5%。然而，主要受新冠肺炎疫情影响，我国 2020 年第一季度经济下行压力激增，在此背景下，全球对外投资净流入持续缩减：一方面，将加剧各国营商环境之间竞争；另一方面，也构成优化我国对外营商环境的外在压力。在"十四五"时期乃至在新发展格局背景下，只有顶住压力、坚定信心，以更大力度优化对外开放营商环境，化危为机，才能应对疫情对经济带来的冲击，为经济社会高质量发展注入强劲动力。

（二）面临境外金融风险输入的挑战

新发展格局背景下优化对外开放营商环境的工作重点，在于放宽准入与国际规则对接、降低市场主体运行成本、政策透明与提升要素流动便捷度等。然而，在放宽准入与国际规则对接，以及为对外开放扩大领域、范围和提高层次的进程中，还需面临可能存在的境外金融风险输入威胁。自 2019 年以来，我国在前所未有的内外部双重风险挑战下，经济下行压力加大。虽然大数据分析和相关研究显示，我国金融体系基本安全，系统性金融风险发生概率较低且总体可控，但优化对外开放营商环境催发的对外开放维度的不断拓宽和金融科技的快速更新，无疑要求我们高度防控系统性金融风险的发生。美国、欧盟与日本等发达经济体的货币政策对我国金融市场稳定会形成不同程度冲击和威胁，这种威胁的表现之一就是发达经济体与我国的利差及其对人民币升值预期都可能导致超量跨境资本流入，进

---

① 霍建国：《打造国际化营商环境 推进高水平对外开放》，《中国发展观察》2019 年第 6 期，第 46 页。

而推高爆发系统性金融风险的可能性。① 另外，因为资本具有逐利性，所以，一旦在疏于金融监管的前提下跨境资本与国内资本过多向楼市股市等虚拟经济汇流，必然会对我国实体经济发展空间造成结构性挤压甚至从另一维度推高爆发系统性金融风险的可能。因此，在放宽准入与国际规则对接、扩大对外开放的进程中，防范他国货币政策对我国构成的冲击风险，着重强化针对跨境资本的全程监管，以及确保和不断提升金融服务实体经济能力，是新发展格局背景下优化对外开放营商环境建设关注的焦点之一。

（三）科技创新要素配置效率与知识产权保护力度急需提升

新发展格局背景下优化对外开放营商环境建设的要旨，在于营商环境的稳定性、公平度和透明性，而在新时代我国积极融入全球创新网络的宏观背景下，优化对外开放营商环境重心在于确保并提升科技创新要素配置效率与其获取的便捷化程度。现阶段，我国科技创新要素配置效率与其获取便捷度存在"三不足"：科技创新要素资源集聚效应不足；科技创新成果转化力不足；知识产权保护机制建设及实施不足。② 这些构成了当前优化我国对外开放营商环境进程的重大障碍性因素，当前，除了京沪深等几个国内一线城市已经基本显现了科技创新要素资源的集聚效应外，绝大多数城市和地区科技创新要素配置效率都较低，而知识产权保护不足则是更具有普遍性的问题。

五　促进政策集群耦合优化对外开放营商环境的对策建议

第一，扩容增量优势为优化对外开放营商环境筑牢根基。

推动经济社会高质量发展，需要依托存量优势和扩容增量优势，而增量优势就是激发以科技创新为引领的经济新动能。其具体实现路径，在于释放改革红利提升以"创新"要素为核心的全要素生产率，具体看：一是

① 乔木子、宋玉臣：《发达经济体货币政策对我国系统性金融风险的外部冲击效应研究》，《经济纵横》2018年第3期，第114页。
② 崔园园等：《对标顶级全球城市进一步优化上海营商环境》，《科学发展》2020年第2期，第48~50页。

在宏观层面摆脱关键核心技术受制于人，并强化包括超高压电技术和 5G 技术在内的原有优势领域全球领跑效应，进而以核心技术为依托提升全球产业链占位和布局；二是在微观层面上提升经济主体（企业）科技创新要素获取便捷度，推进立法、加大执法提高知识产权保护力度，完善和疏通科技创新成果转化机制，催生并不断扩大科技创新要素资源集聚效应，进而从根本改善和优化对外开放营商环境。

第二，强化存量优势为优化对外开放营商环境提供必要保障。

强化存量优势为优化对外开放营商环境建设提供必要保障，是积极防范和化解推进对外开放营商环境建设进程中可能输入的境外金融风险的有效路径。强化存量优势有效应对国外货币政策负面影响，优化金融服务实体经济和防范化解系统性金融风险能力，是持续推进更高水平对外开放的必然选择，同时，也是优化对外开放营商环境的必要保障。我国经济新旧动能转换进程中的经济下行压力主要来自制造业部门技术转型升级中的机制体制障碍，所以，提升相关制度与政策耦合度以营造有益于创新的融资环境成为防范化解风险的必要条件。就当前形势而言，营造有益于创新的投融资环境就是优化对外开放营商环境的重心。其核心在于在不断强化和优化金融监管的基础上，在继续放宽外资市场准入的指导原则下，围绕"回归本源"这一核心要旨，拓宽传统银行融资渠道的同时，引导和鼓励外资开展金融创新和服务本土实体经济，全面提升防范化解系统性风险的能力，并将其列入对外开放营商环境评价体系之中。

第三，发挥政府和市场主体在优化对外开放营商环境建设中的协同作用。

构建对外开放营商环境建设中多主体耦合机制，是培育优质市场和夯实经济竞争新优势的核心环节之一，其实现路径为：其一，深挖并发挥各地的区位优势与产业优势，切实有效推进自贸试验区的特色化建设；其二，围绕优化对外开放营商环境转变政府职能，创新和完善各级政府职能部门绩效评价体系，将优化对外开放营商环境建设纳入其中；其三，围绕优化对外开放营商环境激发市场活力，在深化"放管服"改革的同时，继续强化和激发减税降费政策效能，着力降低外向型中小企业的制度性成本和融资成本，这一点在疫情冲击凸显的当前，显得尤为重要和紧迫；其四，尽快建构多主体共同参与的对外开放营商环境评估与评价体系，尤其要在指标设置、数据采集、数据分析和评估评价机制实施等多个环节注重第三方的制度性嵌入，以保证和维护多主体利益，进而扩容并发挥对外开放营商环境建设的协同优势和整体效应。

第四，进一步推进优化对外开放营商环境的法治化进程。

改革开放以来，全国人大先后颁布实施了《中华人民共和国外资企业法》、《中华人民共和国中外合资经营企业法》和《中华人民共和国中外合作经营企业法》即"外资三法"。这说明，我国在外商投资领域曾长期采取"单独立法"和"双轨管理"的制度安排。随着我国改革开放的深入推进和经济社会的持续发展，原有"外资三法"已经难以适应建设更高水平开放型经济新体制的要求。近些年，以《中华人民共和国外商投资法》和《优化营商环境条例》的出台与实施为标志，我国对外开放营商环境建设已经正式迈入"制度主导型营商环境建设"新阶段。然而，当今国际经贸领域单边主义、保护主义和逆全球化暗流涌动，致使世界经济正经历深刻变化调整，我国对外开放面临的外部环境与条件也随之发生巨大变化。新出台的外商投资法在吸收总结我国此前相关领域法律法规制度已有经验的前提下，在复制并推广自贸试验区建设经验的基础上，以"内外一致"和"并轨管理"为原则，以"市场化、法治化与便利化"为旨向，对我国外商投资领域相关活动制定统一规范性准则，从而框定了新时代我国外商投资法律制度体系建设的基本架构。外商投资法的颁布与施行，是对我国外商投资管理制度的重大创新与完善，这不仅是在向国际社会彰显我国必将继续坚持与扩大对外开放的鲜明立场，也为我国营建日臻完善的外商投资环境提供法治基础与制度保障。总体而言，外商投资法的颁布施行，对于优化对外开放营商环境建设有三大裨益：一是依照"市场化、法治化和便利化"的基本准则建立健全外商投资促进与保护机制；二是以全面推行"准入前国民待遇＋负面清单"管理制度为前提，重建我国外商投资领域管理制度体系，其中，尤其是"准入前国民待遇＋负面清单"管理制度，是新时期优化对外开放营商环境、深化外商投资管理制度改革的关键环节①，在外来投资准入阶段即给予境外投资人以国民待遇，势必有益于吸引外资与进一步扩大对外开放水平；三是外商投资法不仅明确了外商投资安全审查和外商投资信息报告制度，要求境外投资人并购国内企业或参与经营须接受相关审查，而且还秉持"内外一致"和"并轨管理"原则，实现其与反垄断法的无缝衔接，这不仅契合国际惯例，也有益于推动兼顾经济利益和国家安全的法治化进程。

今后，为深入推进对外开放营商环境建设法治化进程，应把握如下四个基本原则：第一，转变政府职能，切实降低外向型企业创新创业的"制度性成本"；第二，保障与提升司法公信度，营造公平开放、透明有序的对外开放市场规则与环境；第三，以《中华人民共和国外商投资法》为准绳和引领，积极有效推动涉外经济法治建设进程，不断开拓对外开放营商环境法治化建设维度与深度；第四，以树立与夯实参与对外经济合作经济竞争新优势为核心，构建多重耦合机制促进对外开放营商环境制度建设整体协同优化，激发外向型经济活力与创造力，为实现经济社会高质量发展提供不竭动力，并为推进实现社会治理现代化提供坚实的物质基础。

"新发展格局"的主旨是以新发展理念为指引以改革创新为推动力深化供给侧结构性改革，确保"发展"与"安全"的有机统一及其动态平衡，聚焦当前我国社会主要矛盾，推进经济社会高质量发展，巩固脱贫成果并切实保障全民共同富裕取得实质进展。因此，我们不应该将对新发展格局背景下推进实现社会治理现代化实现路径的理论审视，仅局限于狭义的社会政策领域。因此，在马克思社会有机体理论和发展型社会政策等理论的启示下，笔者立足经济政策与社会政策相结合这一基本视角，对探索新发展格局背景下社会治理现代化政策集群耦合路径提出以上并不成熟的一些思路和观点。非常期待学界前辈和同仁不吝批评斧正。

---

① 梁琳：《关于高质量发展时期进一步扩大开放需要关注的几个问题》，《内蒙古社会科学》（汉文版）2019 年第 4 期，第 112～117 页。

参考文献

中文文献

1. 曹云华、李均锁：《东盟经济共同体与"21世纪海上丝绸之路"：竞争与合作》，《广东社会科学》2020年第2期。

2. 陈光金、张翼主编《新发展理念与社会治理现代化》，社会科学文献出版社，2018。

3. 陈光金主编《社会治理现代化：社会体制改革与法治社会》，中国社会科学出版社，2016。

4. 程勤主编《经济关键词：读懂新时代中国经济》，东方出版社，2019。

5. 崔友平编著《共同富裕之路：巩固和完善农村基本经营制度》，中原农民出版社、红旗出版社，2019。

6. 代瑾、李戈、程荣：《"法治中国"建设与社会治理现代化研究》，四川大学出版社，2020。

7. 杜熙：《人民至上视阈下社会治理现代化的基本思路》，《江苏社会科学》2020年第6期。

8. 樊纲、郑宇劼、曹钟雄：《双循环——构建"十四五"新发展格局》，中信出版社，2021。

9. 樊红敏主编《政府行为与地方社会治理现代化》，中国社会科学出版社，2018。

10. 葛聪、程恩富：《习近平新时代中国特色社会主义思想的理论特性——兼论破解"四大陷阱"》，《学习论坛》2018年第11期。

11. 顾昕：《公共财政转型与社会政策发展》，社会科学文献出版社，2021。

12. 郭育艳：《社会管理创新视角下政府信息公开问题研究》，中国财政经济出版社，2017。

13. 韩小凤、赵燕：《公共服务供给侧改革中政府与社会组织关系的再优化》，《福建论坛》（人文社会科学版），2020 年第 10 期。

14. 郝福庆主编《公共政策与重大项目社会风险管理研究》，人民日报出版社，2016。

15. 何帆主编《中国 2016 寻找新动力——中国高层智囊解读十三五》，中国文史出版社，2016。

16. 何品伟主编《城市社会风险防控》，同济大学出版社，2020。

17. 黄晨主编《互鉴之美，成长之光——第一届现代化国家治理与社会科学创新科研营论文集》，中国社会科学出版社，2020。

18. 黄群慧、贺俊、杨超：《创新发展理念与创新型国家建设》，广东经济出版社，2020。

19. 江必新、王红霞：《国家治理现代化与社会治理》，中国法制出版社，2016。

20. 金太军、赵军锋：《风险社会的治理之道：重大突发公共事件的政府协调治理》，北京大学出版社，2018。

21. 李建华：《现代德治论：国家治理中的法治与德治关系》，北京大学出版社，2016。

22. 李建：《社会主义协商民主推进国家治理现代化研究》，中国社会科学出版社，2017。

23. 李慎明：《试论马克思主义人民民主思想：基本内涵和实践路径》，《政治学研究》2020 年第 6 期。

24. 李慎明：《新冠肺炎疫情暴发后的世界格局、中美关系和中国面临的战略机遇与挑战》，《毛泽东邓小平理论研究》2020 年第 8 期。

25. 厉以宁：《改革开放以来的中国经济：1978—2018》，中国大百科全书出版社，2018。

26. 厉以宁、黄奇帆、刘世锦等：《共同富裕：科学内涵与实现路径》，中信出版社，2021。

27. 梁晓声：《中国社会各阶层分析》，人民日报出版社，2021。

28. 廖福崇：《审批制度改革优化了城市营商环境吗？——基于民营企业家"忙里又忙外"的实证分析》，《公共管理学报》2020 年第 1 期。

29. 林曾、宋亚平主编《全面深化改革与社会治理现代化》，社会科学文献出版社，2015。

30. 刘建军、邓理：《国家治理现代化：新时代的治国方略》，上海人民出版社，2020。

31. 刘明翠：《领导干部话语的"塔西佗陷阱"及其破解之道》，《领导科学》2020 年第 13 期。

32. 刘伟：《以新发展格局重塑我国经济新优势》，《经济日报》2020 年 9 月 24 日。

33. 刘元春：《读懂双循环新发展格局：助力"十四五"高质量发展》，中信出版社，2021。

34. 刘元春、宋扬、王非、周广肃：《读懂共同富裕》，中信出版社，2022。

35. 吕欣、李洪侠、李鹏：《大数据与国家治理》，电子工业出版社，2020。

36. 《马克思恩格斯文集》第 1 卷，人民出版社，2009。

37. 《马克思恩格斯选集》第 2 卷，人民出版社，1995。

38. 商日红、张惠康主编《反腐败与中国廉洁政治建设研究报告（Ⅲ）》，北京大学出版社，2017。

39. 商日红、张惠康主编《反腐败与中国廉洁政治建设研究报告（Ⅳ）》，北京大学出版社，2018。

40. 商日红、张惠康主编《反腐败与中国廉洁政治建设研究报告（Ⅱ）》，北京大学出版社，2016。

41. 商日红、张惠康主编《反腐败与中国廉洁政治建设研究报告（Ⅰ）》，北京大学出版社，2016。

42. 上海市习近平新时代中国特色社会主义思想研究中心、上海市中国特色社会主义理论体系研究中心编《新时代中国国家治理现代化的多学科思考》，上海人民出版社，2020。

43. 隋牧蓉：《精神优势：中国共产党的百年爱国主义》，《北京工业大学学报》（社会科学版）2021年第2期。

44. 王昌林：《新发展格局：国内大循环为主体，国内国际双循环相互促进》，中信出版社，2020。

45. 王春业：《论政府与社会资本合作（PPP）的行政法介入》，《社会科学战线》2020年第11期。

46. 王冠群、杜永康：《社会燃烧理论视域下"中国式邻避"的生成与治理》，《领导科学》2020年第22期。

47. 王桂枝：《共同富裕实现机制研究》，社会科学文献出版社，2018。

48. 王焕然等：《区块链社会：区块链助力国家治理能力现代化》，机械工业出版社，2020。

49. 王俊美、陈禹同：《开拓社会物理学发展空间》，《中国社会科学报》2020年12月16日。

50. 王浦劬、孙响：《公众的政府满意向政府信任的转化分析》，《政治学研究》2020年第3期。

51. 王浦劬、汤彬：《基层党组织治理权威塑造机制研究——基于T市B区社区党组织治理经验的分析》，《管理世界》2020年第6期。

52. 王浦劬、臧雷振：《中国社会科学研究的本土化与国际化探讨——兼论中国政治学的建设和发展》，《行政论坛》2021年第6期。

53. 王琪、郑敬高主编《社会治理体系现代化建设实践》，中国海洋大学出版社，2015。

54. 魏礼群主编《中国社会治理现代化：70年回顾与前瞻》，中国言实出版社，2019。

55. 温铁军：《解构现代化：温铁军演讲录》，东方出版社，2020。

56. 吴超：《治理现代化：改革开放以来中国特色社会治理的发展逻辑与进路》，北京大学出版社，2020。

57. 习近平：《论把握新发展阶段、贯彻新发展理念、构建新发展格局》，中央文献出版社，2021。

58. 《习近平谈治国理政》第3卷，外文出版社，2020。

59. 《习近平谈治国理政》第2卷，外文出版社，2017。

60. 《习近平谈治国理政》，外文出版社，2014。

61. 谢春涛主编《中国共产党为什么能？》，新世界出版社，2020。

62. 辛全龙主编《市域社会治理现代化的理论与实践》，中国人民公安大学出版社，2020。

63. 燕继荣、何瑾：《"以人民为中心"的制度原则及现实体现——国家制度的"人民性"解析》，《公共管理与政策评论》2021年第6期。

64. 燕继荣：《探索共同富裕的政策表达》，《社会科学报》2021年9月30日。

65. 燕继荣：《中国"发展型政府"的鲜明特征》，《北京日报》2021年9月13日。

66. 燕继荣、朱春昊：《中国公共政策的调适——兼论"以人民为中心"的价值取向及其实践》，《治理研究》2021年第5期。

67. 杨开峰等：《中国之治：国家治理体系和治理能力现代化十五讲》，中国人民大学出版社，2020。

68. 尹巧蕊：《"互联网+"的政务改革与创新——打造社会治理现代化的升级版》，《领导科学》2020年第16期。

69. 余凌云主编《开放政府的中国实践》，清华大学出版社，2016。

70. 俞可平：《新冠肺炎危机对国家治理和全球治理的影响》，《天津社会科学》2020年第4期。

71. 俞可平：《中国的治理改革（1978—2018）》，《武汉大学学报》（哲学社会科学版）2018年第3期。

72. 《在经济社会领域专家座谈会上的讲话》，人民出版社，2020。

73. 曾祥明：《治理现代化视域下社会问题的观察与思考》，中国言实出版社，2018。

74. 张长征等：《环境污染型工程投资项目的风险媒介化问题与社会韧性治理现代化》，光明日报出版社，2020。

75. 张华新：《社会风险与保障制度建设——对城市非正规就业的研究》，科学技术文献出版社，2020。

76. 张惠康主编《反腐败与中国廉洁政治建设研究报告（Ⅴ）》，北京大学出版社，2020。

77. 张明、陈胤默：《紧抓 RCEP 机遇 塑造新发展格局》，《中国社会科学报》2020 年 12 月 15 日。

78. 张喜艳、刘莹：《经济政策不确定性与消费升级》，《经济学家》2020 年第 11 期。

79. 张贤明：《全过程人民民主的推进之道》，《光明日报》2021 年 9 月 11 日。

80. 张贤明、张力伟：《风险治理的责任政治逻辑》，《理论探讨》2021 年第 2 期。

81. 张贤明、张力伟：《社会治理共同体：理论逻辑、价值目标与实践路径》，《理论月刊》2021 年第 1 期。

82. 张贤明：《制度与责任融合发展的三重境界》，《云南社会科学》2021 年第 3 期。

83. 张贤明主编《回顾与思考：政治学理论与方法 30 年》，世界知识出版社，2017。

84. 张占斌：《国内大循环——中国经济发展新格局》，湖南人民出版社，2020。

85. 赵秉志、彭新林等：《中国反腐败新观察》，江苏人民出版社，2016。

86. 郑永年：《重建中国社会》，东方出版社，2016。

87. 《〈中共中央关于制定国民经济和社会发展第十四个五年规划和二〇三五年远景目标的建议〉辅导读本》，人民出版社，2020。

88. 《中国共产党第十八届中央委员会第三次全体会议文件汇编》，人民出版社，2013。

89. 《中国共产党第十八届中央委员会第四次全体会议文件汇编》，人民出版社，2014。

90. 《中国共产党第十八届中央委员会第五次全体会议文件汇编》，人民出版社，2015。

91. 《中国共产党第十九届中央委员会第六次全体会议公报》，人民出版社，2021。

92. 《中国共产党第十九届中央委员会第三次全体会议文件汇编》，人民出版社，2018。

93. 《中国共产党第十九届中央委员会第四次全体会议文件汇编》，人民出版社，2019。

94. 《中国共产党第十九届中央委员会第五次全体会议文件汇编》，人民出版社，2020。

95. 中国国际经济交流中心课题组：《我国共同富裕道路问题研究》，中国经济出版社，2016。

96. 中国社会科学评价研究院编著《信访制度与国家治理体系现代化》，当代中国出版社，2020。

97. 中华人民共和国科学技术部：《国家创新型城市创新能力监测报告2020》，科学技术文献出版社，2020。

98. 朱德米：《重大决策事项的社会稳定风险评估研究》，科学出版社，2016。

99. 邹元初：《话说反腐败》，解放军出版社，2017。

中译本和外文书献

1. 〔英〕安东尼·吉登斯：《社会学》，赵旭东等译，北京大学出版社，2003。

2. 〔加〕安德鲁·F.库珀等主编《全球治理中的新兴国家：来自海利根达姆进程的经验》，史明涛等译，上海人民出版社，2009。

3. 〔澳〕欧文·E.休斯：《公共管理导论》，中国人民大学出版社，2015。

4. 〔英〕彼得·泰勒-顾柏等编著《社会科学中的风险研究》，黄觉译，中国劳动社会保障出版社，2010。

5. 〔美〕戴维·L.韦默、〔加〕艾丹·R.瓦伊宁：《公共政策分析：理论与实践》，刘伟译校，中国人民大学出版社，2013。

6. 〔美〕格尔哈特·伦斯基：《权力与特权：社会分层的理论》，关信平、陈宗显、谢晋宇译，社会科学文献出版社，2018。

7. 〔古罗马〕马库斯·图利乌斯·西塞罗：《如何治理国家：献给当代领袖的政治智慧》，陈越骅译，上海社会科学院出版社，2016。

8. 〔美〕兰德尔·柯林斯、迈克尔·马科夫斯基：《发现社会：西方社会学思想述译》，李霞译，商务印书馆，2014。

9. 〔美〕理查德·C.博克斯：《公民治理：引领21世纪的美国社区》，孙柏瑛等译，中国人民大学出版社，2014。

10. 〔英〕罗伯特·阿尔布里坦：《经济转型：马克思还是对的》，李国亮等译，新华出版社，2013。

11. 〔德〕马克斯·韦伯：《社会学的基本概念》，胡景北译，上海人民出版社，2020。

12. 〔美〕迈克尔·K.林德尔等：《公共危机与应急管理概论》，王宏伟译，中国人民大学出版社，2016。

13. 〔德〕尼克拉斯·卢曼：《风险社会学》，孙一洲译，广西人民出版社，2020。

14. 〔美〕R.盖伊·彼得斯：《政府未来的治理模式》，吴爱明、夏宏图译，中国人民大学出版社，2013。

15. 〔美〕史蒂夫·富勒：《社会认识论：科学、科技与社会》，姚雅欣译，中央编译出版社，2021。

16. 〔美〕托马斯·R.戴伊：《理解公共政策》，谢明译，中国人民大学出版社，2011。

17. 〔美〕威廉·N.邓恩：《公共政策分析导论》，谢明等译，中国人民大学出版社，2011。

18. 〔法〕魏柳南：《时代之问：中国共产党如何领导新的社会革命》，池宗华译，党建读物出版社，2021。

19. 〔德〕乌尔里希·贝克：《风险社会：新的现代性之路》，张文杰、何博闻译，译林出版社，2018。

20. 〔德〕乌尔里希·齐白：《全球风险社会与信息社会中的刑法：二十一世纪刑法模式的转换》，周遵友等译，中国法制出版社，2012。

21. 〔德〕乌尔里希·森德勒主编《工业4.0——即将来袭的第四次工业革命》，邓敏、李现民译，机械工业出版社，2014。

22. 〔美〕珍妮·X.卡斯帕森等编著《风险的社会视野》（上），童蕴芝译，中国劳动社会保障出版社，2010。

23. 〔美〕珍妮·X.卡斯帕森等编著《风险的社会视野》（下），李楠、何欢译，中国劳动社会保障出版社，2010。

24. A. Mertha, "Fragmented Authoritarianism 2. 0: Political Pluralization in the Chinese Policy Process," *The China Quarterly* 200 (2009).

25. Andrew Heywood, *Politics*, New York: Palgrave, 2002.

26. Andrew J. Nathan, "The Greater East Asia Co-Prosperity Sphere: When Total Empire Met Total War," *Foreign Affairs* 98 (2019).

27. Brain Robson, "No City, No Civilization," *Transactions of the Institute of British Geographers*, New Series, 2 (1994).

28. Charles Shaaba Saba, Nicholas Ngepah, "Nexus Between Defence Spending, Economic Growth and Development: Evidence from a Disaggregated Panel Data Analysis," *Economic Change and Restructuring* 12 (2020).

29. Edward S. Mason et al., *The Economic and Social Modernization of the Republic of Korea*, Harvard University, 1980.

30. Garcia Alexandre Sanches, J. Orsato Renato, "Testing the Institutional Difference Hypothesis: A Study About Environmental, Social, Governance, and Financial Performance," *Business Strategy and the Environment* 7 (2020).

31. Garry D. Brewer and Peter Deleon, *The Foundations of Policy Analysis*, Illiois: The Dorsey Press, 1983.

32. G. Capano, "Policy Dynamics and Change", edited by Araral Jre, Fritzen S., Howleftm et al., *Routledge Handbook of Public Policy*, London and New York: Routlege Taylor & Francis Group, 2013.

33. Gerald E. Caiden, *Administrative Reform Comers of Age*, Berlin: Walter de Gruger, 1991.

34. H. D. Laswell, "The Policy Orientztion," edited by Lerner, Laswell, *Policy Science: Resent Development in Scope and Method*, Standford, Calfornia: Standford University Press, 1951.

35. H. Peyton Young, *Individual Strategy and Social Structure: An Evolutional Theory of Institution*, Princeton University Press, 1998.

36. I. Mclean, A. Mcmlan, *The Concise Oxford Dictionary of Politics*, Oxford: Oxford University Press, 2009.

37. J. L. Campell, "Ideas, Politics, and Public Policy," *Annual Review of Sociology* 28 (2002).

38. Joseph Reg, Bruni Antonio, "Health City: Transforming Health and Driving Economic Development," *Healthcare management Forum* 8 (2020).

39. J. Samuel Valenzuecla and Arturo Valenzuecla, "Modernization and Dependency: 'Alternative Perspective in the Study of Latin American Underdevelopment'," *Comparative Politics* 10 (1978).

40. Malcolm Rutherford, *Institution in Economics: The Old and New Institutionalism*, Cambridge: Cambridge University Press, 1996.

41. Masoud Seddighin, Hamed Saleh, Mohammad Ghodsi, "Maximin Share Guarantee for Goods with Positive Externalities," *Social Choice and Welfare* 8 (2020).

42. Moll Łukasz, "Philosophical and Political Sources of the Marxism of Common Weal," *Przegląd Filozoficzny* 4 (2019).

43. Molly Law, "Advancing the Future of Corrections for the Betterment of All," *Corrections Today* 81 (2019).

44. O'Donnell and Guillermo, "Modernization and Bureaucratic-Authoritarianism: Studies in South American Politics," *Politics of Modernization* 9 (1973).

45. P. Button, F. Child, J. Magsino, M. Mootien, S. Saglam, "A Collaborative Eight-year Journey of Value Creation by a Public Private Partnership (PPP) Between Guys Hospital, London and Mallinckrodt Pharmaceuticals for the Administration of Extracorporeal Photopheresis (ECP) in an Out-patient Setting," *Value in Health* 12 (2020).

46. Sandel, Michael, *Democracy's Discontent*, Cambridge, MA: Belknap Press, 1996.

47. Terence K. Kopkins, Immanuel Wallerstein (eds.), *World System Analysis: Theory and Methodology*, Sage Publications, 1982.

48. Ulrich Beck, *Risk Society: Towards a New Modernity*, London: Sage Publications, 1992.

图书在版编目（CIP）数据

新发展格局与社会治理现代化：以政策集群耦合为
视角／丁东铭著． -- 北京：社会科学文献出版社，
2022.11
ISBN 978 - 7 - 5228 - 0565 - 8

Ⅰ.①新…　Ⅱ.①丁…　Ⅲ.①社会管理 - 现代化管理
- 研究 - 中国　Ⅳ.①D63

中国版本图书馆 CIP 数据核字（2022）第 152644 号

新发展格局与社会治理现代化
——以政策集群耦合为视角

著　　者／丁东铭

出 版 人／王利民
组稿编辑／恽　薇
责任编辑／冯咏梅
文稿编辑／陈　冲
责任印制／王京美

出　　版／社会科学文献出版社·经济与管理分社（010）59367226
　　　　　地址：北京市北三环中路甲29号院华龙大厦　邮编：100029
　　　　　网址：www. ssap. com. cn
发　　行／社会科学文献出版社（010）59367028
印　　装／三河市尚艺印装有限公司

规　　格／开　本：787mm × 1092mm　1/16
　　　　　印　张：20.5　字　数：316千字
版　　次／2022 年 11 月第 1 版　2022 年 11 月第 1 次印刷
书　　号／ISBN 978 - 7 - 5228 - 0565 - 8
定　　价／128.00 元

读者服务电话：4008918866